北京市重点图书

中国绿色创新之路

The Road of China's Green Innovation

黄海峰 王昕宇 吴华南 等 编著

首都经济贸易大学出版社
Capital University of Economics and Business Press
·北 京·

图书在版编目（CIP）数据

中国绿色创新之路 / 黄海峰，王昕宇，吴华南等编著. —北京：首都经济贸易大学出版社，2016.10

ISBN 978-7-5638-2505-9

Ⅰ.①中… Ⅱ.①黄… ②王… ③吴… Ⅲ.①中国经济—研究 Ⅳ.①F12

中国版本图书馆CIP数据核字（2016）第090435号

中国绿色创新之路

黄海峰　王昕宇　吴华南　等编著

Zhongguo Lüse Chuangxinzhilu

责任编辑　景东

封面设计　风得信

出版发行　首都经济贸易大学出版社

地　　址　北京市朝阳区红庙（邮编 100026）

电　　话　（010）65976483　65065761　65071505（传真）

网　　址　http：//www.sjmcb.com

E-mail　publish@cueb.edu.cn

经　　销　全国新华书店

照　　排　首都经济贸易大学出版社激光照排服务部

印　　刷　北京京华虎彩印刷有限公司

开　　本　710毫米×1000毫米　1/16

字　　数　492千字

印　　张　27.5

版　　次　2016年10月第1版　2016年10月第1次印刷

书　　号　ISBN 978-7-5638-2505-9 / F · 1410

定　　价　68.00元

作者简历

黄海峰　男，德国柏林洪堡大学博士，曾在大连交通大学、北京大学、南京大学—约翰·霍普金斯大学中美文化研究中心、德国柏林洪堡大学、夏威夷大学和加州大学圣塔芭芭拉分校学习。作为教授和博士生导师，分别指导过北京工业大学、北京大学、德国柏林自由大学、德国波鸿大学和德国科隆大学的中外硕士研究生。兼任国家留学基金管理委员会评审专家、中华人民共和国国土资源部国家特邀国土资源监察专员、亚洲教育北京论坛学术委员会主任和国际生态发展联盟执行理事长。主要研究方向：转型经济、绿色经济、企业可持续发展战略和绿色投融资。主持过联合国环境规划署、商务部、科技部、环保部和教育部的重点研究课题。主笔撰写了《区域层面的经济转型》（德文版）、《德国循环经济研究》《Sustainable Development and CSR in China》《中国经济创造之路》《中国经济转型之路》《第二产业与循环经济》《环保产业与循环经济》《纺织产业与循环经济》《废物管理与循环经济》等学术专著，合作编写了《The Green Economy and its Implementation in China》《Renewable Energy in China：Towards a Green Economy》《Sustainable Development and CSR in China》三部英文学术专著。2009年曾受邀参与撰写联合国环境规划署“绿色经济报告”和参译世界著名生态学者魏伯乐教授撰写的《五倍级》学术专著。其中主笔撰写的《德国循环经济研究》专著荣获教育部高等学校科学研究优秀成果奖。

王昕宇　男，北京工业大学经济与管理学院应用经济学博士研究生。现任中国经济转型研究中心副主任、国际生态发展联盟国际部主任。近年来，作为国土资源部支持的屏山扶贫课题执行负责人，多次到四川屏山县从事欠发达地区县域生态经济研究，参与了中国新能源发展与绿色投资、循环经济机制、加快节能减排建设“绿色北京”的政策机制和中日韩循环经济等研究课

题，作为《中国经济转型之路》专著的副主编，参与国内外学术论坛，并发表演讲。

吴华南 男，新加坡国立大学博士，北京大学深圳研究生院环境与能源学院副研究员，北京大学PHBS绿色经济研究中心秘书长，中国环境科学学会高级会员，国际生态发展联盟中国区副秘书长兼深圳办事处主任，深圳市低碳产业投资商会理事。曾先后在新加坡国立大学化学系和环境研究院任职，2013年经深圳市海外高层次人才“孔雀计划”引进回国。主要从事环境技术的研发与成果转化，并承担国家自然科学基金等科研项目。作为执行负责人，参与环保部“中日韩循环经济”和“中国—东盟绿色经济”研究课题。曾在国际期刊发表论文十余篇，获得国内外发明专利6项。

简 介

在经济发展与资源环境矛盾日益突出的情况下，通过节能减排的减物质化和互联网的非物质化发展的绿色创新方式，可以充分提升资源利用效率，从而破解能源资源瓶颈制约的世界性难题。中国发展到今天，创造了巨大的物质财富，但也对赖以生存的自然环境造成了破坏。中国政府倡导“生态文明”所催生的绿色创新理念，将促进社会经济的转型，重塑中国在可持续发展进程中的角色。为此，黄海峰教授凭借长期对“经济转型”和“经济创造”的研究，基于经济管理学、资源管理学和社会生态学的基本理论，结合联合国所倡导的“绿色新政”和中国“生态文明”的发展理念，汇集国内外学者的最新研究成果，从宏观、中观和微观角度，与北京工业大学、北京大学的中青年学者们共同推出新作《中国绿色创新之路》。

联合国政府间气候变化专门委员会副主席莫汉·穆纳辛格（Mohan Munasinghe）先生、欧盟地区委员会时任秘书长格哈德·斯塔尔（Gerhard Stahl）先生、中欧社会论坛时任主席皮埃尔·卡蓝默（Pierre Calame）先生分别为本书作序。

本书共有八章，包括介绍绿色创新内涵，梳理绿色创新的相关理论，从区域、重点产业、金融创新和企业文化等多个维度进行分解，总结发达国家的经验，展望未来中国绿色创新等。

本专著应时之所需，吸收国内外绿色创新研究的最新成果，对中国绿色创新发展的理论进行了深入、细致地研究，力求全面解读并高度概括绿色创新的历史派别、逻辑演变、基本模式和运行机制等理论概念和观点，为中国绿色创新的研究奠定基础。此外，也为从事经济理论、企业管理的人士和高校师生提供了具有一定学术价值的参考资料。

中国可持续发展（序一）

莫汉·穆纳辛格（Mohan Munasinghe）
联合国政府间气候变化专门委员会[1]副主席

一、绿色创新与可持续发展

可持续发展是21世纪人类面临的重大挑战。可持续消费和生产是一个难题，资源的过度使用日益加剧了发展的不平衡和贫困问题。

目前，全球消费和生产的发展趋势是不可持续的。人类正面临着诸如贫困、消费不平等、资源稀缺、饥饿、疾病、环境破坏、地区冲突以及气候变化等多重全球性挑战，这些挑战的集聚加剧了上述所有问题的严重程度。根据预测，在未来50年，地球人口将从60亿增长至90亿。由于消费、生产和资源开采的不可持续发展模式，淡水资源正在减少，能源储量正在下降，碳排放量超出地球的正常吸收能力，土壤也在退化。靠消费拉动的全球经济所消耗的自然资源，相当于地球能够持续供给的1.5倍多。到2025年，人类所需要的资源量相当于两个地球的资源量之和。世界人口富裕程度排在前20%的14亿人消耗了全球总产量的近85%，是最贫穷的20%的人口消耗量的60倍。此外，最富有的1%的人口所拥有的财富比剩余的

① 联合国政府间气候变化专门委员会（Intergovernmental Panel on Climate Change，IPCC）是世界气象组织（WMO）及联合国环境规划署（UNEP）于1988年联合建立的政府间机构。其主要任务是对气候变化科学知识的现状，气候变化对社会、经济的潜在影响以及如何适应和减缓气候变化的可能对策进行评估。该委员会与美国前副总统阿尔·戈尔（Al Gore）分享了2007年诺贝尔和平奖。

99%的人口所拥有的财富还要多。显然，富人的消费不仅在生态上不可持续，而且还用尽了用来帮助穷人所需要的那部分资源。

2015年达成的两大全球性协议［联合国可持续发展目标（SDG12）和COP21巴黎气候变化协议］，均从不同方面强调了过度消费所带来的全球性问题，SDG12用来解决可持续消费和生产的问题，而COP21则主要强调大气中的碳浓度问题（SDSN2015，COP212015）。找到一条可持续发展的道路，在不超过地球承载能力的同时为每个人提供高品质的生活，将是对全人类的重大挑战。千年目标消费（现已并入SDG12）提出了一种方法，2030年前全球90亿人口需要实现的三大目标是：其一，环境目标——将人类的全球生态足迹减少至小于一个地球的量；其二，社会目标——在全球资源消耗既定的前提下，满足穷人的基本消费需求，消费分配更加公平；其三，经济目标——用经济高效的方式促进经济的繁荣和可持续发展，但要遵守环境和社会可持续发展的关键约束条件。

二、绿色转型与可持续发展

绿色转型将有助于在各个发展阶段的国家实现可持续发展：①工业国（已经超过安全限度）应减轻，并按照未来的发展道路，通过重组自己的发展模式，以减少碳排放，促进经济增长，从而使自己的发展道路更加可持续；②中等收入和新兴经济体（如中国）应学习过去的工业化国家发展经验，推动政策创新；③发展中国家应通过技术扶持和财政援助，鼓励可持续发展，这不仅在于发展低碳产业，也要降低环境受气候变化影响的脆弱性；④最贫穷的国家和最贫困的群体，必须提供一个适应的安全网，以降低环境受气候变化影响的脆弱性。

从可持续经济学中产生了这种符合公平原则和气候正义理念的新方法。财政和技术上领先的富国排放了大量的温室气体，所以它们应该主导减排行动，并帮助贫穷的国家。贫穷地区由于更易受到气候变化的影响，则应把重点放在降低环境脆弱性，提高能源使用效率，减轻贫困，促进当地发展。通过总结这种方案可以看到，在所有的自然资源的利用上，特别是能源、食品和水，都可以适用同样的可持续发展道路。不管是对于发达国家还是发展中国家，将绿色创新融入发展之中，是达成各国可持续发展目标的一个重要环节。

三、绿色商业与社会创新

要走上可持续发展道路，关键是要改变原有的、将发展建立在对自然资源的过度攫取上的做法。由于现阶段环境问题日益复杂化，政治领导缺失，政府也无法独立解决，现代社会必须通过商业以及社会创新的手段推动绿色转型。

对于企业来说，强调节约资源的绿色经济创新是极具吸引力而且是互利共赢的。绿色经济创新不仅能够帮助企业降低成本，从而提升竞争力和营利能力，而且能够塑造企业可持续发展的品牌。越来越多的人在运用各种理论寻找可持续生产手段，比如，运用价值/供应链生命周期分析以及制造工艺改进理论，将创新的生产流程运用于现有的线性工业体系，将产品以及管理手段转向循环工业体系。

绿色社会创新是通过社会、政府以及商业的全新协作，产生新的产品、服务和模式来满足市场需求，运用社会手段实现社会经济与环境方面的双赢，建立促成相关合作、提升个人能力的新平台。绿色社会创新通常会通过一些组织去帮助人们积极解决问题，以提供更廉价并且更好的社会和环保服务，而不是被动地等待政府。在这方面，国际生态发展联盟（EDUI）起到了很好的领导作用。非营利性的社会企业和企业家，代表了推动社会创新所必不可少的社会资本。比如，为穷人开设的小微信贷机构及远程教育项目，都是社会创新的实例。

绿色转型与绿色创新一样，也运用了以下几个基本的原则和方法。

第一，让发展更可持续化。这种渐进式的手段告诉人们要积极采取行动，而不是等待领导人告诉自己该怎么做。这种方法十分实用，因为许多不可持续的行为是很容易被发现及纠正的，比如，浪费能源和水等。绿色创新活动的一个重要检验方法就是检验它们是否发展为可持续化。第二，基于社会、经济、环境平衡进行综合分析，三个领域的相互作用非常重要。第三，超越价值观、学科、空间、时间和利益相关者观点强加的传统界限。用健全的伦理原则替代贪婪这种不可持续的观点。在处理复杂的可持续发展的问题上，跨学科分析是必要的。空间分析必须实现从本地到全球范围的覆盖，时间跨度需要从几十年扩展到上百年。需要加强跨利益相关者之间的合作（包括民间、企业和政府），通过促进包容性实现合作。第四，应用实用的全循环工具。通过新方法和传统方法的结合，将其创新性地应用到整个运行周期中，包括从最初的数据收集到实际政策执行、监控和反馈。

全球和国家层面的方法，包括综合评估模型、宏观和行业建模、环境调整的国民收入账户、贫困分析、行动影响矩阵。在项目层面，针对可持续发展分析方法有成本效益分析、综合分析、环境和社会评估、环境评价以及全价值链生命周期分析。选择适当的可持续发展指标也是至关重要的。政策工具的范围包括经济方法（如定价、税收和收费、可交易的许可证、投资和金融激励）以及非经济方法（如法规和标准、数量控制、自愿协议、信息传播、研究与开发）。

四、绿色发展与共同目标

可持续发展目标是2015年由联合国成员国在建立未来15年发展议程和政策的框架时通过的一组全新的、通用的目标。可持续发展目标遵守并扩展了由各国政府于2000年达成并于2015年到期的千年发展计划。17项可持续发展目标如下：①在世界各地消除一切形式的贫困；②消除饥饿，实现粮食安全、改善营养和促进可持续农业发展；③确保健康的生活方式、促进各年龄段人群的福祉；④确保包容、公平的优质教育，促进全民享有终身学习机会；⑤实现性别平等，为所有妇女、女童赋权；⑥确保所有人享有水和环境卫生，实现水和环境卫生的可持续管理；⑦确保人人获得可负担、可靠和可持续的现代能源；⑧促进持久、包容、可持续的经济增长，实现充分的生产性就业，确保人人有体面工作；⑨建设有风险抵御能力的基础设施、促进包容的可持续工业，并推动创新；⑩减少国家内部和国家之间的不平等；⑪建设包容、安全、有风险抵御能力和可持续的城市及人类住区；⑫确保可持续消费和生产模式；⑬采取紧急行动应对气候变化及其影响（来源：《联合国气候变化框架公约》）；⑭保护和可持续利用海洋及海洋资源以促进可持续发展；⑮保护、恢复和促进可持续利用陆地生态系统、可持续森林管理、防治荒漠化、制止和扭转土地退化现象、遏制生物多样性的丧失；⑯促进有利于可持续发展的和平和包容社会、为所有人提供诉诸司法的机会，在各层级建立有效、负责和包容的机构；⑰加强执行手段、重振可持续发展全球伙伴关系。

以上17项可持续发展目标将集中在以下四个方面：其一，建立一套对所有国家通用的目标，而不仅针对发展中国家。其二，把可持续发展的各个方面和要素整合在所有的目标上。在联合国系统中，致力于将可持续发展问题作为主流问题对待。其三，整合并加强执行手段，包括搭建国家和国际金融与技术转让平台。其四，完善监测框架，包括提高数据的质量、可靠性，分解目标测量过程。在国家层面，可持续发展目标将跨越不同行业寻求整合平等原则、社会正义和可持续发展问题，寻找跨行业的综合解决方案与目标。

可持续发展目标可作为一个框架，推动中国可持续发展战略的实施。同时，它可以作为一个平台，制定目标并实现不同目标之间的一致性和连贯性。许多当今所面临的发展问题是相互关联的，政策反应需要认识到这种联系，并相应地解决这些问题。可持续发展目标框架将有助于通过制定综合解决方案，在解决多个问题的同时解决互联互通问题。

在联合国2030年议程中，可持续发展目标将面临在国家层面执行的挑战。这些问题值得中国进行深入分析，特别是优先考虑将可持续发展目标与国家发展目标联系起来；根据国家和省级治理结构确定实施起点；确定技术、数据容量；动员诸多环节中的资金。考虑到各国应对的具体挑战，可持续发展目标框架允许各国选择适当水平的目标。此外，可持续发展目标需要采用系统的方法，超越千年发展目标，在国家层面具备更强的包容性和适用性，刺激创新的长远考虑，产生与绿色创新配合的集成解决方案。

总之，绿色创新和绿色转型对中国的可持续发展至关重要，黄海峰教授编著的《中国绿色转型之路》和《中国绿色创新之路》，在探索绿色转型和绿色创新方面做出了很好的尝试。随着中国成为最大的经济体，中国应该向全人类展示如何克服21世纪可持续发展面临的复杂的多重挑战，实现可持续发展目标。

共筑绿色的未来（序二）

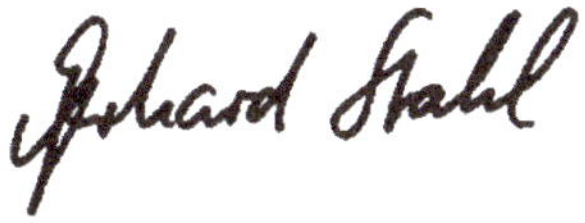

格哈德·斯塔尔（Gerhard Stahl）

欧盟地区委员会[①]秘书长

21世纪是巨大机遇和严重威胁并存的时代，纷繁多变的世界走向何方等待着一个新的答案。

世界反法西斯战争胜利70周年纪念仪式作为英雄时刻被亿万中国人民铭记于心。过去几十年里，中国创造的经济奇迹和社会变革依旧历历在目。这些成功归功于中国对外开放政策的实施。对外开放政策让中国诸多区域的经济实力赶超了世界发达地区水平，而中国创造的经济奇迹对于联合国消除世界贫困目标的实现做出了突出贡献。

在欧洲，第二次世界大战的腥风血雨涂炭百万生灵，城镇凋敝、村庄毁坏、土地荒芜。然而，这些悲痛的经历也为欧洲一体化进程奠定了基础。欧洲国家决定在战后携手合作，创造共同的制度，放弃部分国家主权，共筑未来。一个拥有五亿人口、世界最大的内部市场——欧盟正式创立。多年来，欧盟经过重建，一个繁荣的社会已经产生。

虽然取得了成功，但人们能越来越明显地看到，现今产业发展对

---

① 欧盟地区委员会（Committee of the Regions，CoR）于1994年依据《斯特里赫特条约》而设立，是欧盟下属的咨询机构。欧盟地区委员会由各成员国按相同人数比例原则委派的334名委员组成。这些委员来自于各成员国地区当局的代表组成，如市长、市参议员及地区政府首脑等，由成员国推荐，欧盟首脑会议任命，任期4年。欧盟地区委员会每年举行5次全会，确定该地区委员会的政策。

传统资源的消耗已近极限，对于环境和社会凝聚力的不良影响凸显。空气、土壤和水的污染严重，气候变化和自然灾害越来越严重，交通拥堵和城市扩张，都展现了一种不可持续的经济发展模式。由于城乡发展水平的差异长期存在，收入的增加和生活环境的改善导致社会张力在不断增加。

21世纪的时代大背景决定了一种新的经济发展模式，这种发展模式可以克服纯经济增长导向政策带来的负面影响。各国有必要不单单把GDP作为经济发展水平的衡量标准，应综合考虑环境和社会指标，这种衡量标准已经慢慢被越来越多的人所接受。“经济新常态”和一种绿色的愿景是全球经济所需要的，特别是对于资源密集型和消费型的北美、欧洲和亚洲的发达国家提出了严峻挑战。如果中国像美国一样走不可持续的发展模式，那么庞大的人口规模将会给中国带来一场生态灾难。

制定更具约束力的国际协议是向绿色经济转变的一种方式，用于减少污染和应对气候变化。《联合国气候变化框架公约》及《京都议定书》是重要的第一步。《京都议定书》是一个具有法律约束力的协议，根据协议，工业化国家将减少相较于1990年5.2%的温室气体排放量。不幸的是，并不是所有的国家都签署了这份协议并接受此目标。尽管欧盟及其成员国接受此目标并付诸了适当的行动，然而仍有一些大的工业化国家未能接受此约束。

目前，联合国正在协商的新协议已有望取得进展。最近，中美两国领导人均表示将致力于解决环境变化问题。欧盟的提议是，2030年相较于1990年来说，温室气体的排放量应至少减少40%，这将会使地球产生真正的变化。

实现绿色发展的一个决定性因素是资金的支持，这也是世界贫穷地区面临的最突出问题。设想如果一个人还在为每天的生计打拼，那么他就不会去思考可持续发展的问题。因此，发达地区的人们捐献了气候基金，应该用于支持贫穷地区绿色政策的实施。但世界发达地区同样需要资金的支持，例如，替代能源、公共交通、新型住房、环保产品、废物回收和处理等。建立资源节约型的生产体系，离不开消费者的绿色理念。只有人们对于生产和消费产生全面的理解，发展循环经济才能落到实处。

想要从根本上改变社会经济发展模式，不能仅依赖于自上而下的方式，每一个人都必须参与其中。经济和社会活动发生在家庭、工作场所、村庄、小镇和城市，所以可持续性的生活方式必须从底层做起。从资源密集型生产模式获益的人必须自觉并强制性地做出改变。这就要求领导者起到带头作用，他们必须学习环保和可持续性发展的方案，学习世界其他地区先进经验并因地制宜的开始实施计划。

在本人担任欧盟地区委员会秘书长时，我遇到了许多率先开展绿色经济的市长，他们对政策进行了修改，在全球范围开始实施绿色政策之前就采取了许多具体的实际行动。在中欧市长论坛上，中国的一些市长对于绿色政策的实施有同样的雄心和决心。市长论坛是从2012年开始的，它是中欧城镇化伙伴关系的核心。在市长论坛的年会上，中欧城市同意在城市可持续发展上开展合作。从2007年开始，我定期在中国短暂停留，接触到一些中国的合作伙伴，这让我发现中国的许多专家和学者在发展绿色经济的研究上有深刻而独到的见解。通过我与黄海峰教授和其他诸多教授们的接触，我看到了他们对中国未来发展和推动绿色解决方案的坚定承诺。黄海峰教授将欧洲关于如何建立循环经济的知识带入中国。斯堪的纳维亚诸国和德国在环境政策和循环经济发展方面是领先者。黄海峰教授曾在德国学习过，他分析了德国并对中国进行了研究，他建议并促进了人们开展可持续发展的项目。这些年他一直通过所领导的研究机构与政府、企业和基层社会合作，提出了一系列促进绿色转型的具体建议。

在黄海峰教授的邀请下，我作为国际生态发展联盟（EDUI）专家团队的一员去通江地区考察，看到了中国乡村实施绿色转型的案例。通江是一个小城镇，有20万城镇居民，远离繁荣的沿海地区，城市四周环山。它历史悠久并且有着自己的独特之处。一件有趣的事情是参加了当地具有中国传统文化特色的“银耳节”，这个节日的举办吸引了成千上万的游客。

过节时，大家欣赏了有关县城传统和历史文化的表演，也有卖当地商品的集市。这个节日的“主角”是通江银耳。银耳属于真菌，是一种美味的食物，同时也是这座城市美好的象征。接下来的专家讨论表明，可持续发展旅游项目做了很多贡献，仅在2013年就接待190万游客。在通江的活动中，专家们拜访了两个村庄。第一个村庄坐落在有着一条小河流的美丽山谷里，代表团成员领略到古老村庄中传统建筑风格的魅力。不过大多数男女村民相继离开这里去城市赚钱。与会专家与地方当局代表座谈，提出房屋修复和乡村旅游如何让农民获得更多收入的问题。随后，大家还探讨了传统农业如何提高附加值的问题。大家参观了当地的一家由农民创办的公司，该公司将农业生产从玉米转变为茶厂，并建起银耳椴木栽培温室。城市居民需要这些农产品，同时这些农产品也可以出口到国外。回到富裕的沿海城市深圳，这座拥有充满活力的华为和腾讯公司的城市，我感到绿色转型已经在中国的乡村中生根发芽。不过从整体看中国的情况，仍然有很多要做的事，对比其他发达国家，绿色转型只是一个开始。

经济合作与发展组织（OECD）中的大多数工业化国家还没有准备好对国际社会新型可持续发展的承诺。2015年9月，联合国可持续发展首脑会议的国家元首或政府首脑共同讨论没有实现全球政策目标的地方。工业化国家最大的赤字是不可持续的生产和消费行为。在很多情况下，它们的经济系统也加剧了社会的不平等。

在中国经济发展的“新常态”过程中，将逐步取代以廉价劳动力、高能耗和资源消耗为基础的外向型经济，这是迈向正确方向的重要第一步。中国领导人意识到“转型”的重要性，认为目前的增长模式是不平衡、不可持续的。特别是随着中国城市化进程的推进，中国重工业对燃煤发电的依赖与城市地区对车辆使用的增加，使越来越多的公民遭受严重空气污染的损害。

我确信黄海峰教授领导的学术机构将有助于推动全社会实现可持续发展。毫无疑问，本专著将会进一步提高人们对于绿色经济和可持续发展的理解，并突出绿色经济在不同领域社会和经济活动中的重要性。

绿色发展的思考（序三）

皮埃尔·卡蓝默（Pierre Calame）
中欧社会论坛[①]时任主席

自从1978年中国对外开放以来，邓小平所倡导的改革措施在20世纪80年代中期初见成效，市场经济也因此得到了发展。在同一历史时期，时任世界环境与发展委员会主席的布伦特兰夫人（Bruntland）的《我们共同的未来》，首次提到了“可持续发展”的概念；在这份报告问世10年之前，罗马俱乐部的米都斯（Meadows）撰写了报告《增长的极限》，并提出西方世界的社会发展模式与地球有限资源之间存在矛盾。

中国的经济改革问题与西方世界社会发展可持续问题的讨论，发生在同一个时期，这可能是一个历史的巧合。西方国家的发展模式开始被以中国为代表的新兴经济体国家所了解，西方追求增长的发展模式与地球资源的有限储量之间存在着不可调和的矛盾。

在发展过程中，中国经济发展也呈现出巨大的矛盾。一方面，从公平角度讲，中国有权要求按照西方的模式发展，特别是按照西方国家一样

① 中欧社会论坛创始于2005年10月，由梅耶人类进步基金会和欧洲华人学会联合发起，霍英东基金会与澳门基金会协助创立，秉持“对话—理解—建议—行动”的理念，组织中欧多方位对话，寻求思想交锋，凝聚共识，探讨并携手应对21世纪人类文明面临的环境与生存的双重挑战，力求成为中国与欧洲社会之间的对话平台与共同思想空间。

对自然资源和化石燃料享有使用权；但另一方面，从保持长远发展的角度讲，这种发展需求只会加速人类和地球生物圈之间的不平衡，对整个世界和中国本身都会带来损害。

由于可耕种的土地面积有限，中国政府果断地做出实施人口计划生育的决定，从而快速进入了人口转型期——从工业化前的高出生率和高死亡率的人口发展模式，向后工业化时代人口基数稳定但老龄化严重的人口发展模式转变。但是，出现了发展的第二个困境——达到西方世界的富裕程度也存在着环境恶化的风险。按照西方的发展模式，中国有可能在达到西方生活标准之前就出现严重的环境灾难。

在文艺复兴时代，西方国家凭借其胆大无畏和对先进技术的掌握开始征服世界。当西班牙和葡萄牙瓜分拉美，并在亚洲扩张之时，法国当时的国王弗朗索瓦一世意识到自己的国家在这场扩张运动中的落后，于是他说道："难道是亚当在遗书中将我们排除在瓜分世界的行列之外？"在今天来看，这一幽默且生动的表述完全适用于中国政府——它有权向最古老的工业化发达国家发问：为何他们在维持自己生活水准的同时却以拯救地球的名义剥夺了中国人、印度人或者非洲人按照西方同样的方式进行社会发展的权利。

事实上，当今的整个世界都陆续进入了一个巨大的转型时期，其规模堪与新石器革命时代相媲美。新石器时代，当狩猎的人们熟悉了如何从某些生态系统中获益，他们便开始依赖于这些生态系统，这一转变使得世界人口爆炸性增长。

从对自然资源管理的角度而言，工业革命的社会发展模式类似于石器时代的狩猎采集模式。工业体系从建立之初便不断消耗资源，意味着对煤炭、石油、水电资源和矿产的无节制开采，意味着海洋捕捞和废物排放。同新石器时代一样，这种原始的发展模式不可持续，应该由可持续发展模式所替代，简言之，即"园艺地球"模式。

面对全球转型的趋势，新兴发展中国家可以根据各国文化和背景，自己选择适当的发展模式。

首先，有两种与发展道路相关的思维模式。其一，遵循马克思主义文化的思维模式，普遍接受社会的发展总是由若干相同阶段构成，这些阶段的经过或快或慢，但不能跨越阶段发展。这种历史决定论将导致新兴国家遵循预定顺序中的每个阶段发展。为了保持产业的附加值水平不断上升，中国的发展将从“世界工厂”阶段开始，通过增加流水线生产来提升产值，并在随后演变进入与设计和研发相关的较高层次的阶段，同时将之前的生产活动转移到非洲或者亚洲其他还处在更低社会发展阶段的地区；其二，遵循“后发优势”思维模式，发展中国家可以避免其他国家在经济发展过程中的错误，直接从最先进的技术中受益。第一种思维模式，中国始终在追赶发达国家并在探索发展模式过程中扮演追随者的角色；第二种思维模式，中国将开始探索新的发展模式，以应对21世纪的各种挑战。

其次，探讨发展模型普适性的思维模式。受自由主义经济学家和美国思想家的影响，有些人认为只存在一种发达的工业化社会模型，而企业、市场经济和议会民主制度共存于这种普适而不可逾越的模型中。尤其是20世纪80年代末苏联解体后，此普适性模式已经发展到非常狂妄的地步，被一些人称为“历史终结”的模式——每个国家的社会发展都必将逐渐向这一普适模型靠拢并以此为终极目标。

但是事实上，在此普适模型之外，还存在另一个以各国和地区不同的发展路线为基础的社会发展模型。每个国家都应该根据本国的文化、社会、特别是地理环境，探索适合自己的发展路线和发展模式。但即使在这种情况下，发展模式的探索也不应是封闭的，即不应该完全依赖自身的资源禀赋。换言之，社会发展模式的探索应当从整个世界的发展经验中受益，吸纳所有的文化精髓，因为每个民族的文化本身就是不断变迁的过程，不应该简单复制外来发展模型。这种文化融合的案例常见于世界的公司管理工作中，例如，在20世纪八九十年代，日本经济的兴起促使整个世界开始关注日本式的公司管理方式，以及日本政府和企业间的关系。西方世界直到近些年才承认中国高速的发展模式与美国式模式相去甚远，其发展模式远非简单的“加入市场经济”。

纵观世界社会发展史，有两个不同的思维模式。其一，认为人类具有一成不变的发展阶段，新兴发展中国家有权利拥有最先进的技术，移动电话和互联网技术在中国的发展便是明证；其二，认为人类面临的经济转型需要总结每个民族的经验，应当集合所有不同文化背景的优势，推动转型的共同探索。

由此可见，中国必须在一个全球化的体系中积极探索一种新的经济体。如仔细斟酌“探索”一词的含义，不难发现，尽管全球都提倡可持续发展，但是人类并没有真正着手进行必要的变革。人类只是停留在对经济思想和生活方式的调整上，但这些调整远不足以应对21世纪地球环境面临恶化的挑战。当化石燃料和不可再生资源消费加大时，就是人类“生态足迹”不断扩大。在许多能源利用率较高的国家，人类活动对于生态的不良影响，直接威胁到代际公正。

这种现象既体现在大国或者大公司的领导人身上，也体现在普通公民身上。作为公民，通常持有极其矛盾的态度。一方面越来越多的人对21世纪所面临的挑战，诸如环境问题、气候变化和基因等问题表达出关切；另一方面作为消费者时，常常会更加关注产品（商品）的性价比，为寻找最便宜的产品而忽略或根本不考虑产品的实际生产状况与生态环境风险。这种矛盾心态呈现在地方领导人的经济政策上，他们既担忧气候变化，又不惜以牺牲环境和生态为代价来振兴经济。

目前，越来越多的国家相继关注社会的可持续发展，也采取了很多相关的措施。在绿色经济的激励下促进经济可持续增长，避免恶性攫取地球的资源。无论在欧洲、美国还是中国，很多人都意识到，在生态危机和环境保护的背景下，新的增长契机只能通过用高效益、低能耗的环境友好生产技术替代低效益、高能耗的生产技术来实现。同样，“低碳发展”在近些年备受关注。当人类从易被误导的指标（例如人均GDP）转而关注国民的实际需求时，可以看到有相关的解决方案，使人类的发展在不牺牲福祉的基础上减少资源消耗、温室气体排放，诸如鼓励使用风能、水能、太阳能等可再生能源，在住房、交通和工业领域大幅度提高能源效率（energyefficiency）。在关注绿色经济和低碳发展中，大家还应当持续关注被称之为“封闭式”循环生产的体系，例如，对生产活动所产生的垃圾进行分类，这种考虑再使用、再循环的过程称之为循环经济。

当今在中国和欧洲的经济发展过程中，开始涌现出“社会企业”，它与其他追求利益最大化为目标的公司不同，社会企业以社会需求为导向，为社会带来所需要的产品和服务。这类社会企业，作为第三形态的产业，介于公益机构与利益为导向的企业之间，也是一种经济民主的形式，或许是对现有发展模式进行修正的创新方法。其实，在经济运行过程中，也存在着改善市场经济过激行为的措施。从消费者角度来看，“公平贸易”运动的发展促使消费者不仅单纯考虑产品的价格和质量，而且也关注产品生产的条件对环境的影响。企业也不断意识到社会责任和环境责任，虽然企业的首要目标仍然是为其股东创造价值，但也应该考虑企业行为对社会和环境产生的影响。

总之，企业生产者和消费者，在生产及消费活动中，都要考虑其行为给社会所带来的影响。而近年来，这类“社会责任”运动在欧洲占据越来越重要的位置，而这有助于人们在生态成本和经济效益的博弈中做出选择，有助于纠正纯市场经济的野蛮行径。无论从消费者角度还是企业角度来看，尽管这些措施在开始时都是自愿采取的，但这并不妨碍它们被纳入新的公共或者私人规定中。同样，要求对企业的社会和环境责任进行评估，产生了新的规定，如发表社会和环境年报。

国际标准化组织（ISO）的标准作为企业科学管理的准则，由公司和公共机构自愿决定是否采用ISO的标准。在欧洲，至少公司参与公共项目竞标之前，必须达到一个或者多个ISO标准。ISO标准的本意在于创建中立的技术性标准，从而确保各工业部件之间的兼容性。但其标准涵盖的范围逐年扩大。2004年，ISO14001标准涵盖了公司管理的所有环保标准，旨在涵盖企业所有的社会责任事宜的ISO26000仍在酝酿讨论中。总之，人类社会在探索过程中，尚缺乏一个全局的理论框架和制度改革，后者可以确保全人类的福祉，确保环境保护和代际公正。

我试图勾勒出这一整体框架，提出一些见解作为本专著的序言。

第一个见解是，应该重新采用经济学一词的原始拼写“oeconomie”，这一拼写在18世纪时被现代词“economie”所取代。为何要如此做？恰恰是因为现代经济学已经忘记它的起源和根本目的，而这一根本目的正包含在“oeconomie”的词源中：“oeconomie”是从“oìkos”和“nomos”这两个古希腊词中派生而来的，它们分别意味着“家庭和共同家园”以及“法律”。严格意义上来讲，经济学是“妥善管理家庭的所有规则”。然而，现在人类的家园乃整个地球，从新石器时代直到工业革命，人类群体一直面临这一古老的经济学问题：人类社会根植于一块有限的土地，并且土地日后的肥力决定了人类的延续。著名植物学家卡尔·冯·林奈曾经说过“准备自然之物为我们所用，是一门利用所有自然物品的艺术”，这就很好地诠释了这一经济管理学问题。

伴随着工业革命的到来，“economie”取代了“oeconomie”，导致人类成为狩猎采集者，不断汲取自以为无限的地球资源，却不考虑对生态系统的维护。此时对“oeconomie”思想的重新提及则提醒人们，整个世界都应该反思，人类应该重新成为地球的园丁。

因此，提出上述的内涵，从涉及的法律和规则而言，“oeconomie”属于管理学范畴，它旨在建立责任人和制度管理体系，并制定规则来组织生产、分配和使用商品与服务，在科学技术力和人类创造力的基础上实现人类的福祉。同时，在这一过程中保护生物多样性，确保代际公正以及大家参与社会活动的公平性。

显而易见，与大学经济学教科书中的定义不同。首先，如何依据生产和使用属性区分不同的商品和服务？大学中教授的经济学将商品划分为市场化产品和公共产品，但如果人们从“oeconomie”的角度思考，这种对商品与服务的区分则过于简单，限制了人们对于其他区分方法的思索。

其实，为了区分不同的商品和服务，制定出适应每种产品的分类规则，经济学家应该将其集中在“共享性测试”上。当人们试图分享一种商品或一项服务时，应考虑这种商品和服务本身会产生什么后果？依据这个测试可以界定四类物品：①分享时被损坏的物品，例如，生态系统；②数量有限并在分享时被分割的物品，例如，水、土地、化石燃料等自然资源；③数量无限（由于人类能够制造）但在分享时被分割的物品，例如，人类对技术的掌握而带来的工业产品和服务；④作为最有趣的一类物品，则是在分享时能成倍增加的效应，例如，知识和经验。

即使不涉及具体内容，人们也可以轻易理解，市场经济仅适用于上述的第三类商品和服务，但对其他三种类型很难适用，因此必须建立一个具有全新内涵的规则。

第二个见解与企业的变化和发展有关。大型企业是现代世界的经济支柱，它们能够将基本的科学知识和技术与客户的需求对接，对营销渠道具有控制力和筹集资金的能力。但是问题是，除去上文中提及的在社会和环境责任方面的努力，这类大型公司能否继续应对21世纪的挑战？我个人并不这么乐观，只有建立可持续供应链，才能构建制度管理体系和世界贸易规则。

第三个见解是关于生产水平和交换水平的关联。第二次世界大战后，大多数经济学家认为，未来将是一个统一的世界市场，关税和其他非关税障碍在世界贸易中将逐渐被淘汰。世界市场的整合无疑使人们认为，地区性的生产和交换仿佛是远古时代的遗迹，会逐渐让步于世界市场统一。然而事实证明，与其他管理领域一样，在生产和交换领域，即“oeconomie”范畴，未来的发展将是从小的地方经济到整个世界范围内。

正如人们所意识到的，全球的绿色创新和绿色转型将是一项共同探索的历程，对于人类的生存与延续至关重要。毫无疑问，本专著的成果将是中国学术界科学研究的里程碑。

目　录

图　录

表 录

前 言

黄海峰

德国柏林洪堡大学博士

众所周知，过去的工业革命带动了全球经济增长，改变了人类生活的方式。然而，这一辉煌业绩的背后却是赤裸裸的贫富悬殊、血淋淋的利益冲突和严重的生态失衡，人们不得不重新质疑其社会发展方式和运作管理体制。早在几十年前，罗马俱乐部就在“增长的极限（The Limits to Growth）”的报告中，警告现有的经济增长模式将给地球和人类自身带来毁灭性的灾难。为此，21世纪的绿色革命通过化解工业化革命带来的生态环境风险，试图解决经济发展与资源短缺的冲突。中国尚处于工业化发展中期，一味追求经济增长的政策，使其生态环境付出了高昂的代价。

对于中国而言，1978年，中国开始向国际社会开放其市场。近40年，改革开放政策使中国取得了巨大的经济成就，但是经济增长很大程度上是以牺牲自然环境、资源短缺以及环境污染为代价的。作为世界上最大的发展中国家，中国正面临着绿色创新的重大机遇和挑战。目前，“绿色创新”和“绿色转型”业已成为中国社会经济可持续发展的重要问题。如果经济增长不能改善其国民的生活环境，即使实现了雄心勃勃的增长目标也将是徒有其表的胜利。中国的发展战略围绕“绿色创新”和“绿色转型”，实行低度消耗资源的生产体系，适度消费的生活体系，合理利用资源、防止环境污染、保护生态平衡，建立可持续发展和代际公正的经济社会体系。

1. 研究绿色创新的国际背景

各国经济学家和社会学家针对“创新”各抒己见。无论是20世纪力推的市场化和全球化，还是21世纪初涌现的信息化和绿色化，均表现出人类社会在提升资源产出效率中的创新激情。

20世纪，东西方以GDP总量作为衡量标准的发展观导致了自然资源的过度开采，造成今天的洲际不公正和代际不公正的现象，当代人的健康生活和幸福指数也因为环境污染和气候变化受到严重威胁，盲目追求数量和产值的“高污染、高排放、高消耗”的发展观严重违背了整个人类的可持续发展。

2008年10月，联合国环境规划署提出了全球“绿色新政”的发展观，通过提升各国的绿色创新能力，力图在全球建设公正、包容、可持续的社会经济秩序，其中提高经济发展质量、注重环境保护与追求人与自然和谐的发展观成为时代的最强音。

2. 探讨绿色创新的中国道路

国内外学术界在研究“绿色创新”时，更多集中在文化和技术层面。长达一个世纪以来，中国始终在探索自我的创新道路，既有洋务运动中的“洋为中用”创新探索，又有革命运动中的“意识形态”创新挣扎，再有新文化运动的“砸烂孔家店”的创新破坏。中国创新思想如此丰富、复杂而独特，足以对研究中国学（China Studies）的国内外专家提出许多挑战性的问题。无论是洋务运动、五四运动，还是其他涉及政治、历史、经济和文化的运动，其创新思想对社会进步所带来的推动和破坏，都与历史和所处时代的背景息息相关。

新中国成立以来，先后经历了“政治创新”“经济创新”“技术创新”“绿色创新”四个不同的阶段，每个阶段的创新都与其发展观密切相关。美国诗人缪丽尔·鲁凯泽（Muriel Rukeyser）说过，宇宙是由故事而非原子构成（The Universe is made of stories， not atoms）。“中国创新”作为当今“中国研究”的重大事件，也是由无数激动人心的故事构成的。

对于“政治创新”而言，中国作为世界上最大的发展中国家，选择了与大多数发展中国家不同的政治体制。鸦片战争后，农业文明的古老中华大国在扩张的工业文明帝国的挑战下不堪一击，华夏文明从此一蹶不振。于是，团结一批优秀的知识分子，寻找独立自强，逐渐摆脱美苏的影响和封锁，依靠“独立自主、自力更生”的方式，建立了初级的工业体系，探索出一条具有中国特色的政治创新道路。

对于“经济创新”而言，在长期“政治创新”的负面效应下，为了摆脱贫困，中国开始进行“经济改革”，开启了在经济体制、经济结构和经济发展方式上的“经济创新”，包括从高度集中的计划经济向充满活力的市场经济的转型，从贫困的农业性乡村社会向富足的工业性城镇社会的转型，从“封闭半封闭”社会向“开放”社会的转型。正是“经济创新”，充分调动了亿万民众“致富”的积极性和创造性，中国农村贫困人口大量减少，不仅使许多边远乡村的农民逐渐融入社会发展大家庭中，而且也使中国社会融入国际社会中，承担起全球的社会责任，所涉及的制度、管理、政策和方法以及“经济创新”模式备受世人关注。

对于“技术创新”而言，通过开拓新兴市场、淘汰落后产能、优化产品结构、创新管理技术和供应链，抢占产业制高点，提升了中国企业的核心竞争力，逐渐实现从“中国制造”向“中国创造”的转型，成为全球申请知识产权最多的国家之一。

对于“绿色创新”而言，中国原有的“高投入、高消耗、高排放”的粗放型发展模式，不仅付出了生态环境退化的高昂代价，把污染留给自己，而且对中国经济的可持续发展构成了严重伤害。“既要绿水青山，也要金山银山。宁要绿水青山，不要金山银山，绿水青山就是金山银山”。“两座山论”具体阐述了“生态文明”发展观，成为中国当今治国理政思想的重要组成部分。中国一改过去无节制开采资源、牺牲环境和廉价劳动力的发展观，开始走向从“以速度增长”转变为“以质量增长”的“新常态”经济，其倡导的“生态文明”建设，乃是对农业文明、工业文明的继承与创新，符合人类文明发展的方向。

3. 研究绿色创新的相关理论

根据熊彼特（1883—1950）理论，创新的概念涵盖范围极为广泛，包括但不限于系统、管理、技术和产品。制度创新可以分为政策和监管领域，管理创新在一定程度上涉及文化因素。管理的变化属于制度创新，而技术创新也包含产品开发（熊彼特，1934）。在其他领域，学者对创新的定义包括引进新产品和生产方法，拓展市场，寻找新的原材料和半成品，并建立新的产业组织形式（Hbellström，2007）。在学术界，“绿色创新”作为学术概念没有严格的定义。凡是具备了创新的新颖性、价值性特征，且能实现资源节约和环境改善，即称之为“绿色创新”。创新大师熊彼特将“创新”归纳为产品创新、技术创新、市场创新、资源配置创新和组织创新，“绿色创新”更注重资源配置和组织创新。

显然，绿色创新的结果将是新的产品、新的生产方法和通过“服务化”的新服务系统。这种进步不仅来自企业的环境保护行为，而且来自法律、法规、政府政策和机构的文化背景。技术、组织行为和社会观的革新也有助于改善环境。从广义上说，创新在两方面对环境保护起着重要的作用。一方面是能够直接减轻环境负荷；另一方面通过环境友好型获取创新，间接建立可持续产品和服务体系。从整体看，这两方面能很好地服务于经济、社会和环境的可持续发展。有效的绿色创新在降低资源消耗、提高产业综合效率，保护环境方面将遵循生态经济学原理。不同于利润导向的创新，绿色创新包括绿色技术、环境管理创新、环境市场机制、环境法规、系统和框架，并最终体现文化社会价值。

总的来说，“绿色创新”更注重资源配置和组织创新。它作为资源由低产出向高产出的转移方式，在于建立资源集合器和财富放大器，提高现有资源的产出。“绿色创新”与“可持续创新”、“生态创新”或“环境创新”等概念有相似之处，其研究内涵分为三个方面：

（1）技术和研究层面：以环保技术创新为核心。

（2）产业和管理层面：以产业可持续发展研究为核心，涉及绿色经济、绿色技术、绿色GDP、绿色金融和绿色管理等诸多领域。这阶段的

“绿色创新”是一种广义的创新，超出了单纯的技术创新、工艺创新和产品创新，包括了组织创新、管理创新、制度创新等。

（3）政治和法律层面：以生态文明建设为背景的绿色创新研究为核心。2015年9月11日，中国通过了《生态文明体制改革总体方案》，将“绿色创新”扩展到政治法律层面。

4. 论证中国绿色创新的特色

中国的绿色创新从认识到理论，从解决问题到政策制定，从经验示范到最佳实践的各个阶段都取得了一定进展。融合了国际智慧、国内的见解和区域多样性，经历了以下重要的发展过程。

中国在经历了30多年持续高速增长之后，由于国内自然环境脆弱、经济增长方式粗放、环境监管滞后、资源环境瓶颈约束和经济增长的矛盾日益尖锐，环境质量改善速度和民众需求依然存在很大的差距，中国资源环境面临的压力可能比世界上任何国家都要大。改革的目标是推动创新，这是发展经济的必由之路，是保护资源、保护环境的唯一途径。

2009年，中国环境与发展国际合作委员会年会批准设立了“中国绿色经济发展机制与政策创新研究”项目，旨在为中国政府推动绿色经济发展提供战略性、前瞻性和可操作性的政策建议。中国在“十三五”时期，以“绿色创新”协调经济发展与环境质量的关系，在改善环境质量的同时保持经济稳定增长。绿色创新前提在于转变经济发展方式，通过创新和管理形成绿色经济新的增长点。

2015年11月3日，“十三五”规划建议稿发布，提出了“创新、协调、绿色、开放、共享”的发展理念。这五大发展理念，将“创新”作为最重要的发展前提。

什么是中国“绿色创新”的特色？“绿色创新”其实质就是要提高社会资源的效率，创造出适应社会调整、经济改革和生产力发展的力量，建立符合社会经济可持续发展的制度。面对中国工业化呈现出“高投入、高消耗、高污染、低产出、低质量、低效益”的问题，“绿色创新”将摒弃单纯依赖资源投入、出口需求、投资拉动的经济发展模式，杜绝盲目追求

GDP、漠视环境成本、土地等自然资源利用效率的做法，由数量驱动型逐渐转变为质量驱动型，通过资源节约、治污减排，将环境友好型和资源节约型的“两型社会”建设变为全社会的自觉行动，树立绿色、低碳和循环发展的理念。

5. 实施绿色创新的重要措施

中国环境保护部为了大力发展绿色经济，公布了四个新的具体目标，以制定绿色创新政策。首先，必须通过重点行业升级改造来提高其生态性能；其次，回收废品，尤其要强调回收电子废品；再次，制定一系列区域性的绿色经济政策；最后，对关键的经济政策进行检讨。

目前，中国基本具备了“绿色创新”的政治环境和社会环境。中国共产党十八大提出大力发展生态文明建设，在全社会形成了“绿色创新”的驱动力，具体有：①推进了“绿色创新”政策的制定和实施；②建立了环境成本合理负担机制，使企业排放各类污染物承担的支出高于主动治理成本，引导企业主动治污减排；③促进生产方式、生活方式的绿色化。

由雾霾、不良食品所造成的公共健康危机，也使全社会意识到“绿色创新”能够极大改善生存环境，获得新的产业增长点，推动传统产业优化升级，逐步降低能源消耗和污染排放。

“绿色创新”具体体现在四个方面：

第一，理念创新。理念创新是实现“绿色创新”的前提。2013年中关村年会上，诺贝尔经济学奖得主詹姆斯·莫里斯在“绿色增长的价值”的报告中认为，绿色GDP概念很重要，他从环境影响的角度重新诠释了经济发展的价值。中国正是以一种全新的绿色创新观，制定了以促进节能减排、循环经济、环境保护为重点的绿色创新战略。

第二，科技创新。科技创新是粗放型发展方式转变为集约型发展方式的重要保障。科技创新是指以保护环境、改善生态条件、促进可持续发展为主要内容的所有科技活动的总称，它包括产品研发、工艺设计、材料开发等，其显著特征是高效、节约、环保。

第三，市场创新。市场创新是实现绿色创新的重要动力。鼓励和推广低碳、循环的绿色生活方式及消费方式，提高全民生态意识和绿色消费观念，强化市场管理和监督，加强产品质量的检测，健全绿色标准的认证机制，开辟绿色产品市场。

第四，机制创新。制度经济学认为，制度结构和制度变迁对经济效率及经济发展具有重要的影响，高效、合理的制度安排有利于解决存在的诸多生态问题。制度创新作为绿色创新的根本保障，分为强制性和非强制性的制度安排。强制性制度安排是指采用法律、行政、经济等强制性手段来实现绿色创新；非强制性制度安排主要是指通过对社会公众的环境知识、法律知识教育，培养社会公众的环境价值观，提高公众的环境保护意识。

“绿色创新”具体措施有：

首先，推动宏观决策的绿色机制创新。各级政府在制定经济、技术政策时，要听取专家意见，将环境保护作为决策的重要导向和约束。

其次，推动市场竞争的绿色政策创新。加强企业环境信用体系建设，构建“绿色金融”体系，制定“绿色信贷指引”政策。

再次，推动生产成本的绿色管理创新。其一，制定环境成本纳入绿色税费的政策。在开采环节，提高石油、煤炭资源税；在生产环节，对实施环保项目、环保专用设备、资源综合利用的企业给予税收优惠；制定“环境保护税法”，促进环境成本内部化，利用税收手段推动企业治污减排。其二，制定环境成本纳入绿色价格的政策。对于水泥、电解铝等重点行业落后产能，专门实施惩罚性的加价政策。其三，制定环境成本纳入绿色贸易的政策。限制“双高”产品的出口，减少国内生产的环境资源代价。

最后，引导生活方式的绿色创新。新《环保法》对公众的环保义务和权益做出了全面规定，要求公众增强环境保护意识，采取低碳节俭的生活方式，鼓励公众使用有利于环境保护的产品和再生产品，对生活废弃物进行分类放置等。

6. 展望绿色创新的未来前景

中国尚处于工业化发展中期，一味追求经济增长的政策，使其生态环境付出了高昂的代价。随着日益加剧的生态保护与经济增长的矛盾，如何有效地实施“绿色创新”就成为当今生态文明的重要问题。众所周知，如果经济增长不能改善其国民的生活环境，即使实现了雄心勃勃的增长目标也将是徒有其表的胜利。中国绿色创新需要充分调动国家、企业和个人的积极性，才能有效整合市场机制和政府参与、经济效率与社会公平。诚然，绿色创新的激励制度还需公众的参与和支持，这其中不仅要借鉴国际经验，而且要理性地根据自身的经济社会发展阶段，避免简单地搬用西方的发展理论。

中国通过“一带一路”战略，大力开拓新兴市场、淘汰落后产能、优化产品结构、创新管理技术，希望进一步提升中国的国际竞争力，吸引更多的国际合作者。正如国际战略创新专家安纽・古普塔（Anil K. Gupta）在《展望2020：中国创新之路》一文中所言：“中国面临的独特机遇和挑战赋予了中国成为世界创新主宰者的潜质，在全球整合的经济条件下，许多重要的创新活动来自中国，中国在诸多重要领域面临机会与挑战，主要包括：能源、环境、基础建设、人口密度、老龄化、生物技术以及移动设备等，中国应重点以此开展创新活动。”

未来学大师托夫勒（Alvin Toffler）在几十年前曾预测人类社会从农业化、工业化之后将进入信息化的“第三次浪潮”（The Third Wave），那么21世纪人类社会所呈现的绿色创新，将在生态发展、低碳发展、循环发展三个方面，汇集社会有效资源，成为引领经济社会可持续发展的“第四次浪潮”。

综上所述，“绿色创新”作为中国可持续发展的战略选择，不仅是中华民族发展的需要，也是全球可持续发展的社会实践。“绿色创新”将给中国的社会、经济和政治带来三大特色：一是从“排他”政治向“包容”政治的转型；二是从“逐利”社会向“和谐”社会的转型；三是从“棕色”经济向“绿色”经济的转型。毋庸置疑，中国经济社会仍处于一个转型阶段，其“绿色创新”也需要较长的过程。毫无疑问，今天中国的“绿色创新”，为其他发展中国家走向现代化提供了范例，将进一步丰富人类文明的多样性发展模式，其意义十分深远。

1　中国绿色创新发展概述

绿色已经成为资源节约和环境友好的代名词，任何保护生态系统和节约自然资源的事物都可被称为绿色的。因为资源和环境问题的外部性特点，几乎在整个20世纪，绿色就意味着高成本，因此绿色被认为是由政府主导和民间参与的遵守环境保护相关法律法规的过程。随着经济发展和人民生活水平不断提高，企业绿化的意义远超出了遵守环保法规、改进设施以及提高能源利用效率等范围，成为一个组织对以往的活动过程进行反思并构建和培育绿色创新系统的过程。目前，绿色创新已经成为理论界和产业界讨论的热门话题，如何从绿色创新系统及其发展机理中寻找影响绿色创新的关键因素和作用路径是产业界和学术研究领域的重要课题。

1.1　主要内涵

1.1.1　基本概念

绿色创新是一个宽泛的表述，可以说只要具备了创新的新颖性、价值性特征，且能实现资源节约和环境改善，就可以归为绿色创新。绿色创新也常被称为“可持续创新”、“生态创新”或“环境创新”等，并且通常与“可持续发展”、“环境问题”和“外部性”相关联。正是由于可持续发展和环境问题具有一定的公共性，而其影响又具有普遍性，因此不同学科背景的学者分别基于不同的视角开展绿色创新研究，引申出了不同的定义。有中国学者综述了国内外环境创新研究状况，发现相关概念多达二十几个，如绿色经济、绿色技术、绿色创新、绿色GDP、绿色证券、绿色保险、绿色信贷、绿色营销、绿色新政、绿色会计、绿色审计、绿色贸易、绿色供应链、绿色竞争力、绿色产业、绿色食品、绿色包装、绿色采购、绿色产品和绿色建筑等，对Research Policy、Journal of Cleaner Production，Journal of Environmental Economics and Management 等国外相关杂志所使用的概念进行统计发现，在诸多相关概念中“环境创新（Environmental Innovation）”的使用频次较高（戴鸿轶，2003）。国际学者则利用Google Scholar数据库对1990—2010年的文献进行检索，得到8 516项相关研究成果，通过定性和定量分析，对绿色创新、生态创新、环境创新和可持续创新等进行深度解读，其统计分析结果表明，2000年以前相关研究很少，从2005年开始国际上绿色创新概念的使用和相关研究迅速增加（Tim Schiederig，2005）。同时，有国际学者还利用Google Scholar数据库对1990—2012年的文献进行检索，得到1 024项引用率较高的相关研究成果，通过统计分析得出，高质量的相关研究从2006年开始增加，2008年起快速增加。由此可见，国际上越来越重视对绿色创新的研究（Emrah Karakaya，2005）。

此外，还有国际学者指出，随着全球化的进程不断加深，关于绿色技术的需求与竞争正在急速增加。他们对NIC（即通过生产部门与服务行业主导的经济形态来改变农业主导的经济形态的国家）进行研究，认为绿色技术为这些国家的节能减排与技术创新提供了全新的机会，而这些机会能够进一步拉动包括低收入国家与普通OECD成员国在内的国家、经济体对绿色技术的需求。而对于这些国家来说，影响与区分绿色技术水平的一大因素就是企业标杆学习的能力（Rainer Walz，2012）；Wolfgang Eichhammer，2012）。

库克（Philip Cooke，2013）在对传统经济理论与发展理论分析的基础之上，提出了一种新的发展理论。这种理论认为，建立一个绿色市场、推行绿色技术创新，都能够对发展模式造成“气候上的变化”，而不是单纯的维持原状。同时，他提出建立一个生态友好型的经济发展方式，通过这个方式，社会、政策、经济系统能够将发展与环境的矛盾引导向一种发展与环境兼顾的新形式，进而减缓气候变暖。当然，这个模式也有它的缺陷：缺乏能够论证这套模式如何运作的空间敏感度。

国际学者通过对马来西亚制造商案例的分析，研究在制造商方面阻碍绿色创新的内部障碍与外部障碍。他们对马来西亚的153家制造厂商进行调查，获取数据，并在这些数据的基础上加以分析，最终得出结论：阻碍绿色创新进程的原因是多种多样的，这些阻碍可能来自于自然资源、态度、期望值、商业培训、政府支撑以及消费者的决定（Mirza Abdullah，Suhaiza Zailani，Mohammad Iranmanesh，2014）。

此外，科廖洛将绿色创新与海洋产业相结合，他在文中突出了一套在海运领域中正在运用的以及即将运用的环境循环利用方式。同时，作者对这套全新的环境循环利用模式的内涵、影响进行了解释与分析，并且列举了几项如今已经由理论转化为生产力的新技术（Andrea Cogliolo，2014）。

以上几个关于生态创新的定义有一个普遍的认同，即生态创新的环境效益属性，但没有明确人们追求这种属性的动机。OECD对生态创新的定义就体现了人们的意识问题，认为一种创造、新成果或明显地改善、产品（商品和服务）、工艺、营销方式、组织结构和制度安排等，与其他相关替代方案相比——有意识或无意识地——导致环境的改善即为生态创新。同前面几个定义相比，OECD的定义不仅强调生态创新的目标（或目标之一）是追求环境效益，而这种追求可以是“有意识”或“无意识”的。

有国外学者归纳了绿色创新概念所涵盖并有所不同的6项指标：①创新对象：包括产品、过程、服务和方法等；②市场定位：满足需求/市场竞争；③环境效益：减少负面影响（最佳=零影响）；④作用阶段：必须考虑整个生命周期（还原物质流）；⑤创新动机：旨在减少经济或生态影响；⑥创新的层次：设置公司或企业层面的创新或绿色标准。他们认为，目前关于绿色创新定义的涵盖范围是这6项指标的一个子集（Tim Schiederig，2014）。

可持续创新的概念可以追溯到1987年世界环境与发展委员会发表的

报告《我们共同的未来》。该报告提出了“可持续发展”的概念，即可持续发展是“满足当代的需要，但不损害未来世代满足他们需要的能力”。围绕如何可持续发展，全球范围内展开了大量的相关研究，形成两种不同的观点：一种观点认为，要达成可持续发展的目标，必须满足可再生资源的使用速度不能超过其再生速度；不可再生资源的使用速度不能超过可代替它的可再生资源的再生速度；污染物的排出量不能超过环境的净化能力。这就是所谓的“强意可持续性”，其实现可持续发展的基本思路是限制自然资源的利用，对发展施加物理制约。另外一种观点认为，过于严格的物理约束不利于当代人的发展，要实现可持续发展只需在经济发展中考虑重大环境资源的使用及其减少问题，从而产生的对经济发展制约条件的差异。这就是所谓的“弱意可持续性”，其实现可持续发展的基本思路是从优化经济发展模式和发展过程中获取资源节约和环境友好的效果，以制度、规制和觉悟协调长远利益和短期目标之间的关系。绿色创新就是在“弱意可持续性”概念的基础上提出来的。

国内从20世纪90年代末开始使用“绿色创新（Green Innovation）”的概念，并从21世纪初起逐渐占据主流。国内的“绿色创新”更多指的是一种广义的创新，这种创新活动超出了单纯的环境技术的创新、工艺创新和产品创新，包括与此相关的组织创新、管理创新、制度创新等。

国内有学者认为，随着国际社会对生态问题的关注不断升温，绿色创新已成为学者们日益关注的热点问题。他们首先从环境经济学、创新经济学、战略管理和产业组织等四个视角对绿色创新研究的演进脉络进行了系统梳理，然后剖析了现有研究所存在的问题，最后对未来研究方向进行了简要展望（张钢、张小军，2011）。绿色环境战略日益成为社会各界共同关注的问题，如何将环境管理和企业战略管理进行整合，通过绿色创新提升企业的持续竞争优势是企业家和战略管理学者们未来研究的重大课题。他们在资源理论和利益相关者理论的基础之上，分析了企业与利益相关者之间构成的绿色价值网络；提出了绿色战略联盟与绿色创新关系的基本理论框架；阐述了绿色创新的构成要素和运作机制（焦俊、李垣，2011）。

国内有学者认为，与传统战略相比，绿色创新战略从单纯追求经济收益转向经济、环境和社会三重收益。这种转变使得产生竞争优势的知识越来越存在于企业的外部，尤其是位于企业现有利益相关者网络的边缘。但是现有利益相关者的理论和实践仍然紧紧关注一些众所周知的、突出的、有影响力的行为者。意识到这一挑战的同时，他们通过江苏紫荆花纺织科技股份有限公司的黄麻绿色战略案例，发展了绿色创新战略下的边缘利益相关者管理方法。①向外扩展。基于行动研究帮助企业识别一个足够小的同时又能代表各种不同的知识和价值观的利益相关者团体；②向内深化。创建企业与边缘利益相关者的价值共享模型，进一步推动利益相关者理论和实践的发展（施建军、张文红、杨静、孟源，2012）。

此外，在绿色全要素生产率、研发效率及绿色效率等研究的基础上，借助DEA–RAM模型，构建了包含经济效率、绿色效率及创新效率的绿色创新效率模型，该模型体现了绿色发展和创新驱动的理念。同时，他们利用绿色创新效率模型测算了山西省工业绿色创新效率，并对其无效率部分进行了分解，研究结果表明，能源投入的无效率对山西省工业绿色创新效率的无效率贡献率最大（任耀、牛冲槐、牛彤、姚西龙，2014）。国内还有学者基于制造业外商直接投资流入的视角，构建了外商直接投资流入对中国制造业绿色创新系统、绿色创新能力影响的概念模型并提出相关假设。依据统计年鉴计算得出相关统计数据，采用基于PLS统计分析方法的结构方程模型进行假设检验。研究发现，外商直接投资流入对制造业绿色创新系统、绿色创新资源的各要素资源投入具有促进作用，但其中外商直接投资信息流入对制造业绿色创新人力资源产生了抑制作用；同时制造业绿色创新系统中绿色创新资源投入对绿色创新能力也产生了促进作用，其中绿色创新物力资源对绿色研发能力产生了抑制作用。研究还发现，创新资源投入在外商直接投资流入对制造业绿色创新系统、绿色创新能力影响的过程中起完全中介作用，基于这种中介作用，外商直接投资流入对于绿色研发能力、绿色制造能力均产生了显著的正向影响，对绿色产品市场开拓能力产生了负向影响（毕克新、王禹涵、杨朝均，2014）。

国内部分学者提出，内化跨国公司转移技术作为中国制造业技术基础储备，已成为提升中国制造业绿色创新系统绿色创新绩效的重要手段。他们在考虑跨国公司技术溢出、绿色创新系统社会资本和绿色创新系统吸收能力的作用下，构建了跨国公司技术转移对中国制造业绿色创新系统绿色创新绩效影响机理的概念模型并提出了研究假设，进而运用结构方程模型进行了实证检验。研究结果表明：跨国公司技术转移对中国制造业绿色创新系统、绿色创新绩效具有积极影响，而跨国公司技术溢出、绿色创新系统社会资本和绿色创新系统吸收能力，在跨国公司技术转移对中国制造业绿色创新系统绿色创新绩效影响的过程中均产生了积极的作用。相比而言，跨国公司技术溢出的影响最为显著，其次为绿色创新系统社会资本，再次为绿色创新系统吸收能力（毕克新、王禹涵、杨朝均，2014）。

到目前为止，学者们对绿色创新概念的理解还没有一个统一的认识，可持续创新、生态创新、环境创新和绿色创新四个概念，在描述精度上的差异微小，在很大程度上可以互换。四个概念对创新对象的界定几乎相同，并都强调了“环境收益”属性，存在的分歧可以概括为如下三点。

第一，环境收益的定义和度量问题。众多概念都将“环境收益”作为度量绿色创新的重要指标，不同的研究学者出于自身的研究视角对环境收益的界定不尽相同。例如，避免或降低在生产、使用、消耗和回收处理过程中的废物排放，减少资源使用量，避免或降低对环境的破坏，减少温室气体排放，等等。这些环境收益的界定或多或少存在一定问题，首先是所用概念因研究者所在领域和价值观的不同而侧重点不同；其次是环境收益本身会随社会、经济和技术的发展而变化，很难给出一个一成不变的界定和涵盖。

第二，追求环境效益的自觉性问题。在绿色创新是否有意追求环境效益这个问题上，有些学者没有明确界定，但大部分学者认为，有意识和无意识地追求环境绩效的过程都应该认定为绿色创新。

第三，绿色创新的外部性问题。绿色创新有一个其他类型创新所不具备的独特属性就是其暗含的“双重外部性”。这个问题是对前面两个问题的综合体现，尽管之前的大部分研究中都没有明确指出，但它的存在是一个不可回避的问题，也是界定和研究绿色创新的重要问题。除了拥有一般创新所具有的溢出效应之外还存在外部环境成本问题，使得绿色创新具有由“溢出效应”和“外部环境成本”产生的“双重外部性”。对于创新者来说，只有当能够获得收益时创新才有意义，而大多数环境问题意味着负外部性，因此这种“双重外部性”可能会阻碍企业开发绿色创新的意愿，使得企业层面的绿色创新缺乏动力。事实上绿色创新者并不能获得所有甚至大部分由此带来的社会收益。

综上所述，关于绿色创新的争议之一是绿色创新结果的界定和度量，即绿色创新的结果是不是只体现为环境收益，以及如何界定环境收益；争议之二是绿色创新的自觉性，即绿色创新带来的环境收益是不是创新发起者有意识的追求；争议之三是绿色创新的双重外部性，即是不是只有具备双重外部性的创新才是绿色创新。

国外学者将不同类型的环境创新区分为“能源和资源有效型创新”和“外部性减少型创新”。“能源和资源有效型创新”是指那些旨在提高效率、减少投入、节约成本的环境创新，而“外部性减少型创新”是指那些旨在减少负外部性的环境创新（Claudia Ghisetti，Klaus Rennings，2007）。

2005年，中国工程院33位院士联合向中央呼吁中国应“建设节约型和环境友好型社会”，于是引发大量相关研究，结果发现“资源节约”和“环境友好”是目前国内外衡量是否可持续发展、是否绿色的基本标准。其中，“资源节约”是指物质资源的节约使用和优化配置，包括自然资源、社会资源、经济资源和科技资源等；“环境友好”则指在社会发展过程中，人们采取有利于社会环境保护的产品、技术和工艺，以及生产模式、生活模式和消费模式等，从而尽量减少对环境的负面影响。

1.1.2 定义分类

综合上述绿色创新概念三方面的争议和国内外对衡量可持续发展的“资源节约”和“环境友好”两维度标准的认同，本书归纳和整理出一个基于“动机—过程—结果”的绿色创新分类定义框架，据此研究框架可以将绿色创新分为三类，如表1-1所示。

表1-1 基于“动机—过程—结果”的绿色创新概念分类

创新的绿色动机	创新过程	直接结果	分类定义
无意识	单一外部性 （溢出外部效应）	资源/能源节约	Ⅰ类绿色创新
有意识	双重外部性 （溢出效应+环境外部效应）	环境友好	Ⅱ类绿色创新
无意识+有意识	单一/双重外部性	资源节约+环境友好	Ⅲ类绿色创新

Ⅰ类绿色创新，也称资源节约型绿色创新。一般来讲，创新都具有提高效率和增加效益的功效，这是创新的主要目的。这类创新除了具有一般创新提高效率和增加收益的特征外，还因效率的改善带来了显著的资源节约，即资源节约是这类创新收益的重要来源。资源节约本身就是一种绿色行为，同时还会间接地带来环境友好（例如，节约能源不仅因其本身的节约带来直接效益，同时还会减少二氧化碳等排放而带来环境友好）。这类绿色创新是无意识地追求了环境绩效，创新过程只具有单一外部性，因此可以视为一般创新，也可以用一般创新的研究思路和方法进行研究。

Ⅱ类绿色创新，也称环境友好型绿色创新。这类创新强调专门为减少对环境的负面影响所进行的创新就是环境友好型绿色创新。Ⅱ类绿色创新有意识地追求环境绩效，创新过程除了具有创新本身的“溢出效应”外，还具有“外部环境成本”带来的外部性，因此具有“双重外部性”。这是一类不同于一般创新的创新行为，需要运用不同的研究思路和方法进行研究。

Ⅲ类绿色创新，也称混合型绿色创新。美国著名管理学家波特在1991年的一个随笔中提出，环境规制可能通过刺激国内企业环境创新（相对于外国竞争对手而言）对创新企业的绩效有积极影响（Michael Porter，1991）。美国学者提出了三个不同的所谓关于“波特假说”的变体，其中“弱”假说（“Weak” Version）认为，环境规制将刺激环境创新；“中”假说（“Narrow” Version）认为，灵活的环境规制比固定的规制

（如技术标准）更能激励企业创新；“强”假说（“Strong” Version）认为，合理地设计环境规制可能引发超过补偿合规成本的成本节约的创新（Adam Jaffe，Karen Palmer，2003）。

Ⅲ类绿色创新是指“强”假说所指的环境创新，目前基于实证研究的结果没有得出充分支持这个假说的结论，其相关研究还需要进一步探讨。

从宏观视角来看，环境友好与资源利用的形式、状态和过程紧密相关，对于这样的复杂系统，必须用系统的观点来研究，合理地拟定政策方案、建立政策模型、分析政策过程，通过科学的手段，从整体和局部、长期和近期相结合的视角，寻求合适的运行模式和实现途径。所以，Ⅱ类、Ⅲ类绿色创新通常需要社会制度和经济机制等宏观环境的支撑。

1.2 研究理论

不同的绿色创新定义反映了绿色创新研究不同学科或理论视角的特点，不同学科背景的学者分别基于不同的视角开展绿色创新研究。

1.2.1 环境经济学理论

环境经济学主要关注环境规制对企业竞争力的影响以及不同规制工具对企业创新行为可能产生的不同影响。环境规制是将外在成本内部化的一种政策手段，一般可分为行政型规制、经济型规制和社会型规制。基于环境经济学视角的相关研究，主要集中在环境规制工具选择对企业绿色创新的影响，以及环境规制是否能达成经济绩效与环境绩效的双赢。

研究的基本理论框架如图1-1所示。

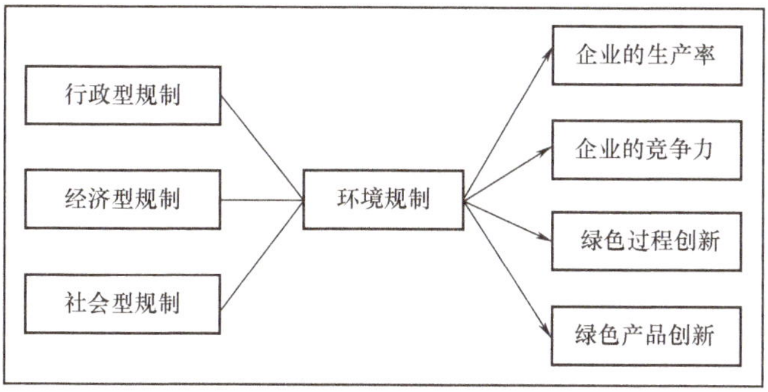

图1-1 基于环境经济学视角的研究框架

基于环境经济学的研究方法可以分为两大类：一是基于博弈论和最优化模型对不同市场结构下环境政策工具优化选择进行研究；二是基于历史数据和问卷等对已有的相关结论或假说进行检验。第一类研究主要关注的环境政策工具有两类：一是市场型环境政策工具，如排污税、减排补贴、排污许可等；二是命令控制型环境政策工具，如污染标准、排污配额等。有关市场结构可以分为完全竞争市场、完全垄断市场、垄断竞争市场和寡头垄断市场等。这类研究的框架和方法比较成熟，并且关于理性假设前提下的一些结论基本达成共识。关于第二类研究，众多学者在不同的地域对不同的行业进行了大量的实证检验。但遗憾的是到目前为止，在环境规制对创新绩效影响方面没能得出比较一致的结论。前面曾提到“波特假说”的弱、中、强三种变体，国外学者设计代理变量，利用包括七个经合组织国家的约4 200个相关设施的观测数据来检验该变体假说。结果发现，“弱”假说获显著支持，“中”假说获基本支持，但“强”假说没有获支持。在环境机制选择方面也不存在单一的最优推动企业绿色创新工具，但与行政型规制相比，基于市场激励的经济型规制（如排污费、排污权交易）能对绿色创新产生更强的激励作用（Paul Lanoie，2013）。国外还有学者区分规制驱动型和自愿型环境创新，通过实证研究发现，不提高企业资源利用效率的创新对企业盈利没有积极的影响，而提高企业每单位产出的材料或能源消耗的创新对企业盈利能力产生积极的影响。这种积极的影响对于规制驱动型和自愿型创新都成立，但对于规制驱动型创新的效果更大。因此可以得出结论：“波特假说”不是一个一般性的结论，而是取决于环境创新的类型（Sascha Rexhauser，Christian Rammer，2011）。

结合前面对绿色创新的分类可知，对于Ⅰ类绿色创新，由于其不存在双重外部性问题，因此无须环境规制，企业就会自发地开展创新，可以运用一般的创新理论加以研究，其主要结论也与一般创新相同。对于Ⅱ类、Ⅲ类绿色创新，由于这两类绿色创新存在由环境问题引发的外部效应，必须通过规制将外部效应内部化，进而推动绿色创新。如果不加区分地将环境规制施加于整体绿色创新系统加以研究，其结论的不一致性是显而易见的。分类是对绿色创新进一步研究的基础，基于环境经济学视角的研究主要是针对Ⅱ类、Ⅲ类绿色创新。

1.2.2 创新经济学理论

创新经济学运用一般创新理论探讨企业绿色创新行为的驱动要素和机制，主要围绕两个问题展开研究：①绿色创新能否被看成是“正常的创新”，是否需要某种特定的理论等问题；②绿色创新的驱动因素，即常规的创新驱动因素是否可以驱动绿色创新。目前的大多数研究是将创新驱动因素分为市场因素、技术因素和规制因素，将创新结果分为绿色产品创新和绿色过程创新，其研究框架如图1-2所示。对于第一个问题，一些学者的研究表明，传统的创新管理理论分析企业绿色创新行为是适用和有效的；而另外一些学者的研究发现，当前的创新理论不完全适用于绿色创新，绿色创新研究需要新的创新模式。对于第二个问题，研究结果表明，单纯从技术推动和市场拉动两个方面难以充分解释绿色创新的动因，还应该从规制方面加以考虑。通过区分绿色产品创新和绿色过程创新来探究技术、规制和市场因素等对绿色创新的影响。结果表明，绿色产品创新主要由顾客需求和市场竞争等市场因素推动，而绿色过程创新则更多地由环境规制驱动。

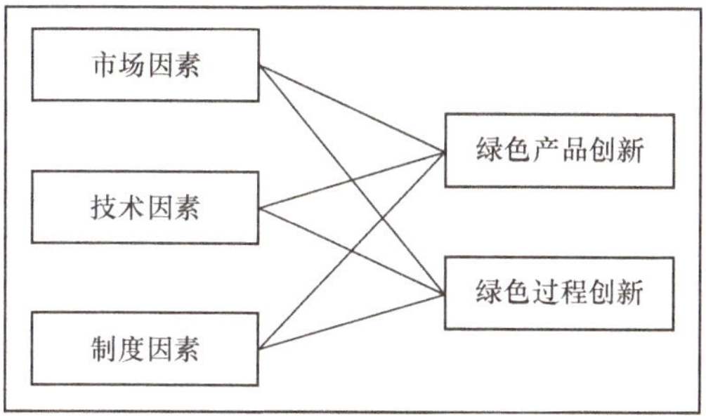

图1-2 基于创新经济学视角的研究框架

结合前面对绿色创新的分类不难看出，I类绿色创新基本可以被看成是“正常的创新”，其驱动因素与一般的创新几乎相同，从这个角度看传统的创新管理理论对分析企业绿色创新行为是适用和有效的，但其除经济绩效外还有间接的环境效益，因此研究结论可能与一般创新略有差异；对于Ⅱ类、Ⅲ类绿色创新不能简单地看成“正常的创新”，其驱动因素除了“技术推动”和“市场拉动”两个因素外，还需考虑“规制因素”，因此当前的创新理论不能完全适用于这两类绿色创新。同时，人们在度量环境绩效时更多地采用环境污染指标，而环境污染（如大气污染、水污染等）又大多是在生产过程中产生的，因此“绿色过程创新”更多是由环境规制驱动的结论比较容易理解和接受。

1.2.3 战略管理学理论

从战略管理学视角而言，绿色创新战略针对企业竞争优势的影响效应和机制，聚焦在企业内部因素对其实施绿色创新战略的影响，以及企业实施绿色创新战略对企业经济绩效的影响等。其研究框架如图1–3所示。

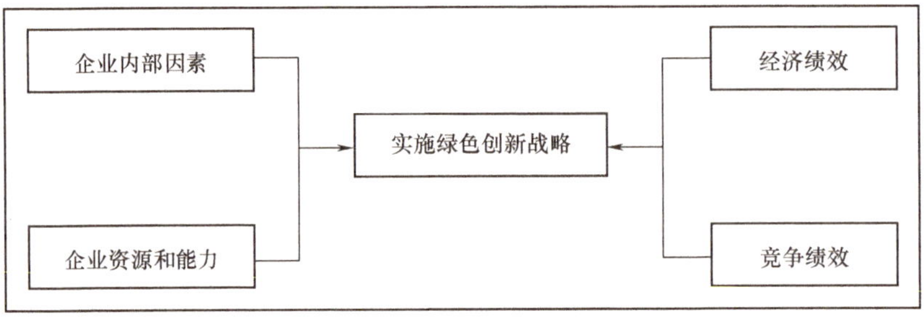

图1–3 基于战略管理学视角的研究框架

研究发现了5种被称为“实施绿色创新战略的关键资源”的关键因素（基于产品和生产流程投资的常规绿色能力、针对环境问题的员工参与和培训、跨越内部职能的绿色组织能力、正式的环境管理体系和程序、考虑环境问题的战略规划），并认为针对这些关键因素的投资有利于企业实施绿色创新战略。张钢和张小军通过多案例比较研究发现预期经济收益、冗余资源和利益相关者压力等三个主范畴对绿色创新战略存在显著影响。其中，预期经济收益是前置变量，冗余资源是内部情境变量，利益相关者压力是外部情境变量，它们影响绿色创新战略的方式和路径并不一致。另外，还有研究发现，企业实施绿色创新战略不仅会直接提升企业的声誉，提高企业的经济绩效，而且还能通过提高环境绩效（中介变量）间接促进经济绩效。

结合前面对绿色创新的分类可以看出，Ⅰ类绿色创新由于其可以达成经济绩效与环境绩效的双赢，因此企业实施绿色创新战略，不仅会直接提升企业的声誉和经济绩效，而且还能通过提高环境绩效间接促进经济绩效。而对于Ⅱ类、Ⅲ类绿色创新，还需要应用进化环境经济学、进化策略和部门创新体系等方法实现。

1.2.4 产业组织学理论

从产业组织视角关注市场结构和企业绿色创新行为。现有研究主要集中在企业规模和企业间协作等产业特征对企业绿色创新行为的影响。其研究框架如图1–4所示。关于企业规模对企业绿色创新行为的影响，由于环保活动通常需要投入大量的财力和人力资源，一部分研究结论表明大企业更有机会和能力实施绿色创新，中小企业由于资源约束难以实施绿色创新。

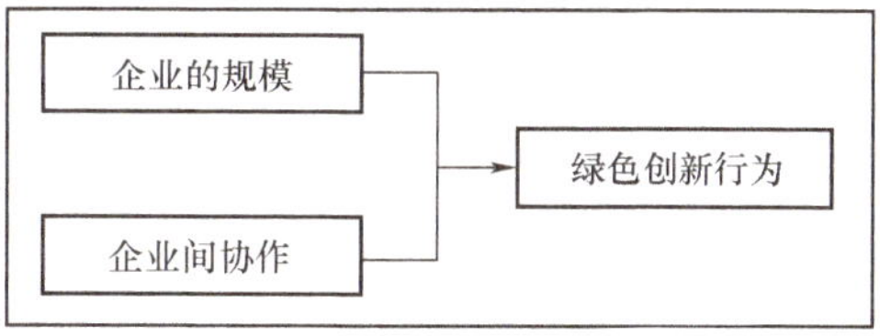

图1–4 基于产业组织学视角的研究框架

专业的管理知识则更多地选择遵守环境规制。相反的观点认为，小企业更容易适应环境，对来自价值链、企业内部和规制方面的压力更加敏感，能以大企业所不能的方式进行创新。因此，尽管大多数学者认为，企业规模与企业环境绩效、企业规模与企业主动绿色创新之间存在正向关系，但现有的相关研究并没有得出一致的结论。此外绿色创新本质上是技术、组织、市场和社会问题的综合，企业是否实施绿色创新以及能否在绿色创新中获得收益，还取决于与其他企业的有效合作，尤其是与那些已经实施绿色创新战略的核心企业的合作。关于企业间合作对企业开展绿色创新实践与绩效影响的研究表明，企业间的合作越频繁、网络活动越活跃，就越有可能进行绿色创新和在绿色创新中获得效益。一般来讲，大型品牌企业会注重其社会形象（社会型规制），进而主动承担社会责任，同时还要求与其合作的上下游企业也拥有相同的理念，而中小微企业则不一定有这种理念。

结合前面对绿色创新的分类可知，由于Ⅰ类绿色创新几乎等同于一般创新，所以企业规模、企业之间合作与网络结构等对企业绿色创新行为不一定有显著影响。而对Ⅱ类、Ⅲ类绿色创新，因为其创新的驱动主要来自规制（包括行政型、经济型和社会型规制），因此规模和网络特征就变得重要。如果不对三类绿色创新加以区分，很难得出一致的结论。

1.3 评价体系

在对绿色创新的研究中，一般都要对绿色创新及其相关变量进行界定和度量。从目前的研究情况看，国内外学者对绿色创新的度量可以分为实证研究层面和系统评价层面。从实证研究层面看，就是要解决实证研究过程中涉及的绿色变量测度问题；从系统评价层面看，是要解决绿色创新系统整体的测度和评价问题。因此，前者多为与实证研究问题相关的一个或几个变量及其测度项的选择和测量，而后者多为构建一个指标体系对绿色创新系统进行测量和评价。

实证研究层面的学者根据研究的假设，灵活地选择测度指标。德国学者在研究环境创新的影响因素和动态变化时，采用两阶段法度量一个公司是否属于环境创新和用财政补贴的有无和多少测度环境规制。首先，通过一个公司是否提供减少环境影响的产品或服务，判断该公司是否属于与环境保护相关的企业（若回答是肯定的，则这个公司为与环境保护相关的企业）；然后，调查该公司在研究期间是否提供或开发了新产品。如果一个公司既属于与环境保护相关的企业，同时又在研究期间推出了新产品，则这个公司为环境创新型（Wolfgang Horbach，2009）。还有国外学者在研究环境政策、环境创新和环境绩效的关系时，采用环境研发预算度量环境创新的投入，采用税收和排污权交易度量环境政策及其强弱，采用污染等级度量环境绩效及其高低（Paul Lanoie，2013）。此外，国外学者使用减少每单位产出的材料消耗、降低每单位产出的能源消耗、减少二氧化碳排放、减少空气污染、减少水污染、减少土壤污染和减少噪音污染等项指标测度企业的绿色创新绩效和区分“能源和资源有效型创新（EREI）”和“外部性减少型创新（ERI）”。李婉红等采用新产品单位能耗度量绿色产品创新及其创新强弱，采用研发经费内部支出与技术改造经费投入之和度量绿色工艺创新及其强弱，选择污染物排放量与行业总产值的比值来度量该行业环境规制强度（Claudia Ghisetti，Klaus Rennings，2007）。

可见，实证研究层面的度量方式根据研究问题的不同而多种多样。根据前文梳理的绿色创新实证研究的内容，可以梳理出常用的绿色创新相关变量，如绿色产品、绿色过程、绿色战略、绿色创新行为和环境规制等。这些变量可以从投入和产出两种视角加以度量。例如，绿色产品表明创新系统的产出，常采用企业申请的环境专利数（环境创新水平）、环境专利引用数（环境技术扩散水平），或采用环境创新产品的市场占有率、销售收入比重、环境产品与服务部门产品的出口额等度量。其中，前者称为基于知识/技术产出角度的度量指标，后者称为基于经济产出角度的度量指标。绿色创新行为是指人们是否有意愿或行动进行绿色创新，常采用环境研发资金投入、环境研发人员以及相关无形资产的投入等度量。绿色创新战略是指在减少污染源、防治污染和采纳环境管理体系等的生产管理实践中，要求企业把承担环保责任作为重要目标并内化到战略实施中去。一般采用基于产品和生产流程投资的常规绿色能力、针对环境问题的员工参与和培训、跨越内部职能的绿色组织能力、正式的环境管理体系和程序、考虑环境问题的战略规划等度量。环境规制一般可分为行政手段、经济手段和教育手段，因此常用排污税、减排补贴、排污许可、污染排放标准和排污配额等度量。至于市场因素常用公众环保意识、公众环境偏好等度量。

系统评价层面是通过综合分析绿色创新过程，建立系统的指标体系来测度整体绿色创新系统的绩效。国外对综合指标的研究相对较少。从国内的研究看，主要是从绿色创新绩效评价的角度研究综合评价指标体系。如陈劲等构建了基于绿色产品创新绩效、绿色工艺创新绩效和末端技术创新绩效等的综合指标体系，对企业的绿色技术创新绩效进行评价。程华和廖中举从环境创新资金投入、环境创新人力投入、环境规制投入、环境绩效指标和经济绩效指标等建立指标体系，对中国区域环境创新投入产出进行评价。总的来说，绿色创新涉及多个变量，也涵盖多个维度的创新，如技术创新、产品创新、营销创新和制度创新等。仅仅关注创新投入、创新产出以及环境绩效都无法全面反映环境创新的全貌，目前的研究尚未针对绿色创新构成的全要素和全过程进行测量，也还没有形成一套被广泛认可和接受的指标体系。

1.4 本章小结

绿色创新是绿色发展与转型的关键和动力，实现绿色发展与转型本质上是对传统发展模式的变革与创新。绿色创新涉及技术、政策、制度、组织、文化和管理等多个维度，绿色创新正从微观层面的企业技术创新、商业模式和管理创新，向宏观层面的全社会结构、组织、制度乃至文化创新方向转变。本章首先在对绿色创新相关研究文献梳理的基础上，分析了绿色创新概念的内涵，进而给出了绿色创新的分类定义；其次，明确了绿色创新研究的内容和基本结论，并从分类定义的角度对其结论的合理性进行了分析；再次，系统评价两个层面梳理绿色创新研究过程中的变量选择与测度问题；最后，对绿色创新未来研究从理论和实证两方面进行展望，希望为下面章节奠定一个好的理论基础。

2　中国区域绿色创新研究

绿色创新已成为时代的主题，如何有效推进绿色创新及改善中国目前的生态环境状况，对推动中国经济的可持续发展具有重要的意义。通过对中国各区域创新效率及影响因素的实证分析表明：中国区域平均创新效率仍然存在较大的无效率现象，创新效率有待进一步提高，且创新效率存在显著的区域异质性，各区域发展不均衡（曹霞，2015）。同时，由于环境规制强度与绿色创新的效率呈“U”型关系，在环境规制制定的初期，成本不断增加，对绿色创新的效率产生负向影响。但随时间推移，环境质量不断改善，绿色创新效率得到提升。此外，区域开放程度、技术市场成熟度和政府资助三个因素对绿色创新均具有积极的推动作用。这说明较高的区域开放程度能够显著拉动中国创新效率向更高水平发展；成熟的技术市场有利于科技成果市场价值的实现并推动创新效率的提高；政府资助可有效降低区域绿色创新主体的创新成本和风险，激发其进行创新的积极性，对创新效率的提升具有显著影响。因此，要想有效提高中国各区域的绿色创新能力，推动社会经济的可持续发展，应当重视创新资源的有效利用、生态环境的改善及绿色创新技术的研发。一方面协调经济增长与生态保护；另一方面要积极引进国外先进绿色创新技术，充分发挥政府作用，调控各区域创新能力失衡的现象。

2.1 现状分析

2.1.1 发展现状

中国幅员辽阔，各地区自然条件、经济发展水平等差距很大，经济发展的二元特征明显，造就了中国区域发展模式的多样化。目前，中国部分地区经济的发展已达到或接近从工业文明向生态文明转型的阶段，而有的地区仍未完成从农业文明向工业文明的转变。自2000年起，中国区域层面的经济交往与合作日益频繁，尤其是基于个人就业、教育、业务合作目的的人口流动不断增多。同时，国家对区域经济发展的扶植政策也在一定程度上影响了各地区间人口的流动及文化的交流。

长江三角洲指长江和钱塘江在入海处冲积而成的三角洲。包括江苏省东南部、上海市和浙江省东北部，是长江中下游平原的一部分。面积约5万平方公里。在经济上指以上海为龙头的江苏、浙江经济带。这里是中国目前经济发展速度最快、经济总量规模最大、最具有发展潜力的经济板块。长三角地区已逐步进入工业化后期，正在从工业文明向生态文明进行转变。长三角区域经济增长动力开始发生变化，由传统制造业独轮推动转向强调先进制造业和现代服务业的双轮驱动。目前，长三角逐渐实现了收入增长与经济发展的同步，内需与外需的均衡增长。

环渤海地区是指环绕着渤海全部及黄海的部分沿岸地区所组成的广大区域，是中国城市群、港口群和产业群最为密集的区域之一。环渤海地区具有优越的地理位置，交通发达，自然资源丰富，为经济发展提供了坚实基础。环渤海地区的经济发展较快，除了优越的地理位置、交通发达和自然资源丰富外，还具有合理的产业结构和丰富的人才和科技资源。环渤海地区是中国最大的工业密集区，是中国的重工业和化学工业基地，有许多具有战略地位的大型企业。京津冀地区的第三产业发展超过第二产业，表明传统产业向现代产业升级换代较快，具有较高的产业优化度。另外，环渤海地区有着很强的科技优势与人才资源优势。环渤海地区的重要性正日益显现，它的发展与壮大成为经济发展内在要求与自然走向的必然结果：

承东启西、南联北开的区位和日益壮大的经济实力，其对西部开发、东北振兴、中部崛起的意义重大。在中国国民经济整体格局中占有重要战略地位；环渤海地区还处在日渐活跃的东北亚经济圈的中心地带，在东北亚乃至亚太地区国际分工协作中也具有重要地位。环渤海地区虽然对中国经济增长的贡献率较大，但因为区域内各种优势资源未能得到有效的整合，区域经济效益不太理想。

珠江三角洲经济区包括广州、深圳、珠海、佛山、江门、东莞、中山、惠州和肇庆。“泛珠三角”包括与珠江流域地域相邻、经贸关系密切的福建、江西、广西、海南、湖南、四川、云南、贵州和广东9省区，以及香港、澳门两个特别行政区，简称“9＋2”。9省区面积占全国的20.9%，人口占全国的34.8%，GDP占全国的33.3%。珠三角是广东经济发展的龙头，呈现工业化、城市化、信息化和国际化互动共进的良好格局，是国内最具生机活力、经济增长最快的地区之一。珠三角是改革开发的先行区，目前已同长三角地区一起进入了工业化中后期，正处于从工业文明向生态文明转型的关键时期，服务业已成为珠三角地区产业升级和经济转型的重要引擎。

东北地区包括辽宁、吉林、黑龙江和内蒙古东部地区（赤峰市、通辽市、呼伦贝尔市和兴安盟），土地面积为126万平方公里，占全国土地面积的13%，GDP总量1.12万亿元，占全国的11%，人口1.17亿人，占全国总人口的9.1%，是中国东北边疆地区自然地理单元完整、自然资源丰富、多民族深度融合、开发历史近似、经济联系密切和经济实力雄厚的大经济区域，在中国经济发展中占有重要地位。在计划经济时代，东北地区是中国重要的工业基地，对中国经济发展曾起到重要的作用。拥有一批到现在仍在国内各行业占重要地位的大型企业，如鞍山钢铁、一汽集团、北方重工和中国北车集团等。东北老工业基地的主要特征是国有经济比重过大，约占到经济总量的80%。随着改革开放的不断深入，老工业基地的体制性、结构性矛盾日益显现，进一步发展面临着许多困难和问题，主要是：市场化程度低、所有制结构较为单一、产业结构调整缓慢、社会保障和就业压力大、资本不足与资本向外转移状况并存和人才大量外流。

中国西南地区包括中国西南部的广大腹地。地理上包括青藏高原东南部、四川盆地、秦巴山地及云贵高原大部。包括四川省、云南省、贵州省、重庆市、广西壮族自治区、西藏自治区以及陕西省南部，总面积约250万平方公里。西南地区经济发展在全国来说总体处于比较低的水平，其对中国经济发展的贡献率呈先下降后上升的状态。西南地区工业化进程居于全国最后，各项工业化进程指标均低于全国平均水平，目前还处在工业经济发展时期，人均GDP和城市化率两项指标远落后于其他地区。尤其是西南地区县域经济比起东部地区差距较大，总量小，竞争力较弱；县域产业结构不尽合理，工业化水平较低；财政收入偏低，生存与发展的矛盾突出。另外，西南地区县域经济特色产业发展初具规模，民营经济发展势头良好，但仍面临发展瓶颈。

2.1.2 主要问题

目前，中国大部分区域市场经济体制仍然不健全，地方经济主要是在政府行政指令规范下的经济形态，而这些政令对当地经济社会的发展现状有较高的相关性。因此，以下将中国区域创新存在的主要问题按照政府的相关行政政策进行分类，并阐述这些问题对推动区域创新带来的负面影响。

2.1.2.1 行政管辖体系产生的问题

中国拥有着包括中央、省、市、县及乡镇的五层政府行政管辖系统。这些行政单位的层次越高，行政级别也越高，相应的也具备了从高到低的行政权力和财务权力等。在这个行政管辖体系中，上级政府控制下级政府干部的任免，下级政府直接对上级政府负责，平行政府之间没有天然的合作和约束机制。

这样的行政分级系统对平行政府的合作产生了阻碍，并且使地方政府更倾向于在维护自身利益的前提下，形成“与区域经济一体化相悖的一种特殊的、过渡性质”的政府，产生“行政区划对区域经济发展的刚性约束”的“行政区经济”。在行政区经济下，地方政府对其辖区的经济起很强的干预作用，生产要素流动受阻，因而是一种具有明显封闭性特征的区域经济。省域经济、市域经济、县域经济和乡镇经济等地方经济均属于“行政区经济”范畴（谢晓波，2004）。

行政区经济的主要表现是地方政府与平级政府为了争夺上级政府相关资源（包括制度层面在内的各种利好政策）进而产生“政府竞争”现象，其结果是产生了以生产要素及商品流动受阻为特点的“地方保护主义”，以及昂贵的设施重复建设和地方单位为自给自足和由于平行合作的困难而产生的“倒退的专业化”经济和“局部最佳化”经济。近年来，行政区经济学对这类经济现象进行了大量的深入研究。

2.1.2.2 政绩考核体系产生的问题

中国共产党十七大和十八大报告所提出的推动社会建设的方针具有重要的历史意义，其重要影响不亚于十四大报告所提出的“建立社会主义市场经济体制”。然而，虽然2003年中国共产党就提出了“科学发展观”的发展哲学，但是在实践中往往是“中央讲科学发展、地方讲加速发展”，其根本症结在于各级地方政府仍旧把经济增长视为最大的政绩。从某种意义上讲，各级地方政府长期奉行的以“GDP挂帅”为理念的发展模式已经偏离了科学发展的主旨和内涵（周绍杰、胡鞍钢，2012）。2012年，中国共产党对党章进行了修改，确立科学发展观为全党的行动指南，这为扭转错误的发展观奠定了思想基础。

从经济绿色转型对生态效益和经济效益并重的关系来说，GDP挂帅的思想“没有剔除各个部门增加值产生过程中的各类显性成本和隐性成本。相反，与这些成本相关的投入却成为GDP的一部分。例如，经济活动产生的污染所造成的社会成本没有被统计到GDP中，但是治理污染的投入却在GDP的统计范畴。因此，GDP的增长并不必然地意味着社会财富或社会福利的增长”（周绍杰、胡鞍钢，2012）。此外，以GDP为地方政绩考核体系的思想，还忽略了收入分配等重要福利部门对公民的生活福利产生的积极影响。

简言之，以GDP为纲的政绩考核制度，倾向于忽略经济活动中的自然环境成本，强化了低效益的社会投入；倾向于忽略长期的人民生活福祉，强化了短期的社会物质总量产出。由于GDP指标间接衡量经济对社会环境的作用力度和范围，因此地方政府的政绩考核及监测体系建设，应当着力从完善制度和促进制度实施的层面解决地方政府的发展思路。

从以上两方面可以发现，行政管辖体系现状是地方政府运作的制度约束，政绩考核体系则是其目标约束，相关资源禀赋是资源约束。在此基础上，地方政府与平级政府和上级政府进行博弈，从而决定自己的发展路径，实施发展措施。而在此发展模式之下，也相继产生了区域产业结构不合理、区域经济社会发展差距过大等经济和社会问题。

尽管当前中国政府强调“促进区域经济协调发展”；“深入实施区域发展总体战略和全国主体功能区规划”；“加强和完善跨区域合作机制，消除市场壁垒，促进要素流动，引导产业有序转移，推动区域经济良性互动、协调发展”，但是，相关约束机制没有打破，思维及行为模式就难以改变。

2.2 理论分析

2.2.1 “三生共赢”理论

“三生共赢”是“将人类社会的发展目标定位于生活、生产与生态的协调发展，具体来讲，就是生活提高、生产发展与生态改善”。

2.2.1.1 “三生共赢”的准则和目标属性

“理论—准则—指标—模型”的顺序体现了学术研究领域研究层面的渐进性。“三生共赢”理念为可持续发展学术研究领域提供了简明易懂和可描述的评价准则和实践目标，同时也为理论层面和实践操作层面的研究提供了纽带和桥梁。

2.2.1.2 “三生共赢”的生态经济属性

生态经济学与新古典经济学在理论前提及研究内容上存在较大的差异（如对稀缺资源、有效配置及人类目标的定义不同），其根本区别在于是否认为“经济社会是生态环境的子系统”。生态经济学认为：经济社会是生态环境的子系统，并定义广义社会经济生产系统包括经济子系统、环境子系统和社会子系统。而“三生共赢”原则中“生产”“生态”“生活”分别代表了这三个系统的主要特征。此外，生态经济学的目标即是“三生共赢”的另一种表述。

2.2.1.3 “三生共赢”的区域经济属性

区域经济学通常在具有特殊性、综合性、相对完整性和特定经济发展任务的“经济地理区域”内研究经济发展问题，其主要研究对象是在空间结构和产业结构框架内的经济生产要素的空间分布和利用效率，以及区域系统协调发展程度。“‘三生共赢’是生产、生态和生活在空间和时间上的共赢”，而空间层面的共赢即不同区域的“三生”系统是否产生了协调发展的正外部性并最终达到区域可持续发展。此外，“三生共赢”倡导基于区域禀赋建设“因地制宜的乡村生态道路”，否定“按照工业文明的模板思维，去追求一个可供复制、推广的最佳乡村方案”——这一提法与区域经济学的区位综合要素理论基本一致。

简言之，作为可持续发展理论的目标和准则，“三生共赢”促进了生态文明实践在具体区域的落实，也体现了生态经济学和区域经济学理论的关键要素。此外，与经济目标相关的“利益相关者”要素、与生产空间相关的“城、乡、野关系”要素，以及与生产投入物质相关的“生产要素”则是“三生共赢”研究的重要对象。

2.2.2 理论分析模型

为了更好地促进中国欠发达地区绿色创新理论及实践研究，结合上面对“三生共赢”的剖析，本节建立“三生共赢”理论模型，并对其进行解释。

2.2.2.1 模型构建

借鉴北京大学中国持续发展研究中心叶文虎教授的“十字交叉”思维方式（叶文虎，2009）和中国人民大学环境学院张象枢教授对城、乡、野环境社会系统的“三生”变化趋势的研究，笔者从生态经济及区域经济理论中选取重要的社会经济关键要素，按照人类社会文明演进逻辑进行逻辑及信息梳理，见表2-1。

表2-1　文明演替进程中“三生”系统要素发展动态

	原始社会	农业文明	工业文明	生态文明
利益相关方功能变动	未出现政府、企业或公民社会组织	出现了政府及少量商业组织（作坊、车间），无公民社会组织。社会运作无意识的自发性强	政府和企业在社会经济发展中占主导和推动作用；公民社会组织出现	政府、企业和公众三方协调发展
城、乡、野关系变动	城乡野尚未分化 生物多样性完好	城乡分化格局初现 生物多样性问题发生	城乡对立加剧 生物多样性问题严重	城、乡、野三位一体协调发展
生产要素权重变动	主要依赖以体力劳动为特点的人力资源和非常有限的加工资源，对自然资源利用很少，不存在金融资源	主要依赖体力劳动和简单的加工资源，对自然资源利用增加，出现金融资源	主要依赖体力劳动、大机器大规模加工资源，对自然资源利用加剧，金融资源扩张	四类资源的协调利用
生态、生产和生活协调发展状况	生态良好 生产非常落后 生活水平很低	生态局部破坏 生产落后 生活水平低，阶级差异大	环境污染、生态破坏 生产增长较快 总体水平提高，但贫富分化严重	生态、生产、生活“三生共赢”

从原始社会到生态文明的历史演替是一个从无序到有序、从不可持续到可持续的过程。生态文明建设的最终目标，就是使经济活动利益相关方，城、乡、野关系，生产要素间关系达到协调发展的状态，实现以“三生共赢”为标志的社会、经济和自然的可持续发展。

正如费孝通先生在《江村经济》一书中所讲：“如果要组织有效的行动并达到预期的目的，必须对社会制度的功能进行细致的分析，而且要同它们意欲满足的需要结合起来分析，也要同它们的运转所依赖的其他制度联系起来分析，以达到对情况的适当的阐述。”因此，对以“三生共赢”为原则的乡村绿色创新的研究分析，有必要明确具体的目标、需要使用相关的工具及乡村具体情况。结合中国大部分乡村的具体社会经济特点、绿色创新目标和可能涉及的转型要素，本书构建了乡村绿色创新的“三生共赢”理论模型（如图2-1）。

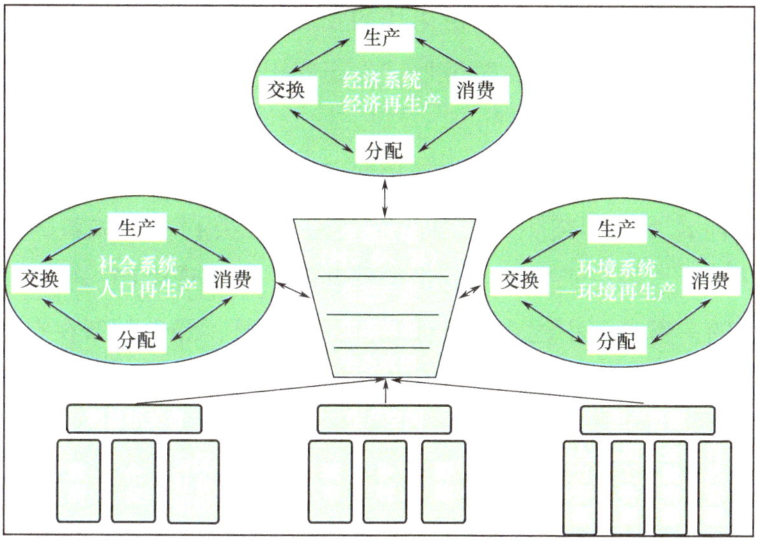

图2-1 乡村绿色创新的“三生共赢”理论模型

2.2.2.2 模型解释

模型以“三生共赢”为目标，结合了生态经济学、区域经济学理论，并综合考虑了社会经济系统的利益相关方模块、生产要素模块、生产空间模块、三个子系统内外关系以及乡村绿色创新的空间发展规律。该模型在理论维度和实践维度同时具有意义。

首先，在理论层面，模型中的“社会系统——人口再生产”“环境系统——环境再生产”“经济系统——经济再生产”是“三生共赢”的互相关联的子系统，构成转型的实施平台维度；人力资源、加工资源、金融资源和自然资源四类生产要素，以不同的比例在实施平台中以“投入—再生”的循环方式流动并创造产品和服务，它们构成转型的投入要素维度；“城、乡、野”是人类活动的具体空间范畴，是涉及社会经济活动的产品和服务交换的各具特征的具体发生场所，构成转型的生产空间维度；“政府”“企业”“公民社会组织”是新的“社会契约”中三类主要的社会利益相关者和最终分配者，构成转型的利益分配维度。

此外，在实践层面，农业是中国目前大多数乡村的主要经济形式，

“主导产业发展”模式是其广泛采用的发展策略。因此，乡村经济向生态绿色创新的空间拓展顺序，是按照“生态农田→生态农业→生态产业→生态区域”发展的。

总之，“三生共赢”理论模型描述了在广义社会经济再生产系统中，生态经济模式下的四类生产要素是如何通过三类利益相关者的决策和实践，在城、乡、野三级生产空间中得到利用，并实现生产、生态和生活的协调发展的；考虑到中国乡村具体社会经济状况，绿色创新在空间层面的演进顺序则为“生态农田→生态农业→生态产业→生态区域”。

2.3 实证研究

目前，以资源消耗为驱动力的经济发展模型面临严重的资源环境约束，社会经济可持续发展因此受到制约。中国30多年的经济发展获得了举世瞩目的成就，但其工业化、城市化和现代化尚处于初级阶段，可持续发展问题严峻，“三农”问题亟待解决，欠发达地区的可持续发展是中国绿色创新及创新发展极具“后发优势”的根据地和试验田。欠发达地区的绿色创新战略及实践，是中国绿色创新战略及实践的重要组成部分和转型质量的决定性基础。“三生共赢”理论是中国欠发达地区相对容易“消化”和相对“接地气”的地区发展指导理论。基于该理论下的相关欠发达地区的创新实践也值得学术界探讨和关注。

2.3.1 四川省屏山县

四川省宜宾市屏山县锦屏镇位于屏山县老县城所在地，金沙江下游北岸。面积91.37平方公里，辖21个村（社区），人口2.37万人。全镇贫困人口2 756人，贫困发生率11.6%，其中重点贫困村5个，属于“二半山区”贫困典型。近年来，该镇坚持以“基础扶贫、产业脱贫、造血奔小康”为思路，以产业扶贫为根本，以“四联”串起贫困群众脱贫增收产业链。2014年，全镇农民人均纯收入7 669元、增幅30.7%，实现减贫人口104户，415人。

锦屏镇辖下的锦屏村，面积2.93平方公里，全村辖5个村民小组，农户274户，总人口1 250人。1996年以前，锦屏村还是一个典型的传统农业村，不通公路、干旱缺水，种植水稻、玉米、小麦是全村群众的主要经济来源，生活水平十分低下，是全县的重点贫困村之一；集翠村，位于锦屏村西北面，2008年以前，该村是全县的贫困村之一，产业结构主要是粮猪结构，种植水稻、玉米等农作物，经济效益差，农民人均纯收入不足2 000元；万涡村，位于锦屏村东南，全村面积4.73平方公里，辖6个村民小组，农户285户，总人口1 203人，是全县的贫困村之一，2014年，贫困户81户269人，贫困发生率22.36%，农民人均纯收入5 864元。

锦屏镇锦屏村、集翠村、万涡村因地缘相连、人文相系、产业相同，在国家新一轮扶贫攻坚的大背景下，从2008年起，锦屏村党支部先后与集翠村党支部、万涡村党支部建立联合总支部，先富带后进、富裕带贫困，共同探索出“组织联建聚力引路子、大户带动帮扶结对子、‘四统三分’管理创牌子、专合营销服务卖果子、一三产融合多找票子”的“绿色锦屏发展模式”，“三村五联”（支部联合、路子联通、产业联片、设施联建、村事联治）的精准扶贫模式更是闯出了一条西南欠发达地区绿色创新的特色道路。

2.3.1.1　组织联建聚力引路子

从2008年起，在地缘相连、产业相同的锦屏村、集翠村，建立了联合党总支，引导农户推广茶果套种生态模式，迅速带动了产业发展。目前，梨亩产值8 000元，茶叶亩产值6 000元，亩综合产值在14 000元以上。从2014年起，先富起来的锦屏村、集翠村与地缘相连的重点贫困村万涡村，建立了锦屏集翠万涡联合党总支，提出了“组织联建结对、分类因户施策、基础先行铺路、产业务工找钱、教育卫生斩穷根”的思路，从行路难、产业难等问题着手，加快了万涡村的脱贫步伐。

2.3.1.2　大户带动帮扶结对子

四川省宜宾市锦屏镇以“贫困村党建行动”为契机，实行组织联建聚力量。

一是村村联建。锦屏村、集翠村采取强强联建党总支，逐步形成“党组织联建引路、明白人带动致富、专合社营销服务、一三产互动提速”的“锦屏模式”。锦屏村、万涡村采取强弱建联合党总支，按照“组织联建结对、分类因户施策、基础先行铺路、产业务工找钱、教育卫生斩穷根”的思路，从饮水难、行路难、产业难等急需解决的问题着手，提升了脱贫能力。

二是上下联建。建立帮扶机制，帮扶单位按照县领导3户、科级干部2户、一般干部1户的标准分别与5个重点村的315户贫困户签订帮扶协议，分别组建了驻村工作组，帮助制定“三图两表”，达到“谁是穷人，贫困原因、脱贫措施、脱贫时间，由谁帮扶”一目了然的效果。

三是户户联建。从两个富裕村中分别筛选10户产业大户，对口帮扶20户贫困户，加快增收致富。依托风清气正的淳朴民风，积极引导鼓励大户“凡人善举”，充分利用地缘相邻、村民之间互为亲戚、相互信任的优势，在不同季节上门免费提供技术培训。及时对致富带头人的技术经验、管理模式进行提炼，利用村民大会、茶前饭后、红白喜事等场合对帮扶对象进行指导，形成了“扶贫向上、济困为荣”的良好氛围。

2.3.1.3　“四统三分”管理创牌子

茶果生态套种模式推广后，规模小、市场拓展难，产量少、不能满足大客户需要，管理难、急需技术支持等问题先后出现，为此该镇在多次讨论后形成了技术联结的共识。

一是建设标准化基地。以往传统种植的茶叶都是在农户自家的园中打畦栽种，存在规模小、易退化、管理难等问题。为弥补不足、实行标准化生态种植，积极争取上级扶持，不断加大对茶园生产基地投入力度，打通通村水泥路和园区生产路，完善供水管道、水池，建立标准化的核心示范区，引进生态种植技术，保证产品的绿色化和无公害化。

二是推行“四统三分”模式。统一技术标准，推广茶园机采、机剪、机耕等现代技术；统一管理标准，安装杀虫灯410套、喷雾器50台、修剪机和采茶机20台；统一加工标准，引进杀青机、提香机、揉捻机等茶叶机具；统一质量标准，联合申请并通过省绿色食品基地认证，成为绿色无公害茶叶标准化生产科技示范园。同时，要求村民实现分户管理、分户采摘、分户销售，摸出了一条绿色致富之路。

三是总结提炼推广成熟技术经验。对致富带头人的技术经验（如李子病虫害防治、疏果方式，茶叶采摘技巧、加工方式等）、管理模式（如茶果生态套种经验、果园生态施肥等）进行提炼，在村民大会、茶前饭后、红白喜事等场合上向帮扶对象进行技术指导。

2.3.1.4　专合营销服务卖果子

针对产品布点散、品牌杂、质量参差不齐、相互竞争压价的现象，组建专合社、引进龙头企业开拓市场。

一是农专联盟。组建两个省级示范合作社，依托“农超对接”，与茶（果）农签订收购最低保护价合同，防止恶性竞争。针对产品布点散、品牌杂、质量参差不齐、相互竞争压价等现象，统一对茶果病虫害进行防治，并对茶果修枝整形、施肥、清园打扫等进行全程监控。

二是专专联盟。先富村的专合社具有指定的对口超市、批发市场、零售店等，注册了若干商标。在市场销售方面，后富村专合社贴上具有村中特色的商标，拓宽了销售渠道，同时先富村扩大了市场规模和市场知名度。

三是专企联盟。积极引导企业与农户通过合作社健全风险共担、利益共享机制，增强抵御市场风险的能力。联系台湾知名公司利用异花授粉，提升茶果花粉品质，使用花粉收集装置收集花粉，出售给相关花粉企业，再次增收。全面推行“龙头企业+合作社+基地+农户”模式，引导企业与农户通过合作社建立稳定的产销关系，对合作社和农户实行利润返还，并通过市场约束、法律约束、管理约束机制实现利益分配。龙头企业、合作社、农民三者逐步成为紧密的利益共同体，增强了带动产业发展、带动农民增收的能力和抵御市场风险的能力，逐步健全了风险共担、利益共享机制。

2.3.1.5　一三产融合多找票子

“扶贫难，发展产业更难”，力争在保证村民“不失地”的情况下，千方百计地利用有限土地，取得最大收益。

一是茶果套种由单一种植转变为立体种植。锦屏村曾是一个收入来源单一、靠天吃饭的贫困村。在多次外出学习的基础上，该村逐步形成了茶果套种的生态配置产业，不仅在一定程度上改善了生态环境、提高了土壤肥力，更带来了可观的经济效益。

二是发展乡村旅游，变单一经济为一体化经济。库区蓄水后，锦屏山从过去不挨江、不挨道、不挨镇的“三不挨”地带，一夜之间成为库区交通要道。瞄准库区旅游开发契机，以万亩生态茶叶基地为依托，以“土、野、乐、趣”为特色，形成了以梨花节、采茶节、品果节为支撑，集自然景观、农业观光和休闲旅游于一体的休闲度假村。

三是跨区域发展万亩“不知火”杂交柑橘产业园，变种植农业为观光农业。以金沙湾旅游项目为中心，在凌家岩脚下的六一五、青年、光辉等7个村跨村建设，发展万亩“不知火”观光园，整合移民后扶等涉农项目资金1 000余万元，完成标准化种植3 000亩。不知火柑橘单价3元/公斤，亩产值达2万多元，产品远销东南沿海地区，供不应求。

在向家坝电站正式蓄水发电以后，锦屏山下的金沙江呈现出金沙碧海的壮丽景象，锦屏山也成为饱览库区景色、追忆屏山历史的最佳天然观景台，迎来了全新的发展机遇。为此，锦屏村提出了打造库区旅游产业、建设屏山生态农业的发展理念，全速打造生态旅游产业，为村级经济竖起了又一根坚实的支柱，力求在实现经济发展、社会进步、农民增收的同时，保护好生态环境。四川省宜宾市屏山县锦屏镇坚持绿色创新的理念，不断探索绿色创新的发展模式，坚持“设施扶贫、产业脱贫、造血奔小康”的指导思想，通过“不断完善基础设施、深化产业结构调整、加快发展支柱产业、纵深拓展乡村旅游”等举措，形成了“绿色锦屏发展模式”。展望未来，该镇必将继续巩固已经取得的发展成果，如期实现脱贫致富奔小康的目标，在建设社会主义新农村的道路上书写出新的精彩篇章。

2.3.2 四川省通江县

基于以上建立的“三生共赢”理论模型，选取四川省通江县烟溪乡苏家坪村茶产业进行实证研究，对当地农业绿色创新进行分析。本实证期为

2011年10月至2012年11月，实证地点包括苏家坪村在内的通江县城内三个区域。具体时间、地点、主要对象及实证方法见表2-2。

表2-2 通江县相关实证简介

序号	时间	地点	主要对象	实证方法
1	2011年6月	通江县空山乡	农技人员、政府公务人员、当地乡民	观察法、采访法、问卷法
2	2011年9月	通江县诺江镇、通江县烟溪乡苏家坪村龙虎山茶园	农技人员、政府环保及农业负责人	观察法、采访法
2	2012年11月	通江县诺江镇	政府、机关部门及企业代表等	问卷法、讨论会

2.3.2.1　四川省通江县概况

通江县位于川东北秦巴连片贫困核心区，素有“一府三乡”的美誉，面积4 116平方公里，辖49个乡镇，总人口80.1万（农业人口68万），是中国的银耳之乡。该县是长江上游水土保持重点县，区域禀赋独特。2011年完成生产总值77.48亿元，城镇居民人均可支配收入16 220元，农民人均纯收入达到5 085元；三大产业结构为25.6∶42.0∶32.4。目前，该县以“三生共赢”原则为指导，确立了“四大产业富民、开发资源兴县”的特色农业强县思路，极大地促进了县域经济的绿色转型。

2.3.2.2　通江县茶产业概况

通江生态条件适中，土壤富硒且有害物质残留少，茶叶种植历史悠久。目前，茶产业被列为通江县“四大产业富民”工程之一，并正基于“主导产业模式”构建以茶产业为增长极的区域经济多种经营模式，带动相关社会、经济和环境部门实现“三生共赢”的目标。

从区域分布看，当地茶产业主要分布在铁溪镇、烟溪乡、永安镇、瓦室镇、兴隆乡、至诚镇、大兴乡和诺水河镇；从产业发展现状看，2011年全县茶叶总产量617吨，茶园面积4 793公顷，茶叶亩产值超过3 000元，且名优茶生产和茶基地建设初具规模，入驻了罗村茶业、金玉农业、康梦公司秦巴春茶业具有一定规模的茶叶生产企业，当地农民增收效果显著。

从社会影响看，茶产业作为劳动强度要求适中的劳动密集型产业，在产业链延长后解决了一部分农村剩余劳动力就业问题，也吸收了部分外出务工人员返乡就业，在提升当地劳动力生产效率的同时，也增加了居民的家庭成员相处时间。

从环境效益看，发展茶叶生产可提高植被覆盖率、保持水土、美化环境、净化空气。

2.3.2.3　苏家坪村实证研究

烟溪乡苏家坪村是通江县茶产业建设的重点区域。2011年9月25-26日，笔者所在团队针对通江县茶产业种植技术和产业发展进行调研，采用访谈法收集相关信息。受访者信息如表2-3所示。

表2-3　受访者信息登记表

地点	地址	时间	受访人姓名	受访人职务	受访主题
四川省通江县龙虎山茶厂	通江县烟溪乡龙虎山茶厂（政协履职实验基地）	2011年9月25日 10：00~15：00	邓国平	通江县政协主席	（1）有机肥料在茶产业发展中的作用 （2）以产业链系统与循环经济思想解决有机茶肥料来源问题
			李森林	通江县政协办公室主任	
			马江华	四川省通江县龙虎山茶厂总经理	
通江县益民农业科技专业合作社	通江县民胜镇周子坪村	2011年9月26日 9：40~10：30	何光明	通江县益民农业科技专业合作社经理	（1）以循环经济思想将银耳生产过程的废料进行资源化 （2）通江县循环经济产业集群的构建设想
			李仁洲	通江县农艺局总农艺师	

结合“三生共赢”理论模型，下面对访谈进行分析。

（1）茶产业概况。苏家坪位于通江县北部山区，海拔高差520～1 300米，面积10.2平方公里，25度以上的坡耕地占78.8%；该村6个合作社，农业户239户，1 001人，耕地914亩，该村基础设施差，经济落后，是全县重点贫困村。该村经济以茶树种植、生猪养殖为主，2008年农民人均纯收入2 850元。2001年以来，该村实施了以茶叶为支柱的产业结构调整，取得了明显的成效。2006年，该村已发展茶园面积1 262亩，茶叶收入115万元，人均1 178元，户均5 352元；2008年年底，全村种茶农户112户，种植有机茶园1 200亩，5亩以上的种茶大户15户，茶农仅此一项便实现人均收入2 000元；2011年，全村种茶2 000多亩，人均收入3 600元。茶产业已经成为农民持续增收的支柱产业。

（2）经济系统转型发展。当前，国内生态农业转型的发展模式有“主导产业模式”“全面发展模式”“超常农业发展模式”三种，其中“主导产业模式”适合通江县这类生产要素结构和总量相对劣势的西南贫困山区县，而其他两种模式则在东南沿海的一些相对富裕的乡村得到了实践和应用。苏家坪村的经济系统转型以自然优势为源头并在时间维度上呈现四个阶段：产业内结构转型、产业间结构转型、区域内产业链构建和区域间辐射效应形成。

首先，以综合区位优势为基础的农业产业结构转型。当地政府通过分析当地自然资源禀赋、生产要素和市场要素等综合区位要素情况，选取了特色茶产业为当地实现“三生共赢”目标的起点。虽然通江县一直以种植业和畜牧业为主要农业生产方式，但苏家坪村的自然环境却不利于开展这两类生产活动，农业基本“靠天收”。当村民开始认识到茶叶在利润方面的比较优势后（2005年数据，茶叶每亩利润1 460元，而水稻、小麦纯利155元），农民种茶积极性得到提高，村内的茶园面积逐年增长（如表2-4）；当地的农业产业结构得到调整，茶叶收入占农民纯收入的比例逐年提高（2001年为3.4%，2007年为21.7%，2008年为32.1%）——截至2008年，全村形成了以茶产业为主导的劳务、生猪、粮食的多元经济。茶产业总收入102万元，占当地国民经济总收入的24.4%，在各种收入方式中排名第二。

表2-4 苏家坪村茶园种植面积概况

年份	新增茶园面积（亩）	累计茶园面积（亩）	新增茶农户数（户）
2001年前	54	54	/
2002	34	88	32

续表

年份	新增茶园面积（亩）	累计茶园面积（亩）	新增茶农户数（户）
2003	58	146	52
2004	600	746	110
2005	521	1267	34
2011	>1 600	>4 500	共218户，茶户总数占总户数91%

其次，以企业入驻和加工业为基础的产业间结构转型。相关企业的入驻提高了当地茶产业的生产经营效能和效率。随着当地茶叶种植面积和产量的增多，当地产生了提升生产技能、加工能力和市场开拓能力的需求。从2004年起，当地作坊式生产已不能解决鲜叶加工了。因此，康梦公司秦巴茶业于2002年与相关合作方共同投资10万元在苏家坪村龙虎山建起年加工能力30吨的加工厂；之后，该公司与罗村茶叶于2007年投资40万元在苏家坪建起年加工能力50吨的加工厂。相关公司的投资改变了苏家坪村的产业间结构，促进了该村第二产业的发展。

其三，以产业价值链形成为基础的区域内产业链构建。苏家坪村的茶产业发展让政府、企业和乡民间的“治—知—行”关系得到优化并形成了“政府+公司+基地+农户”的茶产业生产模式，以茶产业为基础形成了以下三条产业价值链：

“种植—加工”生产链，其中。农户建茶园，公司、茶叶协会办加工厂，把农户的茶鲜叶加工成终端产品，提高了产品附加值。

“科研—培训—技术”推广链，其中，该村依托康梦公司秦巴茶业建起了茶叶研究所，推广茶叶新技术。

“供—销”流通链，全村由康梦公司秦巴茶业牵头成立了茶园专用生产资料服务部，为茶农提供优质生产资料，秦巴春茶叶协会建起了茶叶销售网络，统一质量、统一商标、统一包装、统一销售，户户参与销售。

其四，以产业效应外溢为基础的区域间茶产业网络的构建。通江县政府制订了以苏家坪村为中心的通江县茶产业发展规划：

一是以苏家坪村为核心的茶叶园区规划万亩有机茶生产基地，辐射带动兴隆、永安、涪阳、青浴和铁溪建设3～5万亩生态茶园。

二是以苏家坪村龙虎山为基地建设500亩茶树良种繁育基地，建设好引种品比园、母本园、良种茶树繁殖苗圃和茶园高产示范园，为全县茶叶发展提供良种茶苗，又为茶叶生产提供成熟的先进技术。

三是在县城建设茶叶专业市场，让茶叶产品在大市场与消费者直接见面。

四是把茶叶生产的发展与观光农业有机结合起来，建设茶家乐、品茶山庄等。同时，通江县在“十二五”规划的总投资额中使用7.26亿元（“十二五”总投资额为831.36亿元）用于三个茶产业项目，以支持当地茶产业发展（茶产业规划项目如表2–5所示）。

表2–5 通江县“十二五”规划茶产业相关重点项目表

行业	项目名称	建设规划及内容	建设起止时间（年）	总投资（万元）	“十二五”规划投资（万元）	“十二五”进度
工业	茶叶加工	精致茶、茶饮料生产	2011—2015	30 000	10 000	完成总工程量的30%以上
科技	通江县农业科技示范园	引进耳茶科技企业建设通江银耳、茶叶产业链	2011—2015	20 000	8 000	完成总工程量的40%
产业	富硒茶产业基地建设	建设茶叶生产基地20万亩	2011—2015	22 600	22 600	按规模建成

（3）社会和环境系统转型发展。苏家坪村茶产业发展带动绿色创新的实践对社会和环境系统的发展产生了促进作用。

社会系统转型：茶产业的兴起对该村村民社会生产意识转变和劳动力向本地转移做出了重要贡献。从生产意识看，过去以自给自足为目的的农业生产向以农业产品生产为目的的农业经济转变，特别是现在的专业化生产也培养起了农民规模化、集约化经营的意识。在村内基建方面，全村2007年修通6.5公里村道，2.5公里村社道路；2011年新建并硬化茶叶产业环线路11公里，新建村社道路15公里，新建便民路2 000米。在乡民生活水平改善方面，有76户修了砖混结构的平房，47户按川北民居样式修起了砖木结构的瓦房，有两户买了大卡车，36户买了摩托车，95%的农户进行了“五改三建”，买了电视，安上了电话，有许多农户在家里安上了热水器，厨房安上了抽油烟机。

环境系统转型：过去粗放式经济增长方式曾导致耕地荒芜、植被缺乏，洪水泛滥和山体滑坡现象时常发生，水土流失严重，森林覆盖率仅有14.6%。茶产业的发展为停耕还林创造了条件，几年来该村停耕还林，荒山造林1 200多亩，人口生态负荷相比2001年减少了49.3%，植被覆盖率达到了68.6%，空气得到净化，为今后发展观光农业奠定了基础。该村现完成改厨、改厕、改圈、改阴阳沟120户，农户建沼气池135口，庭院改土30处。

（4）绿色创新实证小结。苏家坪村茶产业绿色创新是以当地政府牵头和引导的，以综合分析乡村自然资源禀赋和社会经济发展现状为基础的，以茶产业在综合效益的比较优势（如种茶的利润优势和成本优势）为切入点的，带动区域内经济、社会和环境协调发展的真实案例。

政府、企业和乡民的协同合作是苏家坪村进行茶产业绿色创新的关键因素，其中，政府负责意识培养和信用背书，企业负责经营理念设计和经济资源整合，乡民负责落实生产和信息反馈。具体来说，政府综合考虑当地的自然禀赋和社会经济现状，正确地选取茶产业发展区位和策略，并率先引导农民尝试新的经济生产方式，调整家庭乃至全村农业产业结构，同时依靠政府公信力缓解村民的实践顾虑；企业是实施良好管理和扩大该村茶产业发展规模最具效能的经营力量，其在适当的时机介入当地的茶产业发展，不仅解决了村民茶叶加工和消纳问题，还在从生产到销售的整个产业价值链条上提供了系统的可持续的生产通路；乡民团体是在经济利益下最具积极性的行动力量，它们根据村内产业发展的新形式调整自己的生产和生活行为，并在意识层面和行动层面完成了向茶农的转变。

苏家坪村茶产业在时间及空间的发展特点及发展缺陷有两点。

第一，该村在时间上经历了产业内结构转型、产业间结构转型、区域内产业链构建和区域间辐射效应形成的四个步骤，在空间上逐渐实现了“农田—农业—产业”发展的递进。

第二，从生产空间看，该村尚未前瞻性地关注野地对城乡发展茶产业的重要反馈作用，如土壤培养、废物处理等；从生产要素看，该村金融系统的不完善成为制约当地企业和农户自主扩大生产力和研发新品种的障碍，同时缺少对自然资本更清晰的认识；从绿色创新的完备性看，该村目前仅实现了在茶产业上的农业部门的初步转型，二、三产业的转型尚未基于茶产业的经验和成绩逐一落实。

2.4 战略创新

全球正面临严峻的经济、生态、环境和能源等多重危机，以绿色创新为基础的可持续发展已成为人类必由之路。欠发达地区，是指具备一定经济实力和潜力但与发达地区有一定差距，生产力发展不平衡、科技水平相对较低的区域。欠发达地区的生态环境相较于发达地区，遭到的破坏相对较轻，但承受了巨大的经济发展压力，如何发挥绿色创新驱动力，利用好目前促进绿色创新的政策，推动欠发达地区的发展显得尤为重要。

2.4.1 环境制约

首先，中国欠发达地区在经济快速发展中日益暴露出生态破坏和环境污染的严重问题。改革开放以来，中国欠发达地区的经济一直在快速发展，特别是西部大开发、东北振兴和中部崛起等区域发展战略的实施，GDP年均增长9%以上。但在经济快速发展中却明显暴露出生态破坏和环境污染的严重问题。主要表现在两个方面：

一是多年来欠发达地区实行的是以大量消耗资源、粗放式为特征的经济增长方式，高投入、重复建设；重数量和速度，轻质量和效益；重开发和利用，轻保护和恢复，可以说欠发达地区的经济发展在很大程度上是以牺牲环境为代价的。

二是欠发达地区资源短缺，人口众多，而且人口大部分在农村，因此在相当程度上需要凭借自然资源促进经济发展，而粗放式开发的结果只能是影响经济的可持续发展。一些西部欠发达地区环境污染和生态恶化已经到了相当严重的程度。主要污染物排放量超过环境承载能力，水、大气、土壤等污染日益严重，固体废物、汽车尾气、持久性有机物等污染持续增加。

其次，欠发达地区环境污染给当地经济社会带来的不利影响制约了经济的发展。欠发达地区在取得巨大物质财富的同时，付出了沉痛的环境代价。这至少存在以下负面影响：

一是由于空气污染和水质污染引发的各种疾病，损害了人们的健康，从而降低了劳动力的工作能力。对于原本缺少资金和技术而主要依赖丰富的劳动力资源的欠发达地区来说，劳动力素质下降是影响经济发展水平的重要因素。

二是由于治疗各种疾病，迫使人们不得不支付大量的医疗费用，特别是在极度贫困的地区遭受疾病侵袭的家庭，往往是变卖所有资产或到处借债来为治病筹款，资金短缺和债务压力严重妨碍了他们开展正常的生产活动。

三是欠发达地区水土流失和土地沙漠化引起的生态环境恶化，降低了欠发达地区土地的产出量和人口承载能力，进而影响到农业发展水平。

四是地方政府为了治理日益恶化的环境问题，不得不投入大量的财政资金，削弱了对其他经济领域和行业的投资，从而影响到欠发达地区整体经济发展速度。目前欠发达地区正处于实现工业化的初级到中级发展阶段，工业企业装置差，能源和其他资源消耗大，防治污染的设施又严重不足，对于环境保护和生态平衡造成很大压力。不少地区原有的环境问题尚未解决，新的环境问题又相继出现，严重制约着欠发达地区的经济发展，影响着欠发达地区的发展进步。

2.4.2 重要意义

中国应在区域层面尽快实施绿色创新战略，以适应全球化的经济发展，同时增强国力，推进现代化进程，建立合作性、公平性、互补性的协调体系。

第一，经过30年的改革开放，中国培育起了支撑国民经济实力的东部沿海地区。这一地区已经具有了参与世界经济竞争的能力，但问题是区域性差距在扩大。这也是中国区域经济发展中所面临的一个最大问题。

第二，中国消灭了大规模绝对贫困人口，对世界的减贫做出了很大贡献。但是，中国的相对贫困人口所占总人口的比例却在提高，且比重过大。这是中国未来经济发展中将要面临的巨大挑战。

第三，中国涌现出了一批具有现代化水平的城市，而且，这些城市不仅分布在东部沿海地区，还包括各省的省会城市和重点城市，它们作为中国经济和社会全面发展的支撑点，在总体空间布局上已经全面展开，对区域经济均衡发展的支撑作用将会在下一阶段的区域经济发展中得以显现。但与此相伴的是，一些地区城市的盲目发展造成资源枯竭型城市，这也成为发展中的一大问题。

第四，中国区域发展开始越来越注重科学化的理念，尤其是各级政府的决策者们，越来越重视贯彻落实科学发展观。但同时，一个没有消除的问题是，把GDP的增长作为核心目标追求依然左右着一些区域发展的战略导向。

2.4.3 驱动因素

尽管国家在诸多领域都制定了相应的环境政策法规，由于经济发展相对落后，环境政策法规的全面有效实施面临较大障碍。不少企业甚至相对宽松的实施环境政策法规，以求削减成本，提高市场竞争力。因此，在分析中国绿色创新的驱动因素时，除了考虑环境规制强度的因素，还必须考虑环境规制的执行状况。与环境规制执行相关的两个变量是：环境规制本身执行的难易程度和环境问题在政府决策中的重要性。

2.4.3.1 环境政策法规执行的难易程度

影响环境政策法规执行难易程度的主要因素包括：技术可行性、制度设计合理性、规制者本身素质等。其中，技术可行性主要是指用于实施环境规制或监管企业排污行为的技术、设备的可获得性与经济可行性。如对于一些屡禁不止的非法排污行为的监管就需要有效的技术手段做支持。同时，环境规制的执行还需要借助于科学有效的政策工具，如以市场为基础的环境经济政策工具的运用。对这些新兴政策工具本身运行机制及其运用所需背景条件的了解是保证制度顺利实施的必要条件。另外，环境规制的有效实施需要有一定的人力、财力、物力资源做支撑。环境规制是否易于执行还取决于规制制度设计本身的合理性，这是关系环境规制实施效果的根本性因素。制度设计本身如果存在缺陷，其实施注定不会达到规制者预期的效果。现实中，由于对规制者行为缺乏行之有效的监督制约措施，导致某些规制者知法犯法、利用职权进行设租的违法现象，使得环境规制实施的效果大打折扣。简而言之，在不考虑其他影响因素的条件下，环境规制者的素质能力越高，对环境规制者行为的约束越严格，环境规制制度就越容易得以执行。

2.4.3.2 环境问题认识的重要性

环境问题认识的重要性（或环境规制在政府决策中所处的位置）是影响规制实施的制度环境，它很大程度上取决于社会的经济发展水平。在没有解决衣食住行等根本需求之前，环境问题很难被纳入社会的资源配置决策中来。只有当经济达到一定水平之后，社会对优美环境的需求才会提高，政府也才会真正将环境问题纳入议事日程中。当经济发展到一定水平之后，社会公众的环境意识、纳税人意识也会相应提高，从而会对政府施加更大压力要求治理环境，相应地提高环境问题在政府决策中的重要性。环境组织力量的强弱也会在很大程度上影响一国对环境问题的重视程度，强大的环境组织能力会对政府的环境管理产生有力的推动与监督作用。

2.4.4 协调体系

与一般创新体系的概念类似，绿色创新体系的概念也可区分为不同的层次，即国家绿色创新体系、区域绿色创新体系和产业绿色创新体系。无论是哪个层面的绿色创新体系都包括不同的创新主体——政府、企业、大学科研机构和公众等；都强调了环境技术从产生、扩散、应用的整个过程及其支撑要素。与一般创新体系不同，由于环境问题具有负的外部性以及创新经济激励的缺乏，绿色创新体系同时面临着市场失灵、系统失灵以及政府失灵等多重问题。解决这些问题的关键在于推动环境技术的产生、扩散和应用。在这方面，绿色创新体系与公众和社会的意识形态密不可分，它将极大促进和加强政府公共研发和环境规制的力量，这是绿色创新体系的一大特点。

作为市场主体的企业，其创新主体地位在绿色创新体系中的确立显得更难，因为环境技术公共产品的特性决定企业实施自主环境技术创新的动力要打折扣。上述因素都使得有关绿色创新体系的研究具备了一定的挑战性，因此，要求做好以下几点：

2.4.4.1 构建合作性的协调体系

发挥区域内优势，加强区域间合作，构建合作性的协调体系。区域经济是中国总体经济的一部分，只有区域经济得到发展才会促进总体经济的发展。当下，区际经济差距显著，区域经济割据现象严重，结构趋同，区域间居民收入差距扩大，因此，加强区域经济合作、促进总体经济发展就显得尤为重要。

国际金融危机使中国加快转型升级的问题更加凸显。应对“后危机时代”的挑战，如何推动经济结构的战略性调整，实现经济的跨越式发展，关键还在于有效地吸引人才、技术、智力，特别是进一步推动企业与科技部门、大专院校和科研院所开展产学研合作，进一步提升合作层次、拓展合作领域，进一步建立健全全面、系统的产学研合作网络和渠道，持续推动区域经济健康发展。

长三角区域的转型，要处理好政府与市场的角色。政府应建立合作发展机制，完善市场环境、降低交易成本，建设跨行政区域的共性技术和信息平台，提供基础设施、环境保护、资源利用等公共服务，并在市场的推动下建立产学研合作机制。

珠三角地区毗邻香港和澳门，应充分利用其独特的地理区位优势和经济优势，整合香港和澳门资源，建立起独具特色的珠三角区域发展模式，为中国经济创造做出贡献。珠三角要与港澳台地区进一步加强经济和社会发展领域合作的规划。

2.4.4.2 构建公平性的协调体系

注重合理分配，实现区际公平，构建公平性协调体系。在区域绿色创新战略的公平性中，涉及公平与效率的关系。公平是社会目标的集中体现，是指在地区发展中以追求社会公平的最大化为主要目标，实质上是如何处理地区各利益主体的利益关系，即在机会均等的条件下尽可能缩小地区间的发展差距，实现地区间协调发展。在现实的地区发展中，主要表现为在发达地区与欠发达地区均衡地分配资源；有时政府要对落后地区采取部分优惠政策，以帮助落后地区更快的发展，从而缩小地区间的发展差距。效率是经济发展目标的集中体现，是指在地区发展中以追求地区经济能获得最大总产出为目标，实质上是指如何实现地区内各种经济资源的有效使用和配置。在实现地区发展的进程中，效率目标更多地表现为优先发展发达地区的经济，通过发达地区经济发展的扩散效应，带动落后地区的发展。

东西部地区发展差距的历史条件和扩大趋势是长期困扰中国经济和社会健康发展的全局性问题。因此，要支持西部地区开发建设，实现东西部地区协调发展。西部地区是地域面积广阔、自然和经济社会条件复杂多样、各地区发展水平差异很大的特殊区域，这样的区域要以尽可能快的步伐改善基本的生产和生活条件，实现经济繁荣和社会全面进步，不能依靠单一的、零散分布的、传统式的增长来带动，必须把建设结构合理、功能健全的增长极体系作为战略重点和战略突破口，形成经济增长迅速、信息化水平高、高科技产业和循环经济占主导地位的增长极体系，带动西部地区经济结构的合理化和产业结构高度化。这就要求在西部各类经济实体和各类地区中，选择经济基础好、地理位置优势强，人口和产业、城镇较密集，交通、通信、供水等条件优越的地区，建设适应各类地区发展需要的各级各类和多种多样的经济增长极，促进重要经济要素高度集聚并进行以创新为核心的“要素组合反应（Reactionmix of Elements）”。

在要素组合反应中产生新的生产力和更高的经济社会效益，形成经济的高增长、强关联核心地带；以这种地带的强劲发展为主导力量，辐射和带动周围越来越大的地区实现资源的高水平开发和高质量发展，较快实现新型工业化和高度信息化、知识化的目标；要建立健全新的体制和机制，加强对各级各类增长极的改造、提升、组织、协调，建立和发展不同层次、不同性质的增长极之间的经济和技术联系，改变传统式增长极孤立、分散、粗放式发挥极化功能的弊端，逐步形成结构合理、功能互补、极化发展与协调发展恰当结合的、覆盖西部地区全局并与东中部地区增长极网络连成一体的增长极系统。

2.4.4.3　构建互补性的协调关系

明确区域差异，在协调发展的基础上，构建互补性的协调体系。当前中西部发展不平衡的现状依然存在，因此，引导中西部互动显得尤为重要。在互动中，具有不同功能的区域存在差异，才有可能在互补中形成相互联系、相互依赖的统一体，并在分别发挥差异化优势的基础上，各区域都更上一层楼，同时达到整体上的飞跃。

中国政府应该维持并完善区域协调发展的宏观区域发展战略，使协调发展不仅符合地区经济发展的实际情况和客观要求，而且更符合中国经济发展与工业化水平的需要。具体来说，应该有效发挥中部地区综合优势，支持中西部地区加快改革发展，振兴东北地区等老工业基地，使区域之间优势互补，统筹各区域整体发展，逐步形成东、中、西经济互补，南、中、北经济联动，互相促进、协调发展的区域格局（黄海峰等，2007）。

值得强调的是，在解决目前区域经济发展存在的问题并制定相关战略时，应该用辩证的眼光看待目前的区域经济状况。例如，地方政府竞争对区域经济转型同时存在着积极和消极作用：从消极方面看，“地方政府竞争还呈现出较明显的无序状态，由此而导致地方保护主义和市场分割而形成所谓的‘行政区经济’，这种无序竞争有碍资源的优化配置”。从积极方面看，“地方政府竞争有利于制度创新，有利于减轻政府竞争中存在的委托代理等问题，从而维护市场竞争，因而对区域经济增长有促进作用”，“从区域经济增长差异来看，地方政府竞争是区域经济增长差异形成的一个重要因素”（谢晓波，2004）。

此外，区域经济系统是国家经济系统的子系统，兼具一般经济系统的共性以及自身的特殊性。区域层面绿色创新战略中，以城乡一体化为目标的城乡转型课题成为中国区域绿色创新战略的重点之一。在以中小城镇逐步崛起、大中城市空间加速拓展、城乡经济社会关联越发紧密为特点的城乡一体化进程所取得的成就之下，还应当认识到，城镇化过程中“重经济轻民生”、生态环境越发脆弱、产业结构不合理等诸多问题，依然是下一步城镇化发展中存在的优化机遇和现实挑战。

2.4.5 战略定位

2.4.5.1 绿色创新是欠发达地区经济发展的根本出路

首先，欠发达地区经济发展的绝对性与经济发展受环境问题制约造成经济发展的局限性。欠发达地区要把经济发展放在首要位置。对于欠发达地区来说，经济发展是第一位的，显得越来越重要和迫切，只有经济发展才能为解决贫富悬殊、人口剧增和环境问题提供必要的技术和资金，才能逐步实现工业化和现代化，并最终摆脱贫穷和愚昧，这就是经济发展的绝对性观点。此外，需要充分认识到经济发展受环境问题制约会造成经济发展的局限性，即经济发展不能超越环境的承受能力，人类的经济活动必须在环境提供的承载能力范围内进行。虽然现代经济发展受到环境因素的限制，但仍可以依靠科技进步等有利条件，从经济发展的质量和深度上求得发展。关键是如何合理利用自然资源，在生态平衡条件下寻求最优的经济发展。

其次，经济发展与生态环境之间的矛盾是辩证、对立的统一。离开了经济发展，解决不了环境问题；不解决环境和资源问题，又难以保持经济持续发展。环境问题是在人类社会发展的进程中产生的，也必将在同一进程中得到解决。随着社会和经济的发展，老的环境问题解决了，新的环境问题又会出现。人类社会经济发展与环境的矛盾始终处于不断运动和变化之中，永无止境。因此，我们必须把经济发展的视角校正到人与自然的和谐、统一上来，使经济建设与环境保护相互协调，相互促进，实现良性循环。

最后，绿色创新是欠发达地区发展的根本出路。绿色创新带来了新的发展方式，是欠发达地区突破性发展的根本出路。从前面的论述可以看到，传统的粗放型的经济发展，严重阻碍了欠发达地区的发展，环境因素是经济发展不可逾越的约束，只有转变发展方式、通过绿色创新才能使经济可持续发展，使人与自然和谐发展，实现良性循环。

2.4.5.2 充分利用绿色创新政策促进欠发达地区经济可持续发展

绿色创新驱动力因素有六点。

（1）转变发展观念，提升绿色创新的市场需求驱动力。观念的转变需要消除知识贫困，促进技术进步。为此，欠发达地区要大力发展教育，加大教育投入，除继续搞好基本普及九年义务教育和基本扫除青壮年文盲的“两基”工程外，还应重点发展成人教育、技术教育等多种形式的教育，从而提高人民素质，促进欠发达地区内生技术资源的形成。

（2）转变经济增长方式，全面提高治理污染的技术水平，提升治理能力，强化绿色创新技术推动力。积极推进欠发达地区的技术引进，以科技进步为支撑，转变经济的增长方式。引进、开发、研制适合欠发达地区现阶段生产发展水平、经济合理的技术和环境保护设备，提高监测环境保护系统的监测精度和准确率；制定有效的环境保护政策，发挥比较优势，加大资源综合利用能力，推广清洁环境保护生产技术；积极发展中介环境保护机构，由中介机构普及知识，推广环境保护新技术。

（3）转变经济体制，加快制度创新，积极培植市场机制，建立健全环境保护的法律法规体系，提高执法力度，促进绿色创新规制的驱动力。欠发达地区要根据不同的发展阶段和发展水平，进一步完善环境法律和法规体系，完善制止环境违法行为的各项行政强制措施，切实解决“违法成本低、守法成本高”的问题。要严格执法，加强执法队伍建设，提高执法标准，健全执法程序，协调好各种利益的关系，实行群众监督。

（4）转变政府职能，加强政府环境保护的目标管理，完善管理机制，形成绿色创新的政府引导力。要抓紧建立对工作实绩进行考核评价的新的指标体系，不仅考核GDP的增长，还要同时考核城镇居民人均可支配收入、农民人均纯收入、环境保护和生态建设、扩大就业、完善社会保障等其他指标，引导各级干部树立正确的政绩观。在环境保护目标管理中，欠发达地区要结合实际制定目标，量化污控指标，提高管理手段，建立有效的环境管理机制，探索民间性质的环境管理员制度。在环境保护产权机制方面，逐步实施排污权的市场交易制度，使污染治理与各单位利益挂钩。在严重污染地区，政府与严重污染的大中型企业签订有一定约束力的环境保护协约。

（5）加大对环境保护的投入，提高社会投资的比例。现阶段欠发达地区政府对城市污水、城市垃圾处理等环境保护公益设施问题应充分利用国家的绿色创新政策，发挥政府投资的主导作用，同时建立相配套的符合市场经济原则的环境保护投入机制。深化环境价格市场化改革，按照“排污者付费、治理者赚钱”的原则，逐步建立由排污权初始价格、排污付费价格、治污收费价格和环保服务价格组成的环境价格体系。探索在欠发达地区建立合理的生态补偿机制，同时在国债资金、省级污染防治基金、省级环保专项资金上对欠发达地区给予扶持。

（6）遵循绿色创新政策要求，大力发展循环经济，坚持走新型工业化之路。一是建立工业项目环境影响评价制度。对所引进或开办的工业项目要进行评估选择，坚决禁止污染严重且无法治理的项目，严格控制有一定污染但本地确需且有治理技术保障的项目。二是建设生态企业。如工业用水的循环利用、灰渣生产建材产品等，形成企业内部循环链。三是建立生态工业园区。对于有一定污染的工业项目，通过科学的功能分区和环保设计，尽量把污染限定在一定的区域内，并最大限度地实现企业间资源的循环利用和园区内废物的零排放。四是要建设城市生态经济，着力培育旅游、教育、服务等环境友好型企业。在城市上风向、水源地、旅游风景区和环境脆弱地带，严禁兴建工业项目，从源头上控制污染。

通过这些方面的努力，促使欠发达地区走出一条经济发展与环境保护互动的良性循环道路。

2.5 本章小结

要推动绿色创新、提高创新效率，首先要积极推进创新驱动发展战略，加快培育具有实力、活力、竞争力的创新主体，实现资源的合理开发利用，提高资源保障能力，促进经济社会健康可持续发展。

其次，针对中国“东高西低”的发展格局，政府应因地制宜，采取差异化扶持政策引导不同区域科技和环境的协调持续发展。

第一，要继续鼓励东部地区进行自主创新和加快绿色清洁创新的步伐，在保持经济持续增长的同时更要注重环境质量的改善，以促使其创新效率向更高更健康的水平发展。

第二，要积极推动东北老工业基地的振兴与崛起，充分发挥东北地区资源丰富的优势，加大科技创新力度和人员投入，以及注重生态环境的保护。

第三，加大政府对中西部地区创新活动的扶持和引导，推动其绿色创新能力的提高，并重点治理能源依赖型地区的环境污染，改善中西部地区生态环境，以推动中西部地区可持续发展。

再次，提倡大力发展高效、节约、环保的绿色创新道路，实现环境与经济共赢发展。因而，需要制定相关措施确保环境规制政策的有效实施。

第一，改革地区政府官员的政绩考核制度，将地区环境保护与经济发展综合作为地区官员整体政绩的考核指标。

第二，征收环境税，考虑地区经济实力的异质性，制定地区差异化环境税率，即经济发达地区的环境税收标准要高于经济欠发达地区的标准。

第三，培养企业绿色创新意识，推动企业由环境规制被动的接受者逐步转变为环境规制的主动参与者。

最后，要提高区域创新效率。在关注环境的基础上，还要重视区域对外开放性，在积极学习国外先进的绿色创新技术的同时，继续完善技术市场环境，促进科技成果市场价值的实现。同时政府要加大对科技的扶持力度，制定合理措施监管创新资源配置情况，以充分提高创新资源的利用率。

3 中国城市绿色创新研究

当今，面对全球气候变暖和资源危机等问题，发展绿色经济已经成为必然。绿色经济是一种以能源消耗较少、环境污染较低为基础的绿色经济模式，是一种全新的经济发展模式，是实现可持续发展的具体路径和必由之路。提高能源效率、开发清洁能源、发展低碳经济已经逐渐成为全球的共识。发达国家率先把发展绿色经济上升到国家战略的高度，绿色经济已从一个应对气候变化、环境保护和资源紧缺的技术问题转变为决定未来国家综合实力的经济和政治问题，并将成为未来规制世界发展格局的新规则。

3.1 现状分析

中国经济在历经30多年的粗放型高速增长之后，能源资源短缺和环境恶化问题逐渐凸显，经济发展方式向高能效、低能耗和低碳排放模式转型已成为迫切需要。中国发展绿色经济既是共同应对气候和环境变化的内在要求，也是建设资源节约型、环境友好型社会和构建社会主义生态文明的必然选择，更是转变经济发展方式、实现经济社会可持续发展的必由之路。中国正处在加快经济发展方式转变的关键时期，发展绿色经济已经成为中国可持续发展战略的重要组成部分，是优化能源结构、调整产业结构的可行措施和重要途径。发展绿色经济是中国经济社会可持续发展的必然选择，这是由中国的基本国情决定的，也是中国的发展战略之一。

绿色城市是发展绿色经济的重要载体，绿色城市建设是绿色经济发展的重要内涵。城市是人类文明的产物，是行政、金融和工业中心。作为人类社会经济活动的中心，城市已经聚集了世界一半以上的人口。随着城市化进程的加快，城市的脆弱性不断显现并且有加剧的倾向。近半个世纪以来灾难性气候事件明显增多，频率加快，危害程度加深，而城市因为其特殊地位在此类事件中受到的影响最大。城市是经济社会发展的重要载体，城市建设的最终目的是为人民群众创造良好的生产、生活环境，实现“生态、生产、生活”“三生共赢”、“三生”协同发展。目前，绿色城市建设已经成为世界各国城市建设的热点问题，绿色发展模式成为新一轮经济增长的关键词。

随着工业化、城市化进程快速推进，中国城市面临的节能减排问题日益严峻。城市化是中国经济社会发展的长期战略之一，未来城镇人口及其比重将继续提高，城市经济在国民经济中的重要性将进一步提升。然而，城市化以工业为依托，工业的高速发展是以牺牲资源和能源为代价的。中国城市化的快速发展是建立在工业化基础之上的，而传统工业化是以高碳排放为特征的发展模式，中国城市也是温室气体的主要产生地。因此，加快建设绿色经济城市是发展的必然选择和迫切需求。中国是人口大国，坚持节约资源和保护环境是基本国策，发展绿色经济、建设绿色城市是实现这一国策，促进城市经济与资源环境和谐发展的重要途径之一。走绿色发展之路是中国的必然选择，也是城市建设的必然选择。

3.1.1 经济绿色化

低碳经济是人类为应对全球气候变暖，减少人类的温室气体排放提出的；绿色经济是人类为了应对资源危机，减少人类对资源环境的破坏提出的。既要发展低碳经济，又要发展绿色经济。发展低碳经济要节能减排；发展绿色经济要减少资源消耗和环境破坏，减少负面增长，保障经济健康发展。发展低碳经济和绿色经济，二者相互促进，既是发展的过程，又是发展的结果。

绿色经济是以市场为导向，以传统产业经济为基础，以经济与环境的和谐为目的而发展起来的一种新的经济形式，是产业经济为适应人类环保与健康需要而产生并表现出来的一种发展状态，是以效率、和谐、持续为发展目标，以生态农业、循环工业和持续服务产业为基本内容的经济结构、增长方式和社会形态。英国经济学家皮尔斯1989年出版的《绿色经济蓝皮书》首次提出绿色经济的概念。

低碳经济（Low-carbon Economy），一般是指以低能耗、低污染、低排放为基础的绿色经济，其核心是在市场机制基础上，通过制度框架和政策措施的制定及创新，形成明确、稳定和长期的引导及激励机制，提高新能源开发、生产、利用能力，实现节能减排，促进人类生存和全世界经济发展方式的变革，是人类社会继农业文明、工业文明之后的又一次重大进步，实质是能源高效利用、清洁能源开发、追求绿色GDP的问题，是能源技术和减排技术创新、产业结构和制度创新以及人类生存发展观念的根本性转变。英国在2003年发表了《能源白皮书》，第一次提出了低碳经济的概念。2006年，世界银行首席经济学家尼古拉斯·斯特恩的《斯特恩报告》指出，全球以每年1% GDP的投入发展低碳经济，可以避免将来每年5%~20% GDP的损失，呼吁全球向低碳经济转型（Nicholas Stern，2006）。2007年，美国参议院提出了《低碳经济法案》，表明低碳经济的发展道路有望成为美国未来的重要战略选择。2007年12月3日，联合国气候变化大会在印尼巴厘岛举行，大会制定了世人关注的应对气候变化的“巴厘岛路线图”，该路线图要求发达国家在2020年前将温室气体减排25%，为全球进一步迈向低碳经济起到了积极作用，具有里程碑的意义。

当前，提高能源效率、开发清洁能源、发展低碳经济逐渐成为全球的共识，发达国家率先把发展绿色经济上升到国家战略的高度，绿色经济已从一个应对气候变化和环境保护的技术问题转变为决定未来国家综合实力的经济和政治问题，并将成为未来规制世界发展格局的新规则。

中国研发和创新能力有限，总体技术水平不高，这是中国由“高碳经济”向“低碳经济”转型的最大挑战。虽然《联合国气候变化框架公约》和《京都议定书》中提出要求，发达国家须向发展中国家转让技术，但此要求的执行情况并不乐观。目前，发达国家在低碳技术方面比中国领先很多。比如，煤电的整体煤气化联合循环技术在电力行业中的应用、热电多联产技术、高参数超临界机组技术等，中国仍不太成熟；新能源技术和可再生能源方面，氢能技术、大型风力发电设备、高性价比太阳能光伏电池技术和燃料电池技术等，与发达国家相比有不小差距。发展绿色经济能在实现经济发展和资源环境保护上实现共赢，西方发达国家已经在低碳技术的开发利用和低碳经济的发展上走在了前面，这是值得中国学习的。鉴于中国特殊的条件和发展水平以及在发展低碳经济上诸多的制约因素，绿色经济已经成为一个国家的发展战略问题。中国要以社会大众作为低碳建设的重要主体，将市场作为低碳经济的主舞台，加强政府引导和激励，采用各种策略来发展绿色经济。改革开放以来，伴随着中国经济巨大发展的是能源消耗问题，以及与日俱增的碳排放量和气候变暖。不同国家的碳排放的环境影响评估显示，中国已于2007年取代美国成为世界上最大的碳排放国。在2009年的哥本哈根会议上，中国政府承诺要在2020年达到碳排放比2005年减少45%的目标。2010年8月国家发改委决定，在五省八市开展低碳产业建设试点工作。近年来，中国已经加强了节能减排措施，但作为一个发展中国家，中国当前正处于工业化和城市化快速发展阶段，首要的任务仍然是发展，发展绿色经济还面临着许多问题，迫切需要深入研究。中国作为最大的发展中国家，拥有世界1/5的人口，在推进现代化进程中，大规模的基础设施建设，工业化、城市化、人民生活小康化等社会经济发展态势不可避免。

中国对绿色经济发展的研究尚处于探索阶段，系统地探讨中国发展绿色经济面临的挑战与机遇的文献较少。人类社会在经济发展过程中，经历了四种经济发展模式，即原始经济发展模式、农业经济发展模式、传统经济发展模式（也叫近现代工业经济发展模式）和绿色经济发展模式。国内研究低碳经济的学者首先从不同角度对低碳经济的理论内涵进行了界定，并探讨了其与转变经济发展方式的联系。有学者认为，低碳经济的实质是能源效率和清洁能源结构问题，核心是能源技术创新和制度创新，而目标是减缓气候变化和促进人类的可持续发展（庄贵阳，2005）。国内学者进一步阐述了低碳经济的内涵，并分析了低碳技术的主要内容，认为低碳经济的内涵是在不影响经济和社会发展的前提下，通过技术创新和制度创新，尽可能最大限度地减少温室气体的排放，从而减缓全球气候变化，实现经济和社会的清洁发展与可持续发展（邢继俊，赵刚，2007）。部分学者认为，低碳经济是创造生态文明的绿色经济发展模式，低碳文明在本质上是生态和谐、经济和谐、社会和谐一体化的生态文明的经济形态（刘思华，2010）。

3.1.2 城市绿色化

从世界范围看，城市建设模式中最有代表性的有两种：一种是基于各方面的需要，特别是人口增加和经济发展的需要，由一个中心逐渐向外发展，形成一个大体呈圆形的城市。由于它是逐渐形成的，最初并无统一的规划，因而其整体布局不甚严整，性质相同的建筑并不集中分布，而且大多数没有城墙。但这也正使其较少受限制，尤其商贸企业分散布局对于居民的生活较为便利，西方国家多采用此种模式。由于西方文明以欧洲为代表，故常被称为“欧洲模式”。另一种模式则为基于政治和军事的需要，根据深思熟虑的统一规划在短时期内兴建而成的。一般是首先筑起城墙，再布置城内建筑，而最重要的是政治机构及其附属性礼制建筑，其次为市场和居民住宅。整个城市呈方形或矩形，街巷横平竖直，排列整齐划一，并且中轴对称，政治机构的建筑位于城市中央。中国城市多采用此种模式，因而称为“中国模式”。

绿色城市建设在一些国家起步较早，美国、巴西、新西兰、澳大利亚、南非以及欧盟的一些国家都比较成功地进行了绿色城市建设。但是绿色城市建设在中国仍然处于发展的初级阶段，有许多问题需要探索研究和实践。著名的雅典哲学家柏拉图的理想国提出的一系列理论和主张，都是针对当时的社会弊端而设计的关于世界、人和国家的理想组合方式。19世纪20年代，英国的城市规划师霍华德提出建设“明日的田园城市（花园城市）”，主张亲近自然（Ebenezer Howard，1823）。1933年，雅典宪章规定“城市规划的目的是解决人类居住、工作、游憩、交流四大活动功能的正常进行”，进一步明确了生态城市有机综合体的思想。至1972年，联合国教科文组织制定人与生物圈研究计划，正式提出建设生态城市的新概念。20世纪50年代，保罗·索莱里（Paolo Soleri）在亚利桑那凤凰城外天堂谷的沙漠地区，设计制作了模型，探讨在当地的气候和地形条件下如何规划出更好的城市，称之为“Mesa City”。20世纪70年代，微生物学家林恩·马古利斯（Lynn Margolis）和大气学家詹姆斯·洛夫洛克（James Lovelock）将生物圈中相对稳定进行着的自组织现象描述为：生命体改变着地球的大气和地理面貌，并且控制着空气组成及其主要含量，并把这种活着的有机体——地球/生命超级体称为“GAIA”：一个自我调节的星球。

中国正处在大规模城市建设的关键时期。未来几十年，中国持续快速的发展进程必将成为影响区域乃至世界发展的重要事件。中国有巨大的人口和资源潜力去利用这一历史时期，将改变自然与人类的关系，领导绿色城市的建设。中国在绿色城市上的理论有悠久的文化基础，中国建设绿色城市有很大的发展空间，也有一些先进的实践。但是，对于绿色城市建设的途径与步骤、方法以及评价理论与方法还不明确。目前中国大多数绿色城市是在工业区或老城区的基础上改造的，也有重建绿色新城的实践，一般是在荒芜的盐碱地上建设起来的卫星城。出于中国的国情特色，国外生态城市理论运用到中国常会出现一些碰撞，产生一系列系统性问题，为此要选择适合自己国情的发展模式。中国很早之前就对城市建设进行统一规划。远在周代即提出了一整套明确的要求，不论从城市规模、城市布局，还是从建筑尺度、建设步骤上都有严格的规定。如国都的总体布局，根据主要反映春秋战国时代建筑特色的《考工记》记载，应是“方九里，旁三门，九经九纬，经涂（途）九轨，面朝后市，左祖右社”。随着城市化进程的加速，加之城市巨大的温室气体排放贡献率，城市（特别是处于发展过程中的生产型城市）的发展模式很快成为全球低碳发展的关注焦点。中国研究者们对绿色城市的理解有不同角度，但有几个共同点：其一，绿色城市是以绿色经济为基础的，因此仍然要保持经济发展，并遵循低能耗、低污染、低排放、高效益等特征；其二，绿色城市涉及社会、经济、文化、生产方式、消费模式、技术、产品等方面，需要统筹考虑；其三，绿色城市建设是一个多目标问题，如何实现经济发展、生态环境保护、居民生活水平提高等目标间的共赢，是绿色城市建设的关键。

3.2 城市化进程

3.2.1 发展概述

中国已进入快速城市化时期，2011年的城市化率超过了50%。城市化，主要是指人口、非农产业向城市集聚，以及城市文明、城市地域向乡村推进的过程。现代意义的城市化起源于英国，伴随工业革命的进程，城市化扩散到欧美大陆。第二次世界大战后，广大发展中国家开始城市化进程。在中国社会经济发展中，城市化占有重要地位。这不仅是因为它构建着区域发展的重要指标体系，而且更为引人瞩目的是作为现代社会生产、生活方式的整合，城市化将反映并影响整个区域的社会经济发展进程，是社会现代化水平的标志。

国际上，城市化水平是以居住在城市里的人口占总人口的比重作为城市化的统计指标衡量的。发达国家的城市化水平均在70%以上，中等发达的发展中国家一般在50%以上，落后的农业国通常不超过20%。城市化水平是一个国家和地区经济是否发达的重要标志。界定城市化指标，首先应当界定“城市”。国际上所说的城市实际上包括城镇。美国将1万以上人口的聚居地都称之为城市，有的国家还把标准降到5 000人，联合国的统计则以2万人口为界。

3.2.2 发展特点

1949年后，中国曾经历了曲折的城市化进程。直至1979年实施改革开放政策，城市化才步入正常的发展轨道。

3.2.2.1　城市化速度快、规模大，半城市化现象明显

1980年，中国的城市化率仅为19.39%，远落后于世界平均的城市化水平。1990年，中国的城市化率达到26.44%；2010年，城市化率上升到

49.95%。20年内中国城市化率提高了23.5个百分点，年均增加1个百分点以上，城镇人口净增3.69亿。如此大规模、快速的城市化现象在世界上很少见，这与政府主导城市化进程密切相关。新增城镇人口除城镇人口的自然增长和机械增长外，主要来自农村，其中又可分为两部分，一部分为就地转化的农民，但大部分是来自农村的流动人口。

3.2.2.2　城市化水平的省际差异显著

中国地域广大，各地经济发展水平历来存在较大差异。1990年以来，沿海地区利用有利的区位条件和人文环境，率先融入经济全球化的进程。由于沿海地区经济的高速增长吸引了中西部地区的大量农村人口，使其城市化速度大大加快，并导致城市化水平的省际差异比较显著。总的趋势是，东部沿海地区的城市化水平较高，中部地区次之，西部地区的城市化水平最低。如图3–1所示。

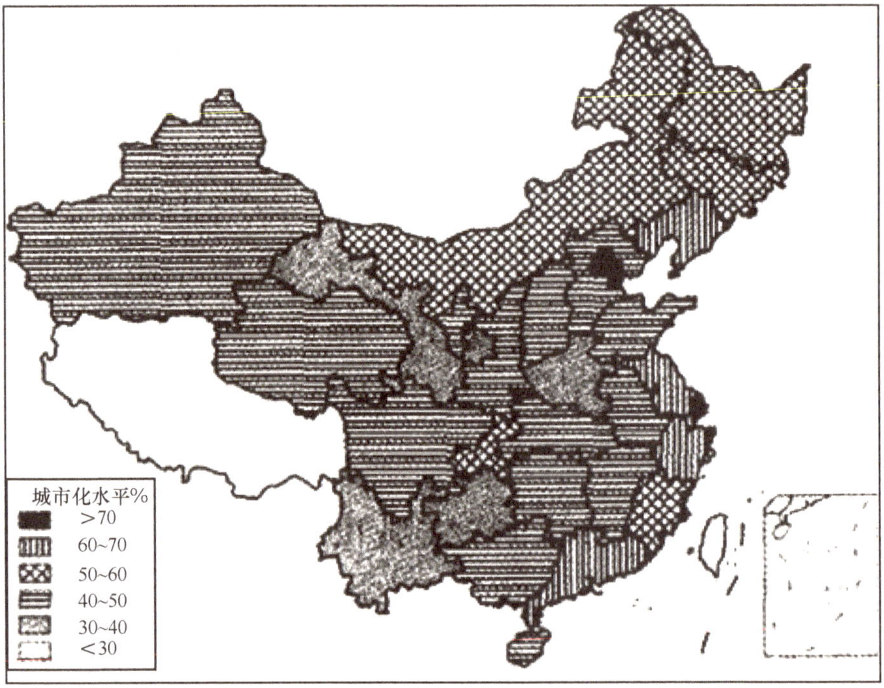

图3–1　2010年城市化水平的省际差异

3.2.2.3 都市化现象已经显现，城市群成为国家经济的核心地区

在世界各国的城市化进程中，一个普遍趋势是大城市发展速度更快。因为城市本身就是集聚经济的产物，而大城市的集聚经济效益更明显。但长期以来，中国一直实施控制大城市的政策，1989年公布的《城市规划法》还把控制大城市规模作为首要的城市发展政策。中国是人口众多、人均资源有限的国家，在城市化过程中更要充分发挥集聚经济的效益。中国的快速城市化已导致大量大城市的出现，若建立都市区的界定标准，其人口规模可以更好地反映城市实际的人口规模。2000年，中国已有117个50万人以上的都市区，人口1.99亿，占全国总人口的16.1%，如表3-1所示。

表3-1 中国大都市区等级规模分布（2000年）

大都市区等级规模（人）	全国	东部	中部	西部
Ⅰ级≥500万	8	7	1	0
Ⅱ级200万~500万	18	8	5	5
Ⅲ级100万~500万	29	17	7	5
Ⅳ级50万~100万	62	28	24	10
总　计	117	60	37	20

3.2.3 发展重点

城市化是世界各国走向工业化、现代化过程的必然结果，城市化是工业化的产物。由于工业的发展，出现了企业的聚集效应，即工业企业聚集在一起，有利于企业之间的分工与协作，有利于共同使用给排水、供电和交通通信设施，从而节省投资和费用，同时也有利于建立社会化的住宅、生活、教育、卫生、商业和金融等服务，有利于减少原辅材料的储备，提高资金周转速度。通过实践发现，城市和城镇是在工业聚集的驱动下发展起来的。与此同时，人口的集中又导致第三产业的发展，人多的地方好赚钱，第三产业又进一步推动了城市的繁荣。于是城市越来越多，越来越

大，从而形成伴随着现代化进程的城市化进程。城市化又起着推动工业化、现代化的作用。改革开放以来，中国的城市化发展迅速，特别是东部沿海地区，城市和城镇的建设进步显著，城镇常住人口也有显著增长。但是，中国的城市化进程仍然落后于经济发展的进程。

城市化是一个内涵十分丰富的概念，是指变传统落后的乡村社会为现代先进的城市社会的自然历史过程。城市化的历史不等于城市发展史，人类至今已有9 000年的城市发展史，而城市化的历史却开始于工业化。工业化是指机器大工业在国民经济中占统治地位的过程，它本质上是指一国由落后的农业生产力向先进的工业生产力的飞跃。工业化必然带来资源在空间配置上的变化，从农业流向工业，从乡村流向城市，导致城市化。城市化与工业化有着内在的、本质的联系。一方面，工业化推动城市化，工业化引发城市化的进程。工业化的不同阶段还决定着城市化发展的不同阶段，城市化的过程可明显地分为两个阶段：集中化阶段与市郊分散化阶段。城市化发展的阶段与工业化发展的阶段有着很大的同步性。另一方面，城市化又保障、促进工业化。人口高度聚集适应了工业对聚集效益的要求。总之，城市化是工业化过程中资源配置变化的必然产物，而城市化又有利于资源的有效利用。

理想的城市化模式是工业化与城市化同步推进、协调发展。从城市化的发展历史看，工业化是城市化的基础，没有工业化就没有城市化；同时，城市化对工业化也具有重要的反作用，没有城市化的发展，工业化的发展也会受到制约。钱纳里（Hollis Chenery）通过对世界上多个国家的研究，提出了常态发展状况下，城市化与工业化的一般关系，即在一般情况下，城市化率应大幅高于工业化率。而中国的城市化率长期以来一直低于工业化率，尽管总体趋势是上升的，但二者的比值不仅明显低于霍利斯·钱纳里总结出的“一般关系”，而且也低于美国、日本等发达国家和巴西、印度和俄罗斯等国家，如图3-2所示。

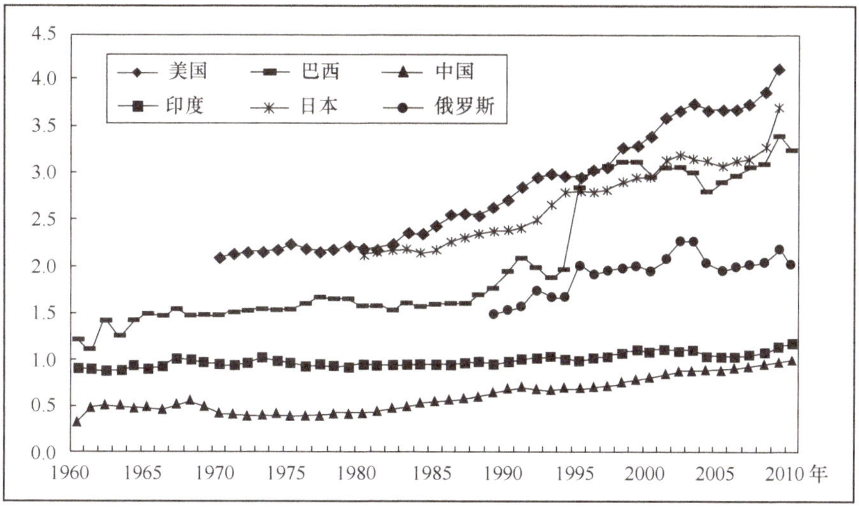

图3-2 城市化率与工业化率之比

新型工业化与城市化发展互相促进，互相依赖，共同促进构成区域经济发展的主要动力。中国新一轮产业结构转型将成为新时期促进城市化进程的主要力量，没有新型工业化就没有城市化。新型工业化与城市化二者的互动机制如图3-3所示。

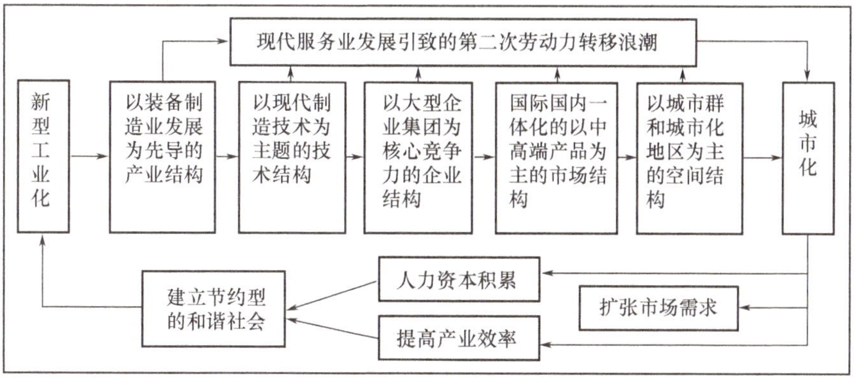

图3-3 中国新型工业化与城市化的互动机制

3.2.4 发展进程

随着中国城市化和经济发展进入新的历史时期，中国的城市化和经济发展正面临着改变现有粗放型的经济发展方式，走集约型城市化道路的内在需要。在城市化进程上，根据中国国情，必须遵循科学发展观的要求，走集约型城市化的模式，坚持以大城市为主导，大、中城市为主体，小城市和小城镇为基础，布局集中、城镇密集、用地节约的城市化之路。

第一，积极发挥政府的引领和调控作用，以加快城市化进程。政府作为国家的行政主体，在加快城市化进程中的作用重要且独特。政府部门要充分发挥领导指导、监察监督、管理和调控作用，走科学化发展道路，坚持可持续发展原则，引导城市化进程的正确方向和合理速度。

第二，加快工业化中制造业及第三产业的发展，促进城市化的发展。1975年，经济学家霍利斯·钱纳里在研究各个国家经济结构转变的趋势时，曾概括了工业化与城市化关系的一般变动模式，即随着人均收入水平的上升，工业化的演进导致产业结构的转变，从而带动城市化程度的提高，也就是说工业化与城市化具有一致性。制造业的蓬勃发展为促进中国的城市化进程带来了有利的因素，对提高中国的城市化水平，大力发展中国具有比较优势的劳动密集型制造业的意义毋庸置疑（Hollis Chenery，1975）。

第三，注意城市化的可持续发展。在加快城市化进程，发展经济的同时，要注意政治、经济、社会、环境和文化的协同发展；注意城市长期的可持续发展；注意对资源和能源的保护与开发，加强并健全对城市的管理，协调城市管理和规划，从而实现城市的可持续发展。

第四，加快和完善城市的硬件建设。基础设施是城市得以存在和发展的硬件，在中国城市化快速推进的过程中，基础设施建设任务重大，投资需求很大。为了妥善解决未来城市的基础设施投资的需求，并有效控制风险，根本出路在改革，包括加快市政公用企业改革，以及市政公用事业价格形成机制，并在此基础上探索国际上通行的市政债券，资产证券化，基础设施投资基金等融资模式创新。

第五，要强化城市规划和城市管理。城市和城镇的发展要高起点地制定好规划，计划预留好道路和公共设施，充分考虑到城市、城镇的布局、环境和绿化。规划要有长远的眼光，至少以后30年不会太落后为基准。城市和城镇按规划发展，更要严格城市管理。交通、工商、市容、绿化、广告、卫生、三废排放和垃圾处理等，都要加强管理，城市才能成为文明的象征。这里既要有管理的队伍，也要有管理的费用，更要有市民的绿色文明意识观念的建立和培养。

3.3 城市绿色发展

绿色发展是建设资源节约型、环境友好型社会的最佳经济发展模式，符合中国现阶段经济社会发展需要和全面建设小康社会的经济发展模式。因此，要扩大绿色经济发展规模，不断提升再生能源比重，控制污染排放，尽早实现传统经济增长模式向绿色经济发展模式的转变。

3.3.1 基本定义

绿色经济是传统经济结构在可持续发展理念指导下的绿色创新。绿色经济发展模式是一种全新的经济发展模式，与传统经济增长模式相比，具有明显的优势。第一，绿色经济发展模式建立在资源循环利用的基础上，它可以充分提高资源和能源的利用效率，最大限度地减少废物排放和保护人类的生存环境。这符合当前中国“节约资源和保护环境”的基本国策。第二，绿色经济发展模式以协调人与自然关系为准则，模拟自然生态系统运动方式和规律，可以充分做到资源的可持续利用，能够实现经济增长、资源利用、环境保护的“多维”发展。这是与建设生态文明相适应的经济发展模式。第三，绿色经济发展模式强调节约资源，有效利用资源，在生产和消费中以最小成本追求最大的经济效益和生态效益，并且采取的是低开采、低投入、低排放、高利用的发展模式，可以实现经济社会又好又快地发展。

生态足迹（Ecological Footprint）可以定量地反映一个国家或地区的可持续发展程度。生态足迹指标体系和其他反映社会经济发展的指标体系结合起来，以全面反映社会经济的发展。

生态足迹的一般计算模型为：

$$EF = N \times ef = N\sum_{i=1}^{n}(aa_i) = \sum_{i=1}^{n} r_j A_i = N\sum_{i=1}^{n}(C_i / P_i) \qquad (3\text{-}1)$$

式中，EF为总的生态足迹；N为人口数；ef为人均生态足迹；i为消费商品和投入的类型；n为消费项目数；aa_i为i种交易商品折算的生物生产面积；r_j为均衡因子；A_i为第i种消费项目折算的人均占有的生物生产面积；C_i为i种消费商品的人均交易量；P_i为i种消费商品的平均生产能力。计算出生态足迹之后，通过产量因子计算生态承载力，将两者结果进行比较来分析可持续发展程度。把生态足迹理论用于绿色经济的研究，以便为国家或地区的经济计划、发展战略、环境保护等提供更科学、更全面、更真实的参考数据。

绿色经济提倡的是环境保护、绿色生产、绿色消费和废弃物的再生利用等环节的整合和互补，是建立在物质不断循环利用基础上的经济发展模式。

就绿色生产模式而言，发展绿色经济需要以绿色生产体系为基础。绿色生产是一个综合考虑环境影响和资源消耗的现代生产模式，它不仅考虑最终产品，还要考虑整个产品的生命周期对环境的负面影响，从而形成综合性的产品生命周期发展战略。绿色生产主要表现为充分利用原料和能源进行清洁生产，实现生产环节的“零排放”。同时，在生产原料、产品设计、工艺技术、生产设备和能源消耗等各个生产环节上，都要含有绿色的理念。

绿色消费是指消费者对绿色产品的购买和消费活动，是一种具有生态意识的、高层次的理性消费行为。绿色消费是从满足生态需要出发，以有益健康和保护生态环境为基本内涵，符合人的健康和环境保护标准的各种消费行为和消费方式的统称。绿色消费不仅包括购买绿色产品，还包括消费品的回收利用等。绿色消费行为应符合“3E”及“3R”原则，即经济实惠（economic）、生态效益（ecological）、平等人道（equitable）；减少非必要的消费（reduce），重复使用（reuse）和再生利用（recycle）。

就绿色产业体系而言，“绿色产业”这一概念来源于1989年加拿大环境部长所提出的“绿色计划”一词，它第一次从宏观层面把“绿色”同整个社会经济的发展计划有机结合起来，并在20世纪90年代初得到12个工业发达国家的认同，即把绿色计划作为推进各国社会经济可持续发展的重要战略。实际上，绿色产业与绿色经济是统一的，它们都必须遵循以下准则：产业发展对环境的作用必须限制在其承载力之内；产业发展对可再生资源的使用强度应限制在其最大持续收获量之内；产业发展对不可再生资源的耗竭速度不应超过寻求可再生替代品的速度；产业发展必须维护自身的健康安全和代际公平，即当代人不能损害后代人的发展权利，少数人不能为了眼前经济利益而牺牲多数人的健康权；产业发展必须维护当代人之间的公平，在不同群体和不同区域之间实现资源利用和环境保护两者的成本与收益的公平和分配。

就绿色技术创新模式而言，发展绿色经济除了战略上的高瞻远瞩、体制机制上的调整适应、管理环节的完备完善等软实力支撑外，源源不断地对绿色技术进行创新是绿色经济的主要支撑硬件。未来经济社会，绿色技术对宏观经济来说是核心实力之一，对企业来说是核心竞争优势。绿色技术的研发及推广是时代趋势，开发绿色技术，必将推动绿色经济的发展。绿色技术创新模式包括几个层次的含义：一是指生产系统的技术创新，技术的创新将使得生产系统的运转活动对生态系统产生微量的消极影响，或有利于恢复和重建生态平衡机制；二是指产品技术创新，产品功能发挥以及报废后的自然降解过程对生态系统的消极影响甚微；三是单元技术创新，在产业技术系统中的应用可明显减轻和部分消除原技术系统的生态负效应；四是污染消除技术创新，可以实现物质的最大化利用，尽可能把环境污染物消除在生产过程之中。从操作层面而言，绿色技术创新模式主要包括绿色产品技术创新、绿色产品设计创新、绿色材料研发技术创新、绿色工艺创新、绿色回收处理创新和绿色包装创新等各个环节的技术创新。

3.3.2 发展重点

发展绿色经济，使传统经济向绿色经济转变，必然要求摒弃粗放型、分散化、高能耗、高污染的传统工业化道路，走一条新型工业化道路，将传统经济发展模式转变到绿色经济的发展模式上来。

首先，要大力推广清洁生产，发展低碳式的绿色企业。清洁生产是企业通过对产品设计、原料选择、工艺改革、技术管理和生产过程内部循环等环节的科学化和合理化最大限度地减少污染的生产方式。它将传统经济模式中的“资源消耗—产品工业—污染排放”的物资单向流动的开放式线性过程，转变为“资源利用—绿色工业—资源再生”的闭环型物质能量循环流程，以保持生产的低消耗、高质量、低排放，将经济活动对自然环境的影响和破坏减少到最低限度，做到产业环保。

其次，大力发展生态工业园区，建立绿色技术和高新技术为支撑的绿色经济生产体系。它的目标是尽量减少废物，将园区内一个企业产生的副产品作为另一个企业的投入，或将原材料通过废物交换实现循环利用，清洁生产手段，最终实现园区污染的“零排放”。这就需要建立绿色技术和高新技术为支撑的生产技术体系，对传统产业生产体系进行改造。要依靠绿色技术和高新技术对传统产业实施改造，将一些传统的高排放、高污染、低效率的工业园区改造成生态工业园区，以达到园区工业经济的可持续发展。

其三，大力做好循环回收利用，开展绿色经济的国际交流与合作工作。循环回收利用是绿色经济的一个较好的切入点，要大力发展绿色消费市场和资源回收利用产业，建立区域和整个社会的废物回收、再利用系统，使生活和生产垃圾变废为宝，回收利用，做到环保产业化，提高社会再生资源利用率，实现城市内外、城乡之间物流的循环，促进传统经济向绿色经济的转变。

其四，建设生态文明，形成节约能源、资源和保护生态环境的产业结构、增长方式和消费模式。生态文明是人类对传统文明特别是工业文明进行深刻反思的成果，它以人与自然、社会和谐共生、良性循环、全面发展、持续繁荣为基本宗旨，以建立绿色经济发展模式、健康合理的消费模式为主要内涵的文明形态。按照中国共产党十七大提出的要求，应坚持节约资源和保护环境的基本国策，把建设资源节约型、环境友好型社会放在工业化、现代化发展战略的突出位置，让生态文明之花开遍祖国大地，使绿色经济发展模式结出丰硕之果。

总之，传统经济向绿色经济的转变是经济社会发展到一定阶段的产物。在绿色经济模式下，环保技术、清洁生产工艺等众多有益于环境的技术被转化为生产力，通过有益于环境或与环境无对抗的经济行为，实现经济的可持续增长。发展绿色经济，是对工业革命以来几个世纪的传统经济发展模式的根本否定，是21世纪世界经济发展的必然趋势。应抓住这次世界经济发展模式转型的机遇，按照党中央指引的方向、确定的方针，大力宣传绿色经济，加速对传统经济发展模式的改造，积极发展绿色经济，使中国的经济社会可持续发展，使中国成为一个绿色经济强国。

3.3.3 组成系统

绿色城市系统是一个要素众多、关系交错、目标和功能多样的复杂大系统。一般来说，绿色城市是由民主的政治系统、高效的经济系统、和谐的社会系统、健康的环境系统和创新的文化系统五个子系统组成，是各子系统之间相互联系、相互影响、相互制约的“五位一体”系统，如图3–4所示。

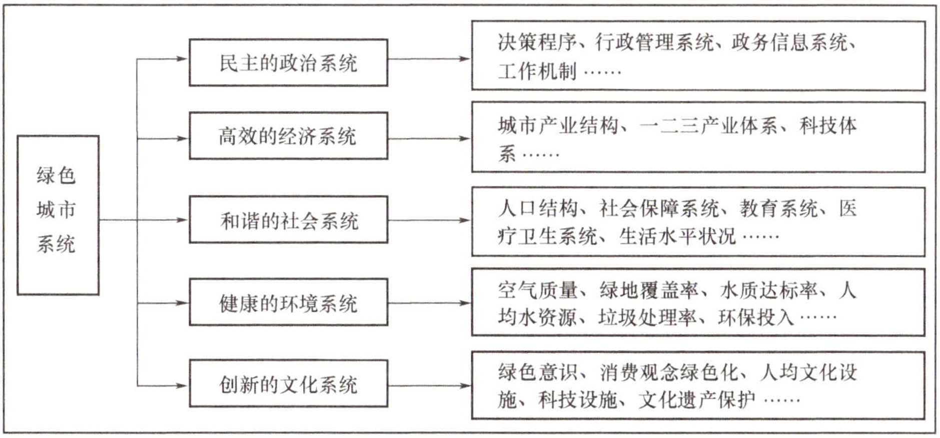

图3–4 绿色城市系统组成图

3.3.4 主要特征

绿色城市是一个组成系统众多、结构和运行复杂的系统组合，其追求的是在一定约束条件下系统组成因子的主题最优。绿色城市建设是当今世界各国共同的追求，是在政治、经济、社会、环境和文化领域的创新，是一种系统的创新。绿色城市建设是一种可持续发展，与传统城市建设的区别主要体现在建设理念、人与自然关系、系统观以及目标实现上，如表3-2所示。

表3-2 绿色城市建设模式与传统城市建设模式比较

项目	绿色城市建设模式	传统城市建设模式
哲学观	共生	自生
价值观	和谐均衡	疯狂掠夺
内容目标	多目标、各系统的最优	单目标
学科范畴	交叉	单一学科
决策方式	民主、开放、公众参与	封闭、行政干预
建设程序	循环、动态	单向、静止

3.3.5 动力机制

3.3.5.1 动力机制机理

绿色城市建设不同于传统城市建设，它是一个更高层次的城市建设，追求政治、经济、社会、环境和文化五位一体的全面均衡和可持续发展。系统论原理指出，任何系统的良好运行和发展进步，都必须获得足够的动力和科学的动力机制。绿色城市建设动力机制是指政府、组织和居民等建设主体建设绿色城市的动力源及其作用机理、作用过程和功能。动力源是推进绿色城市建设的推动力，包括内在动力源和外在动力源。其中，内在动力源包括追求绿色城市的目标及探索绿色城市建设道路两方面的内容。外在动力源包括环境承载力、资源压力等约束力，文明进化、可持续发展要求等驱动力，国家发展战略导向、政策支持、法律保障等政策力，绿色技术创新支撑力及国内外绿色城市建设成果的吸引力。绿色城市建设动力机制的作用机理是在内外动力源的作用下，建设主体按照市场规律调节自己的行为，推动政治、经济、社会、环境和文化的绿色化，建设“五位一体”的稳定、均衡和可持续发展的绿色城市。

3.3.5.2 动力机制模型

根据以上的绿色城市建设动力机制机理分析，可以看出内外动力源以及各种作用因素在对绿色城市建设产生影响的过程中，是相互联系和相互影响的。一方面，只有内在动力源和外在动力源的共同和协调作用，人类的绿色城市才能实现；另一方面，在不同时期和不同地区，内在动力源和外在动力源对绿色城市建设所起的作用不同，对其影响也不同。比如，在绿色城市建设初期，人们建设绿色城市的要求非常迫切，内在动力源可能会产生相当大的作用，而政府的政策力将是推进绿色城市建设的第一外在动力，具有决定性的作用。绿色城市建设的动力机制如图3-5所示。

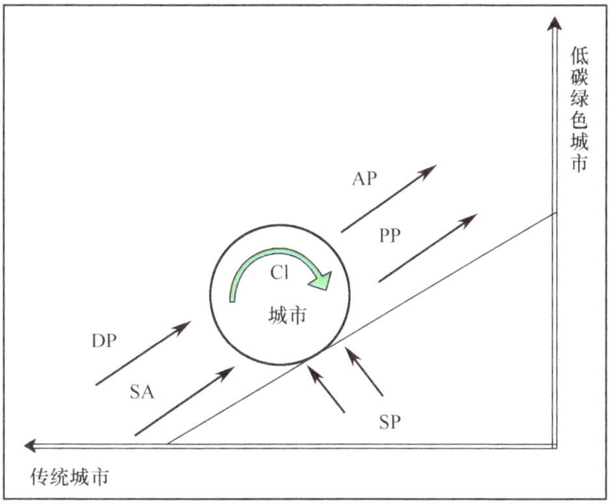

图3-5 绿色城市建设的动力机制模型

图中，AP—Attractive Power是吸引力；PP—Policy Power是政策力；DP—Driving Power是驱动力；SA—Sanction是约束力；SP—Support Power是支撑力；CI—Co-Interest是共同利益。

图中，各因素之间的关系可以用下式表示：

$$GC=f(CI, AP, PP, DP, SA, SP, T) \tag{3-2}$$

式（3-2）中，GC（low-carbon green city）是绿色城市。从式中可知，如果把绿色城市看作是一个函数，那么绿色城市建设要受到三方面因素的影响：内在动力机制因素（*CI*）、外在作用机制因素（*AP*，*PP*，*DP*，*SA*，*SP*）和时间（*T*）。

3.4　城市绿色创新

当今，面对全球气候变暖和资源危机等问题，发展绿色经济已经成为发展的必然。绿色城市是发展绿色经济的最重要载体，绿色城市建设是绿色经济发展的必然过程。绿色城市建设已经成为中国城市建设的必然趋势，如何以经济发展促进城市建设，探求适合中国特色的基于绿色经济的城市建设发展战略，具有重要的理论价值和实际意义。

3.4.1　战略定位

3.4.1.1　中国的工业化和城市化

城市化是世界经济的普遍现象，自18世纪中叶以来，随着经济的工业化和现代化，世界城市人口的比重不断上升。城市化是工业化过程中资源配置变化的必然产物，而城市化又有利于资源的有效利用。城市化是世界经济的普遍趋势，城市化与工业化有着密切的内在联系。城市化的模式主要由工业化状况来决定，但又影响着工业化的进程。与世界的一般规律不同，自20世纪50年代以来，中国在推进经济现代化的同时，走了一条独特的城市化道路。与世界各国城市化和工业化同步推进不同，中国的城市化走了一条滞后于工业化的道路。城市化的模式由多种因素决定，但首先由工业化的状况决定；城市化的模式会影响社会各方面的生活，但首先影响工业化的进展。研究中国工业化和城市化的进程，分析工业化的不同阶段、不同制度形式对城市化模式的影响和要求，有助于探讨绿色城市建设问题。城市的工业化阶段可以根据下列分界值划分为前工业城市、工业城市和非工业城市，如图3-6所示。前工业城市：第二产业小于48%；工业城市：第二产业大于48%；非工业城市：第三产业大于48%。

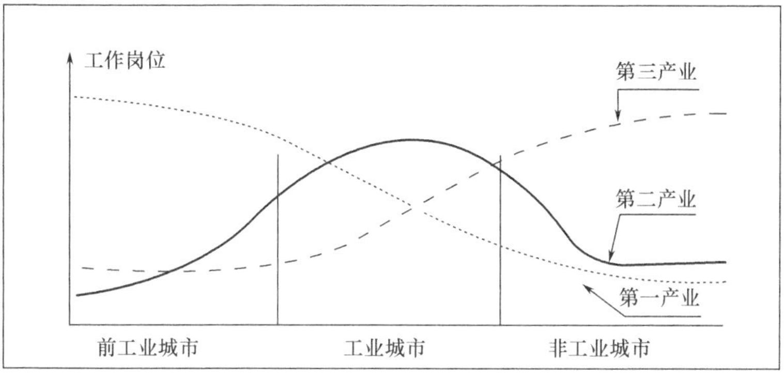

图3-6 城市发展的三个工业化阶段

3.4.1.2 绿色城市建设和发展趋势

城市是人类文明发展的产物，是行政、金融和工业中心。绿色城市是指城市经济以绿色产业为主导模式，市民以绿色生活为理念和行为特征，政府以绿色社会为建设目标的城市。绿色城市的产生由绿色经济演化而来。绿色城市是发展绿色经济的重要载体，绿色城市建设是绿色经济发展的必然过程。城市作为人类社会经济活动中心，已经聚集了世界一半以上的人口。随着城市化进程的加快，城市的脆弱性不断显现并有加剧的倾向。城市是经济社会发展的重要载体，城市建设的最终目的是为人民群众创造良好的生产和生活环境，实现“生态、生产、生活”三生共赢、三生协同发展。目前，绿色城市建设已经成为世界各国城市建设的热点问题，绿色发展模式成为新一轮经济增长的关键词。随着工业化和城市化进程的快速推进，中国城市面临的节能减排问题日益严峻。城市化是中国经济社会发展的长期战略之一，未来城镇人口及其比重将继续升高，城市经济在国民经济中的重要性将进一步提升。然而，城市化以工业为依托，工业的高速发展是以牺牲资源和能源为代价的，中国城市化的快速发展是建立在工业化基础之上的。传统工业化是以高碳排放为特征的发展模式，中国城市也是温室气体的主要产生地。因此，加快建设绿色经济城市是发展的必然选择和迫切要求。中国人口众多，坚持节约资源和保护环境是基本国策。发展绿色经济，建设绿色城市是实现这一国策、促进城市经济与资源环境和谐发展的重要途径之一。走绿色发展之路是国家的必然选择，也是城市建设的必由之路。

3.4.1.3 理论依据

第一，绿色城市理论属于前沿领域，目前国内外尚缺少综合、系统的定义和研究，诸多研究者给予的定义和理解也不尽相同。世界自然基金会认为，低碳城市是指能够在经济高速发展的前提下，保持能源消耗和二氧化碳排放处于较低水平的城市。中国城市科学研究会认为，低碳城市是指以低碳经济为发展模式及方向、市民以低碳生活为理念和行为特征、城市管理以低碳社会为建设标本和蓝图的城市。国内学者夏堃堡指出，低碳城市就是在城市实行低碳生产和消费的低碳经济，建立资源节约型、环境友好型社会和一个良性的可持续的能源生态体系。传统经济学只把经济作为一个独立的系统来研究，环境成为一个外生变量而不在研究范围内。在绿色城市建设的战略研究中，要把经济与环境看作一个统一的整体来研究，环境就是这一整体中的内生变量，如图3–7所示。

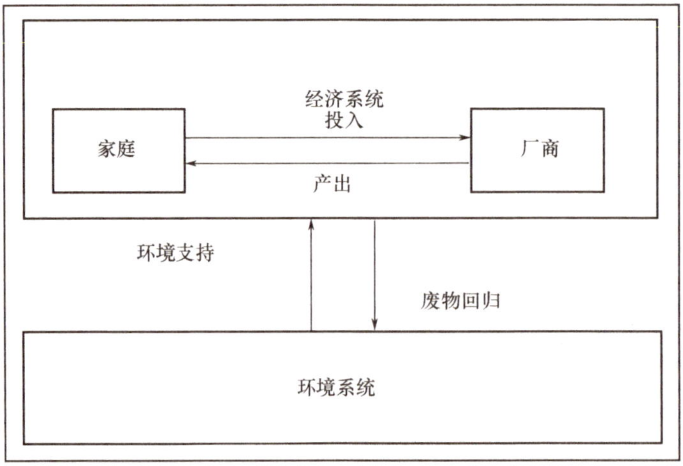

图3–7 以经济与环境为统一整体的系统

第二，随着经济的工业化和现代化发展，城市化不断提升。随着人类的进步和经济的发展，传统的经济发展模式已经不适用于经济和社会的发展需求，需要转向绿色经济发展模式。依据可持续发展的理念，将现实世界简单地分解为经济、社会和环境三个相对独立的部门，将现实世界简化成一种由三个尺寸相等、彼此相互交叠的独立圆环（分别代表经济、社会和环境）所构成的抽象的理想模式，如图3–8所示。

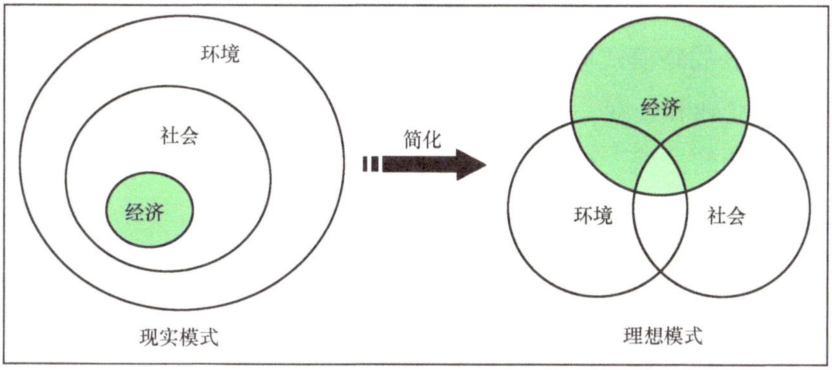

图3–8 从现实模式到理想模式的简化

第三，研究绿色城市建设的现状，分析绿色经济的内涵，从系统论的思想出发，在对城市建设目标分解的基础上，结合生态足迹理论、脱钩理论和灰色理论，综合运用实证分析法、因果分析法和回归分析法等多种方法，研究中国工业化进程和城市化发展阶段，从系统论角度分析中国绿色城市建设中的挑战与机遇，SWOT定性分析与定量分析相结合，基于三生共赢理论，系统地分析城市建设中的优势、劣势、机会和威胁，提出未来发展的总体规划趋势，并在此基础上提出中国绿色城市建设的短期和中长期发展战略。借鉴英国学者格里·约翰逊（Gerry Johnson）和凯万·斯科尔斯（Kevan Scholes）1998年在其著作《公司战略教程》中提出的PEST分析法，分别从政治或法律因素（politics）、经济因素（economy）、社会文化因素（society）和技术因素（technology）方面，分析研究绿色城市建设的问题和对策，加快绿色经济发展，以经济发展推动城市建设，探索适合中国工业化和城市化发展阶段的绿色城市发展模式和实施策略（Gerry Johnson，Kevan Scholes，1998）。

3.4.2 对策研究

3.4.2.1 发展战略与管理模式

在绿色城市发展战略模式中，基于绿色城市建设目标，政府依托政策体系和管理机制，同当地的企业和公众合作，彼此影响、相互促进，形成绿色发展的长效机制，通过把政策转化为经济信号，引导企业和公众积极融入绿色城市建设中来。绿色城市的发展需要相应的发展战略和管理模式，其发展战略模式可以用图3-9表示，它包含了四个参与主体，即政府、市场、企业和公众。绿色城市的发展战略模式是一个动态的、循环往复和不断完善的过程，是若干个子系统的综合呈现，其基本着眼点是城市的长期利益和可持续发展。

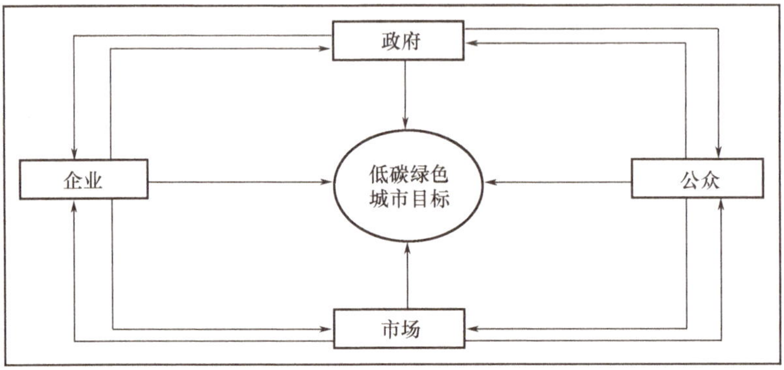

图3-9 绿色城市发展战略模式

3.4.2.2 观念理念到位

首先要更新观念。绿色城市建设要以崭新的绿色理念来规划城市建设，在规划、建设实施和管理运营层面上充分体现绿色理念。由于绿色经济是一种全新的经济理念，社会公众对发展绿色城市建设的重要性认识不够，所以必须加强绿色宣传，强化绿色教育，树立绿色经济理念，倡导理性健康的生活方式，推行合理适度的消费模式，营造节能减排的社会风尚，提高公众的绿色意识，使绿色观念深入人心，让公众了解绿色城市建设对中国可持续发展的重要性和必要性，树立全民绿色城市建设的理念。

3.4.2.3 政策引导有力

政府宏观调控是构建绿色城市的保证。从政策层面引导建立绿色经济的产业结构、增长方式和消费模式。从产业区域布局、结构调整、技术进步和基础设施建设等方面入手，推进绿色经济发展和绿色城市建设。在推进绿色城市建设方面，政府要通过绿色产业规划与财政、税收扶持等手段进行引导，充分发挥政府的职能作用。政府要制定强有力的政策与法规，在绿色城市建设中要形成长效机制，主动进行必要的调控，进行大力的引导和支持。中国为了促进绿色经济和城市建设制定了一些法律法规，也推进了建立资源节约型、环境友好型社会，但这些法律法规在某些方面还存在欠缺。因此，政府部门要重视绿色城市建设的发展，大力加强与绿色城市建设相关的立法工作，建立完善的绿色城市建设法律保障体系。

3.4.2.4　管理体制改革

加快推进能源体制改革，建立有助于实现能源结构调整和可持续发展的价格体系，推动可再生能源发展机制建设。建立健全行之有效的环境法制体制、财务管理体制和监管机制，以行政手段推行节能减排，强化环境管理和城市管理。建设绿色城市，要严格执行国家和地方有关法律、法规和标准，加强人文环境保护、社会保障体系和公安消防等社会治安体系，把城市环境管理纳入法制化轨道。将政府补助从环境破坏性行业转到新能源、高效率技术和清洁生产上；加大对环境税的征收，对节能减排企业给予一定的补贴和税收减免，从而引导城市转型。各级政府部门要加强组织领导，强化目标责任制，把绿色城市建设列入重要日程，进一步改革和完善管理体制，加速绿色城市建设。

3.4.2.5　人才资源开发

绿色城市的建设，人才是关键。要加强与高校、科研院所、企业的合作，开发和培养绿色技术人才。通过优惠的人才政策，吸引和引进绿色经济专家，吸引社会团体和民间人才的参与，激发人才的积极性和创造性。可以采取政府雇用的方式，组建绿色经济发展专家顾问团，聘请高级专业技术人员，建立绿色经济人才管理和使用制度，加速绿色城市建设的进程。

3.4.2.6　加强技术创新

绿色技术是国家实现绿色经济的重要保障，是绿色经济发展的根本动力，是绿色城市建设的核心力量。绿色经济的发展和绿色城市的建设都离不开技术的支撑和创新。中国要实现从传统经济向绿色经济的转型，就必须加强、提高技术创新能力。只有这样，才能走一条科技含量高、经济效益好、资源消耗低和环境污染少的可持续发展道路，从根本上统筹经济发展和环境保护，进而实现社会和经济的良性发展。目前，中国低碳技术相对偏低，绿色技术水平较发达国家落后。因此，中国要结合实际情况，加强科研机构和企业的合作，不断提高自主创新能力，积极开展技术创新活动，促进中国绿色技术的发展。同时，利用绿色技术改造落后工艺，以市场为导向，以资源为基础，积极开发太阳能、生物能和风能等清洁能源，从根本上优化中国能源结构，促进绿色城市建设。

3.4.2.7　产业结构优化

调整与优化产业结构，建立以低碳排放为特征的产业体系，是中国发展绿色经济的根本出路。首先，中国要进一步加快第三产业的发展，增加金融、保险、旅游和文化等现代服务业的产值，逐步减少第二产业在国民经济中的比重。其次，对于第二产业，中国要通过加快太阳能、风能、核电、电子信息、新能源汽车和生物产业等新兴绿色产业的发展，直接降低GDP的二氧化碳强度。其三，中国要积极推广生物碳汇，尤其是森林碳汇。优化产业结构，推进绿色城市建设。

3.4.2.8　环境经济发展

从环境经济学角度看，环境和经济是辩证统一的。环境是不可分割和非排他性的公共资源，是最广大的公共需求，是城市经济发展的重要内涵和基础。环境经济是城市经济的重要内容，是城市建设的前提和基础。21世纪是绿色的世纪，是生态环境的世纪。环境经济具有战略性、前瞻性和科学性。从人类社会的发展来说，从征服自然到改造自然，进而到回归自然，是人类社会认识和尊重自然规律的体现；从农业文明走向工业文明，进而走向生态文明，是人类社会发展进步的重要体现。把环境建设放在极其重要的位置，是21世纪人类文明建设特别是城市建设的大趋势。

3.5 本章小结

本章主要论述了中国城市绿色创新，从城市绿色创新现状、中国城市化进程、城市绿色发展等方面，重点论述了基于绿色经济的城市绿色创新。城市绿色创新是一种可持续发展，是在政治、经济、社会、环境和文化领域的创新，是一种系统的创新。

中国正处在工业化和城市化的关键阶段，城市化是世界各国走向工业化过程的必然结果，城市化是工业化的产物，城市化与工业化有着密切的内在联系。城市化的模式影响工业化的进展，分析工业化的不同阶段，不同制度形式对城市化模式的影响和要求。发展绿色经济已经成为当今世界经济发展的必然，绿色城市建设是低碳绿色经济发展的必然过程，绿色城市建设是绿色经济发展的重要载体和内涵，已经成为世界城市发展的大趋势，也是中国城市发展创新的必然趋势。绿色城市是由民主的政治系统、高效的经济系统、和谐的社会系统、健康的环境系统和创新的文化系统等组成，是各子系统相互联系、相互影响、相互制约的“五位一体”系统。在对城市发展目标分解的基础上，SWOT定性分析与定量分析相结合，基于三生共赢理论，从系统论的角度分析中国城市绿色创新中的挑战与机遇，分析城市绿色创新发展战略与管理模式，分析中国城市绿色创新的战略问题。依据PEST分析法，统筹政治、经济、环境、社会、文化和节能减排，从理念、政策、体制、人才、技术和产业结构等方面提出了相应的对策，探索了以经济促进城市发展、中国城市绿色创新的发展战略。

4 中国节能管理绿色创新

目前，中国已成为全球能源消费总量的第一大国，为了缓解经济发展与资源环境的矛盾、转变经济发展方式，中国政府提出了以单位GDP能耗下降指标、单位GDP碳排放强度下降指标作为全国性的目标，并把节能当作完成这两个目标和推动经济发展方式转变的重要措施。

4.1 现状分析

4.1.1 中国节能现状

2006年到2010年，中国政府通过实施“十大重点节能工程”节能约3.4亿吨标准煤。通过淘汰落后产能，共关停小火电机组7 000多万千瓦、炼铁产能超过1亿吨、水泥产能超过2.6亿吨等，节能约1.3亿吨标准煤。通过开展千家企业节能行动，累计节能1.65亿吨标准煤。通过实施“节能产品惠民工程”，推广节能灯3.6亿只、高效节能空调2 000多万台、节能汽车20万辆，新建建筑施工阶段节能标准执行率从21%上升到90%以上。

4.1.1.1 国际经济形势

进入21世纪后，全球经济发展总体上呈现较好发展态势，但气候变化谈判愈演愈烈，国际贸易中绿色壁垒不断加强。

（1）全球经济在跌宕中发展，发达国家经济稳中有进，发展中国家经济持续增长，全球能源资源矛盾日益突出，能源资源价格维持高位运行。发达国家经济虽然起起伏伏，但总体呈现发展态势。欧美经济经历

2008年金融危机后，随着一系列经济刺激政策整体上向着好的方向稳步发展。发展中国家在“金砖五国”带领下率先从国际金融危机中恢复出来，进入了经济持续增长时期。全球人口的不断增长、经济持续发展、能源资源的需求不断扩大，对全球资源环境造成了巨大压力，也引起了全球原材料和能源价格的上涨。国际能源署发布的世界能源展望预测，2006—2030年全球能源消耗年均增长1.6%，其中，煤年均增长2%，石油年均增长1%，天然气年均增长1.8%，核能年均增长0.9%，水电年均增长1.9%，可再生能源年均增长7.2%。

（2）气候变化对节能工作形成倒逼机制，节能已成为世界各国应对气候变化的主要手段。应对气候变化博弈更加激烈，温室气体减排的压力增大，碳排放强度降低目标，客观上对节能工作形成“倒逼”机制。当前气候变化问题不仅改变地球生态环境，威胁人类社会粮食安全、水资源安全和生存环境，而且将进一步冲击当前国际政治、外交、贸易格局，挑战既有发展模式和人类发展理念。《京都议定书》、“巴厘岛路线图”等气候变化重大决议，对中国造成了很大的国际压力。目前，中国已经成为世界上最大温室气体排放国，总排放量占全球21%左右，人均二氧化碳排放也已超过世界平均水平。中国已经承诺到2020年单位GDP能耗在2005年基础上下降40%~45%，这对中国节能工作提出了更高要求。

（3）低碳技术和绿色浪潮席卷全球，以低碳技术和新能源革命为代表的绿色浪潮势不可挡，发展节能环保等战略性新兴产业已成为国际趋势。为了应对气候变化，各国采取了一系列措施加快发展低碳经济，节能作为降低温室气体排放的主要措施之一，也是低碳经济的重要组成部分。美国总统贝拉克·侯赛因·奥巴马（Barack Hussein Obama）于2009年2月签署的《经济刺激法案2009》明确提出，美国将投入600亿美元用于提高能效、发展清洁能源。其中包括建立智能电网（110亿美元）、节能（270亿美元）、发展可再生能源（160亿美元）和开发插电式混合动力汽车等先进技术。2009年7月15日，英国正式公布了名为《英国低碳转换计划》的国家战略文件，英国政府将加快发展住房节能改造、建设生态城、推广节能灯和“智慧节能电表”等新领域。

（4）国际贸易中绿色壁垒不断升级。绿色壁垒是指进口国以保护自然资源、生态环境、人类健康等名义，采取一些强制性甚至是禁止性贸易措施，阻碍其他国家商品进入该国。发达国家通过一些手段向发展中国家进行污染转移，20世纪80年代初，美国在发展中国家的投资有35%危害生态环境，日本2/3的海外投资是污染产业。国内的学者也通过研究得出了国际贸易对中国生态环境总效应为负，出口贸易是环境污染加剧的重要原因的结论。减少污染、节约能源、合理利用资源已成为新的国际焦点，今后“碳关税”很可能成为一些国家新的贸易壁垒。

4.1.1.2　国内节能特点

随着中国经济发展和政府节能工作推动力度加大，中国节能工作基础趋于牢固，中国经济正向工业化中后期转型，结构节能贡献提升难度较大，未来节能难度将进一步加大。

（1）工业化、城镇化快速发展和居民消费升级交织在一起，加大了经济社会发展与能源资源环境的矛盾。从发展阶段上看，中国工业化进程处于中期特征将更加明显。中国社会科学院发布的《中国经济转型30年》报告认为，2000年时，中国经济总体进入工业化中期阶段；2005年时，中国经济整体上进入工业化中期后半阶段；在“十二五”开局的2011年，中国工业化中期阶段将趋于结束，开始向工业化后期转变；2015—2018年，中国工业化将基本实现。随着经济的增长和城市化水平的提高，住房和汽车将保持消费热点的重要地位，同时家用电器的普及率也将进一步提高。这些将使得中国能源消费总量进一步提高。

（2）发展方式转变和经济结构调整进入攻坚阶段，急须加快形成节约能源资源和保护生态环境的产业结构、增长方式和消费模式。中国经济发展存在很严重的结构性问题，从三次产业结构看，长期存在第三产业偏低、第二产业比重偏高的结构性问题。中国第三产业2010年占GDP比重为43.1%，不但远低于美国80%的水平，而且低于同等发展中国家50%的平均水平。从要素投入看，中国经济发展过于依靠投资和物质投入拉动，科技进步、人员素质和管理制度对经济发展贡献较低，这导致经济发展质量和效益不高。从内需和外需结构看，中国已经成为“世界制造基地”，并为此加剧了能源资源负担和二氧化碳的排放。从工业内部结构看，原材料工业和原材料初加工工业比重较高，技术含量较高的制造业、电子电器、信息通信和生物医药等新兴产业比重较低。从企业结构看，高耗能工业集中度较低，钢铁行业前10位企业2000年粗钢产量比重共计50%，但之后一度下降到34%～37%，2007年后虽然逐渐提高，2008年已经达到44%，但仍未超过历史水平。按照国家规划目标，2020年第三产业比重将提高10个百分点，“十二五”时期，第二产业比重出现下降，成为进入工业化后期明显标志（相伟，2009）。未来10年，第三产业将成为拉动GDP增长的主要力量。

（3）节能政策框架和节能目标管理体系基本形成。通过2006年到2010年的节能工作，已初步探索出一套适合中国国情的节能工作经验。一是提出强有力的约束性指标。通过建立节能工作倒逼机制，实施节能目标责任评价考核，发挥节能目标“指挥棒”作用。二是加强领导，健全组织，落实责任。切实把节能作为落实科学发展观的重大举措，形成一级抓一级，层层落实，分工负责、合力推进的管理体系。三是坚持政府主导、企业实施、公众参与的节能推动机制。政府对节能工作进行周密的顶层设计，加大资金投入力度。四是突出重点，抓手明确。下大力气抓好重点领域、重点工程、重点企业和重点产品，组织重大行动。五是坚持结构节能、技术节能和管理节能三种方式共同推动的节能路径。加大淘汰落后产能，推动兼并重组和产业升级，提高企业管理水平。六是综合运用经济、法律和行政三种手段。强化法律、法规、标准和标识的基础性作用，全面调动各类行为主体节能积极性。七是广泛动员、全民参与。加大节能宣传力度，提高全社会节能意识，提高专业技术人员节能技能。

（4）节能工作难度不断加大。节能具有投入产出边际效应递减的规律，能源低成本使用格局短期内难以改变，涉及更深层次体制机制和重大利益调整问题，面临挑战也越来越大。中国在“十一五”期间制订了有力的“淘汰落后”生产能力计划，并通过淘汰落后产能使能源效率水平得到了明显提高。经过五年“淘汰落后”行动，效率水平低、管理水平差、节能技术改造简单、节能投入小的那些技术节能潜力比“十一五”初期有所减少，靠简单的“关停落后产能”方式推进节能的潜力越来越小。要进一步提高能源效率，必须淘汰单机规模更大机组，面临员工再就业、银行坏账等问题更多，获得同样节能量必须要投入更多资金，节能难度将明显增加。

4.1.2 国内能源消费特点

随着中国经济社会快速发展，与能源相关的环境、社会、经济等问题成为中国可持续发展面临的巨大挑战。这些挑战主要表现在全球能源需求与能源供应之间存在矛盾，能源消费与二氧化碳排放问题，能源利用效率低，经济发展对能源依赖程度较大，工业化、城镇化快速发展，经济转型压力大等方面。

能源是世界经济可持续发展的核心问题。工业革命后，人类生存和发展与能源的关系愈发紧密起来，西方发达国家工业化道路已经证明，通过传统工业化实现现代化是一条高度依赖能源的道路。尽管后工业化国家经济发展已经与能源需求实现了脱钩，有的甚至是负钩（经济发展的同时，能源需求呈现负增长），但全球能源需求每年仍高达150多亿吨标准煤，并呈增长趋势。煤炭、石油、天然气等传统能源资源有限性同人类可持续发展相对无限性的矛盾依然很大。

第一，中国能源消费总量已居世界第一且上涨压力大。1993年，中国成为仅次于美国的全球第二大能源消费国家；2014年，中国一次能源消费已达到42.6亿吨标准煤，成为全球第一大能源消费国，占世界能源需求量的21.5%。虽然中国能源消费总量已经超过世界1/5，但由于人口基数大，人均能源消费低于世界平均水平。根据国际经验，在人均GDP不到20 000美元时，人均能耗一般会随着人均GDP增长而增加。这意味着，随着中国人均GDP持续增长，人均能耗和能源需求总量还将继续增加，这对能源供应提出了严峻挑战。

第二，中国经济发展对能源消费依赖程度比较大。改革开放以来，经济获得了快速发展，能源消费量也随之持续增加，能源消耗同经济发展高度正相关。为了保持经济快速增长，能源行业进行了一系列改革，煤炭行业基本实现了市场化，在发电领域引入了竞争机制，石油天然气行业进行了企业改制上市。能源行业的改革使中国能源供应能力大幅提高，初步解决了能源供应短缺问题。加入WTO后，中国经济加快了融入全球化的进程，能源需求出现了超常增长，能源消费弹性系数从改革开放前20年平均0.4左右，上升到“十五”后期连续两年大于1。随着市场化改革的深入，经济结构呈现重型化特点，高耗能产品大量出口，人们消费水平升级和居民用能量快速增长使得能源消费总量快速增长。

第三，面临巨大的温室气体减排压力。从全球环境保护要求看，应对气候变化、控制二氧化碳等温室气体排放，已经成为国际政治谈判的热点问题和重要内容，而中国已经成为二氧化碳排放第一大国，这些正在深刻影响着中国能源发展方向和经济发展模式。2009年11月26日，中国政府承诺，到2020年单位国内生产总值二氧化碳排放强度在2005年基础上下降40%~45%，并作为约束性指标，纳入国民经济发展中长期规划。碳排放强度下降目标，也成为单位国内生产总值能源消耗强度下降目标、主要污染物减排目标后的第三大约束性指标。

第四，中国能源利用效率偏低。从全球角度看，中国2010年一次能源消费总量占世界总量20.3%，但是国内生产总值仅占世界比重的9.5%，中国人均一次能源消费与世界平均水平相差不大，但人均国内生产总值仅是世界平均水平的50%；从国别看，中国国内生产总值总量与日本大体相当，但一次能源消费总量是日本的4.7倍；2010年，中国能源消费总量已经超过美国，但国内生产总值仅为美国的37%。

中国正处于工业化、城镇化快速发展阶段，能源资源环境问题同经济可持续发展的矛盾不是中国所特有的，是全球经济发展到现阶段各国所面临的共同问题。但中国不同于西方发达国家已完成了工业化，而是正处于工业化中期阶段，这一阶段工业化、城镇化发展迅速，能源资源需求量大，环境保护、能源供应压力大。全球范围内的环境保护、应对气候变化问题加上中国工业化、城镇化快速发展的特点，使中国节能管理既有世界共性，又有自身特点。共性是中国经济发展同全球经济发展一样，必须注重环境保护和能源节约；特性是中国经济发展阶段、经济结构特点决定了中国在能源需求快速增长的背景下开展节能工作。

4.1.3 节能管理意义

对中国经济转型时期节能目标如何确定及如何实现问题的研究，不但可以推动节能工作的开展、缓解经济社会发展的能源资源瓶颈、提高能源利用效率，而且有利于保障能源安全，推动经济发展方式的转变。

第一，有利于缓解当前由于资源紧缺而带来的社会矛盾。节能是缓解当前经济发展与资源环境矛盾的重要战略途径之一。改革开放以来，由于能源资源大量消耗、环境破坏产生了大量社会矛盾，对中国经济安全、和谐社会建设、经济社会可持续发展带来了很大挑战。

第二，有利于提高能源利用效率。节约能源可以通过提高能源利用效率来促进经济发展方式转型。目前，中国能源利用效率明显低于国际先进水平，节能可以在能源利用各个环节上提升能源利用效率，对中国经济转型来说更有现实意义。

第三，有利于缓解应对国际气候变化谈判压力。从全球范围看，气候变化成为影响未来世界能源发展方向和发展模式的主要因素之一，各国对保障能源安全和应对气候变化问题的态度、重视程度和采取措施的力度，将决定未来全球能源发展的方向。

第四，有利于维护中国能源安全。就国内而言，能源资源总体上禀赋较差，以及能源供应将长期以煤为主的事实，对中国实现能源可持续发展带来了很大挑战。国际、国内困境的叠加，使中国经济和社会发展走上一条“节能路径”已成为一种客观要求。

第五，有利于推动宏观改革目标完成。从宏观层面上看，节能不仅是技术问题，更是经济和社会问题，是关系到国家发展前景的宏观问题。长期以来，中国坚持“节能优先”的发展战略，在政治、经济和法律等相关领域实施了一系列政策和改革措施，如能源价格体系改革与完善、节能法律法规颁布及修订、节能标准与质量认证体系建立与完善、能源管理部门改革和能源企业重组等。这一系列改革措施的实施，对提高中国能源总体利用效率起到了关键性作用，并支撑了中国经济发展在20世纪末的20年内实现了“能源翻一番，GDP翻两番”的宏伟节能目标。

第六，是中国能源安全和能源战略的重要内容。中国政府2007年制定了《中国的能源状况与政策》白皮书，白皮书明确指出，中国能源战略基本内容是“坚持节约优先、立足国内、多元发展、依靠科技、保护环境、加强国际互利合作，努力构筑稳定、经济、清洁、安全的能源供应体系，以能源可持续发展支撑经济社会可持续发展”。

4.2 计量分析

从经济学角度分析，能源消费与经济增长的关系，一方面是经济增长对能源消费存在很大的依赖性，能源消费决定经济增长的幅度；另一方面，能源的开发和利用又必须以经济增长为前提，经济增长速度、产业结构等因素又决定了能源消费结构以及能源开发和利用的效率和规模。从管理学的角度分析，能源消费关系、能源战略制定、能源结构调整、能源效率提高以及能源技术创新等能源关键因素，关系到能源的可持续发展，从而间接影响经济的可持续发展。因此，能源消费因素既可以作为经济发展的动力，同时也是制约经济发展的关键因素，认真分析能源管理和经济增长的关系，探求其内在发展规律，有利于国家对能源发展做出客观判定，有利于科学地制定能源战略及创新管理模式，从而对于整个社会经济的发展产生重要的影响。本章在借鉴相关研究成果的基础上，采用协整理论对中国能源消费与经济发展进行分析，具体过程如下。

4.2.1 变量的选择

考虑到能源消费影响相关数据可比性以及数据获得的可行性，本章主要选用经济和能源单元中GDP和能源消费总量数据的关联进行分析研究，运用协整理论分析中国GDP与能源消费的协整关系，对具有长期均衡关系的变量构建误差修正模型，并对模型结果进行分析。其他影响因素如政策、管理、教育等数据，政府单元与能源消费的影响，可以参照此研究方法进行类似研究。从《中国统计年鉴》中可以获得按当年价格计算的国内生产总值（GDP），本节选取的数据期间是1978—2009年。文中采用的变量有GDP和能源消费总量（N）。为了克服数据中的异方差，对变量取对数并分别记为ln GDP、ln N。取对数后分别对变量做一阶差分，对应得到差分时间序列，记为D GDP和D N。图4-1、图4-2分别是变量的时序图和差分序列图。

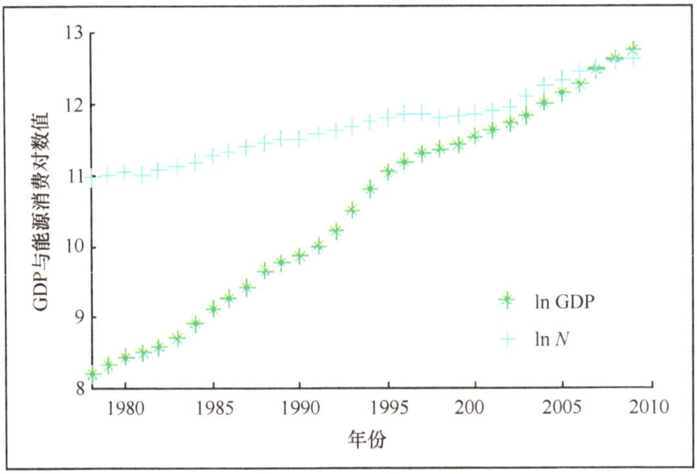

图4-1　中国GDP和能源消费总量时序图

从时序图可以看出变量呈现非平稳性，但它们有共同发展趋势。它们的一阶差分序列图总体表现出平稳性，并且总体具有相似的变化周期。

4.2.2　单位根检验

在进行变量协整关系分析之前，还必须对所有的时间序列进行单位根检验，用以检验序列是否是平稳的。这里采用ADF单位根检验法进行检验，检验结果列于表4-1。通过检验，在5%的显著水平下，接受序列ln GDP、ln N均有单位根的假设，所以这些序列是一阶单整序列，可以进一步检验它们之间是否存在长期协整关系。

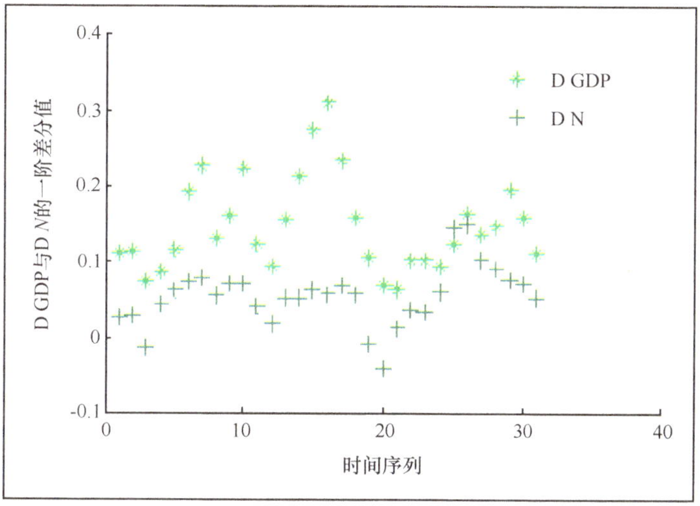

图4-2 中国GDP和能源消费总量差分序列图

表4-1 变量的单位根检验结果

变量	ADF检验	标准值（5%）	结果
ln GDP	−0.783 085	−2.966 5	非平稳
ln *N*	−0.050 348	−2.966 5	非平稳
D GDP	−3.393 111	−2.970 5	平稳
D *N*	−3.322 475	−2.970 5	平稳

4.2.3 协整检验

关于协整关系检验与估计的方法主要包括恩格尔—格兰杰（Engk-Granger）两步法和约翰森（Johansen）极大似然法。本节采用的协整检验方法是对静态回归所得到的残差进行单位根检验，即检验残差序列 $\{\mu_t\}(\mu_t = x_{1t} - bx_{2t})$ 的单整阶数。检验的零假设和被选假设分别为 $H_0{:}\ \mu_t \sim I(1)$, $H_1{:}\ \mu_t \sim I(0)$。在零假设下，残差序列中存在一个单位根。如果H_0成立，说明$\{\mu_t\}$的分量序列之间不存在协整关系。

首先建立如下的回归方程：

$$\ln N=8.166\ 984+0.334\ 432\ln \mathrm{GDP}+\mu_t$$
$$t=(56.786'\ 11),\ t=(24.711'\ 93) \quad (4-1)$$
$$R^2=0.954\ 665,\ D.W.=0.122\ 026$$

方程中的系数0.334 432是能源需求弹性，表明GDP每增加1%会使实际能源消费增加0.334 432%。

第二步，对（4–1）式的残差进行单位根检验，由回归方程估计结果可得：

$$\hat{\mu}_t=\ln N-0.334\ 432\ln \mathrm{GDP}-8.166\ 984 \quad (4-2)$$

对 $\hat{\mu}_t$ 进行单位根检验，其结果如表4–2所示。

表4–2　残差的单位根检验结果

			T统计量	概率值（P值）
ADF统计量			–3.151 902	0.001'5
显著性水平	1% 5% 10%	检验临界值	–3.675 2 –2.966 5 –2.622 0	

检验结果显示，μ_t序列在5%的显著水平下拒绝原假设，接受不存在单位根的结论，因此可以确定μ_t为平稳序列。上述结果表明：ln N和ln GDP之间存在协整关系。

4.2.4　误差修正模型

根据协整理论，由于变量间存在协整关系，可以用误差修正模型（ECM）对短期波动和长期均衡进行直接的描述。最常用的误差修正模型的估计方法是恩格尔（Engle）和格兰杰（Granger）两步法，应用该方法求误差修正模型。先求出ln N–ln GDP的自回归分布滞后模型，得：

$$\Delta\ln N_t=-0.233\ 924+1.019\ 879\ln N_{t-1}+0.276\ 303\ln \mathrm{GDP}_{t-1}-0.274\ 794\ln \mathrm{GDP}_t+\mu_t \quad (4-3)$$

在（4–3）式两端减去$\ln N_{t-1}$，在右边加减$0.276\ 303\ln \mathrm{GDP}_{t-1}$得到：

$$\Delta\ln N_t=-0.233\ 924+0.019\ 879(\ln N_{t-1}+0.07\ 5909\ln \mathrm{GDP}_{t-1})+0.276\ 303\Delta\ln \mathrm{GDP}_t+\mu_t \quad (4-4)$$

以上模型为所求的误差修正模型，其中括号中的多项式为误差修正项，反映了$\ln N$的短期波动$\Delta\ln N$与$\ln N_{t-1}$，$\ln \text{GDP}_{t-1}$之间的关系。

4.2.5 研究结论

第一，当前经济发展方式难以长期为继，必须寻求突破。目前，中国钢铁产量、水泥产量已经高居世界第一，占世界总产量的40%左右，今后钢铁、水泥产量在当前庞大规模的基础上成倍增长的难度已经很大，到2050年16倍的GDP增长不可能主要依靠高耗能产业。据2009年BP世界能源统计报告测算，如果延续2002年到2008年的能源消费增长趋势，2050年中国一次能源消费量将超过上千亿吨标准煤，远超过地球的承载能力；如果延续1978年到2008年的能源消费增长趋势，2050年中国一次能源消费量也要高达270亿吨标准煤，远超过2008年全球161亿吨标准煤的能源消费总量。

第二，要实现既定的经济社会发展目标，能源需求总量将成倍增长。城市化水平的提高、城市基础设施的完善、人民生活条件的改善、居民住房面积和汽车保有量的不断提高，都离不开高耗能产品的累积和能源的消费作为支撑。如果中国2050年达到中等发达国家水平，人均能源消费量能够比目前世界能源效率最高的国家日本还要低10%（日本2006年人均能源消费量为4.1吨标准油，折合5.9吨标准煤），中国的能源消费量仍会高达77亿吨标准煤，其中，煤炭需求为51.5亿吨，石油需求为13.5亿吨。即便是2050年中国人均能源消费量仅为3.4吨标准煤，这一数值比日本的人均能耗低40%左右，中国能源消费总量也要高达50.2亿吨标准煤，是2008年的1.8倍。

第三，从以上的分析可以看出，长期以来中国的经济发展对能源消费具有很强的依赖性。中国的经济发展与能源消费具有协整关系，由于变量间协整关系反映的是一种长期均衡关系，说明中国能源消费与经济发展也是一种长期均衡关系，要实现中国能源消费和经济发展的脱钩，还需要更长的时间才能完成。

综上所述，中国必须要把注意力从当前的高耗能产业发展上，转变到开辟新的经济增长点上，才能切实走出一条长期、稳定、可持续发展的道路。研究认为，中国新的经济增长点将源自传统工业的产业升级、高新技术产业的加快发展以及服务业比重的提高，特别是以低碳为主要内容的产业，将成为支持中国经济转型的新支柱。以低碳发展为目标，调整国家发展的战略取向，加快发展低碳产业，是中国国情下的必然选择。

4.3 目标管理

能源对全球经济发展起到至关重要的作用，每一次工业革命都是能源利用的变革。第一次工业革命始于“珍妮机”的发明，煤炭大量应用使人类进入了蒸汽时代；第二次工业革命是发电机、电动机的使用，人类进入了电力时代；第三次工业革命是原子能、航天和计算机技术的应用，人类进入了信息时代；第四次工业革命将期待着新能源对传统一次能源的大量替代，人类将进入绿色经济时代。保障可靠的、廉价的能源供给，实现向低碳、高效、环保的能源供应体系迅速转变，这是决定人类能否可持续发展的重要方面。

4.3.1 节约能源研究

20世纪70年代的石油危机对世界经济造成了巨大的冲击，世界各国都开始重视节约能源，采取了不同政策和措施促进能源利用效率水平的提高，国内外学者也对此从不同角度进行了研究。

4.3.1.1 从能源效率方面研究节能

1995年，德国科学家厄恩斯特·魏茨察克（Ernst von Weizsacker）和美国科学家艾默里·洛文斯（Emory Lovins）以及亨特·洛文斯（Hunter Lovins）向罗马俱乐部提交了一份名为《四倍跃进》的报告，该报告描述了一种新型的进步，即提高资源生产率的效率革命，它将满足人类通向未来的基本准则——可持续发展。简要地说，四倍跃进是指资源生产率能够而且应该提高四倍，即从单位自然资源中获得的财富额可以翻两番，因此可以生活得比现在好两倍，而同时资源消耗却大大下降（Ernst Von Weizsacker，Emory Lovins，Hunter Lovins，1995）。中国节能可以在减物质化和非物质化方面进行创新（黄海峰，高农农，2009），而能源效率分析表明，中国若采用最佳生产实践，只需用一半的能源消耗就可实现相同产出。

4.3.1.2 能源消费与经济增长的关系

能源是支撑国民经济和社会发展的重要因素，能源消费的增长变化与经济增长有十分紧密的依存关系，但不是必然的因果关系。有学者实证研究了节能对战后美国经济的影响，考虑了能源价格作用，分析模型中包括5个变量，即真实GDP、真实资本、劳工、真实能源价格和迪维西亚（Divisia）能耗指标，证明了美国经济增长是独立于能源消费变化的。产量特性曲线增长对能源消费冲击也被证明是无关紧要的，无关紧要的短期影响很快就会随着时间逐渐消失。这些发现同新古典主义的立场完全一致，真实经济增长关于能源消费变化是中性的。中国学者从20世纪80年代开始对能源、环境及可持续发展问题进行了大量研究，如李京文用1949年到1993年的数据，研究分析了中国GDP增长与能源消耗的直接关系（李京文，1994）。

4.3.1.3 政策对节能有显著的影响

据学者对台湾征收能源税的研究表明，提高能源价格和增加能源工业成本情况是不可避免的。然而能源税制同商业税制相比，将减少能源消耗工业的总体税赋。因此，征收能源税将不会对经济产生负面影响，而是依赖于是否有足够可行的措施。郑玉歌和马纲（2001）用CGE模型，分析了在中国征收碳税减排二氧化碳的成本；石建华（2004）研究了促进节能减排财税政策；王卉彤等（2006）从金融角度研究了如何促进节能减排。有学者从燃油效率标准、代用燃料、增加燃油税、机动性管理战略等4个交通节能战略方面，运用综合评估框架考虑每个战略是怎样影响车辆使用来研究交通节能问题，指出对交通规划和政策进行综合性分析是非常重要的。局部分析能解决一个问题而恶化其他问题，导致很少或没有整体净利益。如通过提高车辆的燃油效率或改善交通通勤，事实上会加大市场失真和从经济性上导致车辆过度行驶，从而会降低整体交通系统效率（Todd Litman，2005）。

茅于轼（2005）、菲利普·安德鲁斯（Philip Andrews，2005）都认为，中国存在着巨大的节能空间，能源政策的重点应该是节约而不是开发。陈艳等（2006）对能源政策研究后认为，中国应保持能源政策和环境政策发展的一致性，并采取措施提高能源利用效率。中国借助市场机制，对生产节能产品企业给予不同额度的税收减免，对不执行节能标准的耗能产品征收较高所得税，建立反映资源稀缺程度的价格体系。台湾“行政院”于1973年4月发布了“台湾地区能源政策”，从2000年起把“能源节约和提高能源效率的综合性计划”作为一个具体行动，计划目标是整合政府和私人部门，以期望在2010年和2020年分别达到16%和28%的总体节能目标。

国内外研究存在的不足包括：侧重单一政策和单一领域节能减排研究，研究角度缺乏系统性；对单个政策措施分析较多，对节能运行机理和系统性研究较少。

4.3.2 节能目标管理

市场经济国家由于政治体制以及历史、文化、经济等方面的差异，各国在节能目标设立、节能政策体系、节能管理模式等方面形成了特色，政府在节能领域的主导作用也越来越突出。

中国节能目标管理涉及四个方面。

4.3.2.1 节能目标

中国政府将资源节约提升为基本国策，把节约能源写入了国民经济发展规划纲要，并确定了到2020年全国单位GDP碳排放强度比2005年下降40%~45%的目标。

4.3.2.2 节能理念

中国节能概念的提出最初是为了缓解能源供应的紧张，节约资源是中国的基本国策，实施节约与开发并举、把节约放在首位的能源发展战略。进入21世纪后，节能更多的是作为破解经济发展与资源环境矛盾和转变经济发展方式的重要突破口。

4.3.2.3 节能政策措施

1986年，国务院发布了《节约能源管理暂行条例》，这是中国第一部节约能源的行政法规。1998年1月1日，开始实施《中华人民共和国节约能源法》；2005年，中国把节约资源作为基本国策，将降低单位GDP能源消耗作为全国宏观战略目标。国务院成立了节能减排领导小组，综合利用行政、法律、经济手段全面推进节能工作，将国家宏观节能目标按地区分解到地方，层层落实责任制，实现节能一票否决制度；修订完善《中华人民共和国节约能源法》，建立了节能目标责任制和节能考核评价制度，固定资产投资项目节能评估和审查制度，落后高耗能产品、设备和生产工艺淘汰制度，重点用能单位节能管理制度，能效标识管理制度，节能表彰奖励制度等六项节能长效机制；综合利用财政政策、税收政策、价格政策、金融政策和政府采购政策等对节约能源进行政策引导。

由政府牵头组织推行了一些重大节能行动，如十大重点节能工程、千家企业节能行动、重点耗能企业能效对标活动、全面节能行动、政府机构节能改造等，推动了节能工作的开展和节能目标的完成。

4.3.2.4　节能行政管理体系

中国节能行政管理机构是按照三个系统五个层次的组织网络进行的。

第一，所管辖地区所有节能方面的综合性协调以及决策均由政府机关进行。国务院居于政府系统顶端，下级政府接受上级政府的领导，地方各级政府服从国务院的指挥。节能主管系统与其他行政机关系统必须接受统一系统的领导，服从统一决策。

第二，节能主管部门根据政府的决策执行行政业务。中央级节能行政主管机关是国家发改委，居于节能主管机关系统顶点，地方接受上级领导。节能主管系统上面有政府系统，下面有其他行政机关系统，总是处于三个系统的中间位置。这就决定了该系统的活动对政府系统的依附性比较强。

第三，执行所管辖地区内的节能行政业务的是其他行政机关的节能组织系统。中央部委的节能部门居于该系统的顶部，该系统除接受上级领导外，在节能行政业务上需要服从节能主管部门的领导，处于三个系统的最下层。因此，该系统的活动在很大程度上要依附于行政机关。

总而言之，中国将节约能源作为转变经济发展方式，实现经济社会可持续发展的重要抓手。中国是在工业化和城镇化快速发展的阶段开展节约能源工作的，把单位GDP能耗作为全国性的节能目标，利用行政、法律、经济手段和组织实施重大节能行动，推动节能工作的开展，取得了不错的节能效果。

4.3.3 节能管理发展过程

4.3.3.1 节能基本概念

（1）能源强度。能源强度一般指“单位产值能耗”，常用来描述一个国家或地区、部门、企业在一定时间内单位产值消耗的能源。例如：万元GDP能耗指一个国家或一个地区在一年内生产一万元单位产品所消耗的能源数量。

（2）节能量指满足同等需要或达到相同目的条件下，使能源消费减少的数量。节能量的多少是衡量节能管理成效的一个主要标志，也是考察节能降耗和污染减排的一个主要指标。

（3）节能贡献率。在统计分析中经常使用“贡献率”，贡献率是分析经济效益的一个指标，是指有效或有用成果数量与资源消耗及占用量之比。节能贡献率是指该部门产生的节能量与全社会节能量的比，也就是部门节能量所占全社会节能量的比重。

（4）节能率是在一定可比条件下，采取节能措施之后节约能源的数量，与未采取节能措施之前能源消费量的比值，表示所采取的节能措施对能源消费的节约程度。

（5）直接节能和间接节能。直接节能，是与基期相比，单位产品能耗降低、能量利用效率提高、能源加工转换效率提高等。比如：生产同样数量、质量的产品所消耗的能源减少；产品达到相同使用目的所消耗的能源减少；投入相同数量、质量的一次能源所产出的二次能源数量增加、质量提高等。直接节能包括技术节能和管理节能两个部分。技术节能，即通过改革低效率生产工艺，采用新工艺、新设备、新技术和综合利用，提高能量有效利用率等实现节能；管理节能，即在能源系统流程各个环节，加强管理，减少储存、运输和使用过程中跑、冒、滴、漏等不必要损失所实现的节能。

间接节能，指在技术、管理条件不变的情况下，通过合理调整、优化产业结构和产品结构，提高产品质量，节约使用社会物质资源，达到节约效果。间接节能通常称作结构节能，是在国民经济发展过程中，由于结构（产业、行业、产品结构）变化，高耗能行业、产品所占比重降低，生产等量社会财富所消耗的能源减少而实现的节能。评价间接节能效果时，假定技术、管理条件不变。间接节能是评价宏观节能的指标，一般不适合在微观情况下应用。间接节能的标志，是经济结构向轻型化、高新技术化、低能耗化方向发展。

4.3.3.2　节能经济学分析

能源具有经济性和外部性二重属性。从图4–3可以看出，常规能源具有完全经济性，污染物排放与二氧化碳捕获和封存具有外部性。而节能具有一部分经济性和一部分外部性，所以说节能具有经济性和外部性二重属性。

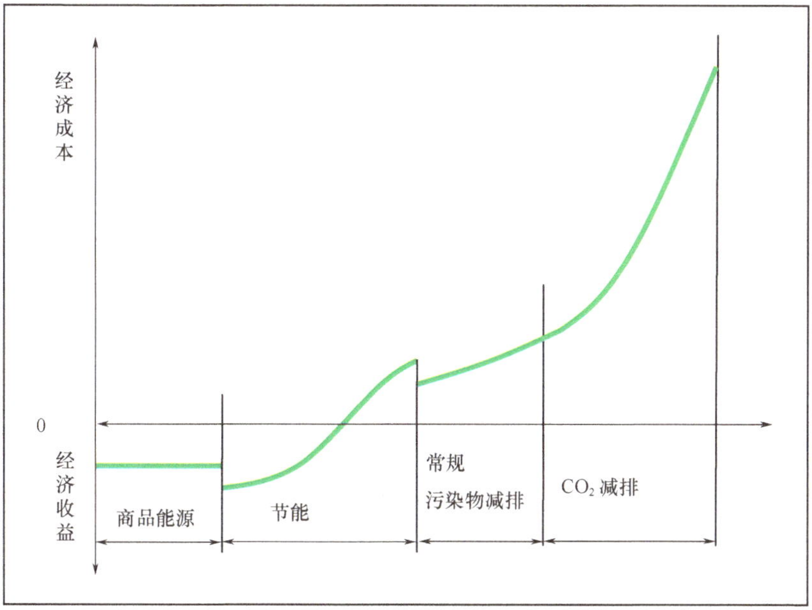

图4–3　节能的经济属性

（1）节能的经济属性。首先能源是稀缺的，而对稀缺性的研究是经济学研究的核心，具有经济属性。经济性表现在能源节约可以为企业减少成本带来收益，企业成本减少就意味着企业利润增加。同样，整个社会节能后，提高了全社会能源利用效率，消耗同样数量的能源可以生产比以前更多的产品和服务，同样会增加全社会的财富。节能决策同样具有机会成本。按照经济学的解释，机会成本是指把一定生产资源用于生产某一种产品而放弃另外一种产品时的价值。节能的机会成本是指用于节能方案的资金、人力、物力等资源若用于其他替代机会（如扩大生产能力或者采用其他的节能技术方案）时所能获得的最大效益，即可能是所放弃的扩大生产能力所带来的经济效益，也可能是放弃节能方案的经济效益。

（2）节能的外部性。节能行为具有明显的西方经济学所描述的“外部性”特征。所谓经济活动“外部性”，也被称为外在效应或溢出效应，是指一个经济主体的活动对旁观者福利的影响，而这种影响不能完全以价格形式反映在市场交易双方的交易过程中。

对节能而言，能源生产者和消费者在进行市场交易时，双方都不承担节约能源或能源浪费的全部影响。具体来说，能源节约的行为有利于减少污染物排放并能够将有限的化石资源保留给后代人使用；而能源浪费行为不仅会增加污染物和温室气体排放，而且会损害子孙后代使用化石能源的权利。这些关联影响不能反映在双方进行能源交易的过程中，因此，节能行为具有“外部性”特征。

同时，一部分节能项目也能够为企业带来明显的经济效益。实践表明，有一些节能项目能够有效降低企业能源成本，企业投入节能技改资金能够为企业获得更加丰厚的经济回报。与节能相比，环境保护对企业而言只有经济投入、没有经济效益，获益的是全社会和其他人。

因此，对节能行为而言，一部分节能行为能够为企业带来经济效益，在社会获益的同时企业也能获利；另一部分节能行为企业投入大于产出，节能很难为企业带来经济效益。从经济活动投入产出效益上看，节能的基本属性与环境保护和商品能源开发存在本质的区别。

在市场经济国家，人们在推进节能时往往强调节能能够为企业带来利益的一面，强调更多地依靠市场力量推动节能。但事实上，要想通过节能实现全社会可持续发展和全人类福利水平的提高，并且进一步强化节能工作的成绩和效果，必须要强调节能“外部性”特征，针对“外部性”采取更多的政策措施实施政府管制。

4.3.3.3 节能管理及属性

（1）节能管理概念。《中华人民共和国节约能源法》指出，节约能源是指加强管理，采取技术上可行、经济上合理以及环境和社会可以承受的措施，从能源生产到消费各个环节，降低消耗、减少损失和污染物排放、制止浪费，有效、合理地利用能源。

（2）节能管理是一项复杂的系统工程。能源的种类不同，节能管理的方式不同；能源利用的环节不同，节能管理的手段也不同；能源利用的地点不同，节能管理的政策措施就不一样。另外，节能管理还要涉及经济、社会、环境等多方面的因素。

（3）节能法是从能源利用的角度对节能管理给出定义。本书从管理的角度给出的节能管理的定义为：节能管理是为了提高能源利用效率、实现节能目标，对一个国家或地区中不同的能源利用对象，从能源的生产、转换、运输和利用等环节进行有效规划（计划）、组织、领导和控制的一系列工作的总称。

节能管理同时拥有自然属性和社会属性的二重性。节能管理的自然属性是指节能管理同其他社会化大生产和生产力相同，目的在节能过程的优化，提高能源利用效率。节能管理要遵循能量利用转换的一般规律，即热力学的第一定律、第二定律；节能管理还得遵循管理对象能源的约束性和稀缺性，一个国家或地区由于自然储量和技术条件等因素决定了其所能提供的最大能源数量。

节能管理的社会属性强调节能管理过程中人与人之间关系的调整，表现为为企业提供综合竞争优势和国家可持续发展的特殊职能。在社会属性上，节能管理要遵循PDCA循环的一般管理模式。PDCA是计划（Plan）、执行（Do）、检查（Check）和处理（Action）的英文第一个字母，PDCA循环是节能管理体系运作的基本方法和规律。

4.3.4 节能目标定性分析

4.3.4.1 节能指标基本概述

节能指标是政府实施节能目标管理的重要依据。选取合理的节能指标，将对政府制定节能政策发挥重要作用。如果选取的节能指标不合理，有可能导致节能政策制定进入误区，最终导致事倍功半。

事实上，用于评价节能的指标比较多，包括单位GDP能耗、单位产值能耗、单位增加值能耗、人均能耗、单位产品能耗、单位运输周转量能耗、单位面积能耗和设备的能源利用效率等。值得注意的是，不同指标适用对象不同、使用场合不同，优缺点也各不相同。在不同的政策中，需要选用不同的节能指标。

（1）节能指标的总体结构。在进行节能量测算和节能潜力评估时，既可以针对一个国家或一个地区的整个国民经济体系，也可以只包括某一个产业内的某一行业等的专门系统。对国民经济系统进行节能潜力评价时，由于涉及的范围比较广，技术差异比较大，一般以经济指标为主。各种能源效率指标之间具有很紧密的联系。以生产部门的节能为例，技术效率指标是基于物理学定义的最基本效率指标，单位活动量能耗指标是评估企业技术节能状况最常用的指标，单位经济量能耗指标是评估企业、地区和整个国家经济状况的综合指标，见图4–4。

技术效率指标、活动量指标、企业经济量指标、国民经济指标、可以构成一座金字塔形结构：塔底是技术效率指标，代表单个硬件设备和设备系统的能源效率；向上是活动量指标，代表能源使用目的是提供产品和服务；再上是企业的经济量指标，代表能源使用所带来的经济价值；塔顶是国民经济指标，代表能源消费对国民经济的影响。

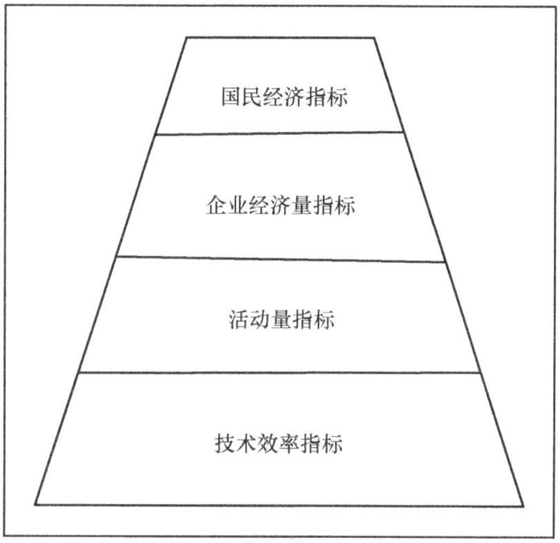

图4-4　节能指标关系图

（2）技术能效指标。这类指标从物理学中的热力学第一定律、第二定律等基本概念出发，对能源效率进行定义。热力学第一定律指出，能量既不能产生也不会消失，只会由一种形式转变为另一种形式。据此，能源转换效率通常定义为由系统提供的有用能与输入到系统中的能源量之比，如公式（4-3）所示：

$$\text{技术效率}=\frac{\text{有用能}}{\text{输入的能源量}} \tag{4-3}$$

单个设备的能源利用效率可以用公式（4-4）表示：

$$\eta_n=\frac{N'}{N}=1-\frac{N_{\text{损}}}{N} \tag{4-4}$$

其中，N'——用能设备的耗能量；

N——能源有效利用的数量；

$N_{\text{损}}$——能源损失数量。

能源系统效率为：

$$\eta_n^{\Sigma}=\frac{N'}{N_{\text{系}}}=1-\frac{N_{\text{损}}}{N_{\text{系}}} \tag{4-5}$$

或 $$\eta_n^{\Sigma} = \eta_{n系} \times \eta_n \quad (4\text{–}6)$$

其中，$N_{系}$——能源系统的全部能耗（$N_{系} = N + N_{其}$）；

$\eta_{n系}$——全系统效率系数（$\eta_{n系} = \dfrac{N}{N_{系}}$）；

$N_{其}$——用能设备以外的能源消耗。

该类指标的优点是，能反映技术先进性，易于测量、管理者容易把握，有利于探究物理系统的理论效率极限；缺点是只用一个或少数几个指标很难体现一个生产性工厂各个环节的能源利用效率，也没有反映出能源消耗和经济发展的关系。

（3）单位活动量能耗指标。能源消费是为了满足人们生产活动和生活活动，为人们提供能源服务的一个过程。例如：利用电力为居民生活提供照明服务，利用煤炭为电力生产提供热力服务，利用天然气为居民和饭店做饭提供燃料服务，利用汽油和柴油为各种车辆提供燃料服务等。因此，终端能源服务品质应以所提供服务的质量（如灯的照度）来衡量，而不是用消耗能源多少（如电灯耗多少电）来衡量。

提供某种服务可以采用多种能源和方式，如交通可以采用自行车、小汽车、公共汽车、火车和飞机等，这些方式能源效率和经济效益各不相同，在费用、舒适性、方便和速度等方面存在巨大差异。为了比较达到同等服务水平时能源消耗水平的高低，人们往往采用单位活动量能源消耗作为评估指标。

具体而言，在评估工业生产能源效率时，往往采用“单位产品能耗 n_g”作为评估指标。在评估服务（包括运输、邮电、建筑、商业和服务业等）的能源效率时，往往采用“单位服务能耗”作为评估指标，这两类指标都属于单位活动量能耗指标。

第一，单位产品能耗 η_g：

$$\eta_g = \frac{N_{g系}}{G'} = \frac{N_{g系}}{p_{\Sigma} G} \quad (4\text{–}7)$$

或者 $$n_g = \frac{N'_g}{p_\Sigma G \eta_{n系} \eta_n} = \frac{n'_g}{p_\Sigma \eta_{n系} \eta_n} \tag{4-8}$$

其中，n'_g——生产单位产品（包括合格品与不合格品）所需要用的有用能源（$n'_g = \frac{N'_g}{G'}$）；

G'，G 实际有用的总产量和包括废品在内的总产量（$G' = p_\Sigma G$）；

P_Σ——同一种产品各种成品率之和（$p_\Sigma = \sum_{i=1}^{k} p_i$）；

P_i——同一种产品各种成品率；

q——废品率（q=1–p）。

例如：吨钢可比能耗是冶金行业最主要的能耗指标之一，也是钢铁企业之间进行能耗比较的主要技术经济指标，其含义为每生产一吨钢，从焦化、烧结直到成材配套生产所必需的能源消耗，其中包括焦化、烧结、球团、炼铁、炼钢连铸、初轧、轧钢、燃气加工和输送、机车运输和企业能源亏损等。

第二，单位服务量能耗 n_y。单位服务量能耗主要用于评估运输、邮电、建筑、商业和服务业等的能源效率，其定义为：

$$n_y = \frac{N_{y系}}{Y'} = \frac{N_{y系}}{PY} \tag{4-9}$$

或者 $$n_y = \frac{N'_y}{PY \eta_{n系} \eta_n} = \frac{n'_y}{P \eta_{n系} \eta_n} \tag{4-10}$$

式中，n_y——完成单位服务量所需要的有用能源数量（$n'_y = \frac{N'_y}{Y}$）；

Y'，Y——实际完成的有用服务量（如吨公里、商品销售量、建筑面积等）和包括无用的服务量在内的总服务量；

P——有用服务量和总服务量之比，一般$P \approx 1$。

影响产品能耗的因素很多，诸如生产工艺，设备性能，生产规模，生产负荷，管理水平，原料、燃料、材料的质量，自然条件及计量器具精度，等等。对某个企业而言，可分为两大类：一是内部因素，二是外部因素。内部因素包括采用的工艺流程、设备规模大小、设备运行的负荷、设备的新旧和匹配水平、原料燃料的品质、员工的技术水平和管理水平等因素；外部因素是指企业内部人员难以控制的因素，包括地理条件和气候条件、公用的水电气的波动和自然灾害等。

单位活动量能耗指标的优点主要有四点。第一，指标直观性强，在部门、企业内应用很广。第二，单位产品能耗标志着一个企业的生产技术水平和管理水平，直接反映企业技术的先进程度和节能管理的质量。第三，有利于衡量节能潜力和差距。通过比较企业与国内外、省内外同种产品先进水平的差距，采取缩短差距应采取的措施，引导企业积极开展能效水平对标活动。第四，有利于衡量企业节能技术改造项目的成效。企业节能技术改造的效果，要以单位产品能耗作为重要评价指标。

单位活动量能耗指标的缺点主要有七点。第一，宏观性相对较差。单位活动量指标是一个微观指标，很难作为一个地区或一个国家评估节能潜力的主要指标。第二，生产原料不同导致指标不可比。例如：中国沿海钢铁企业大多采用进口的、品位比较高的铁矿石作为原料，从而导致这类企业在钢铁生产过程中能源消耗要低于“吃粗粮”的企业。此外，产品在形成成品前，本企业生产的半成品量和外购的半成品量不断变化，所反映的能耗量在计算产品单耗时缺乏准确性。第三，燃料结构不同导致指标不可比。中国火电站中燃煤机组占98%左右，而日本、美国火电站中燃煤机组比重分别只有43%和72%。燃气、燃油机组至少比燃煤火电机组能源利用效率高出10个百分点，能源结构不同导致中国在使用“火电供电煤耗”这一指标进行比较时，数据必定偏高。第四，生产工艺流程不同导致指标不可比。第五，企业能耗的覆盖范围不够全面。第六，同时生产多种产品的情况下，很难合理划分不同产品的单位产品能耗。第七，新产品往往缺乏单位产品能耗评价标准。

（4）企业经济量指标。

首先，单位总产值能耗是生产部门的企业单位或个人在一定时期内所生产的全部产品的价值，用产值n_a表示。产值也可以用于衡量企业的能耗。

$$n_a = \frac{N_{g系}}{J} = \frac{N_{g系}}{j_\Sigma p_\Sigma G} \tag{4-11}$$

或者
$$n_a = \frac{N'_g}{j_\Sigma p_\Sigma G \eta_{n系} \eta_n} = \frac{n'_g}{j_\Sigma p_\Sigma \eta_{n系} \eta_n} \tag{4-12}$$

其中，J——产值数量；

j_Σ——产品平均价格（$j_\Sigma = \frac{\sum_{i=1}^{k} j_i p_i}{p_\Sigma}$）。

其次，单位营业额能耗是服务部门（如交通运输、邮电、餐饮等行业）的企业单位或个人在一定时期以内从事营业活动取得的收入金额，用营业额n_b表示。目前中国把营业额作为服务业企业的计税依据。营业额也可以用于衡量服务业企业的能耗。

$$n_b = \frac{N_{y系}}{S} = \frac{N_{y系}}{JPY} \tag{4-13}$$

或者
$$n_b = \frac{N'_y}{jPY \eta_{n系} \eta_n} = \frac{n'_y}{jP \eta_{n系} \eta_n} \tag{4-14}$$

其中，S——收入数量；

j——完成单位服务量的价格（收入）。

单位总产值或营业额能耗指标的优点主要有两点。第一，综合性和适应性强。由于不涉及企业的能源分摊和产品分类，各种类型企业均有年综合能耗和总产值（或营业额），可以用于能效指标的统计和测算。产值能耗指标计算简单、意义明确、综合性强，综合和概括了多种因素，可以作为国家、地区、部门的主要节能指标，也可以作为企业的一个重要节能指标。第二，便于企业上报。一般来说，公司财务部门掌握全厂总产值和总耗能量情况，各种企业都可以将数据统计上报。

其缺点和问题主要有四点。第一，原料成本高对指标影响过大。第二，原材料生产“外包”和原材料品种变化对指标影响过大。第三，难以直接反映企业节能管理和节能技术进步的效果。由于是经济指标，很难与改进管理和提高技术水平等技术措施产生的节能效果相匹配。第四，受市场波动和国家政策等影响较大，当市场价格波动频繁时易导致失真。例如：2008年煤炭市场价格全年波动很大，虽然某市企业用能量没有太大的变化，但是每个月反映出的万元产值能耗变化却很大。

（5）国民经济指标。

首先，单位增加值能耗指标单位。增加值能耗指标多用于市场经济时期企业、地区或国家的能效评估。增加值是国民经济核算的一项基础指标，主要表示企业所创造的新增价值，也用于衡量某个行业或部门的能源利用效率。

对生产性行业来说，有：

$$n_{cg}=\frac{N_{g系}}{M'_g}=\frac{N_{g系}}{j_\Sigma p_\Sigma G-C_u} \tag{4-15}$$

或者

$$n_{cg}=\frac{N'_g}{(j_\Sigma p_\Sigma G-C_u)\eta_{n系}\eta_n}=\frac{n'_g}{(j_\Sigma p_\Sigma-c_u)\eta_{n系}\eta_n} \tag{4-16}$$

对服务性行业来说，有

$$n_{cy}=\frac{N_{y系}}{M'_y}=\frac{N_{y系}}{j_\Sigma p_\Sigma Y-c_u} \tag{4-17}$$

或者

$$n_{cy}=\frac{N'_y}{(j_\Sigma p_\Sigma Y-C_u)\eta_{n系}\eta_n}=\frac{n'_y}{(j_\Sigma p_\Sigma-c_u)\eta_{n系}\eta_n} \tag{4-18}$$

其中，M'——增加值；

C_u——生产全部产品的中间投入；

c_u——生产单位产品的中间投入（$c_u=\frac{C_u}{G}$，$c_u=\frac{C_u}{Y}$）。

增加值能耗指标的优点有三点。

第一，有利于与国家或地区单位GDP能耗下降目标相衔接。企业用工业增加值能耗计算综合节能量，能够与国家或地区计算GDP节能量方法、口径相一致，能为地区工业核算节能量、制定和下达节能任务指标提供一定依据，使得整个节能核算体系上下协调配套。同时，也便于企业参照国家、省、市县节能指标衡量和制定本企业节能指标。

第二，有利于政府推动经济转型升级。可以较好地描述一个行业发展与能源消耗之间的关系，使决策者更好地把握行业未来方向。同时，对不同行业之间单位增加值能耗进行比较和分析，使政府决策者优先发展能耗更低、附加值更好的行业，以便更有效地降低GDP能耗。目前多数地区已开始测算各行业的增加值能耗指标，以此作为筛选新准入企业是否属于高能耗企业、低能耗企业还是一般耗能企业的标准。

第三，有助于推动企业加快发展高附加值产品。产品单耗节能量是有一定限度的，受诸多客观条件制约，特别是产品能耗已达很高水平的企业，再提高能效水平，难度大，节约量也有限，而调整产品结构却给企业提供了广阔节能空间。明确了工业增加值能耗概念，并以此考核企业，使企业从重产值、重数量转向重质量、重增加值，注重转变增长方式，注重发展技术含量和附加值高的产品。此外，还可以促进企业通过对外贸易来获得利润，使企业进一步增加自身产品的科技含量和附加值。

单位增加值指标的缺点有两点。

第一，企业统计难度大。增加值要根据某一年不变价来计算，这需要前期进行大量数据加工和处理，2009年开始有关方面不再公布各行业工业增加值，使得合理数据获取难度更大。

第二，部分行业单位增加值能耗随时间波动较大。在实践中，一些地区某些行业受市场价格等多种因素影响，波动比较严重。例如：火力发电是典型单位GDP能耗比较高的行业，据了解，在不同地区、不同时期，由于煤炭价格波动很大而电力价格基本不变，当地火电行业单位GDP能耗剧烈变化，对预测未来地区GDP能耗变化趋势造成了很大影响。

其次，单位GDP能耗指标。单位GDP能耗指标指一定时期内，一个国家（或地区）每生产一个单位国内生产总值所消耗的能源总量，计算公式为：

$$单位GDP能耗=\frac{能源消费总量}{GDP}$$

从基本定义上看，单位GDP能耗主要在宏观上描述一个国家（或地区）经济社会发展对能源消耗的依赖程度，国内一般采用吨标准煤/万元人民币作为单位，国际上一般采用吨标准油/千美元为单位。由于统计口径、数据来源渠道不同等原因，中国国家统计局公布的数据与联合国开发署、世界银行、国际能源署、美国能源信息署和日本能源经济研究所等机构公布的能源消费总量、GDP、单位GDP能耗数据均有差异。

“十一五”时期，单位GDP能耗指标首次纳入国家经济社会发展五年规划，从过去一个普通的学术研究指标，成为国家实施经济运行调控的应用性指标。从实践角度看，单位GDP能耗下降率已成为评判各地区科学发展观贯彻落实的重要标准，成为国家加强宏观调控新的重点领域，成为加快发展方式转变的重要着力点。这一指标已经成为指导全国经济发展的指挥棒和推动可持续发展的重要驱动力，其作用范围之广、影响层面之深、推动力量之强远超出预期。

单位GDP能耗指标之所以能够产生如此巨大的推动作用，关键在于这是一项“约束性指标”。所谓约束性指标，是指进一步明确规划并强化政府责任的指标，是中国政府在公共服务和涉及公众利益领域对地方政府和中央政府有关部门提出的工作要求。提出约束性指标，是中国政府在制订规划过程中的一项重要创新。

影响单位GDP能耗的因素主要包括四点。

第一，汇率和购买力平价因素影响。在比较不同国家单位GDP能耗时，汇率如何处理会造成很大影响。国际能源署公布的统计数据中，分别列有按汇率计算和按购买力平价计算的两类数值。采用不同数值，节能潜力分析结论可能差异很大，甚至完全相反。

第二，经济结构影响。一般而言，工业比重高的地区，单位GDP能耗偏高；农业或服务业比重高的地区，单位GDP能耗比较低。这里涉及的经济结构不仅是第一、第二、第三产业之间的产业结构，也涉及工业内部结构、企业结构、产品结构等多个层次。经济结构差异比较大的地区，其单位GDP能耗很难直接进行比较。

第三，发展阶段影响。不同发展阶段导致单位GDP能耗会自然发生变化，随着工业化进程推进会先上升、后下降，呈倒U型曲线。

第四，自然条件的影响。单位GDP能耗与当地气候条件、辖区面积、人口密集程度、资源禀赋等因素关系很大，温度高的地区夏季空调能耗高，温度低的地区冬季采暖能耗高，海拔高的地区能源加工转化损耗高，水资源缺乏的地区发电厂冷却损耗高，国土面积大的地区交通运输能耗高。

4.3.4.2　全国节能指标选取

根据目标管理理论，只有设立了定量化的全国节能指标，政府才能够把节能工作分解到各个行为主体，通过对各个行为主体节能工作成绩进行评价考核，在节能利益相关者共同努力下，才能切实推动节能工作。设定定量化国家节能目标，发挥节能“倒逼机制”作用来推动节能工作，是中国节能取得重要成绩的有效经验之一。

“十二五”时期，中国把“单位GDP能耗下降率”作为节能目标，节能工作取得了很大进展，“十三五”时期将设置更具科学性的节能指标。本节着重研究的节能指标包括单位GDP能耗下降率、能耗总量指标、节能量指标、二氧化碳排放强度指标、二氧化碳排放总量指标。

（1）单位GDP能耗下降率。选取单位GDP能耗下降率目标作为全社会节能的约束性指标，仍采用按地区分解的方法分配节能指标。这个指标的优点有三个。

第一，延续了“十二五”期间约束性节能指标要求，表明中国政府节能决心和力度没有削弱。“十二五”期间，国家和各地方政府为实现节能目标出台了一系列政策措施，如开展了节能目标责任评价与考核、加大淘汰落后力度、实施十大重点节能工程和千家企业节能行动等，不仅产生了良好节能效果，更坚定了中国政府推动节能的信心和决心。继续使用单位GDP能耗下降的约束性指标，给全社会和国际社会发出了继续保持以往节能工作力度不放松的信号。

第二，有利于节能工作部署和开展的延续性。继续使用单位GDP能耗下降目标，与以前实施的节能政策和措施保持了连贯性和一致性，有利于已有手段延续。节能工作不是一蹴而就的，需要长期努力才能体现出优势，如节能技术研发、节能市场培育、节能人才培训、消费者行为转变等。如果改用其他指标作为国家节能目标，则政策要给予相应调整。因此，指标连续性在一定程度上决定了政策连续性，这有利于地方和企业继续利用以前政策、经验和措施开展节能工作。

第三，缓解应对远期资源约束和温室气体排放压力。2010年，中国能源消耗约32.5亿吨标准煤，能源消费增长速度多年以来一直高居全球首位。大量能源消耗对能源供应带来了巨大压力，化石能源燃烧产生了大量温室气体排放。如果不采取措施，按照现在的发展模式延续下去，到2030年或2050年，不仅中国能源资源无法支撑，而且对全球温室气体减排将造成巨大压力。

（2）能耗总量指标。选择一次能源消费量总量控制预期指标作为国家节能目标的优点有四点。

第一，目标直接与中国经济发展的资源约束瓶颈挂钩。中国能源消费量正处于快速增长的上升通道，在充分考虑发展合理需求的基础上，对能源消费实施总量控制，不仅有利于转变经济发展方式，而且有利于提高能源利用效率。对地方而言，设定总量控制目标有利于该地区合理分配能源需求，控制本地区盲目上马高耗能项目的冲动。对企业而言，设定能源消费总量控制目标，有利于企业主动挖掘节能潜力，通过节能提高效益。

第二，能源消费总量控制易于按地区分解考核。节能目标按地区分解，是“十二五”期间节能工作的重要经验之一。将全国能源消费预期总量确立为国家节能目标后，政府可以制定各地区能源消费预期性目标，分配到各地方的能源消费目标加总，等于全国能源消费总量预期值。地方也可参照类似方法把指标向下细分到市、县、乡镇，甚至可以落实到企业。

第三，目标有利于与国际接轨。中国二氧化碳排放迅速增长主要是因为化石能源消费量快速增长，对能源消费量增长设定预期性控制目标，可以间接控制二氧化碳排放总量。一些国家或地区组织已经提出了能源消费总量削减目标，例如：欧盟提出2020年能源消费在1990年基础上降低20%，温室气体排放量至少减少20%的目标；英国、法国等国家提出了减少能源消费总量和二氧化碳排放总量目标。我国对能源消费量实施总量控制，有利于进行国际对比。

第四，形成节能量交易制度。将全社会能源消费总量分配给地方后，各地区就有了相应的能源消费量配额。这为开展“节能量交易”提供了可能性，能源消费量超过配额的地区，可以向有“富裕”的地区购买能源消费量配额，从而在很大程度上激励地方的节能积极性。促使地方政府通过提高能源利用效率水平，努力降低区域经济发展对能源消耗的依赖，并且通过节能量交易获得更多的经济回报。

选择一次能源消费量总量控制预期指标作为国家节能目标，存在四方面问题和不足。

第一，确定合理、科学的总量控制目标难度较大。目前中国经济正处于工业化进程加速与城市化快速发展的经济转型时期，人们消费水平不断提高、消费产品不断升级，发展速度不确定性较大。合理、科学地确定能源消费总量的前提是对未来经济发展速度有一个准确预测。目前社会各界对“十三五”经济增长速度预期存在较大的分歧，全球化对中国经济增长的贡献、国内房地产业能否继续走强、汽车产业发展是否进入爆发式增长、高耗能产业发展是否已经开始进入饱和期等重大判断尚存在较大不确定性。同时，工业化、城市化和居民消费升级如何导致能源消耗增长的内在规律尚未彻底摸清。这些问题都使得制定科学、合理的能源消费总量控制目标存在很大困难。

第二，能耗控制目标按地区分解存在合理性与科学性问题。如何将国家节能目标科学、合理地分解到各地区，是一个难度很大的课题。不同地区的经济增长速度存在较大的差异：经济增长快的地区，往往能源消费量增长也较快；经济相对比较落后的地区，能源消费增长的需求还很大，能源消费总量目标的分解必须要考虑到公平问题，特别是发展权问题。不同地区的能源结构不一样，不同能源结构必然导致能源利用效率不同。

第三，可再生能源在总量控制和按地区分解中较难体现。与化石能源不同，风能、太阳能等可再生能源消费不会带来温室气体排放和环境污染，是鼓励发展的重点。目前在能源消费统计中，没有将可再生能源单独分离出来，电力等二次能源的消费中也很难算清楚哪些是可再生能源引发的。

第四，奖惩、考核存在尚未解决的问题。目标管理手段主要靠激励政策，对能源消耗总量目标来说，不仅科学、合理地分解到各地区是个难题，而且对各地区能耗控制目标完成情况进行科学、合理考核和奖惩也存在尚未解决的问题。要对各区域采取考核和奖惩措施，必须要先对指标分解的科学性有比较高的认同。如果欠发达地区因发展速度超过预期、能源消费增长过快而受到惩罚，必须要有足够理由使其能接受处罚。另外，区域能源消费量统计基础薄弱。比如，煤炭在各区域之间按市场规律流通，对一个地区能源消费进行全过程动态实时统计存在较大难度。

（3）节能量指标。不同经济增长速度情景下，对应不同能量目标，经济增长速度越快，节能量预期目标越大。选择节能量指标作为国家节能目标有两个优点。

第一，目标明确，可以分解到地区和行业。在明确了国家节能量总目标后，各地区可以提出本地区的节能量目标，并由国家节能主管机构认可。全国节能量总目标也可以分解到不同行业，但这种分解的合理性需要一定的方法论作为支撑。如果节能量目标能够分解到地方或行业，本地区也可以进行下一层次分解，最终分解到企业，与企业签订节能“责任承诺”或“自愿协议”，可以根据节能量大小安排财政激励资金。

第二，可以对节能工作绩效进行考核。节能量分解到地区、行业、企业后，政府可以根据分解责任对承担责任的对象实施节能目标完成情况的考核，并根据被考核单位节能量目标完成情况给予奖励或处罚，从而建立起有效的节能激励机制。

选择节能量指标作为国家节能目标存在两个难点和问题。

第一，节能量测算方法不统一。目前节能量测算缺乏统一方法，有用能源经济强度（如单位GDP能耗）作为测算基础的，有用能源技术指标（如单位产品能耗）作为测算基础的。两种方法计算得到的节能量虽然在名称上并没有区别，都被称为节能量，但实际上有很大差别，在使用时容易混淆。

第二，不同类别的节能量不能简单相加。由于节能量计算方法不同，不同方法计算得到的节能量不能简单相加。例如：按单位增加值计算得到的节能量和按单位产品能耗计算得到的节能量不能相加。另外，千家企业节能行动、十大重点节能工程、淘汰落后产能形成的节能量也不能简单相加。这就为地方、行业节能目标科学分解带来了难度。

（4）二氧化碳排放强度指标。二氧化碳排放强度作为国家节能指标有以下优点。

第一，与“单位GDP能耗下降率”指标相比更能鼓励各地区发展低碳能源、推动低碳发展。单位GDP能源消费下降率指标中，没有对可再生能源、核能等低碳、无碳能源予以单独考虑。事实上，这类能源与化石能源有本质区别，能源资源相对较丰富，而且能源使用过程中不排放二氧化碳，是清洁、环保能源，应该加以鼓励，不应受到限制。单位GDP二氧化碳排放下降率指标的提出，更好地发挥了这类能源资源在二氧化碳排放方面的优势，可以鼓励地方加快发展可再生能源和核能。从引导宏观经济发展的角度看，单位GDP二氧化碳排放下降率指标的提出，有利于引导全社会更加关注二氧化碳排放和气候变化问题，推动低碳工业、低碳城市、低碳交通体系发展，这一指标将引领中国发展低碳经济、走低碳发展道路。

第二，中国政府已提出将二氧化碳排放强度纳入经济社会发展指导纲领中。到2020年，中国单位GDP二氧化碳排放比2005年下降40%～45%，这一目标的提出，是中国承担与发展阶段、应负责任和实际能力相称的国际义务。应对气候变化、控制温室气体排放将成为各级政府制定中长期发展战略和规划的重要依据。

第三，世界发展趋势和中国可持续发展内在要求。目前，世界各国都已意识到温室气体排放对人类带来的巨大灾难，纷纷采取措施开展温室气体减排行动，全球气候变化已经成为21世纪国际关系和国际政治主流议题之一。将单位GDP二氧化碳排放作为节能指标，表明中国以节能为主要手段积极应对气候变化的信心和决心，展示了中国负责任大国的国际形象，有利于提升中国的国际地位，有助于中国在二氧化碳排放等全球气候变化问题的谈判上与国际社会接轨。

第四，采用相对下降指标而不是绝对下降指标符合中国目前发展阶段的要求。中国目前处在经济转型关键时期，经济发展对能源依赖程度还比较高，未来二氧化碳排放绝对量增长是必然的。中国未来二氧化碳减排将经历三个历史性阶段：第一个阶段是单位二氧化碳排放强度下降阶段；第二个阶段是二氧化碳排放总量进入峰值区域阶段；第三个阶段是二氧化碳排放总量下降阶段。目前，中国处于第一个阶段，用单位GDP二氧化碳排放强度作为控制指标是合适的，符合经济发展情况。

设定二氧化碳排放强度作为中国节能工作指标存在以下难点和问题。

第一，二氧化碳排放测量和数据获得难度大。目前，能源消费统计体系尚未完善，与能源消费统计体系相比，二氧化碳排放统计体系要求覆盖范围更广，统计难度也更大。例如：除了要统计能源消费带来的二氧化碳排放以外，还要统计植树造林带来的“碳汇”、水泥工业生产过程中石灰石分解增加的二氧化碳排放等数据。此外，目前对二氧化碳排放也缺乏明确的计算方法，如不同煤炭品种、使用煤炭的不同方法该用何种二氧化碳排放因子来计算等。

第二，按地区和行业科学合理分解难度大。与单位GDP能耗分解工作类似，在分解过程中必须要考虑不同地区的经济发展水平、经济发展速度、经济结构、人口密度、二氧化碳减排责任和二氧化碳减排能力等诸多方面，需要一套比较完善、科学的方法论予以支撑。

第三，二氧化碳减排工作比节能工作涉及面更广。二氧化碳减排与能源节约紧密相关，这涉及经济发展速度、产业结构调整、消费方式引导和能源消费结构优化等诸多问题；二氧化碳减排也包括提高“碳汇”能力问题，如增加植树造林面积、提高土壤有机碳汇聚能力，防止沙漠化、荒漠化等；二氧化碳减排需要对特殊行业采取特殊方法，如水泥工业二氧化碳排放的控制等。

（5）二氧化碳排放总量指标。从应对全球气候变化的实际需求看，仅仅制定单位GDP二氧化碳排放下降目标，远不能满足全球温室气体排放总量控制和共同应对气候变化挑战的需求。二氧化碳排放总量指标对中国今后的节能工作会带来以下有利方面。

第一，顺应了全球应对气候变化的呼声。“巴厘路线图”要求发展中国家在可持续发展框架下采取“可测量、可报告、可核查”的国际减排行动。越来越多的发达国家制定了本国温室气体排放总量削减目标，把绝对量减排作为自我约束的重要指标。同时，向中国、印度等温室气体排放大国施压，要求承诺温室气体减排。以适当方法制定中国二氧化碳排放总量控制目标，可以顺应全球应对气候变化的呼声，缓解中国政府在国际上承受的减排压力。

第二，符合中国转变经济发展方式的客观需求。中国正处于工业化、城镇化加速发展的阶段，居民消费快速升级。如果照搬发达国家的工业化模式、延续美国的城镇化模式，那么中国的资源将不可承受，环境无法负担。二氧化碳排放总量控制目标不仅考虑到了温室气体排放和气候变化问题，而且有利于推动化石资源节约，推动低碳能源发展，推动发展方式转变，推动经济结构调整，推动创新能力提高。应把二氧化碳减排总量目标看作转变经济发展方式、调整经济结构的重要抓手。

第三，有利于加快能源结构调整。水电、风电、太阳能、地热和热泵等可再生能源发展很快，这些可再生能源和核能不排放二氧化碳。二氧化碳排放总量控制指标有利于促进可再生能源和核能以及新型低碳能源发展，有利于加快能源结构调整。从这一点上看，这一指标比单纯能源消费总量控制指标要更合理。

第四，可进行二氧化碳排放权的市场交易，充分发挥市场机制作用。直接对温室气体排放总量设定控制目标，有利于建立二氧化碳排放权交易制度。建立二氧化碳排放交易制度，将使企业能够通过减排温室气体获得经济回报，减排温室气体的动力更足。如果把二氧化碳排放总量控制目标分解到各个地区，则二氧化碳排放超过限额的地区就可以在降低本地区温室气体排放和购买外地区温室气体排放额之间做出最经济的决策，从而降低自身温室气体减排成本。将温室气体排放配额按行业分解，也能发挥类似激励作用。这种市场交易制度有利于推动技术、资金方面的优化配置，为降低全国二氧化碳排放发挥积极作用。

第五，兼顾了化石资源有限性问题。能源结构的变化需要经历一个较长的过程，发生比较显著的变化往往要20年甚至更长的时间。在能源结构变化相对较小的阶段内，二氧化碳减排的主要手段要依靠化石能源节约。由于目前能源价格是以化石能源为主，化石能源占全国能源消费总量90%以上，把二氧化碳排放总量作为宏观控制指标，很大程度上意味着对能源消费总量的控制，这有利于解决化石能源资源有限性的问题。

通过比较上述五类指标可知，单位GDP能耗下降率作为全社会节能指标，有利于保持节能工作的连贯性和一致性；节能量指标可以在地区和部门内使用；要提高二氧化碳排放统计技术，将单位GDP二氧化碳排放指标纳入国家经济社会发展规划。从长期看，在适当时期，中国有必要设置能源消费总量控制指标或二氧化碳排放总量控制指标。在“十三五”时期，可在部分地区或部分行业开展试点，国家对此应给予适当激励。

4.3.5 节能目标定量分析

选定节能指标后，重要的任务就是确定节能指标的定量目标。未来节能目标的确定，特别是2020年前中国节能目标的确定，必须要与2020年全面建成小康社会的宏观目标相衔接，与经济社会发展的重大规划目标相衔接。

4.3.5.1 确定节能指标的定量目标

中国经济社会发展有了单位GDP能耗下降和碳排放强度下降两个约束

性指标。中国能源消费结构以化石能源为主，化石能源消费是主要的碳排放源。尽管碳排放还包括其他方面，但本书仅研究关于化石能源消费所带来的碳排放，研究两个指标之间的逻辑关系，并建立这两个指标的数学分析模型。

2009年11月25日，国务院常务会议决定，到2020年中国单位国内生产总值二氧化碳排放比2005年下降40%～45%，作为约束性指标纳入“十二五”及其后的国民经济和社会发展中长期规划，并制定相应的国内统计、监测、考核办法。单位GDP二氧化碳排放强度下降目标是中国政府在全面考虑中国国情和发展阶段，社会经济和能源发展趋势，建设资源节约型、环境友好型社会的目标和任务，以及为应对全球气候变化做贡献基础上，经过反复研究论证制定的，设定碳排放强度下降目标体现了大国责任，符合可持续发展的内在要求。

第一，它体现了中国应对气候变化的积极努力。中国“十五”期间的GDP能源强度呈上升趋势，体现了重化工业阶段共有的规律，代表了中国到2020年工业化发展阶段正常发展的情景。随着节能减排和控制单位GDP二氧化碳排放强度目标的推进，节能减排和控制二氧化碳排放强度的边际成本将逐渐增大，因此将二氧化碳排放下降目标选择在40%～45%这个临界区域，对国内来说是可行的，从国际角度看也是合情合理的。

中国是发展中国家，与发达国家在历史责任、发展阶段上有根本区别，在应对气候变化领域承担不同义务。根据《联合国气候变化框架公约》（以下简称《气候公约》）及其《京都议定书》要求，按照“共同但有区别的责任”原则，发达国家要承担中期大幅度量化减排指标，发展中国家根据国情采取适当减缓行动。中国政府提出单位GDP二氧化碳排放强度的自主控制目标，体现了中国为应对气候变化做出的不懈努力和积极贡献，同时也符合《气候公约》中“共同但有区别的责任”原则。

中国政府提出的单位GDP二氧化碳排放下降目标，是与能源消费相关的二氧化碳排放，不包括森林“碳汇”、土地利用等其他活动产生的减排量。“十二五”期间通过大量淘汰落后产能，关闭小火电、小炼钢、小水泥等措施促进实现节能降耗的目标。但随着生产水平的提高和技术改造的深入，“关停并转”的困难将越来越大。同时，就业、社会公正和扶贫等因素将使得节能的社会压力增加。随着中国经济社会的转型，节能成本日益加大。

主要发达国家从1990—2005年，单位GDP二氧化碳排放仅下降了26%。根据目前发达国家所承诺的减排目标，若只考虑其与能源相关的二氧化碳的减排，折合成单位GDP二氧化碳排放下降目标测算，2005—2020年，其单位GDP的二氧化碳排放下降约为30%～40%，其中美国下降约32%。中国政府提出40%～45%的下降目标，既符合中国经济转型时期的经济发展特点，在国际社会上也站得住脚。单位GDP二氧化碳排放下降的幅度，反映了一个国家单位碳排放所创造的经济效益的改进程度，也反映了一个国家在可持续发展框架下应对气候变化的努力程度和效果。

第二，落实科学发展观，实现可持续发展的内在要求。中国正处于工业化、城镇化的快速发展阶段，为满足经济社会发展需求，能源消费和相应的二氧化碳排放需要合理增长。单位GDP二氧化碳排放下降是中国为应对气候变化采取的国内自主行动，是减缓温室气体排放的积极措施，反映了统筹协调经济发展与应对气候变化的关系。在发展过程中减缓二氧化碳排放增长，不断提高单位二氧化碳排放量的经济效益，是新形势下贯彻落实科学发展观，转变经济发展方式和提高经济增长质量的新内容，是中国经济社会可持续发展的内在要求。

改革开放以来，中国经济持续高速增长，能源消费量也随之持续增加。为了解决能源短缺问题，能源行业进行了一系列改革，解决了投资瓶颈问题，煤炭行业基本实现了市场化，电力行业实现了投资和运行的多元化，发电领域引入了竞争机制，石油天然气行业进行了企业改制上市，进入了国际竞争领域。能源行业的改革使中国能源供应能力大幅度提高，初步解决了能源供应短缺问题。

进入21世纪后，中国加入了世界贸易组织，中国经济也加快了融入经济全球化的进程，能源需求出现了超常增长，能源消费弹性系数从改革开放前20年平均0.4左右，上升到“十五”后期连续两年大于1（见图4-5、图4-6）。随着市场化改革的深入，中国能源供应增长受到需求拉动，能源和相关的建材、能源装备制造业等高耗能行业成为投资热点。2010年，中国能源消费量达到32.5亿吨标准煤，是2000年13.85亿吨标准煤的2.35倍，将原来设想的2020年的能源消费量提前了12年。

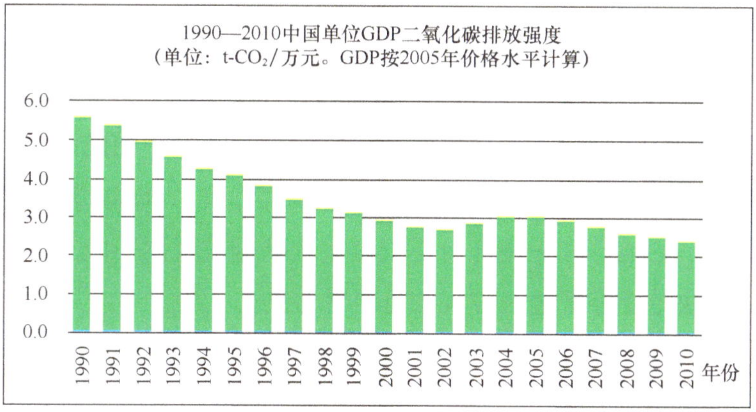

图4-5　1990—2010年中国单位GDP能源强度变化趋势

资料来源：历年《中国统计年鉴》。

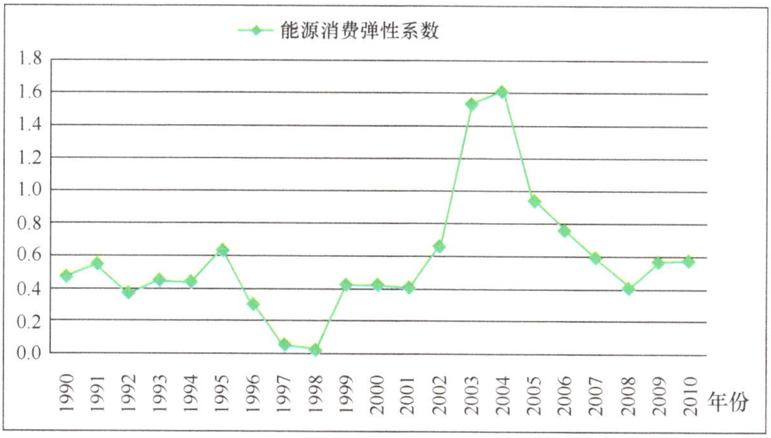

图4-6　1990—2010年中国能源消费弹性系数变化趋势

资料来源：历年《中国统计年鉴》。

中国能源消费中煤炭占了70%以上，而美国能源结构中煤炭占其一次能源总量的比重不到1/4，中国化石燃料燃烧的二氧化碳排放量已经超过美国成为全球最大排放国。如果能源消费维持目前每年2亿吨标准煤的增速，2020年将达到53亿吨标准煤。按最可行情况分析，扣除核电、可再生能源（水电、风电、太阳能和生物质能等）提供约7亿吨标准煤，石油和天然气提供约13亿吨标准煤的供应量外，剩余的供应缺口33亿吨标准煤（相当于47亿吨原煤）需要用煤炭来提供，已经远超出中国煤炭安全生产能力。

应对全球气候变化和控制温室气体排放，是未来中国能源发展的一个主要制约因素，低碳消费和低碳能源技术发展将成为全球性新技术革命的发展方向，节约能源和提高能效不仅是实现碳排放强度下降目标的重要途径，也是加快转变经济增长方式的重要着力点。

4.3.5.2　节能目标定量分析

引起气候变化的原因，既有自然因素，也有人为因素。在人为因素中，气候变化主要是由于工业革命以来人类活动引起的。特别是发达国家在过去工业化过程中大量燃烧化石燃料，排放大量二氧化碳等温室气体，是引起目前全球气候变化的主要原因。

温室气体一共有六种，包括二氧化碳（CO_2）、甲烷（CH_4）、氧化亚氮（N_2O）、氢氟碳化物（HFC）、全氟化碳（PFC）和六氟化硫（SF_6）。其中，二氧化碳的排放总量最大，在新增温室气体中的份额也最大，是温室气体减排的重点和难点。目前世界各国衡量温室气体排放，都折算成二氧化碳当量计算。

据中国政府2007年发布的《中国应对气候变化国家方案》，2004年，中国温室气体排放总量约为61亿吨二氧化碳当量（扣除“碳汇”后净排放量约为56亿吨二氧化碳当量），其中二氧化碳排放量约为50.7亿吨，占83.1%。

在能源消费排放的二氧化碳方面，缺乏官方发布的连续性统计数据。国际能源署（IEA）每年定期发布世界各国能源消费产生的二氧化碳排放量数据。据国际能源署统计，中国2004年能源消费排放的二氧化碳为47.3亿吨，到2007年迅速增长到60.3亿吨。2002年以后，中国能源消费带来的二氧化碳排放进入了快速增长期，2002—2007年年均增速达到13.0%，显著超过年均11.64%的同期经济发展增速。中国能源消费二氧化碳排放的快速增加与能源消费快速增长，特别是化石能源消费快速增长紧密相关。

为了简化起见，本书做出三项重要假设：第一，只考虑二氧化碳排放，不考虑甲烷（CH_4）等其他温室气体排放；第二，只考虑能源消费排放的二氧化碳，不考虑其他非能源领域（如水泥工业、畜牧业等）排放的二氧化碳；第三，不考虑植树造林等“碳汇”对二氧化碳排放的影响。这样假设使得研究能更集中在能源消费与二氧化碳排放的关系上。

对于研究框架，由于二氧化碳排放与能源消费量，特别是化石能源消费紧密相关，因此，碳排放强度控制指标与节能指标之间具有很强的内在关系。

如果经济增长速度为某一给定值，假定了2020年GDP能耗下降率，可以求得2020年一次能源消费量。假设2020年非化石能源比重占一次能源消费量的15%，并按照一定条件假设化石能源消费结构，可以分别求得2020年煤炭、石油、天然气分品种的能源消费量。三种化石能源消费分别再乘以相关的二氧化碳排放因子，可以求得2020年化石能源消费排放的二氧化碳量。由于非化石能源不排放二氧化碳，则2020年一次能源消费排放的二氧化碳量即为化石能源消费排放的二氧化碳量。同时，在给定的经济增长速度下，按照2020年碳排放强度控制目标要求，可以计算得到2020年二氧化碳排放控制目标。如果通过能源消耗和排放因子测算得到的二氧化碳排放量不等于2020年二氧化碳排放控制目标，则可以调整最初假定的2020年单位GDP能耗下降率，直到满足排放控制要求。

从动态变化趋势上看，在给定经济增长速度的条件下，如果提高2020年单位GDP能耗下降目标，则2020年能源消费量会减少，若保持非化石能源比重15%不变，则化石能源消费和非化石能源消费都会下降，二氧化碳排放总量也会下降，单位GDP二氧化碳排放下降率会提高。因此，节能目标与碳排放强度控制目标的变化方向是一致的。

建立碳排放强度控制目标影响因素分析模型。单位GDP二氧化碳排放量就是GDP的二氧化碳排放强度，从计算公式（4–20）看，分子P是二氧化碳排放量，分母是GDP，因此单位GDP二氧化碳排放强度p是一个相对指标，其变化趋势取决于二氧化碳排放量与GDP的相对变化速率。

按照能源利用活动是否排放二氧化碳，能源利用区分为排放二氧化碳的化石燃料利用和不排放二氧化碳的非化石能源利用两类。其中，化石能源包括煤炭、石油和天然气，非化石能源包括可再生能源（水能、风能、生物质能和太阳能等）和核能。化石燃料燃烧是中国二氧化碳排放的最主要来源。中国目前提出的碳排放强度下降目标反映出的政策导向信号非常强烈，就是要降低单位增加值的能源消耗强度和二氧化碳排放强度，以此促进经济增长质量的提高。

假设单位GDP能源强度为e：

$$e = \frac{E}{\mathrm{GDP}} \tag{4-19}$$

其中，E为一次能源消费量，GDP为国内生产总值。

单位GDP二氧化碳排放强度为p：

$$p = \frac{P}{\mathrm{GDP}} \tag{4-20}$$

其中，P为二氧化碳排放总量。

单位能源消费量的二氧化碳排放强度为f：

$$f = \frac{P}{E} = \frac{p}{e} \tag{4-21}$$

则二氧化碳减排量 ΔP 为：

$$\begin{aligned}
\Delta P &= \left(p_0 - p_t\right)\mathrm{GDP}_t \\
&= \left(f_0 e_0 - f_t e_t\right)\mathrm{GDP}_t \\
&= \left(f_0 e_0 - f_0 e_t + f_0 e_t - f_t e_t\right)\mathrm{GDP}_t \\
&= f_0\left(e_0 - e_t\right)\mathrm{GDP}_t + \left(f_0 - f_t\right)e_t\,\mathrm{GDP}_t \\
&= f_0 \Delta E + \left(f_0 - f_t\right)E_t
\end{aligned}$$

即有： $$\Delta P = f_0 \Delta E + (f_0 - f_t) E_t \quad (4\text{–}22)$$

其中，下标0表示基准年，下标t表示目标年，ΔE为目标期内的节能量，$\Delta E = (e_0 - e_t)\,\mathrm{GDP}_t$，$E_t$为目标年的能源消费量。

公式（4–22）表明：

目标期二氧化碳排放量=f_0×目标期节能量+（f_0–f_t）×目标年能源消费量

公式（4–20）说明二氧化碳减排量来自两部分。

第一部分来源于单位GDP能耗下降。从公式（4–22）得到，提高能效对二氧化碳减排的贡献，等于目标年的节能量乘以基准年的单位能源的二氧化碳排放量。单位GDP能耗下降的内涵，就是通过结构节能、技术节能和管理节能在内的广义节能来提高经济系统的能源利用效率，反映了结构调整和转变增长方式对提高经济系统整体能源利用效率的作用。

第二部分来源于能源结构变化调整。从公式（4–22）得到，能源结构优化对二氧化碳减排的贡献，等于目标年的能源消费总量与基准年和目标年的单位能源消费量的二氧化碳排放强度之差的乘积。能源结构优化对二氧化碳减排的贡献反映了非化石能源在一次能源总量中的比重增加对二氧化碳减排的贡献，当然其中也包括不同化石能源品种结构变化可能带来二氧化碳减排（或增排）效果。与煤炭相比，石油和天然气是较清洁和较低碳排放的化石能源。在提供同等能源量的条件下，石油和天然气排放的二氧化碳分别比煤炭低21%和40%。煤炭在中国一次能源消费结构中的比重多年来徘徊在70%左右，石油比重在20%左右波动，天然气比重略有上升，非化石燃料比重稳步提高。因此，对降低碳排放强度而言，非化石燃料比重增加是中国一次能源消费结构优化的重要方面。

碳排放强度目标与节能目标关系实证分析。上述研究得出了模型中变量之间的关系及变量的影响因素，为了更好地研究模型中由单个或多个变量引起的数量关系，本书采用maple软件对这些关系进行编程，对变量的关系和变化进行模拟，并用可视化图形表达这些变量之间的关系。

由上述研究可知，“十一五”“十二五”“十三五”单位GDP能耗下降率目标与2005—2020年单位GDP能耗下降总目标的关系式为：

$$B = 1-(1-a)\times(1-b)\times(1-c)$$

对上述变量关系用maple软件进行编程处理，并设定“十一五”期间节能目标的参数a=0.191；可得到三维关系图，见图4–7。

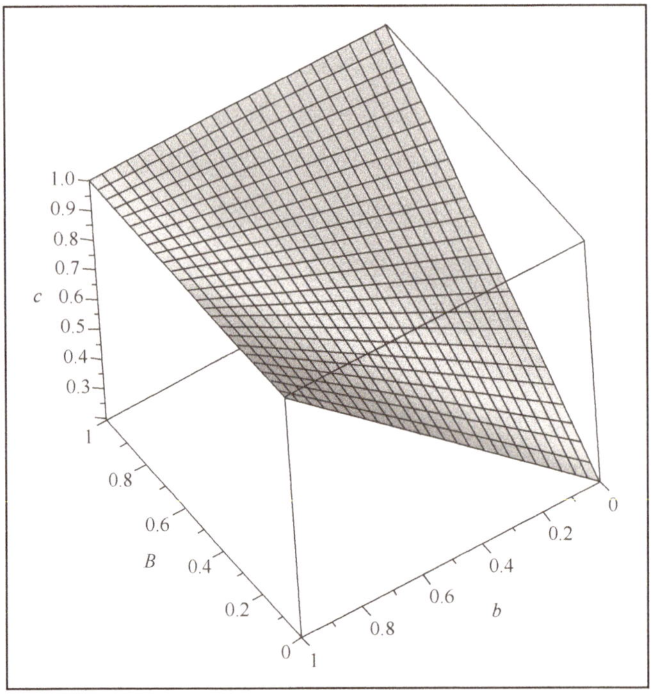

图4–7 “十二五”“十三五”与节能总目标关系图

碳排放下降强度与节能目标关系实证分析。经上述研究，得到碳排放强度与节能目标及非化石能源比例之间的模型关系为：

$$B = 1-(1-A)\frac{(1-s_0)\times f_{NF,0}}{(1-s_t)\times f_{NF,t}}$$

可以看出，单位GDP二氧化碳排放下降目标（即变量A）与三个因素直接相关。第一是单位GDP能源消费下降目标（即变量B）。这一变量反映了节能对二氧化碳减排的影响。单位GDP能耗的下降幅度越大，单位GDP二氧化碳排放下降的幅度就越大。第二是非化石能源比重（即变量

s_0和s_t）。这一变量反映了能源消费结构中非化石能源比重提高对二氧化碳减排的影响。2020年化石能源的比重越高，单位GDP二氧化碳排放下降的幅度越大。第三是单位化石能源二氧化碳排放因子（即变量$f_{NF,0}$和$f_{NF,t}$）。这一数值反映了能源消费中化石能源结构的变化。化石能源中天然气、石油的比例越高，单位化石能源的二氧化碳排放因子越小，单位GDP二氧化碳排放下降的幅度越大。

对上述关系用maple软件编程处理得到图4-8。

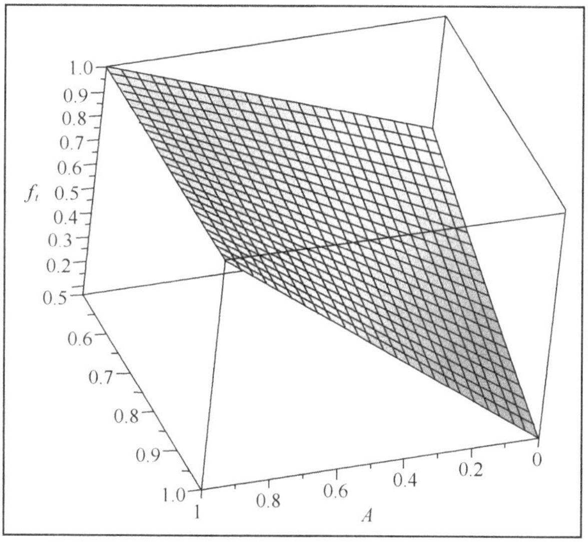

图4-8　节能目标、碳排放强度与碳排放系数图

测算所做的假设包括：2011—2020年年经济增长速度为8%，"十一五"期间单位GDP能耗下降20%，"十二五""十三五"期间节能目标初步假设为15%和12%；2020年非化石能源占一次能源消费的比重为15%，煤油气消费的比例与2005年保持不变。

根据模型测算得到：

第一，在45%碳排放强度控制目标下，2020年单位GDP能源强度下降39.9%，相当于"十二五"期间下降15%，"十三五"期间下降11.6%。2020年时能源消费量达到51.2亿吨标准煤。

第二，在40%碳排放强度控制目标下，2020年单位GDP能源强度下降34.4%，相当于“十二五”期间下降12%，“十三五”期间下降6.9%。2020年时能源消费量达到55.8亿吨标准煤。

4.4 管理创新

节能目标的完成是一项复杂的系统工程，不仅是技术问题，更是社会和经济问题。节能目标管理体系是一个国家、地区、部门或企业节能目标管理组织系统及其管理范围。节能目标管理体系的主要任务是为了有力地组织、推动节能工作。节能目标管理体系中涉及的利益主体众多，由于政治、社会或经济利益不同，这些节能利益主体之间既存在一定冲突和矛盾，又彼此影响和依赖。完善的目标管理体系能够协调和规范利益主体的关系和行为，对节能目标的完成将发挥重要作用。

采用利益相关者理论分析方法，通过专家问卷调查，建立节能目标管理系统模型，利用OPN分析节能目标的实现与利益相关者之间的关系，对当前节能目标管理体系进行评价和优化。

4.4.1 主要利益相关者分析

研究中国经济转型时期的节能目标管理，必须明确中国节能目标管理系统中的主要利益相关者，通过研究节能目标完成过程中利益相关者之间的相互关系，找出节能目标管理系统中的不足，从而加以优化。

行政、法律和经济手段是宏观调控体系中广泛采用的调控手段，节能目标管理也不例外。当前，中国正处于经济转型关键时期，经济改革还在进行中，与节能目标管理有关的法律体系还不完善，政治改革严重滞后，这样的节能目标管理系统决定了中央政府主要靠行政手段对节能事务进行宏观管理和调控。

中国节能工作正处于从政府推动向市场主导转型的过程中，节能手段也在从行政手段向市场手段的转型过程中，但现阶段和今后一段时期，由政府主导的行政手段仍将是实现节能目标的重要手段。在中国经济转型时期，节能目标管理系统中的利益相关者在不断发生变化，利益相关者之间的关系也在不断地调整，节能目标管理系统需要不断适应这些变化，才能更好地推动节能工作的开展。

另外，行政手段在调控节能工作中有双重特性，对决策者执政能力提出了更高要求。一方面，行政手段体现出直接性、快速性和强制性等特点，适应了当前节能事务发展的动态性，有利于在较短时期内产生显著节能效果；但另一方面，当决策者对局部、短期利益与全局、长期利益之间存在的矛盾缺乏充分认识时，行政手段实施则容易产生急功近利现象。

随着对利益相关者理论研究和实证研究的不断深入，利益相关者的概念在商业管理领域已经得到了普遍认可，利益相关者分析方法对于理解利益相关各方行为以及在企业活动中发挥作用有很大帮助。利益相关者理论使得企业更加注重树立社会效益最大化的可持续发展的战略理念，将利益相关者的利益和环境纳入企业战略措施制定之中。

4.4.1.1　节能目标利益相关者分析

20世纪七八十年代，利益相关者分析从管理领域引入政策分析制定中。利益相关者概念的内涵再一次被扩大，定义中的研究对象也随即从企业扩大到组织，接着扩大到了“政府”，利益相关者分析方法的应用领域也有了大范围拓展。

在政策研究领域的早期，权利的分配和利益集团在政策决策过程中的作用是利益相关者分析所关注的重点。但直到今天，学术界对于公共政策制定模型中理性选择问题的研究还未系统地进行论述，“理性政策制定模型”的应用还有很大的局限性。所以，近十年来越来越多的人开始关注利益相关者及其利益索取在政策制定和政策执行过程中的重要性。

利益相关者分析是一种开放性分析方法，不只是一个孤立的分析工具，而是吸收和囊括了一系列的研究方法。在研究方法上可以分为：解释企业及管理者是如何行动的描述性方法；说明如果企业及其管理者采取某一方式或措施出现的后果的工具性方法；指出应该怎么做的规范性方法。

在中国经济转型过程中，节约能源是一个很重要的抓手，将利益相关者理论应用于中国节能政策的研究是一个非常有前景和意义的研究方向。中国已有学者开展了这一方面的尝试。杨文培对中国节能利益相关者在合法性（legitimacy）、权力性（power）和紧急性（urgency）三个维度上的重要性进行了比较，并以此确定了不同利益相关者综合重要性的排序（杨文培，2003）。杨杰利用利益相关者分析方法对中国建筑节能领域进行了研究，认为在建筑节能管理领域应采用政府、市场、第三方“三方合动”的管理模式（杨杰，2006）。蔡敬飞等采用利益相关者分析方法对节能事业中的节能核心利益相关者的行为与态度进行了实证分析（蔡敬飞，2009）；吴琦等人也用类似方法对中国节能领域的利益相关者进行了相关研究。

中国在节能领域进行利益相关者分析的研究还刚刚起步，存在许多缺陷和不足。

首先，对节能利益相关者之间的错综复杂关系还没有很好理顺。如杨文培、杨杰、蔡敬飞都是根据美国学者米切尔的分类方法，将中国节能利益相关者依据合法性、权力性和紧急性进行了分类，并确定了不同利益相关者。但节能是一项复杂的系统工程，在节能实践中各利益相关者之间并不是没有联系的，而是存在着不同种类的、直接的或间接的关系，仅靠米切尔的理论和方法并不能很好地描述利益相关者的关系。

其次，对于利益相关者的研究并没有形成一个完善的整体框架，国内外学者的研究都是从利益相关者理论的一个方面加以归纳，缺少一个科学、规范、系统、开放的理论框架。从认识理解利益相关者之间关系，到如何搜集数据和信息，如何把信息和数据量化，如何建立分析模型，采用何种理论作为分析基础，以及对分析结果的验证等，都是在节能领域进行领域相关者分析所必须面对的挑战。

4.4.1.2　价值流网络利益相关者分析法

在研究方法上，本书力求规范性分析和实证性分析并重，以实际调查所得到的第一手资料分析中国节能领域利益相关者之间的关系，为完善和优化中国节能管理体系做出努力。区别于传统的利益相关者分析方法，本书主要采用价值流网络方法来分析节能利益相关者之间的关系（简称价值流网络利益相关者分析法），即从整个系统的角度来理解，通过分析价值流网络中价值流动来分析利益相关者之间错综复杂的关系。在中国经济转型时期，从节能管理体系的角度探讨中国政府推动节能工作过程中，哪些组织或团体是推动节能工作的利益相关者，以及这些利益相关者之间的关系，利益相关者发挥的作用如何。

价值流网络分析方法最早应用于分析美国宇航局（National Aeronauticsand Space Administration，NASA）探索计划项目可持续发展的环境、美国宇航局地球观测计划项目、欧洲航天局（European Space Agency，ESA）和BP公司的相关项目。价值流网络分析方法建立了一种理解利益传递过程的分析框架，并通过这种途径实现各利益相关者收益最大化。价值流分析方法也被国内学者应用到相关研究领域，蒋文浩研究了精益生产中的价值流管理，"价值流团队"对产品从供应商到顾客整个过程进行管理，实现对运作过程系统而有效的控制，从而提高满足顾客需求的能力及反应速度。

与传统利益相关者方法相比，价值流网络分析方法的一个突出特点是网络化，通过发展系统代数和物理网络模型，基于价值传递网络对利益相关者进行分析与评价。这种分析方法不仅能分析单个利益相关者的影响力或者其他特征，也能研究各利益相关者在一定的价值传递中所发挥的作用。

现阶段中国节能工作的开展和推动，是在中国经济正处于转型阶段的社会大背景下进行的，其过程不仅受到直接参与活动的各利益相关者的影响，更与广大民众的长远利益、政府部门的态度取向等社会和政治因素有紧密关联。进行节能目标管理研究，要研究如何促进节能收益在各利益相关者之间的合理分配，只有这样才能充分调动各利益相关者的积极性，保持各方持续地向推动节能工作投入充足的资源，并最终实现节能活动的可持续发展和中国经济的转型。因此，对节能活动进行利益相关者分析，研究节能活动的价值流动和利益分配具有重大意义。

4.4.2 节能目标管理的研究框架

本书搭建了中国转型时期节能目标管理系统节能利益相关者研究框架（见图4-9），研究过程分为四个步骤：建模、量化、搜索和分析。第一步建模，通过文献调研、利益相关者访谈、绘制利益相关者之间的逻辑关系图，确定利益相关者的角色、目标和需求；第二步量化，通过利益相关者调查问卷对价值流的特征和重要性进行分析量化；第三步搜索，通过对象—过程网络（Object Process Network，OPN）或者矩阵乘法算法（Matrix Multiplication）对利益相关者价值流进行分析；第四步分析，通过各利益相关者的价值流对各利益相关者在节能管理体系中的地位和作用进行分析。

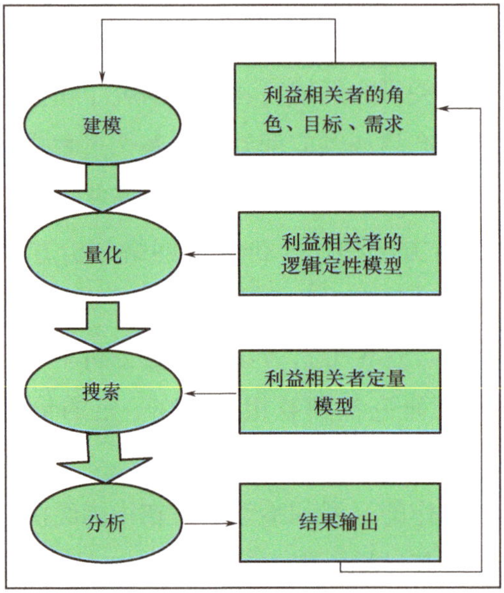

图4-9　节能目标管理利益相关者分析框架图

4.4.2.1　建立模型

通过对涉及中国节能目标管理系统中各利益相关者政策、战略、报告、评论和新闻等文献进行研究，确定节能目标管理系统中利益相关者的初步名单。然后通过对名单上利益相关者进行研究，进一步筛选主要利益相关者，并确定他们之间的价值流动。节能目标管理系统中利益相关者原则是通过研究的中心问题、利益相关者和利益相关者之间关系三方面的相互关联来确定的。为了降低模型复杂度，对于相近或有从属关系的利益相关者，在分析中可以合并成一个整体。

节能目标管理系统利益相关者分析需要描述每一个利益相关者角色定位。利益相关者目标是由它的角色定位决定的，进而衍生出它对其他利益相关者的需求。在确定了每一个利益相关者具体需求后，就可以通过价值流动确定利益相关者之间的逻辑关系，从价值提供方流向价值需求方。最后把利益相关者和它们之间错综复杂的关系绘制成利益相关者价值流网络，这就形成了该方法的定性模型。

4.4.2.2 量化

节能目标管理利益相关者分析的核心是利益相关者在整个关系网络中的地位和重要性是通过对利益相关者之间关系（或称“价值流”）进行分析的。因此，除定性网络模型外，还需对不同价值流及其构成网络做定量分析。

节能目标管理利益相关者分析方法，先将价值流权重定义为需求方主观效用（Perceived Utility），然后通过利益相关者专家问卷调查对价值流特征和重要性进行评分，最后运用多属性效用理论（Multi-attribute Utility Theory）将利益相关者在特征和重要性两个维度上的分值合成一个总权重（介于0~1）。在对所有价值流进行量化之后，利用乘法原则计算由多条价值流所构成的价值流途径（包括单向流和回路）权重：价值流的途径权重等于途径上所有价值流权重的乘积。乘法原则（以及权重小于1）保证了价值流较长途径一般会具有较小权重，这是对现实中利益相关者价值传递的一种合理近似，反映了在现实中较长途径价值流相对于短途径价值流更难于管理。

4.4.2.3 搜索

节能管理体系定量模型是通过量化的价值流以及价值流传递乘法原则构成的。首先要了解利益相关者之间所有可能价值流途径，才能系统地评价利益相关者之间直接和间接关系对利益相关者在整个网络中地位和重要性的影响。对象—过程网络或者矩阵乘法算法都能实现这一目的，本书采用对象—过程网络进行搜索。对象—过程网络是由麻省理工学院研究团队开发的基于可执行元语言的图形化软件平台，适用于大型、复杂系统结构的设计、仿真和分析。

4.4.2.4　分析

在运用对象—过程网络或者矩阵乘法算法得到任意两个利益相关者之间所有可能的价值流途径后，节能目标管理利益相关者在社会网络分析基础上，将这些统计量物理意义和不同利益相关者在网络中的地位和重要性关联起来。

4.4.3　节能目标的管理体系

节能目标管理系统是一个复杂的系统，涉及的内容较多。本书受写作时间、资金、信息资料等方面的限制，在确保整个分析框架及步骤完整性的前提下，对节能管理体系利益相关者进行了简化和分类，简化了前期调查研究和对问卷调查过程实施步骤的描述。下面尝试运用以上建立的节能目标管理利益相关者分析框架，分析中国经济转型时期节能目标管理利益相关者的价值流网络，希望能为该领域进行先导性的探索研究。

4.4.3.1　节能目标管理体系建模

节能是一个系统工程，涉及经济社会各方面行为，不仅影响利益相关的社会群体，同样要利益相关各方面群体支持。本章所涉及的节能目标管理利益相关者研究对象，就是经抽象和适度简化后的节能目标利益相关者构成的集合。根据中国现阶段经济转型时期节能目标管理特点和节能目标管理系统利益相关者筛选原则，确定了一级节能目标管理利益相关者集合和二级节能目标管理利益相关者集合。一级节能目标管理利益相关者集合包括节能目标、节能管理机构、市场手段、节能方式、能源消费企业、法律法规与宣传教育、统计监测体系、节能目标管理体系和节能行动与工程。这些都是节能目标管理系统的重要利益相关者。节能工作的推进需要这些利益相关者协作完成，节能事业推进也会影响到这些利益相关者的利益，因此决定了研究对象的系统边界。在此基础上，对系统边界内每一个节能利益相关者的角色定位进行描述，并进一步将它们映射成不同种类的价值流。

（1）节能目标。只有设定了国家量化节能目标，政府才能把节能工作分解到各个行为主体，然后通过对各个行为主体的节能工作成绩进行评价考核，调动各节能利益相关者的力量共同努力，切实推动节能工作。如果没有定量节能目标，节能责任就不可能分解，节能工作和任务也就无法落实。但目前单位GDP能耗下降目标还有很多不足，不能很好地适应今后节能工作的需要。为此，问卷中节能目标设计包括单位GDP能耗下降目标、单位产品能耗下降目标、能源消耗总量目标、地方GDP能耗下降目标、重点用能企业节能目标和行业节能目标。除了这些节能目标外，该一级指标内还包括了政府、居民、企业、媒体、非政府组织和节能管理措施等节能利益相关者。

（2）节能管理机构。中国经济转型节能工作的特点是依靠政府推动、利用行政手段节能，因此，中国节能管理机构承担较重的压力。节能管理机构的节能管理体系的一级指标包括：中国节能减排的最高领导机构国务院节能减排领导小组，中国节能的执行领导机构国家发展与改革委员会资源节约和环境保护司以及工业和信息化部能源节约和综合利用司等其他部委节能管理机构，省级地方节能部门、县级地方节能部门、行业协会等。

（3）市场手段。在计划经济时期，政府主要靠行政手段节能。随着经济体制逐步向市场经济转变，中国政府开始重视解决节能手段问题。目前市场节能发挥的作用有限，但市场手段节能是未来的发展趋势，节能市场机制建立和完善对中国节能工作的开展将发挥重要作用。本书定义的市场手段包括价格机制、中国金融机构、合同能源管理、电力需求侧管理、生产性服务业、节能环保产业、能源消费企业、节能服务企业、中国政府节能管理部门和地方政府节能管理部门。

（4）节能方式。节能方式即中国节能工作通过何种方式和途径进行推动。简单来讲，节能方式就是节能手段。从大的方面说，节能方式包括经济手段、行政手段、法律手段三种；从小的方面看，产业结构调整、宣传教育手段、节能技术创新、节能技术推广、节能自愿协议、节能工程与行动、财政补贴与税收、绿色低碳生活方式等都能对节能工作起到促进作用。

（5）能源消费型企业。能源消费型企业指的是用能企业，尤其是节约能源法中规定的年能源消耗大于1万吨标准煤的重点用能企业。建立企业能源管理中心、配备专职能源管理人员、企业自我节能意识提高、价格机制完善、财政补贴与税收、行政命令都能对用能企业开展节能施加影响。另外，节能服务产业的发展程度对用能企业节能也有很大影响。

（6）法律法规与宣传教育。中国目前节能管理领域法规体系还很不完善，必须借鉴发达国家节能经验、尊重市场机制，重视节能法规的制定、修订和实施，使节能政策对节能产业的制度保障具有前瞻性、综合性和战略性。中国现有的建立在各级政府之下的节能信息机构虽然在信息传播方面发挥了一定作用，但总的来说，在节能信息传播对象的选择、信息质量、传播渠道等方面还有较大的缺陷和不足。要通过更好地完善法律法规体系、提高宣传教育质量，落实资源节约基本国策，促进国民意识转型。通过媒体、民众、行业协会、研究和教育等利益相关者的投入，推动中国节能管理体系更好地发挥作用。

（7）统计监测体系。20世纪80年代，中国建立了重点工业、交通运输企业能源统计报表制度，冶金、建材、化工等主要耗能行业都有各自的能源统计系统。但随着政府机构多次改革和调整职能，原国务院各部门的节能管理机构大多取消，工业能源统计渠道不畅，统计口径也存在很大差别。企业层面的能源统计制度不健全，企业报送数据可靠性、科学性、合理性都比较差。要发挥国家节能中心和地方节能及检察机构的作用，就要加强节能统计、节能审计、节能监测，建立重点用能企业能源质保系统。

（8）节能目标管理体系。节能目标管理体系对节能目标的完成和节能工作的推动发挥着重要作用，节能目标体系中的利益相关者在“十三五”节能目标完成过程中发挥的作用如何，未来将会发挥什么样的作用，是节能目标管理体系非常重要的内容。

（9）节能行动与工程。中国政府制定全社会节能目标后，为了实现目标和推动节能工作开展，在全国范围内开展了十大节能工程、淘汰落后产能、千家企业行动、绿色照明行动等。

4.4.3.2　节能目标管理体系量化

为深入和准确分析节能利益相关者价值网络特性，量化处理是构建定性模型的先决条件。本书使用的量化方法，其基本思想源于一种用于理解消费者如何评价其购买商品和服务的KANO方法，价值流特征和价值流来源特征评分标准设计也都基于KANO方法。该方法将顾客需求定义为三个层次：基本型需求、期望型需求和兴奋型需求（见图4–10）。

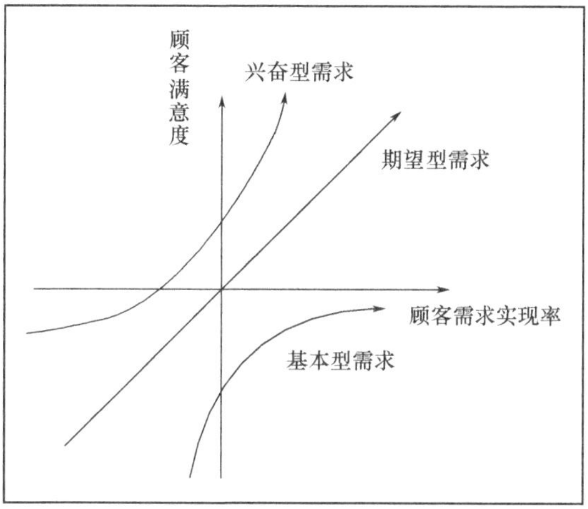

图4–10　KANO方法对需求的分类示意图

（1）基本型需求：当满足顾客需求时，顾客充其量是满意；当不能满足顾客需求时，顾客很不满意。以汽车为例，汽车的刹车，满足这一需求被消费者定义为必需条件，因此当这一需求被满足时，不会给消费者带来太多满足感；而一旦这一需求未得到满足，消费者不满程度将极为强烈。

（2）期望型需求：要求提供的产品或服务比较优秀，但并不是必需的。当顾客这类需求得到满足时，顾客的满意度会显著增加；当顾客这类需求得不到满足或表现不好的话，顾客的不满也会显著增加。如汽车燃油的经济性，燃油经济性越高，消费者得到的满足感越大；相反，燃油经济性越差，消费者的不满或遗憾也越强烈。

（3）兴奋型需求：需求稍微满足后，顾客的满意度便急剧提高，即使是得不到满足，顾客也往往不会不满。如汽车天窗，当这一需求被满足时，大多数消费者会感到欣喜；但当这一需求未被满足时，大多数消费者也不会感到过多的遗憾。

采用该方法对以上定性模型进行量化，即是指以调查问卷形式，让各节能利益相关者代表对其接受价值流的两项基本属性进行评分，首先是价值流的重要性，其次是价值流来源的重要性，每个指标评分分为5个等级。调查问卷评分标准采用图4-11作为评分数值转换表。为了更好地研究节能管理体系的优化问题，问卷设计中加入了对各级指标未来的感受，和对未来价值重要性的判断。

		满足（遗憾）评分				
		A=0.11	B=0.19	C=0.33	D=0.57	E=0.98
价值流来源的重要性评分	1=0.11	0.01	0.02	0.04	0.06	0.11
	2=0.33	0.04	0.06	0.11	0.19	0.32
	3=0.35	0.06	0.10	0.18	0.31	0.54
	4=0.78	0.09	0.15	0.26	0.44	0.76
	5=0.98	0.11	0.19	0.32	0.56	0.96

图4-11　调查问卷访谈记录评分数值转换对照表

需要说明，由于研究的专业性比较强，受资源、时间所限制，仅从从事节能领域工作和研究节能问题专家中选取一些代表参加调查问卷填写，核心目的在于从利益相关者角度阐明节能管理体系对当前节能工作的适用性和今后改进的方向。

4.4.3.3 问卷的设计与样本情况

（1）问卷的设计。节能目标管理利益相关者调查问卷的设计征询了国家发展与改革委员会能源研究所，工业和信息化部节能与综合利用司，工业和信息化部电子信息产业研究院工业节能与环保研究所，冶金工业规划研究院，中国节能环保集团以及钢铁、建材等行业协会，北京工业大学等单位的有关节能方面专家学者的意见，最终形成调查问卷。

（2）问卷内容包括：节能目标、节能管理机构、市场手段、节能方式、能源消费企业、法律法规与宣传教育、统计监测体系、节能目标管理体系、节能行动与工程九个一级指标；单位GDP能耗下降目标、政府、居民、企业、行业协会、媒体和节能问责制等73个二级指标。由于同一个二级指标可能对应多个一级指标，因此，这些二级指标会有交叉，这也正是采用价值流网络分析方法的原因。另外，问卷还设计了对现阶段这些利益相关者发挥作用程度和未来将会发挥作用程度的打分。

（3）调查对象的选择。因为对节能目标管理调查问卷的填写需要对中国节能管理方面有一定的专业知识，对这些指标有一定了解，所以问卷调查对象范围限定在中国节能管理方面的专家、学者、政府工作人员等。调查对象除了上述单位外，还包括了地方节能管理人员、企业节能方面的负责人、工业领域及行业协会等。

调查方式采用发送纸质问卷、用电子邮件发送电子版问卷和对相关专家进行访谈调查三种方式。本次关于节能目标管理利益相关者的调查，共发出问卷106份，实际有效问卷95份。调查数据经过整理后用对象—过程网络软件进行处理分析。

4.4.4 节能目标的评价模型

本书采取可视化的对象—过程网络软件，根据利益相关者之间的价值流途径、节能目标利益相关者之间直接和间接的关系、节能目标利益相关者在节能目标管理系统中的地位，建立节能目标利益相关者在节能目标管理系统的价值流动的界面模型。对象—过程网络软件不但能分析节能目标利益相关者向节能目标管理系统的价值流，还能很方便地分析利益相关者之间的价值流。通过对节能目标管理利益相关者调查问卷数据的搜集整理，以及对模型进行录入分析，可得到以下结果。

4.4.4.1　利益相关者重要性分析

从图4–12“现阶段利益相关者排序”，可以看到现阶段推动中国节能工作最主要的几个方面是节能管理机构（主要指的是政府节能领导和主管部门）、节能目标（约束性节能指标）和市场机制，而法律法规与宣传教育等发挥的作用都很有限。

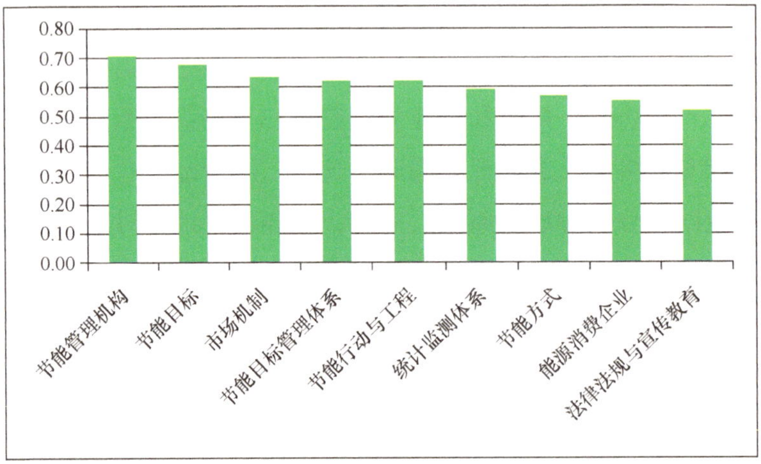

图4–12　现阶段利益相关者重要性排序

图4–13显示中国节能管理体系中未来利益相关者重要性排序，可以看

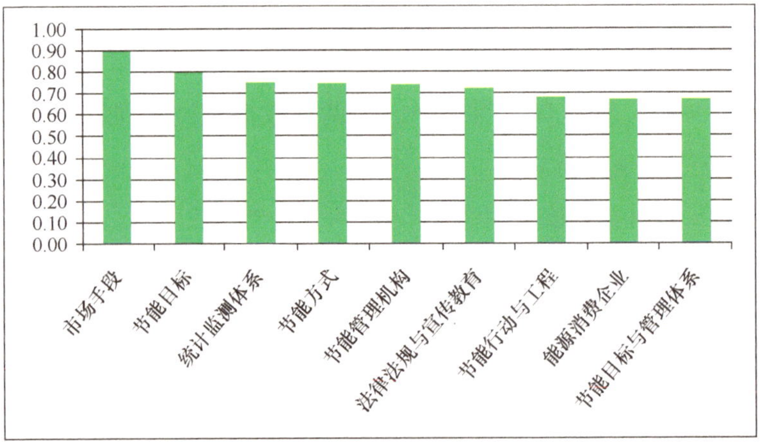

图4–13　未来利益相关者重要性排序

出未来对中国节能工作发挥决定性作用的是市场机制，节能目标也仍将起重要作用，再次是统计监测体系。

4.4.4.2　价值流来源重要性分析

从图4-14可以看出，企业、节能技术创新、节能一票否决制、国务院节能减排领导小组、节能技术推广、重点用能企业节能目标、节能领导部门、财政补贴与税收、单位产品能耗下降指标和价格机制在节能减排中发挥着重大作用。

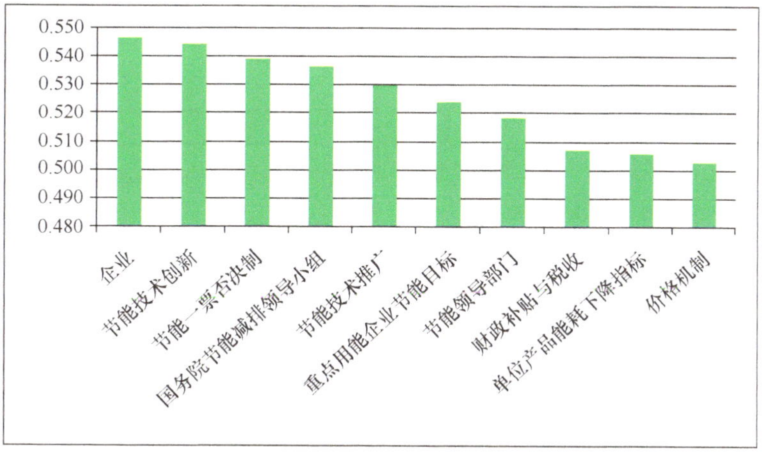

图4-14　现阶段二级指标重要性排序前10名

企业是节能主体，图4-14的前10项排序中与企业直接相关的占了5项。国家推广的十大节能工程、千家企业行动、节能技术推广、重点企业节能目标、产品单耗下降目标都是与企业直接相关。另一个占重要地位的是政府，图4-14的前10项排序中与政府直接相关的占了4项。如国务院节能减排领导小组、国家发展与改革委员会，都是节能的政府领导和主管机构；节能一票否决制体现了国家关于节能管理的力度，财政补贴与税收是政府推动节能的主要措施。图4-14中的排序符合现阶段中国节能依靠政府推动、以企业为主体的特点。

从图4-15可以看出，现阶段二级指标在节能目标实现中发挥作用的后10项，分别是国民节能意识转型、企业自我节能意识、节能服务企业、行业协会、节能领跑者行动、中国金融机构、非政府组织、研究与教育机构、中国民众、中国媒体。这些指标得分较低，也恰恰证明了中国依靠政府推动节能的特点。金融、教育、媒体、行业协会和非政府组织等市场中介组织发挥的作用有限，企业、民众的节能意识也比较低，节能服务企业、金融机构得分较低，说明市场节能发挥的作用很有限。

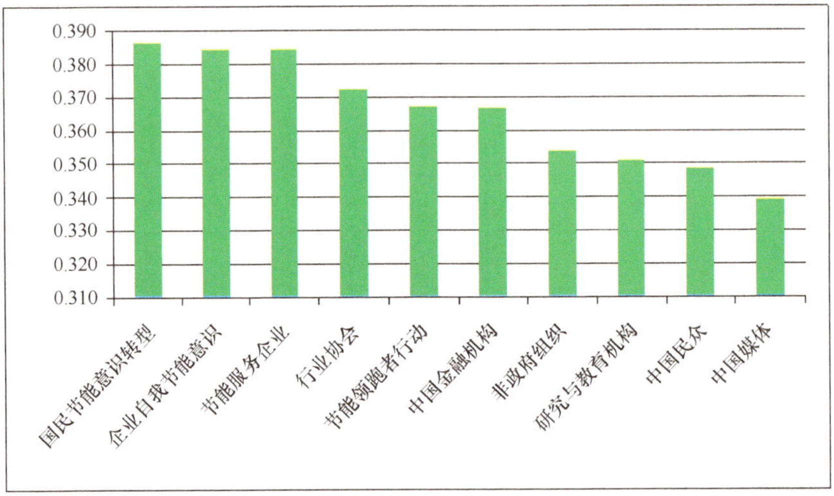

图4-15　现阶段二级指标重要性排序后10名

从图4-16可知，未来节能具体措施应该是软性的，比如通过宣传教育、倡导绿色低碳生活方式、促进国民节能意识，再有就是加大生产性服务业发展和地方政府的节能管理。

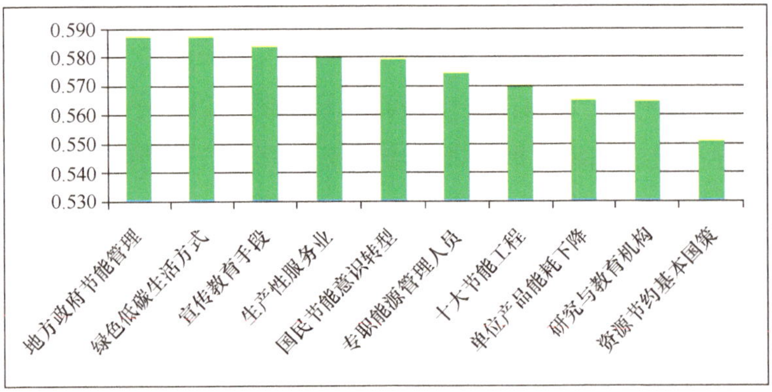

图4-16　未来二级指标重要性排序前10项

未来二级指标的重要性与现阶段这些指标发挥作用程度的差距，表明这些指标是亟待大力发展的地方；指标未来值与现在值的差距越大，越说明应着力发展。从图4-17可以看出，排在前三位的是节能环保产业、节能统计和价格机制，这说明未来的节能工作应重点发展节能环保产业，完善节能统计、能源定价体系，发挥价格机制的作用。

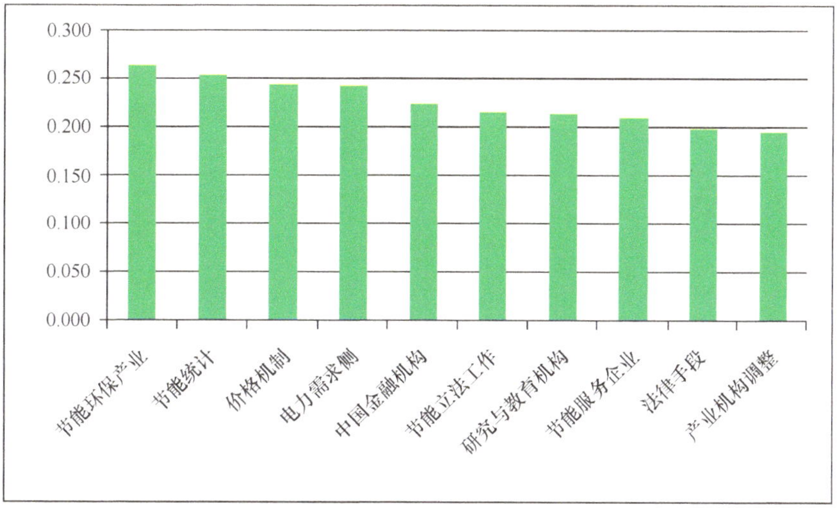

图4-17 现在与未来二级指标重要性差距排序

4.5 本章小结

本章从节能管理理论入手，对国内外节能管理进行了综述，给出了节能管理的概念、定义，并从定性和定量角度分析了节能目标，创新了节能管理方式。根据利益相关者理论搭建了中国节能目标管理的研究框架，设计了节能目标管理专家调查问卷，通过利益相关者分析方法、价值流方法、对象—过程网络分析方法，得出结论：

节能管理机构和节能目标的设立对中国节能工作发挥着重要作用，在节能目标完成评估中，市场手段也发挥着重要作用；通过对未来节能目标管理利益相关者分析，预测未来市场的手段将发挥最重要作用，节能目标的设立是不可或缺的，统计监测方面也应发挥比较重要的作用；从利益相关者价值流来源的重要性看，节能管理机构和企业方面对中国节能贡献度最大，而民众和企业节能意识及媒体、研究教育等中介机构没能发挥出应有的作用；企业自我节能的意识比较差，但在节能工作中发挥重要作用，其原因是政府节能管理机构发挥着重要的行政约束作用；进一步分析发现，当前应大力发展节能环保产业，完善节能统计，发挥价格机制的作用。

5　中国制造业绿色创新战略

将环境问题置于战略层面已经在企业环境管理研究领域得到广泛认可。然而，当前关注绿色创新战略积极作用的权变性文献仍十分有限。绿色企业是构建和谐社会发展的新型企业。发展绿色企业，要从企业经营的各个环节着手来控制污染与节约资源，达到企业经济效益、社会效益、环境保护效益的有机统一。政府和企业应积极研究环保对策，将环保投入作为企业开拓市场、降低成本、实现高效益的有效手段。本章以中国风电企业为例进行实证研究，探索中国企业绿色创新战略。

5.1　发展概述

绿色企业是现代企业适应总体环境而产生的，它是依据生态经济规律和生态系统的高效、和谐的优化原理，综合运用生态工程手段和一切有利于企业可持续发展的现代化科学技术，系统地设计、规划和调控绿色企业的结构要素、工艺流程和反馈机制，组织企业内部生产过程的合理循环，使其投入产出链形成生态工艺代谢网络，建立和运营以节约资源、物质和废物循环再生、能量多重利用，并对生态环境污染少或无污染而又高产出，符合环境标准的产品为特征的一种现代工业企业。

5.1.1　国际发展背景

绿色企业实质上属于循环经济的范畴，循环经济的实施要求人们从生产到消费各个环节改变思想观念，要求社会从物质层面、体制层面、价值层面实行全方位的改革，以提供法律支撑、经济奖励、税收优惠以及相应的社会中介组织，并需要公众的积极参与。目前，在日本、德国和美国等发达国家，循环经济正在成为潮流和趋势。

5.1.1.1　日本的循环经济发展

日本是循环经济起步最早、立法最为完善的国家，特别是循环经济政策及相关法律的制定和实施已颇有成效。在颁布实施《环境基本法》的基础上，2000年 6月2日正式颁布实施了《循环型社会形成推进基本法》。该法明确提出了循环型社会基本规划是国家一切规划的基础；明确了产生废物企业的生产责任和回收义务，并从法律上规定了废物处理的优先顺序，即废物的发生抑制—再利用—循环再利用—回收安全处置。1999 年的世界环境日，日本政府提出了面向21世纪的“环境立国”新战略，表示要将21世纪定位为“环境世纪”，要在日本建立起“最适量生产、最适量消费、最小量废弃”的经济模式，旨在实现经济增长的同时切实提高人类生存的环境质量。

5.1.1.2　德国的循环经济发展

德国在发展循环经济方面走在世界的前列。1996年，德国颁布了《循环经济和废物管理法》，规定对废物管理的首要手段是避免废物产生，其次才是循环使用和最终处置，并且确立了产生废物最小化、污染者承担治理义务与官民合作三原则。在引入循环经济理念的同时创造了新的商机，专门接收制造业和流通业的委托，为其处理“垃圾”的商品回收和利用的企业应运而生，并取得了很好的经济效益。德国的循环经济体现了如下特点：一是充分体现了3R（减量化、再利用、再循环）原则的有序性，德国《循环经济和废物管理法》明确了对废物管理的首要手段是“避免产生”；二是“循环使用”和“最终处理”；三是双轨制回收系统发挥示范作用。

5.1.1.3　美国的循环经济发展

1996年，美国制定了《固体废弃物处置法》，7个以上的州制定了更为详细和严格的法令。如在加州实施的《综合废弃物管理法令》，要求在2000 年以前，所有城市均要实现 50%的废弃物通过源消减和再循环的方式进行处理，达不到要求的城市将被处以每天 1万美元的行政罚款。

由以上介绍可见，无论是日本、德国还是美国，都有一套较为完善的循环经济法律体系，因此，要确保绿色企业能够在中国大力发展，就必须有健全的法律作为保障。

5.1.2 中国绿色经济发展现状

随着中国政府的大力提倡和相关实践的推进，在中国循环经济已获得了一定的成绩。但是循环经济在中国的发展仍然处于起步阶段，主要是靠政府的倡导和推动。

中国的化石能源企业主要有：中石油、中石化、中海油、华能集团、华电集团、国电集团、大唐集团、国家电力投资公司（原中电投）、神华集团、中煤集团和兖矿集团等大型企业。各个企业绿色发展程度不同，但是都在积极地朝着绿色企业的战略目标前进。本章主要介绍能源电力企业在发展清洁能源，尤其在风能方面的投资决策以及企业发展战略。

5.2 理论模型

绿色企业的理论基础主要有可持续发展理论、环境伦理学以及西方经济学中成本收益理论、外部不经济理论、三效益理论。其中，环境伦理学是在 20世纪40年代提出、70年代获得定位的一门新兴学科。环境伦理学主要研究人与自然的伦理关系，以及受人与自然关系影响的人与人的伦理关系。企业战略理论在管理科学领域里是一个相对年轻的学科。所谓企业战略，是企业以未来为基点，为寻求和维持持久竞争优势而做出的有关全局的重大筹划和谋略。

自2006年《可再生能源法》实施以来，中国风电快速发展，各个企业既经历了跑马圈地、疯狂投资的大发展阶段，也遭遇了因弃风限电带来的全行业亏损的困境。时至今日，各个企业的风电投资业务与发展情况如何，需要系统地进行总结分析。本章将探讨企业风能发电业务竞争力评价问题。通过竞争力评价，能够了解企业与竞争对手在发展风能发电业务方面的相对状况，发现自身的优势和不足，从而为企业找准定位、制定发展战略、提升竞争力提供参考和依据。

5.2.1 理论模型与指标体系

为了能够对中国风电开发企业有深入全面地了解和把握，需要制定系统的评价指标体系，对综合排名靠前的企业作为行业内的标杆企业进行深入研究，为其他企业制定发展战略或竞争战略提供参考。

5.2.2.1 竞争力评价理论模型

基于战略管理理论，国内学者分析了发电企业竞争力来源，认为中国发电企业综合竞争力主要来源于三个基本环节：资源基础、经营过程和业绩表现。同时企业综合竞争力还会受到外部环境，特别是企业所在地政府法律法规政策的影响，这种影响主要通过对企业资源基础和经营过程施加作用来传导（张立辉，2005）。有国内学者认为，发电企业竞争力是企业要素竞争力、产品市场竞争力、企业运营效率竞争力的综合体现。基于此，笔者认为，风能发电的竞争力取决于三个方面：现实竞争力、潜在竞争力和业绩竞争力（见图5-1），该评价模型可以较为全面地反映风电开发企业竞争力的实际情况（刘志坦，谭力文，2010）。

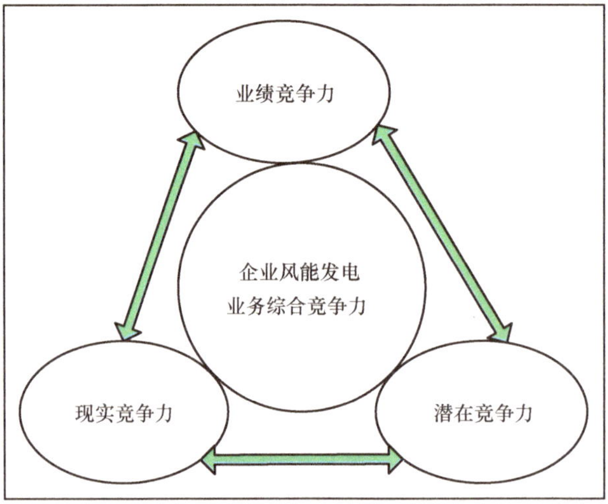

图5-1 风能发电企业竞争力评价模型

5.2.2.2 竞争力评价指标体系

按照5.2.2.1节的评价模型，遵循科学性、合理性、可操作性的原则，通过讨论、会议，发放调查问卷等形式，多次咨询风电行业内的专家，本书构造了企业风能发电业务竞争力评价指标体系。指标体系包括业绩竞争力、现实竞争力和潜在竞争力的主要指标，如表5-1所示。

表5-1　企业风能发电业务竞争力评价指标体系

竞争力类型	指标类型	
业绩竞争力	效益能力	净利润（亿元）
		度电净利润（元）
		净资产收益率（%）
	偿债能力	资产负债率（%）
	发展能力	营业收入增长率（%）
		营业净利润增长率（%）
现实竞争力	成本竞争力	单位造价水平（元/kW）
		单位千瓦营业总成本（元/kW）
		单位营业成本（元/度）
		单位人工成本（元/度）
		单位财务费用（元/度）
现实竞争力	安全质量能力	年发电小时数（小时）
		风机可利用率（%）
	规模竞争力	总装机容量（MW）
		并网容量（MW）
	销售能力	上网电量（亿度）
		平均上网电价（元/度）
潜在竞争力	风资源	核准容量（MW）
	地理资源	全国建设布局
	关系资源	股东实力
	议价能力	下游购电方谈判能力
		上游供货方侃价能力

（1）业绩竞争力指标。从财务指标角度衡量发电企业业绩竞争力由四部分组成，即效益能力、偿债能力和发展能力。

第一，效益能力。效益能力反映企业投入要素的有效利用程度和收益状况，包括净利润、度电净利润和净资产收益率三个指标。

第二，偿债能力。偿债能力反映企业资产的安全性，常选用资产负债率反映。

$$资产负债率=\frac{负债总额}{资产总额}\times 100\%$$

第三，发展能力。发展能力反映风能发电业务成长或增长状况，采用营业收入增长率反映。

$$营业收入增长率=\frac{当年营业收入增长额}{上年营业收入总额}\times 100\%$$

其中：当年营业收入增长额=当年营业收入总额-上年营业收入总额。

营业收入增长率大于零，表明企业当年营业收入有所增长。该指标值越高，表明企业风电业务营业收入的增长速度越快，企业风电业务市场前景越好。

营业利润增长率是企业当年营业利润增长额与上年营业利润总额的比率，反映企业营业利润的增减变动情况。其计算公式为：

$$营业利润增长率=\frac{当年营业利润增长额}{上年营业利润总额}\times 100\%$$

其中：当年营业利润增长额=当年营业利润总额-上年营业利润总额。

（2）现实竞争力指标。发电企业现实竞争力表现在生产成本竞争力、安全质量能力、规模竞争力和销售能力四个方面。

第一，成本竞争力。从全寿命周期角度看，成本竞争力包括：初始投资成本、运营成本，体现一个企业对风电业务的成本管控能力。

第二，安全质量能力。风机可利用率能够体现风机质量好坏以及设备制造商的售后服务水平；年发电小时数（小时）则全面体现企业在运营期间对整个风电项目的安全、质量、维修等方面的管理水平。这里暂不考虑电网企业的弃风行为。

第三，规模竞争力。总装机容量衡量公司的可控装机规模；并网容量衡量企业能够获得实际收益的装机规模。

第四，销售能力。销售能力主要体现在量和价两个方面，即电量和电价。

（3）潜在竞争力指标。潜在竞争力体现为风资源控制、地理布局、各种关系资源以及产业链上下游议价能力。

第一，风资源。像所有资源一样，谁拥有了优质的风能资源，就意味着谁拥有了良好的未来收益。

第二，地理资源。主要体现在企业在全国各地地理上的建设布局，各个地方电网建设情况不同、地方政府政策不同、风资源不同，项目是否处于负荷中心等对企业会有影响。通过多点布局、组合投资而不是把鸡蛋放在一个篮子里，有利于分散风险，提高收益。

第三，关系资源。关系资源包括与政府、电网和大股东的关系，其中真正具有长远意义的是其大股东的实力。

第四，议价能力。风能发电项目初始投资大，属于资本密集型。同时，可再生能源法规定，电网企业对风电实行“保障性收购”。因此，具备与上游供货商的侃价能力和对下游电网购电的谈判能力，是企业竞争力的重要体现。

5.2.2　指标权重的确定

5.2.2.1　决策指标标准化

在指标体系中，将不同量纲的指标通过适当的变换，化为无量纲的标准化指标，称为决策指标的标准化。设有m个评价方案，n个决策指标，构成的决策矩阵为：

$$X=\left(x_{ij}\right)_{m\times n} \tag{5-1}$$

决策指标根据指标变化方向，大致分为两类，即效益型（正向）指标和成本型（逆向）指标。效益型指标越大越好，成本型指标越小越好。常用的指标标准化方法有向量归一化法、线性比例变换法、极差变换法和标准样本变换法。本书采用线性比例变换法，其方法如下：

在决策矩阵X中，对于正向指标，取$x_j^* = \max\limits_{1 \leqslant i \leqslant m} x_{ij}$，则：

$$y_{ij} = \frac{x_{ij}}{x_j^*} \qquad (1 \leqslant i \leqslant m, 1 \leqslant j \leqslant n) \tag{5-2}$$

对于逆向指标，取$x_j^* = \min\limits_{1 \leqslant i \leqslant m} x_{ij}$，则：

$$y_{ij} = \frac{x_j^*}{x_{ij}} \qquad (1 \leqslant i \leqslant m, 1 \leqslant j \leqslant n) \tag{5-3}$$

矩阵 $Y = \left(y_{ij}\right)_{m \times n}$ 称为线性比例标准化矩阵。

对于定性指标，一般划分为5个级别，最优值10分，最劣值0分，其余级别赋予适当分值。

5.2.2.2　指标权重优化

在确定指标权重方面，以德尔菲法（Delphi）和层次分析法（AHP）为代表的主观赋权法能够反映决策者的意志，但决策结果具有很大的主观随意性。以熵值法（entrophy）、模糊数学（fuzzy）、复相关系数法为代表的客观赋权法具有较强的数学理论依据，可以充分利用数据信息，避免评价结果的主观随意性，但是有时不能体现决策者的意愿。因此，主观、客观赋权法具有各自的优点，但又都存在一定的局限性。

本书所构建的竞争力评价指标体系中，业绩竞争力和现实竞争力能够获取到客观的指标数据，本书采用主客观综合赋权法确定各指标权重，该方法可以在一定程度上克服单一主观或者客观赋权法的不足。对于潜在竞争力和综合竞争力，由于没有客观具体的数据，只能用主观赋权法进行确定，本书通过咨询行业内专家进行确定。

（1）层次分析方法。层次分析法（AHP）是一种将定性和定量相结合的决策分析方法。它利用判断矩阵将各种定性的、主观的影响因素量化后，再结合定量信息对问题进行综合决策。用层次分析法分析问题要经过四个步骤：第一，建立层次结构模型。通过将复杂的问题层次化，形成递阶层次结构，从而明确各影响因素之间的关联关系和隶属关系。第二，构造判断矩阵，对每一层次中各因素的相对重要性做出判断，常按1~9标度方法两两比较构造判断矩阵。第三，层次单排序权重及一致性检验，即根据判断矩阵计算针对上一层次中某元素，本层次与之相关元素的重要性的权重，并对判断矩阵的一致性进行检验。第四，层次总排序权重及一致性检验，即以同一层次所有层次单排序权重为基础，用上一层次元素的组合权重加权，计算出针对上一层次而言本层次所有元素重要性的权重。其中后三个步骤在整个分析过程中需要逐层进行。

（2）熵值法。熵（entropy）的概念源于热力学，表示不能用来做功的热能，是热能变化量除以温度所得的商。其概念是德国物理学家克劳修斯等（Clausis和Boltgman）首次提出来的。以后美国数学家、控制论及信息论创始人维纳等（Wiener和Shannon）提出了更广阔的信息熵的概念，现已在工程技术、社会经济等领域得到广泛的应用。信息量越大，不确定性就越小，熵也越小。反之，信息量越小，不确定性越大，熵也越大。具体权重计算步骤为：

对决策矩阵 $X=\left(x_{ij}\right)_{m\times n}$，用线性比例变换法将指标做标准化处理，得到标准化矩阵 $Y=\left(y_{ij}\right)_{m\times n}$。对其进行归一化处理，得：

$$p_{ij}=\frac{y_{ij}}{\sum_{i=1}^{m}y_{ij}} \tag{5-4}$$

计算第j个指标的熵值：

$$e_j=-k\frac{y_{ij}}{\sum_{i=1}^{m}y_{ij}} \tag{5-5}$$

其中：$k>0$，$e_j\geqslant 0$。

计算第j个指标的差异系数。定义差异系数为：

$$g_i=1-e_j \tag{5-6}$$

确定指标权重。第j个指标权重为：

$$w_j = \frac{g_i}{\sum_{j=1}^{n} g_i} \quad (5-7)$$

（3）主客观组合赋权法。首先由主观赋权法AHP计算得到指标权重向量W'，有$W'=[W'_1,W'_2,\cdots,W'_n]$，且满足$0\leqslant W'_1,\leqslant 1$，$\sum_{i=1}^{n} W'_i=1$；然后通过对评分矩阵$S^k$进行数据挖掘，由客观赋权法熵值法计算得到指标权重向量W''，有$W''=[W''_1,W''_2,\cdots,W''_n]$，且满足$0\leqslant W''_i\leqslant 1$，$\sum_{i=1}^{n} W''_i=1$。

记α，β分别表示W'和W''的系数，将主观权重向量和客观权重向量进行综合，令：

$$\begin{cases} W=\alpha W'+\beta W'' \\ 0\leqslant w_i\leqslant 1,\ \sum_{i=1}^{n} w_i=1 \end{cases} \quad (5-8)$$

根据多指标群决策分析的加权法则，求得各个备选方案的评价目标值为：

$$\begin{cases} g_k=\sum_{i=1}^{n}\alpha_{ij}^{k}w_i=\sum_{i=1}^{n}\alpha_{ij}^{k}(\alpha W'+\beta W'') \\ \text{s.t.}\begin{cases}\alpha^2+\beta^2=1 \\ \alpha,\beta\geqslant 0\end{cases} \end{cases} \quad (5-9)$$

由于各决策方案之间不存在任何偏好关系，因此，可以构造等权的线性加权法单目标最优化模型：

$$\begin{cases} \text{Max}z=\sum_{i=1}^{n} g_k=\sum_{k=1}^{p}\sum_{i=1}^{n}\alpha_{ij}^{k}(\alpha W'_i+\beta W''_i) \\ \text{s.t.}\begin{cases}\alpha^2+\beta^2=1 \\ \alpha,\ \beta\geqslant 0\end{cases} \end{cases} \quad (5-10)$$

该模型可以通过构造拉格朗日（Lagrange）函数进行求解：

$$L=\sum_{k=1}^{p}\sum_{i=1}^{n}\alpha_{ij}^{k}(W_i'+\beta W_i'')+\frac{\omega}{2}(\alpha^2+\beta^2-1) \quad (5-11)$$

其中，ω是拉格朗日乘子，对α，β求偏导数，并令$\partial L/\partial\alpha=0$，$\partial L\beta=0$，可以得到最优化模型最优解$\alpha$，$\beta$的值：

$$\begin{cases} \alpha=\dfrac{\sum_{k=1}^{p}\sum_{i=1}^{n}\alpha_{ij}^{k}W_i'}{\sqrt{(\sum_{k=1}^{p}\sum_{i=1}^{n}\alpha_{ij}^{k}W_i')^2+(\sum_{k=1}^{p}\sum_{i=1}^{n}\alpha_{ij}^{k}W_i'')^2}} \\ \beta=\dfrac{\sum_{k=1}^{p}\sum_{i=1}^{n}\alpha_{ij}^{k}W_i''}{\sqrt{(\sum_{k=1}^{p}\sum_{i=1}^{n}\alpha_{ij}^{k}W_i')^2+(\sum_{k=1}^{p}\sum_{i=1}^{n}\alpha_{ij}^{k}W_i'')^2}} \end{cases} \quad (5-12)$$

对α，β进行归一化处理，即：

$$\begin{cases} \bar{\alpha}=\dfrac{\alpha}{\alpha+\beta} \\ \bar{\beta}=\dfrac{\beta}{\alpha+\beta} \end{cases} \tag{5-13}$$

把式（5-13）代入式（5-8）即可求出优化后的指标权重w_i，优化后的指标权重综合了主客观赋权法的优点，使得指标权重更为科学合理。

（4）计算竞争力评价值：

$$V_i=\sum_{j=1}^{n} w_j p_{ij} \tag{5-14}$$

5.2.3 竞争力综合评价

通过调研分析以及考虑数据资料的完备性，建立指标体系，对国电龙源、大唐、华能和国华四家风电开发企业进行综合评价实证研究。

5.2.3.1 业绩竞争力评价

（1）原始数据标准化处理。数据预处理计算过程，优化计算过程以及评价数值计算过程按照5.2.2节公式计算，这里不列出详细的计算过程，只给出评价的计算结果，其中用层次分析法计算主观权重采用综合评价软件MCE，下同。

对于业绩竞争力的6项指标，除了资产负债率属于负向指标外，其余都是正指标，标准归一化处理后数据$P=\left(p_{ij}\right)_{m\times n}$如表5-2所示。

表5-2 业绩竞争力指标归一化数据

序号	指标	国电龙源	大唐	华能	国华
1	净利润（亿元）	0.663 8	0.044 1	0.142 0	0.150 0
2	度电净利润（元）	0.436 1	0.057 4	0.188 0	0.318 5
3	净资产收益率（%）	0.457 4	0.081 1	0.237 5	0.224 0
4	资产负债率（%）	0.261 5	0.217 6	0.226 8	0.294 1
5	营业收入增长率（%）	0.188 3	0.153 6	0.283 6	0.374 5
6	营业净利润增长率（%）	0.044 7	0.844 2	0.000 9	0.110 1

（2）指标权重优化。由层次分析法获得指标主观权重、熵值法计算得到的客观权重以及优化后权重如表5–3所示。

表5–3　优化后指标权重

序号	指标	AHP	熵值法	优化值
1	净利润（亿元）	0.249 0	0.412 3	0.333 1
2	度电净利润（元）	0.109 1	0.127 5	0.118 6
3	净资产收益率（%）	0.089 0	0.134 6	0.112 5
4	资产负债率（%）	0.004 4	0.100 2	0.053 7
5	营业收入增长率（%）	0.035 4	0.121 1	0.079 5
6	营业净利润增长率（%）	0.513 2	0.104 3	0.302 6

由式（5–14）计算得到几家风电开发企业的业绩竞争力评价值如表5–4所示。

表5–4　基于权重优化的风电开发企业业绩竞争力评价值

风电开发企业	国电龙源	大唐	华能	国华
业绩竞争力评价值	0.366 9	0.310 0	0.131 3	0.191 8
排序	第一	第二	第四	第三

评价结果表明，第二梯队国华的业绩竞争力次于国电龙源和大唐，但是超越了华能。

从四家公司的平均上网电价（含税）看，大唐、华能和国华的上网电价差异不大，2012年都超过了0.6元/度。华能最高，为0.605元/度；国华排第二；龙源最低，为0.582元/度。度电利润方面，当前四家企业度电利润均处于较低水平，其中龙源的度电利润最高，在0.16元/度以上；国华紧随龙源之后，度电利润在0.12元/度以上；大唐度电利润最低，2012年利润下滑较为明显，度电利润仅为0.022元/度；华能排在中位，为0.072元/度。

从四家企业的资产总额看，龙源的资产总额最大，2012年达到1 078

亿元，是大唐和华能的近2倍，是国华的近3倍。从负债总额看，龙源由于规模较大，负债总额最多；其次是大唐、华能，国华负债总额最小。

近年来，由于风电项目大部分处于新建还款期，资产负债率较高成为行业的普遍现象。从四家公司目前的资产负债率看，当前负债率最高的为大唐，为79.61%；国华为四家企业中最低的，负债率为58.89%。从近三年的资产负债率变化情况看，华能由于2010年扩张较快，债务提高较多，2011年装机增速下降后债务量也随之下降。总体上看，除华能之外，龙源、大唐和国华的资产负债率都呈逐年上升趋势。相比较而言，龙源资产负债率总体控制在一定程度，在现有巨大装机规模的情况下，仍能维持低于多数同业公司的负债率，充分体现了其对财务杠杆和金融工具的良好运用，说明龙源已经开始成长为较成熟的新能源企业。风电项目资产负债率前期较高而后逐渐降低至趋于零，一般处于运行期前3年的风电项目资产负债率在80%左右，国华资产负债率低于60%，在四家企业及同行业内均处于较低水平。

经营效益方面，国电龙源的售电收入较高，2012年达到了85亿元，大唐、华能和国华分别为43.68亿元、40.27亿元和24.77亿元。国电龙源的售电收入是大唐和华能的近2倍，是国华投资的近4倍。龙源收益率整体上较为稳定，规模效益占据一定优势。

四家企业现实竞争力指标归一化数据及优化后权重如表5-5所示。

表5-5　现实竞争力指标归一化数据及优化后权重

序号	指标	国电龙源	大唐	华能	国华	优化权重
1	单位造价水平（元/千瓦）	0.243 5	0.252 3	0.249 3	0.255 0	0.001 9
2	单位千瓦营业总成本（元/千瓦）	0.255 2	0.223 5	0.232 9	0.288 4	0.013 0
3	单位营业成本（元/度）	0.213 4	0.294 6	0.251 7	0.240 3	0.018 8
4	单位人工成本（元/度）	0.187 5	0.193 5	0.333 3	0.285 7	0.074 0
5	单位财务费用（元/度）	0.378 5	0.152 4	0.180 5	0.288 6	0.154 0
6	年发电小时数（小时）	0.261 7	0.244 7	0.255 9	0.237 8	0.002 8
7	风机可利用率（%）	0.254 2	0.245 7	0.248 3	0.251 9	0.003 9

续表

序号	指标	国电龙源	大唐	华能	国华	优化权重
8	总装机容量（MW）	0.406 0	0.246 2	0.241 1	0.106 8	0.225 0
9	并网容量（MW）	0.403 7	0.239 5	0.259 1	0.097 7	0.230 0
10	上网电量（亿度）	0.414 9	0.241 9	0.255 4	0.087 8	0.275 0
11	平均上网电价（元/度）	0.244 0	0.252 8	0.249 9	0.253 2	0.001 6

5.2.3.2　现实竞争力评价

同上，标准归一化处理后数据$P=\left(p_{ij}\right)_{m\times n}$以及优化后指标权重风电开发企业的现实竞争力评价值如表5–6所示。

表5–6　基于权重优化的风电开发企业现实竞争力评价值

风电开发企业	国电龙源	大唐	华能	国华
现实竞争力评价值	0.380 4	0.225 8	0.246 8	0.147 0
排序	第一	第三	第二	第四

评价结果表明，第二梯队国华的现实竞争力落后于其他三家企业。数据显示，到2012年年底，国华开发建设的项目累计并网容量为315万千瓦，占全国累计并网容量的5%，项目主要分布在内蒙古、河北和山东；国电龙源累计并网容量约占2012年全国累计并网容量的21%，项目主要分布在内蒙古、黑龙江、河北和甘肃；大唐集团累计并网容量约占2012年全国累计并网容量的12%，项目主要分布在内蒙古和山东；华能集团累计并网容量约占2012年全国累计并网容量的12%，项目主要分布在内蒙古、辽宁和山东。可见在并网规模上，国电龙源排第一，华能和大唐相同，但是体量方面都远大于国华。

2012年，国华风电上网电量达46亿千瓦时，较2011年增长24%，排名由2011年的第四位下降至全国第六位。国电集团以年上网电量217亿千瓦时居全国之首，华能集团以贡献133亿千瓦时位列第二。

2011年，国华风电等效满负荷小时数为1 761小时，低于五大发电集团（中国华能集团公司、中国大唐集团公司、中国华电集团公司、中国国电集团公司、中国电力投资集团公司），2012年国华风电等效满负荷小时数为1 804小时，仅超过五大发电集团中中国电力投资集团的年利用小时数。年利用小时数偏低的主要原因是项目布局不合理，弃风限电严重，资源评估不当等。

跟华能、大唐、龙源三家领先企业相比，国华在2011年度单位千瓦财务费用的差异相对较大。国华的单位千瓦财务费用与其他三家公司相比较低，特别是与大唐和龙源相比优势较大，因此国华的单位千瓦经营总成本具有较强的优势，比龙源节约88元/千瓦（节约11.5%），比大唐节约196元/千瓦（节约22.5%），比华能节约161元/千瓦（节约19.3%）。

5.2.3.3 潜在竞争力评价

通过咨询行业内专家，对于潜在竞争力指标评价采用10分制打分，最后对评价值进行归一化，确定权重以及评价结果如表5–7所示。

表5–7 潜在竞争力指标权重及评价值

序号	指标	权重	风电开发企业	潜在竞争力评价值	排序
1	核准容量（MW）	0.3	国电龙源	0.33	第一
2	全国建设布局	0.2	大唐	0.262 2	第三
3	股东实力	0.3	华能	0.286 8	第二
4	下游购电方谈判能力	0.1	国华	0.121	第四
5	上游供货方侃价能力	0.1			

评价结果表明，在潜在竞争力方面，国电龙源排名第一，国华排名最后。从风资源占有上，2012年国电龙源累计核准了2 036.72万千瓦，大唐和华能分别抢占1 345.29和1 326.82万千瓦，而国华只有505.62万千瓦。显然，在资源储备方面，国华远远落后。

在建设布局方面，国电龙源在全国除了北京、四川和青海没有风电场，其他各省（市、区）均有布局。大唐除了北京、天津、江苏和新疆生产建设兵团外，在各省（市、区）均有风电场，华能在全国20个省份也都有风电建设布局。国华风电主要集中在河北、山东和内蒙古，布局范围较小。

按照战略资源学派的观点，企业获得超额利润和保持持久竞争优势，来源于其掌握的独特资源以及在特定竞争环境中对这些资源的配置方式，来源于企业掌握的独特资产与能力的存量与流量，企业的卓越业绩最终取决于对有竞争力的稀缺资源的巧妙配置。可以看出，由于传统五大发电集团得天独厚的资源优势，决定了它们在市场中的竞争优势。

5.2.3.4　综合竞争力评价

根据前文分析，风电开发企业综合竞争力由三个子系统组成，即业绩竞争力、现实竞争力和潜在竞争力，对三个子系统进行加权，即可以得到综合竞争力评价值。通过咨询专家确定三个子系统的权重，评价值如表5-8所示。

评价结果表明，综合竞争力排序依次为国电龙源、大唐、华能和国华。从前面的三个子系统指标的分析，不难看出四家企业的综合实力和竞争力。

表5-8　综合竞争力指标权重及评价值

序号	子系统	权重	国电龙源	大唐	华能	国华
1	业绩竞争力	0.4	0.366 9	0.310 0	0.131 3	0.191 8
2	现实竞争力	0.3	0.380 4	0.225 8	0.246 8	0.147 0
3	潜在竞争力	0.3	0.33	0.262 2	0.286 8	0.121
4	综合竞争力		0.359 88	0.270 4	0.212 6	0.157 12
			第一	第二	第三	第四

5.2.3.5　竞争力综合评价结果

通过综合评价总结发现：

（1）根据四家企业经济财务指标分析，国电龙源各方面指标较优。国电龙源风电项目和储备遍布全国各个区域，建设布局分布广泛，三北地区风电发展迅速，风电建设和并网消纳矛盾日益突出，导致风电电力限电损失严重，影响经济效益。尤其近年来受国家政策影响，全国风电布局已经发生转变，由集中开发方式转变为因地制宜的发展中东部地区风电建设。当行业政策发生突变时，龙源能够调整发展规划，缩减限电严重地区风电发展规模，非限电地区风电容量占核准计划项目总容量的89.4%，表现出一定的抗风险能力。而国华风电业务主要集中在三北地区，仅部分项目分布于山东、江苏等地区，国家产业政策变化，导致国华公司中东部地区风电项目储备不足，影响了公司的发展。

（2）国电龙源风电业务一直处于全国领先地位，装机容量均高于其他企业，与龙源风电相比，国华公司风电规模相对较小。因此，国电龙源风电能够充分发挥其规模效益，单位成本低于其他企业；在龙源风电业务规模发展的同时，带来了开发、设计、制造和运行维护等方面的同步发展，实现龙源风电整个产业链的全面发展，进一步促进风电业务决策的准确性和管理水平的提高。

（3）除龙源风电巨头之外，国华对比大唐和华能的风电发展情况，一方面，各项财务指标相差不大，单位成本费用略高于其他企业，负债情况及度电利润甚至优于其他企业，表现出国华公司健康持续的发展状态和良好的经营效益；另一方面，国华公司风电装机规模并没有表现出与之对应的快速发展势头，核准和并网容量均低于大唐、华能、华电等开发企业，与中广核和中电投风电的规模优势也在逐步减弱。

（4）结合2012年风电核准容量全国前八家开发企业风电布局情况分析，国华风电集中在全国十省范围内，是前八家开发企业中风电布局范围最小的企业，除三北地区，国华风电仅分布于三省范围内，三省核准容量仅为184万千瓦（其中山东地区风电核准容量为133万千瓦），国华风电建设布局存在一定的局限性，还应进一步扩大风电业务半径。

（5）国华公司负债总额以及净资产负债率低于龙源、大唐、华能等同行业大部分企业，具有良好的抗风险能力，但未能全面发挥财务杠杆和金融工具的作用。

综上所述，国电龙源、大唐、华能和国华风电开发的特点以及值得其他企业借鉴的经验如表5-9所示。

表5-9　国电龙源、大唐、华能和国华风电发展优势

风电开发企业	经验
国电龙源	1. 规模最大，行业领先优势，品牌效应强； 2. 区域分布广，抗区域限电风险能力强； 3. 新型方向把握能力好，海外市场和海上风电处于领先地位
大唐	1. 资源储备量大，后续开发能力强； 2. 与地方政府关系处理得力； 3. 外资和海外资源利用水平高，以更好的成本和效益开发了海外项目和海上风电项目
华能	1. 专业化规模程度高，成长迅速； 2. 集团支持度很高
国华	1. 管理水平较高，成本控制得当； 2. 资本结构好，负债低，风险小； 3. 资本盈利能力强，单位收益状况好

5.3　实证研究

5.3.1　发展概况

5.2.1.1　中国风电企业概况

据统计，截至2012年年底，全国分属于约60余家企业的近1 300家项目公司参与了中国的风电投资和建设。总体来看，中国风电场开发企业可以大致分为大型央企、地方国有企业、民营及外资企业、参与风电场开发的整机制造商四类。风能发电行业竞争日趋激烈，但是总体上仍以国有大型电力企业为投资开发主力。

2012年，中国风电场累计装机容量及市场份额的前10名开发企业装机数据如表5-10所示。

表5-10　2012年中国累计风电装机排名前10名的开发企业及数据

序号	开发企业	累计装机容量（MW）	累计市场份额（%）	新增装机容量（MW）	新增市场份额（%）
1	国电龙源	15 757.3	20.9	2 895	22.3
2	大唐	9 556.6	12.7	1 546.55	11.9

续表

序号	开发企业	累计装机容量（MW）	累计市场份额（%）	新增装机容量（MW）	新增市场份额（%）
3	华能	9 356.88	12.4	818.9	6.3
4	华电	4 919.9	6.5	1 040.5	8
5	国华	4 144.05	5.5	611.25	4.7
6	中电投	3 556.12	4.7	751.5	5.8
7	中广核	3 464	4.6	572.55	4.4
8	华润	2 524.85	3.4	704	5.4
9	京能	1 789.75	2.4	—	—
10	新天绿色能源	1 450.1	1.9	—	—
	其他	18 804.64	25	3 310	25.7
	总计	75 324.4	100	12 959.75	100

数据来源：中国电子信息产业发展研究院《风能》杂志，2013年3月刊。

与2011年相比，2012年前10名风电开发企业中，国电、大唐、华能、华电、中电投等均比上一年装机容量有所减少。其中减少最多的是华能集团，比2011年减少1 410千瓦，排名第四。

2012年中国累计风电装机市场排名中，前10家风电开发企业依然是国电集团等10家企业。可见，五大发电集团仍然是风电装机的主力企业，累计并网容量3 579万千瓦，占全国总并网容量的57%。其中，国电集团以累计并网容量1 300万千瓦位列全国风电装机第一位；华能集团和大唐集团分别以834万千瓦和771万千瓦列第二和第三位。

由此可以看出，中国各大风电开发商可以分为三大梯队：国电龙源将持续保持第一，大唐与华能将紧随其后，三家公司构成风电开发商的第一梯队；华电、国华、中广核、中电投、国电电力和三峡将组成中国风电开发商的第二梯队；其他风电开发商为第三梯队。

5.2.1.2　主要风电开发企业风电业务发展现状

笔者对主要的风电开发企业进行了大量调研、走访，获取了宝贵的资料，通过细致的研究分析，试图提出一些建议，为其他风电企业制定发展战略或竞争战略提供参考。本节主要对主要风电开发企业的风电业务发展现状进行分析，详细的发展情况在竞争力评价部分进行研究分析。

（1）龙源电力集团股份有限公司（简称国电龙源）前身为龙源电力技术开发公司，1999年6月，龙源、中能、福霖三家公司合并重组为龙源电力集团公司；2002年年底，公司在电力体制改革中划归中国国电集团公司；2009年7月，经国务院国资委批准，公司正式改制为龙源电力集团股份有限公司；同年12月10日，公司在香港成功上市，成为首家在境外上市的国有新能源发电企业，并以首次公开募股177亿元人民币的骄人成绩被誉为“中国新能源第一股”。公司主要从事风电场的设计、开发、建设、管理和运营，同时经营火电、太阳能、潮汐、生物质、地热等其他发电项目，向风电场提供咨询、维修、保养、培训及其他专业服务。截至2013年年底，公司控股装机容量达到1 407.3万千瓦，其中风电控股装机容量达到1 191万千瓦，继续稳居亚洲和中国第一位、世界第二位。

近年来，随着风电装机规模的快速增长，国电龙源各项经营指标均居行业领先地位，公司盈利能力稳步提升。除了装机规模和经营效益，公司率先开拓海外市场、海上风电、高海拔和低风速风电等多个新的发展领域。截至2012年12月，国电龙源全年取得营业收入85亿元人民币，同比增长6.2%；实现税前利润36.67亿元人民币，净利润33.25亿元人民币。2012年，龙源电力2 231.8兆瓦风电场项目获得核准，分布在云南、贵州、福建和江苏等省区，其中非限电地区占比73.3%。截至2012年年底，公司已核准未投产风电项目超过300万千瓦，累计风电项目储备容量达到63.10千兆瓦，为进一步优选项目、优化投资布局提供了较大的选择空间。2012年，公司海上风电新增投产10万千瓦，累计投产容量达到232兆瓦，建成全国规模最大的海上风电场，继续保持国内海上风电开发领域的领先地位。截至2012年年底，累计签署海上风电开发协议590万千瓦，协议区域分布在江苏、福建、辽宁、河北和天津等地区。“十二五”期间，公司以资源条件和建设条件优良的江苏、福建为重点开发区域，逐步推进辽宁、天津、河北、山东、浙江和广东等地区的海上风电开发。

（2）中国大唐集团新能源股份有限公司（简称大唐新能源）是中国大唐集团公司控股子公司。公司主要从事风力发电等新能源的开发、设计、投资建设和经营管理，低碳技术的研发、应用与推广，新能源相关设备的研制、销售、检测与维修，与新能源业务相关的培训、咨询服务等。截至2012年12月，大唐新能源股份有限公司年度累计收入43.68亿元人民币，较2011年增长14%；总成本费用为25.23亿元，增幅为33.21%，全年利润1.86亿元，比2011年降低了80.77%。

2012年，大唐新能源股份有限公司首次注册了有效期为两年的人民币30亿元私募债券发行额度，并再次成功发行了一年期人民币20亿元短期融资债券。利用香港上市公司的优势，构建境内外资金融通渠道，所属公司“大唐新能源（香港）有限公司”出资2亿元人民币，占20%的股比在天津组建了一家外商投资融资租赁公司，引入香港低成本资金，实现两地资金的双向流通。2012年，大唐新能源风电控股装机容量577万千瓦，风电上网电量85.42亿千瓦时，全年平均利用小时数1 752小时，风电机组平均可利用率98.73%。

（3）华能新能源股份有限公司（简称华能新能源）前身为成立于2002年11月的华能新能源产业控股有限公司。公司于2011年6月10日在香港联合交易所有限公司主板成功上市，发行股份总数为8 446 898 000股，后于2013年10月完成H股定向增发，共发行582 317 360股新股。截至2013年年底，公司总股本达9 029 215 360股，股权结构为：华能集团直接及间接持股61.31%（华能集团直接持有约58.24%、华能资本持有约3.07%），是公司控股股东。公司致力于新能源项目的投资、建设与经营，以风电开发与运营为核心，太阳能等其他可再生能源协同发展。截至

2012年12月，华能新能源年度累计收入40.269亿元人民币，当年利润6.31亿元人民币。截至2012年12月31日，公司风电装机容量为5 457.4兆瓦，同比增长11.3%，其中，贵州、广东、云南等省份装机容量同比增长分别为235.7%，57.4%，13.2%。公司所属风电场2012年全年加权平均利用小时数1 774小时，主要受部分地区限电情况加剧的影响。2012年公司建成投运全国第一个分散式风电项目——华能陕西定边狼儿沟分散式示范风电场，为公司进一步加大分散式风电开发积累了经验。2012年，公司新签署开发协议总容量3 720兆瓦，新取得31个项目的核准，总容量1 550兆瓦，其中风电项目1 470兆瓦，绝大多数位于资源好、电网消纳能力强的区域。

（4）华电国际电力股份有限公司（简称华电）于1994年6月28日在中国山东省济南市注册成立，主要业务为建设、经营发电厂和其他与发电相关的产业。公司由山东电力集团公司和山东省国际信托投资公司、中国电力信托投资有限公司、山东鲁能开发总公司、枣庄市基本建设投资公司共同发起设立，设立时股本总额为382 505.62万元。公司于1999年6月30日首次公开发行了约14.31亿股H股，并在香港联合交易所有限公司挂牌上市。公司于2005年初在境内成功发行了7.65亿股A股，并于2005年2月3日在上海证券交易所挂牌上市；2009年12月1日又完成非公开发行7.5亿股A股，并在上海证券交易所上市。截至 2012年年底，公司债券市场融资余额达到219亿元，新增债券存续期可节约利息5.09亿元，当年可节约利息2.89亿元。完成第二次资本市场的非公开发行，成功募集资金18.72亿元，降低公司资产负债率1.11个百分点。截至 2012年12月，华电资产总额达到1 645.71亿元，年营业收入达594.90 亿元，同比增加9.17%，归属于母公司股东的净利润为14.18万元，控股发电装机容量3 357.85万千瓦。2012年公司发电量1 569.36亿千瓦时，同比增长4.10%，上网电量 1 467.19亿千瓦时，同比增长4.18%。

（5）神华国华能源投资有限公司（简称国华）成立于1998年，隶属于中央直管特大型骨干企业神华集团有限责任公司，是国内领先的新能源投资开发企业。从2005年开始，在国家大力发展可再生能源产业的政策背景下，国华根据神华集团公司战略方针，全力介入风电开发领域，建立专业队伍，抓紧项目开发建设。经过8年多的开发、建设和运营管理，至2012年年底，国华累计实装机规模达423万千瓦（含光伏发电装机4万千瓦），风电装机国内排名第五，实际并网容量达到378万千瓦，并网规模占集团电力并网容量（6 340万千瓦）的5.96%。截至2013年上半年，公司共有独资、控股子公司45家，员工3 000余人，管理资产超过500亿元。公司主营业务是从事以风力发电为主的清洁能源投资开发、管理及生产运营。目前，国华已在河北、山东、江苏、内蒙古及东北等风资源丰富地区形成了“六大区域、九大基地”的风电开发建设格局，并成功收购了澳洲乌淖斯及马斯洛风电项目（装机容量30.775万千瓦），成为国内拥有最大规模海外风电项目的新能源企业，迈出了开拓国际市场的稳健步伐。截至2013年上半年，公司风电装机规模超过460万千瓦，并网规模达到390万千瓦。

（6）中广核风力发电有限公司（简称中广核）成立于2007年2月，注册资金31亿元人民币，是中国广东核电集团控股、香港中华电力参股的公司，专业从事风力发电相关业务，包括风力发电场的投资、建设、运营、维护和风电生产销售，提供风力发电规划、技术咨询及运行维护服务等。截至2012年12月底，中广核总资产超过2 600亿元人民币，2012年集团实现营业收入349.1亿元，财务公司累计完成融资超过700亿元，实现利润总额4.52亿元。其中，风电业务利润是上一年度的2.6倍。风电业务追求规模与效益协调发展，逐步实施从西向东，从北向南的战略转移与均衡发展；太阳能业务形成“青海、新疆、甘肃三大基地”区域布局，并辐射宁夏、西藏等地区，同时加快国内东南沿海市场和国外市场的开发力度。截至2012年年底，中广核已注册清洁发展机制项目82个，碳减排量约955万吨，首个海外风电项目于2012年11月在澳大利亚并网发电，该项目总装机规模1.95万千瓦，安装1 500千瓦的风机13台。

如前所述，对企业发展战略理论和方法的研究非常多，其中采用

SWOT工具进行描述分析最为普通，其一般程序可以用图5-2表示。

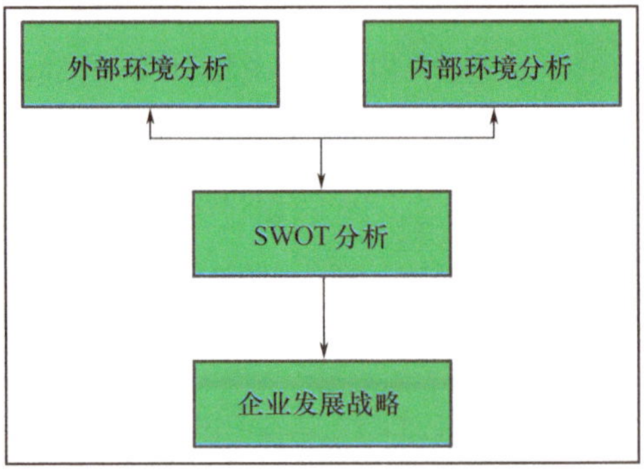

图5-2 企业发展战略一般程序框架

外部环境主要分析企业发展面临的机会和威胁。企业发展面临的机会主要是由企业的比较优势决定的。企业发展面临的威胁主要来自于竞争对手的实力变化。如果竞争对手的发展速度比本企业快，则竞争对手将会对本企业构成一定的威胁。这种威胁常可以用企业的比较优势和比较劣势加以分析。

内部环境分析主要用于反映企业发展的优势和劣势。一般而言，在内部环境分析中都会分析企业发展的历史和现状。企业发展的历史主要反映了企业已有的基础、企业发展的文化蕴涵、企业的管理体制等；而企业发展的现状则更多地反映了企业在人、财、物方面的配置情况。

对外部环境和内部环境的进一步分析也常常采用SWOT分析，这里不再赘述。

5.3.2 案例研究

5.3.2.1 国华风电发展战略SWOT分析

国华作为神华集团骨干型子公司，承担着神华集团发展可再生能源的重任。自2005年大力发展以风电为主的可再生能源业务以来，国华已经取得了一定的成绩，在业界具有了一定的地位。但同时，也存在一定的优势和不足。

（1）总体状况。

发展规模方面，并网装机规模在国内排名第四，但与第五的中电投差距较小，且后期核准存量较少。截至2012年年底，国华累计核准风电容量约505万千瓦，排名第六；并网风电容量315万千瓦，排名第五；年上网电量46亿千瓦时，排名第六；2012年新增核准容量仅50万千瓦，低于中电投和中广核，排名第九。

发展速度方面，2010年以前，国华与大唐、华能集团风电并网容量基本保持同步增长；2010年以后，随着规模的扩大，大唐、华能、国华的增速下降，但国华的发展速度降低较多，已经与同级别的大唐、华能拉开了一定距离。大唐、华能、国华2010年至2012年年均增长分别约48%，37%，32%，分别翻了约2.2倍、1.9倍和1.7倍。

产业布局方面，国华项目分布相对较为集中，省区分布较少。国华风电产业布局集中分布在内蒙古、河北和山东等“三北”地区，其中内蒙古东部和河北张家口地区2012年以来受限电影响较为严重，影响了国华风电的总体利润。不过2013年以来蒙东地区出现了较大的好转，利润得到较大的回升。相对其他发电对标企业，国华风电项目布局无论是在省区内还是省区间的布局都较为集中，一方面为建设、管理节省了一定成本，另一方面短期内也可能会受到弃风限电的集中化影响而损失较大的利润。

风电运行方面，2012年国华风电等效利用小时数为1 804小时，发电情况好过中广核和中电投，但较华能、大唐、华电、国电龙源为弱。从2010年和2011年的数据看，国华的风电等效利用小时数相较对标企业要逊色。因此，国华还需要继续完善风电的运营管理，降本增效。

建设运行成本方面，国华公司的单位千瓦经营成本相比龙源、大唐和华能有较强的优势，比龙源节约88元/千瓦，比大唐节约196元/千瓦，比华能节约161元/千瓦。单位千瓦造价为8 210元，要低于龙源（8 600元）、大唐（8 300）元和华能（8 400元）。因此建设成本方面，国华有较为优异的表现。

财务利润方面，2012年国华公司资产总额、装机规模、营业收入等规模指标方面表现较好，居于全国前列，略低于龙源、大唐等全国最前端的开发企业；净利润和净利润率较高，仅次于龙源，已超越华能、大唐等企业，表现出较好的盈利能力；资产负债总额以及净资产负债率低于龙源、大唐、华能以及同行业大部分企业。

（2）发展优势。国华风电的发展优势主要有五个方面。

第一，管理水平较高，成本控制得当。国华公司的单位千瓦经营成本相比龙源、大唐和华能有较强的优势，单位度电成本也相对较低。单位总成本：华能和大唐单位总成本费用表现最优，国华单位总成本费用居中，龙源排在最后。单位人工成本：华能和国华单位人工成本费用最低，其次是大唐，龙源最高。单位财务成本：龙源最低，国华其次，大唐和华能较高。

第二，资本结构好，负债低，风险小。由于风电行业增长速度较快，近几年新建项目较多，且新建项目大部分处于还款期，因而使得整个资产负债率较高成为行业的普遍现象。从四家对标公司的净资产负债率看，截至2012年年底负债率最高的为大唐（76.37%），最低的为国华（58.89%）。因此，国华的资本结构更加稳定，抗风险能力最强。未来国华有一定的空间扩大债务比重，增加财务杠杆经营的空间。

第三，资本盈利能力强，单位收益状况好。从国华区域风电的外部发展对比情况看，风电业务运营在行业内名列前茅，与大唐、华能、龙源几家有代表性的投资企业实力相当，在资产总额、装机规模、营业收入等规模指标方面表现较好，净利润和净利润率较高，仅次于龙源，已超越华能、大唐等企业。度电利润率变化较为稳定，2012年，国华度电利润超过其他大型开发企业，表现出较好的管理能力和盈利能力。

第四，国际化战略走在前列。到2012年年底，包括并网运行和在建的项目，中国风电开发企业在海外的风电装机容量已经达到约70万千瓦。其中，国华能源投资公司以30万千瓦的容量成为中国海外风电场业务最多的开发企业，其次是金风国际公司（25万千瓦），龙源电力集团公司（10万千瓦），三峡集团公司（5万千瓦），中广核风电公司（2万千瓦）。

2013年4月9日，在李克强总理和澳大利亚吉拉德总理的共同见证下，国华能源投资公司在海南博鳌论坛上与澳大利亚塔州水电集团公司签署战略合作协议，双方将在2020年前共同在澳大利亚开发70万千瓦风电场项目，投资16亿澳元（约合人民币100亿元）。

第五，前期工作较为规范和完善，管理成效好。通过将国华风电的可研利用小时数和模拟利用小时数（扣除弃风限电因素）进行对比，除河北黄骅一期、江苏东台、广东汕尾等个别项目外，国华整体资源评估和设备选型较好，模拟利用小时数大都高于可研利用小时数或与可研利用小时数基本相当。其中，河北主要是由于风机设备问题（叶片问题）影响了收益；江苏省东台由于电特许权项目受资源、尾流、资源分布等客观因素影响，发电小时与可研利用小时数相差较大；广东是实验性项目，代表性较差。因此，总体说来，前期可研与现实情况符合度很高。说明国华风电前期项目评估客观度、可信度较高，项目开发管理规范、合理。

（3）发展不足。经初步分析，国华风电发展不足之处主要有四个方面。

第一，发展速度相对较慢，整体规模增长较缓，规模总量排名呈下降趋势。2010年以前，国华与大唐、华能集团风电发展速度基本保持同步增长；2010年以后，国华风电发展速度相对降低较多。大唐、华能、国华2010年至2012年年均增长分别约为48%，37%，32%，分别翻了约2.2倍、1.9倍和1.7倍。2010年，国华累计并网风电规模约180万千瓦，排名第四，与排名第三的大唐相差170万千瓦，与排名第五的华电相差20万千瓦。2011年，国华的排名降为第五，与第四名的华电相差50万千瓦，被华电反超，与排名第六的中广核仅相差15万千瓦。2012年，国华的排名仍为第五，但与排名第六的中广核仅相差10万千瓦，差距逐步缩小；而与排名第四的华电相差85万千瓦，差距逐步扩大。根据目前各大发电集团风电发展规划，2015年，国华风电发展目标为600万千瓦，低于中广核和华电各300万千瓦，排名继续降低至第七名。

第二，风电布局相对较集中。通过8年的快速发展，国华虽然已形成河北、山东、内蒙古、江苏及福建沿海、东北及西北地区等区域的风电开发格局，但主要集中在河北、山东、内蒙古等省（区、市），这三省（区、市）风电规模占国华风电总规模的85%，江苏省风电规模占10%，其他区域风电发展规模不大，基本处于起步阶段，且在甘肃、宁夏等西部地区，浙江、福建等沿海地区以及云南、贵州等西南地区还没有并网风电场。随着低风速风电技术的进步和相关技术示范工作的不断开展，中国中东部和南方地区可以就地消纳的分布式接入风电项目已经初步具备了推广应用的条件，而国华在上述区域的风电项目较少或没有，不利于国华抢占中国中东部和南方地区的风电市场（扣除2012年年底已累计核准容量，还有约5 700万千瓦的开发空间），同时也不利于国华应对弃风限电等不良因素造成的影响。

第三，开发方式较为单一，战略领域进入缓慢。截至2012年年底，国华累计并网风电规模已达315万千瓦，但基本是常规风电开发项目和陆地项目，中东部和南部地区低风速发展的分散式风电项目等风电最新战略领域基本未涉足。不利于国华掌握和了解当前风电发展的最新技术和理念，不利于今后开拓非常规风电项目。目前，环境压力不断加大，2013年9月10日，国务院就已经印发了《大气污染防治行动计划》，燃煤锅炉逐步被清洁能源供热取代，风电供热也是一种较好的发展方向，特别是在“三北”弃风较为严重的地区。同时，随着陆地风能资源的开发殆尽，以及海上风电发展配套政策措施的完善，今后海上风电必将成为风电发展的又一增长点。

第四，后续开发资金来源不足。根据未来发展计划综合核算，国华风电未来发展存在一定的资金缺口。而国华现有风电总体利润和自有资金存量并不能满足大规模发展需要，且资金来源多为自由股份的变现，资金来源结构较为单一。对国电龙源、大唐新能源、华能新能源三家企业来说，由于它们都是海外上市企业，资金来源除自身和集团公司支持外，还通过大量发行企业债券、增值扩股等融资渠道获得可持续发展的资金保障。上市也使这些企业借款成本降低，有力地抵消了部分财务成本。因此，国华应当继续恢复原有的资本运作功能，通过资本金融市场获得更好的资本支持。

通过内外部环境分析以及与上述三家风电开发企业的竞争力对比评价，绘制SWOT分析结果如表5-11所示。

表5–11 国华风电发展SWOT分析表

优势（S）	1. 管理水平较高，成本控制得当； 2. 资本结构好，负债低，风险小； 3. 资本盈利能力强，单位收益状况好； 4. 有母公司的强大支持
劣势（W）	1. 发展速度相对较慢，整体规模增长较缓，规模总量排名呈下降趋势； 2. 风电布局相对较集中，抗区域限电风险能力相对较弱
机遇（Q）	1. 政策的激励与扶持； 2. 电网正在加快建设； 3. 拟将出台的配额制要求国华大力开发风电
威胁（T）	1. 风电并网消纳困难； 2. 政府补贴资金滞后； 3. 竞争对手的赶超

5.3.2.2 国华风电发展战略建议

为此，国华应当整合自己的竞争发展战略，从区域布局、开发手段、综合能力和业务范围四个方面全面提升自己的发展战略，通过扎实经营，获得更好的发展空间。

（1）分散化与集中化协调的区域战略。分散发展与集中发展都具有各自的优势。分散开发对于缓解弃风限电现象较为有利，也有利用抢占全国风电市场空间；而集中开发有利于进行规模化开发和降低运行维护管理成本。当前国华风电项目布局主要分布在内蒙古、河北、山东等地区，产业布局较为集中，当这些区域弃风限电相对严重时，会使企业整体年平均利用小时数均低于区域及几大发电集团年平均利用小时数。而当这些区域弃风限电较轻时，这种集中式开发又会给国华带来比竞争同行企业更低的成本和更高的利润。因此，国华应紧密跟踪国家有关政策和电网规划建设情况，适时加大资源丰富地区的集中开发建设力度，建成集中、连片和规模化开发的风电优势。同时，鼓励各地区就地开发利用风能资源，分散项目风险，避免弃风带来的效益损失，扩展市场空间。具体来说，国华应当分区确定不同的整体开发战略。

（2）规模化和综合化一体的开发战略。由于风电行业属于规模化行业，规模越大，节省成本越多，综合管理的效率越高。因此，国华应当加快总体开发速度，形成更加整合、合理的发展规模，以促进更高效率的形成，借力神华集团产业优势，促进风电火电打捆一体化开发。

（3）专业化与一体化结合的业务战略。风电投资收益的重点在于前期抢占优势资源，以节约开发成本，但真正形成规模化产能后的盈利重点转向维护和运营。哪个企业能够形成成功的运、维体系，哪个企业就可以在风电发展上获得较大的优势。国华当前的运营能力较强，但仍有提升的空间。为减少项目投产后的弃风限电现象，提高项目的投资效益，建议国华在常规项目建设的同时，重视多元化的开发模式以促进风电项目开发、建设。如“点对网”发展模式、风电与工业企业协调消纳、风电供热项目、解决末端电网供电的风电项目等。

（4）多元化与国际化同步的提升战略。目前，中国风电开发以陆上开发为主，海上风电开发建设较为缓慢，而海上风电被普遍认为是未来重要的战略方向。建议国华风电开发以陆上开发为主，适时开展海上示范工程，为后期大规模开发海上风电初步积累技术力量和工程经验。另外，开发光伏和风电互补性项目。在扩大国内风电市场的同时，国华应当选择资源环境良好、政治稳定的国家和地区进行新能源产业的投资，适时延伸国外风电的开发市场。

5.4 战略研究

如前所述，中国亦拟将实施可再生能源配额制，而美国等施行配额制的国家大都是电力市场化的环境。随着中国电力市场改革不断深入，包括风电在内的发电行业也将步入市场化，风电开发市场竞争将日趋激烈，主要的大型风电开发企业开始面临潜在竞争者的进入威胁。前面综合评价表明，传统大型发电企业仍然具备很强的综合竞争力，不管是资金实力，还是在全国跑马圈地抢占风资源以及核准的风电规模，都远超后进入的企业。基于此，本节借助杨明和周琦（2007）的分析思想，建立模型分析大型风电开发企业基于装机容量的进入阻止竞争战略。

5.4.1 模型假设

为了建模需要，模型对中国发电市场结构进行简化，把综合竞争力较强的风电开发企业假设为一家企业，比如把装机容量排名前10的风电开发企业设定为D1；把其他各种风电开发企业假设为一家潜在进入的竞争企业，设定为D2。

设企业D1目前累计装机容量为K_1，如果没有新的风电开发企业进入，企业D1将以垄断利润最大化的装机容量进行发电；如果有企业进入，企业D1可以以满装机容量K_1发电。设企业D2是潜在进入企业，它以投资不可逆的成本 $I_2=\delta K_2^{\gamma}+rK_2$ 进入产业，成为一个装机容量为K_2的风电企业，和企业D1成为竞争对手。

假设市场是不确定的，反需求函数为：

$$P_t=\theta_t-bQ \tag{5-15}$$

其中，θ_t是市场需求的随机变量参数，t=0时知道它的期望值$E(\theta_{t=0})=\theta_0$，在任何t时刻，企业D1和企业D2都能观察到其现实值。

θ_t服从几何布朗运动：

$$\mathrm{d}\theta = a\theta+ \sigma\theta \mathrm{d}z$$

假设现在时刻为起始时刻0，企业D1已经在市场中。企业D2相信当它准备投资进入时，企业D1会以启动所有装机容量发电来阻止它的进入。

5.4.2 项目价值影响分析

设企业D2已经投资进入了风电开发行业，生产容量为K_2，这时企业D1将会启动所有装机容量K_1发电，企业D2将在剩余的市场需求上基于自身利润最大化的原则来决策其装机容量。

企业D2的当期利润流为：

$$\pi_2=\left[\theta-b\left(K_1+q_2\right)-c\right]-rK_2 \tag{5-16}$$

企业D2投资后利用其装机容量q来使其项目价值 V_2最大化，即：

$$V_2\left(\theta,K_1,K_2\right)=E_{\max_q}\int_0^{\infty}\pi_2\left[\theta\left(T+\tau\right),K_1,K_2,q\left(T+\tau\right)\right]\mathrm{e}^{-\rho\tau}\,\mathrm{d}\tau \tag{5-17}$$

其中，ρ为贴现率，T为企业D2进入风能发电市场的时刻。最优产量q_2可以根据瞬时利润最大化求得，由一阶条件：

$$\frac{\partial\pi_2}{\partial q_2}=0\Rightarrow\theta-bK_1-2bq-c=0\Rightarrow q_2=\frac{1}{2}\left(\frac{\theta-c}{b}-K_1\right) \tag{5-18}$$

因为$0\leqslant q_2\leqslant K_2$，由式（5-18）得到：

$$q_2=\begin{cases}0, & R_1:0\le\theta<c+bK_1=\theta_1\\ \frac{1}{2}\left(\frac{\theta-c}{b}-K_1\right), & R_2:c+bK_1\le\theta<c+b\left(K_1+2K_2\right)=\theta_2\\ K_2, & R_3:\theta\ge b\left(K_1+2K_2\right)=\theta_3\end{cases} \tag{5-19}$$

将公式（5-19）带入公式（5-16），可得：

$$\pi_2=\begin{cases}0, & \theta\in R_3\\ \frac{b}{4}\left(\frac{\theta-\theta_1}{b}\right)^2 & \theta\in R_2\\ \theta K_2-\theta^2K_2+bK_2^2, & \theta\in R_3\end{cases} \tag{5-20}$$

根据动态最优化方法，项目投资后的价值满足贝尔曼（Bellman）方程：

$$V_2=\pi_2\mathrm{d}t+\mathrm{e}^{-\rho\mathrm{d}t}E\left(V_2+\mathrm{d}V_2\right)$$

利用伊藤引理（Ito's lemma），得出投资后价值V_2满足的微分方程为：

$$\frac{1}{2}\sigma_2\theta_2\frac{\partial^2V_2}{\partial\theta^2}+\alpha\theta\frac{\partial V_2}{\partial\theta}-\rho V_2+\pi_2=0 \tag{5-21}$$

方程（5-21）的解为：

$$V_2\left(\theta,K_1,K_2\right)\Big|_{\theta\in R_j}=A_{j,1}\left(K_1,K_2\right)\theta^{\beta_1}+A_{j,2}\left(K_1,K_2\right)\theta^{\beta_2}+\bar{V}_j\left(\theta,K_1,K_2\right) \tag{5-22}$$

其中j=1,2,3，β_1,β_2是二次方程（5–23）的两根

$$\frac{1}{2}\beta(\beta-1)\sigma^2+\beta\alpha-\rho=0 \qquad (5\text{–}23)$$

其中，$\beta_1>0$，$\beta_2>0$。在这个解中，$A_{j,k}\left(j=1,2,3;k=1,2\right)$是关于$K_1$，$K_2$的函数，利用方程（5–22）的边界条件可以定出它们的值；而$\bar{V}_j$为微分方程（5–21）的特解。它是将式（5–20）带入式（5–17）中求得的：

$$\bar{V}_j=\begin{cases}0, & j=1\\ \dfrac{1}{4b}\left(\dfrac{\theta^2}{\rho-2\alpha-\sigma^2}-\dfrac{2\theta\theta_1}{\rho-\alpha}+\dfrac{\theta_1^{\ 2}}{\rho}\right), & j=2\\ \dfrac{K_2\theta}{\rho-\alpha}-\dfrac{K_2\theta_2}{\rho-\alpha}+\dfrac{bK_2^2}{\rho}, & j=3\end{cases} \qquad (5\text{–}24)$$

如本章5.4.2分析的一样，方程（5–22）结合边界条件可以计算得到：

$$\bar{V}_2=\begin{cases}A_{11}\theta^{\beta_1}, & j=1\\ A_{21}\theta^{\beta_1}+A_{22}\theta^{\beta_2}+\dfrac{1}{4b}\left(\dfrac{\theta^2}{\rho-2\alpha-\sigma^2}-\dfrac{2\theta\theta_1}{\rho-\alpha}+\dfrac{\theta_1^{\ 2}}{\rho}\right), & j=2\\ A_{32}\theta^{\beta_2}+\dfrac{K_2\theta}{\rho-\alpha}-\dfrac{K_2\theta_2}{\rho-\alpha}+\dfrac{bK_2^2}{\rho}, & j=3\end{cases} \qquad (5\text{–}25)$$

企业D2投资的风电项目价值V_2与其沉没成本I_2的差值就是投资项目的净现值，只有当投资项目的净现值大于0时，企业才会对项目进行投资。

根据式（5–25）推导求出的投资后风电项目价值V_2，可知它的大小与市场需求参数θ，企业D1的装机容量K_1及企业D2的装机容量K_2有关。通过参数仿真分析，如图5–3所示。

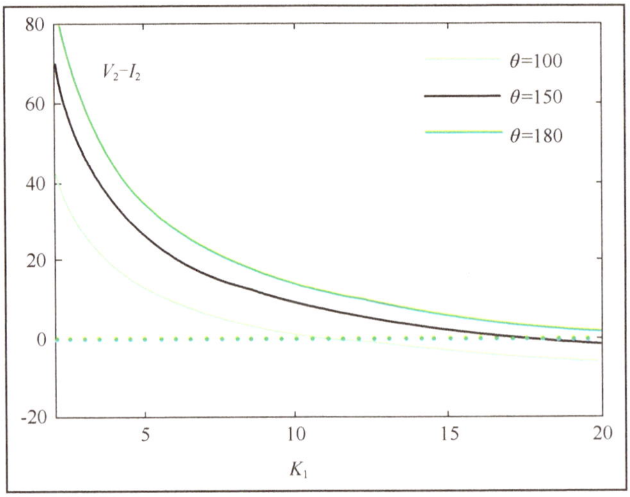

图5-3　企业D1装机容量K_1对企业D2投资收益的影响

图5-3表示的是潜在竞争企业D2投资进入风电开发市场后，其投资项目的净现值V_2-I_2与企业 D1的装机容量K_1和市场需求参数θ的曲线。表明大型风电开发企业的装机容量越大，企业D2投资的风电项目价值越小，因为剩余的市场需求变小了。

由于企业D2的投资项目价值减小，按照期权决策规则，企业D2会选择延迟投资，即等待市场好转、需求增大。所以企业D1的装机容量K_1设置得越大，就越减缓企业D2进入的时间。这样，企业D1就能够有更多的时间获得垄断利润。根据模型，理想的情况是D1拥有足够大的装机容量时，就能够使企业D2延迟投资。尽管这一条件受到资金和政府反垄断法的约束，但是模型表明D1的装机规模越大，越能拥有规模垄断利润并保持持久竞争力。

5.4.3　研究结论

（1）在不考虑施行绿色证书交易的情形下，第一，投资的期权价值随着电价增长而同向增长，企业最佳投资时机的临界值就是当电价达到某一个期望值时。第二，当投资的期权价值受到单位投资成本F_1和电价F_2双重不确定性因素影响时，最佳投资的临界点取决于单位投资成本F_1和电价F_2达到一个合适的比值关系。第三，单位投资成本与投资时机、装机容量成反比关系。单位投资成本减小时，企业投资时机越早，相应的装机容量越大。电价与投资时机成正比关系，企业总是期待着电价增长到一个能够促使企业决定投资的值，因此企业会倾向于等待电价波动的信息而推迟投资。第四，在参数确定的情况下，本节研究的模型可以在相应的投资成本以及电价情况下，帮助企业确定最佳投资时机和相应的装机容量。

（2）在考虑施行绿色证书交易情形下，通过数值模拟表明，单位投资成本与投资时机、装机容量成反比关系。单位投资成本减小时，企业投资时机越早，相应的装机容量也越大。随着电价和绿色证书交易获得补贴的增加，企业越倾向于早投资。同时，在参数确定的情况下，本节研究的模型可以在相应的投资成本、电价与绿色证书交易补贴情况下，帮助企业确定最佳投资时机和相应的装机容量。另外，通过上面的数值模拟结果可以发现，不同政策对投资者投资行为的相应影响。

首先，从投资者角度来说，在固定上网电价下，等待单位投资成本下降到一个临界值的时机进行投资是最佳的。对于无绿色证书交易的配额制而言，等待单位投资成本下降同时期待电价上涨到临界值的时机进行投资是最佳的。对于有绿色证书交易的配额制而言，等待单位投资成本下降同时期待电价和证书交易价格上涨到临界值的时机进行投资是最佳的。

其次，从政策效果角度看，在不同政策对投资者行为的影响下，投资者延迟投资的时间或时机长短排序分别是：有绿色证书交易的配额制长于无绿色证书交易的配额制，长于固定上网电价政策，也就是说固定上网电价政策更能激励企业更早地进行投资。

5.5 本章小结

企业绿色创新战略是应对当前生态环境日益恶化的重要途径。加强对企业的引导和管制，促进企业转向绿色生产方式已成为一个亟待解决的重大课题。在绿色经济浪潮席卷全球的今天，每家企业都必须用“绿色视角”重新审视自己的发展战略，探索绿色创新之路，推动企业绿色发展。

本章为政府制定推动企业实施绿色创新战略的管制政策提供了政策思路和实施路径。首先，政策制定者必须提高企业的绿色创新意识。通过加强绿色创新战略对企业持续经营的重要性的传播，让企业意识到实施绿色创新战略的意义，进而从根本上解决企业实施绿色创新战略的动力问题。其次，政府有关部门应该充分认识到各类利益相关者对企业绿色创新战略的推动作用，通过制定相关政策鼓励企业管理者的创新精神，利用媒体和环保组织的监督功能以及推广绿色消费理念，引导企业的产品开发方向等措施，推进企业的绿色创新战略。最后，政策制定者应从多维度降低企业实施绿色创新战略的成本，包括在基础设施配套、技术条件、行政法规政策等方面创造条件以促进企业开展绿色创新战略。

6 中国金融绿色创新研究

近年来，中国人民银行高度重视绿色金融发展，严格控制对高耗能高污染行业、环境违法企业的资金支持，引导各金融机构创新绿色金融产品和服务，加大对绿色产业、节能环保等领域的支持力度。国际上有关绿色金融的研究和实践方兴未艾，绿色债券、绿色证券、绿色保险和环境基金等创新型金融产品不断涌现，金融和生态环境保护融合的广度和深度不断拓展。国家"十三五"规划确定了创新、协调、绿色、开放、共享的发展理念，明确提出要建立绿色金融体系，发展绿色信贷、绿色债券，设立绿色发展基金。这也要求国内外学界深化对绿色金融基础性问题的研究，推动中国绿色金融政策落地生根，以金融绿色创新加强绿色金融业务交流，加快中国绿色金融产品和服务的创新步伐，宣传推广金融绿色创新理念，不断提升金融机构、企业和社会大众的环境保护意识和社会责任意识，为中国金融绿色创新创造良好的外部环境。

6.1 概念界定

可持续金融起源于可持续发展理念在金融领域的延伸。随着人们对环境污染和资源稀缺性的日益重视，自然环境可持续发展的相关讨论从20世纪80年代起便引起了社会的广泛关注。1987年，联合国世界环境与发展委员会（World Commission on Environment and Development）的报告《我们共同的未来》（Our Common Future）明确定义了"可持续发展"的概念——

"既能满足我们现今的需求，又不损害子孙后代能满足他们的需求的发展模式"。经济学家普遍认同可持续发展的概念（Giddings，2002；曹斌，2010；谢宗杰，2013），因为它很容易用经济学逻辑来表述和衡量：现在福利的增加不会导致未来福利的减少，即后代至少有权拥有与当代相当的经济机会和经济福利，人均福利不会随时间而减少。尽管可持续发展的理念已基本达成共识并在科学文献中被广泛应用，但可持续发展在金融领域的实践仍然处于发展探索期，可持续金融的概念仍没有被普遍接受的定义（Soppe， 2009）。

可持续金融是伴随着相关领域实践而发展和明晰的，最早可以追溯到1985年以及1987年联合国环境规划署（UNEP）倡导发起和签署的《保护臭氧层维也纳公约》和《关于消耗臭氧层物质的蒙特利尔议定书》（以下简称《蒙特利尔议定书》）①，这两个文件均突出了发达国家的环境责任，发达国家作为消耗臭氧层物质（Ozone Depleting Substances， ODS）的主要污染来源，认识到它们有责任和义务在财务和技术上帮助发展中国家实现《蒙特利尔议定书》所设定的目标②。1989年召开的《蒙特利尔议定书》缔约方第一次全体会议进一步规定了缔约方中的发达国家向缔约方发展中国家提供资金、援助、信贷、担保或保险计划，由此，国际社会为应对气候变化而形成的资金机制③（Financial Mechanism）初步建立。《蒙特利尔议定书》还提出了设立保护臭氧层国际基金（多边信托基金）的建议。1990年缔约方④第二次会议通过《蒙特利尔议定书》伦敦修正案，正式将建立多边基金机制的决议写入修正案，并由联合国开发计划署、联合

---

① 1987年9月16日，联合国所属24个会员国和22个非会员国在加拿大蒙特利尔所签署的环境保护公约（中国认为最初版本没有体现出发达国家是造成臭氧层耗减的主要责任方，对发展中国家要求不公平，并未签署，1991年签署了修正案），到2009年，该议定书发展成联合国承认的所有主权国家都加入了的多边环境协议。

② 《蒙特利尔议定书》对CFC-11，CFC-12，CFC-113，CFC-114，CFC-115等五项氟氯碳化物及三项哈龙的生产做了严格的管制规定,并针对上述不同物质制定了详细的控制限额和控制时间。

③ 经济学中对资金机制的定义是"提供融资的方法或来源，例如，银行贷款、债券、股票、储备金、存款和销售收入"。

④ 最初主要参与国家是以欧美为代表的发达经济体，修订后的版本获得广泛认同，发展中国家纷纷加入。

国环境规划署、联合国工发组织和世界银行四家国际机构负责执行多边基金项目的实施，多边基金的执行委员会负责监督基金的运行。发达国家同意捐资多边基金会，以帮助发展中国家分担利用安全替代品的部分成本，这可以认为是大气环境保护领域有运作实体（Operational Entity）依托的金融支持的开端。1992年12月，哥本哈根《蒙特利尔议定书》第四次缔约方大会确定临时多边基金成为一项永久资金机制。

与《蒙特利尔议定书》确定的多边基金相互补充，为发展中国家可持续发展项目提供资助的另一代表性资金机制是全球环境基金。全球环境基金最初是世界银行的一项支持全球环境保护和促进环境可持续发展的10亿美元试点项目。世界银行是发展中国家基础设施建设的重要资金来源之一。20世纪80年代之前，以促进世界发展为主旨的世界银行在发展中国家的基础设施项目投资中忽略了环境评价和影响，投资的一些高速公路项目加剧了雨林砍伐等一系列忽视环境保护的行动，因而受到社会的批评。在民间组织[①]的游说下，20世纪80年代初世界银行开始进行环境政策改革：增加环境职员、从促进传统经济发展转向促进环保和可持续经济发展。进一步的，世界银行1991年第五号决议成立全球环境基金（Global Environment Facility，GEF），由世界银行、联合国开发计划署和联合国环境规划署管理。美国、英国、法国、日本等21个发达国家向全球环境基金捐款约1.4亿美元作为三年试运行期的运行资金，在之后的正式运行期中，基金捐款国（主要是发达国家）定期向基金捐款。1994年全球环境基金重组，与世界银行分离，成为一个独立的常设机构，提高了发展中国家参与决策和项目实施的力度，吸引大量发展中国家加入、出资。全球环境基金主要是以直接赠款或其他形式的优惠贷款资助，为发展中国家或部分经济转型国家环境友好型领域的建设和发展提供资金支持，如在保持生物多样性、减缓气候恶化速度、防止化学品污染、保护国际水域、防止土地

① 这些民间组织包括:自然资源保护委员会（Natural Resources Defense Council）、地球之友（Friends of the Earth）、国家野生动物联合会（the National Wildlife Federation）和山岳协会（the Sierra Club）等。

退化、可持续森林管理及规避由毁林及森林退化带来的温室气体排放量增加、预防臭氧层损耗等重点领域开展环保活动，并由此取得全球环境保护的收益。自1991年以来，全球环境基金在其官方网站宣布已为165个发展中国家的3 690个项目提供了125亿美元的赠款，并带动了580亿美元的联合融资。经济发展方式的转型意味着需要向基础设施、创新技术和循环经济系统等大量投资，仅仅依靠国际组织发起的公共资金对于可持续发展项目的支持力度仍然有限，未来需要引导私人资金流向能够优化自然资源配置的项目。

可持续金融的早期实践不仅局限于设立环保专项基金，以系列减排政策工具的收入作为环保项目资金来源的方法也是实践的雏形之一。传统的减排政策主要通过增加企业的排污成本来限制乃至惩罚企业破坏环境的相关生产活动，以排污征税、排污权有偿使用等为代表的系列减排政策虽然在短时间内限制了企业的污染行为，但耗费了政府大量的监管费用，并且若治污成本更高，企业还是会选择缴纳罚金而非治理污染，因此探寻直接提供资金鼓励环保项目发展的金融路径是必要的。费特尔森（Feitelson）在1992年提出增加废水税、非可再生能源使用税、排污商品税等减排政策工具的税收，这些税收收入可以作为支持环境友好型长期项目的资金来源，这样在采用政策手段限制企业排污的同时，还可以为环境友好型发展提供优惠的资金支持。世界范围内的环境恶化速度超乎寻常的快，仅仅依靠遏制高能耗高污染的行政法规和公共财政政策是远远不够的，单纯只讲社会效益而非市场化的环保运行机制难以维系环境友好型项目的可持续发展。可持续金融就是探讨发展绿色经济的实际项目的融资问题（Cowan E，1999），它关注的是现实世界为了可持续发展目标进行的资金融通问题。

金融业是百业兴旺的活水，通过支持绿色可持续产业发展的金融活动，鼓励更多民间资本和私营环境友好型企业的发展，让更多资本流入环保事业中。国际组织对鼓励金融机构参与到可持续发展项目建设中给予高度重视。联合国环境规划署金融行动机构（UNEP FI）[①]于1997年推出修订后的《金融机构关于环境可持续发展的声明》，提倡金融服务业认同“可持续发展是经济和社会发展同环境保护之间的积极相互作用的结果”，强调支持可持续发展是政府、商业界和个人的集体责任。该声明得到了金融机构的积极响应，2004年就有45个国家208个金融机构和团体加入。基于金融机构可持续发展的自身需求，以及融资风险和产品开发的可持续性问题，金融机构应当在评估投资项目以及推出融资产品时考虑到潜在环境风险，并且通过内部公司治理来降低办公用品等消耗性的运营成本，这种可持续金融理念是金融业可持续发展的客观要求（Jeucken， 2001）。具体而言，针对银行的信贷业务，以低息贷款、加大绿色项目信贷比重等方式帮助环保产业、环保企业解决融资问题。另外，银行可以实施松紧差异的消费信贷政策，以贴息甚至免息的消费贷款鼓励环保消费。

可持续金融不仅包含了可持续项目融资的部分，可持续投资也是一项重要内容。随着公共部门以及金融部门对可持续发展项目的关注度日益增强，市场经济的直接参与者——企业在投资上考虑项目与环境是否友好也引起了各国政府、金融机构和学术界的广泛关注。艾隆·索（Aloy Soppe）在2004年首次提出了可持续公司金融（Sustainable Corporate Finance， SCF）的概念，他摒弃了传统的个体自利假设，认为实现个人效用最大化的范围还要考虑到伦理道德层面，对保护自然环境和扩大社会福利做出贡献也是个人收益增加的部分。公司追求的目标不应该是简单地实现股东利益最大化，还要实现经济、社会和环境的共同发展。因为公司的所有者不再单单局限于股东，还包含雇员、顾客、金融分析师等，这些人同样以其自身效用最大化的原则为公司提供决策信息的流入。2009年，艾隆进一步提出可持续的公司责任（Sustainable Corporate Responsibility， SCR）和社会责任投资（Socially Responsible Investments， SRI）是可持续金融的基础。社会责任

① 联合国环境规划署金融行动机构总部位于日内瓦，是联合国和全球金融业的联盟，以建立专项课题研究、举行可持续金融领域的专业培训、鼓励金融机构之间的成功经验及信息共享，组织国际性和地区性论坛及会议等为手段，致力于在全球金融机构的业务运营中推行最佳的可持续发展战略。

投资是一种特别的投资取向，投资过程中通过投资者对社会、经济发展和环境健康的关心，加上传统财务的考虑，使经济和社会都能获益。从可持续金融作为可持续的公司责任和社会责任投资的纽带角度出发，认为急需一种偏好可持续的融资支持和资本市场来激励可持续的公司责任和社会责任投资，比如，绿色优惠信贷政策以及可持续发展股票指数体系的建立。可持续性意味着往往以牺牲短期目标为代价来推动长期目标发展的需求，长期目标要求有长期的承诺，还需要保证资金流的稳定和可预测性。通用的企业报表大多是根据短期目标制定年度预算，进行通常的收入分配，因此，着眼于长期目标的项目需要可持续金融支持——相对独立的融资机制防止长期目标的投资资金不足，即一定的资金来源专用于特定的项目，并通过独立的金融管理工具（比如信托基金）进行运作。

综上所述，可持续金融是支持可持续发展的资金安排、信贷优惠政策以及机制安排，包括各类支持可持续发展项目建设的绿色基金、环保产业基金、绿色债券等，公共部门为支持可持续发展出台的系列优惠财政金融政策，金融机构对可持续发展项目的绿色信贷政策，以及其他为推动和保障可持续金融体系顺利运行而设立的碳交易市场、可持续股票指数、环境责任保险等机制安排。可持续金融倡导基于环保角度重新调整金融机构的经营理念、管理政策和业务流程，以促进或不伤害经济繁荣、生态环境和社会福祉的方式提供金融资本和风险管理产品服务，从而实现金融机构可持续发展和环境保护的双赢，进而实现整个经济的可持续发展。

6.2 政策创新

自1997年绿色金融概念提出和《京都议定书》签订以来，世界各国为履行相应责任，纷纷制定了相应的绿色发展政策，其中，绿色金融政策更是发挥了重要的作用。由于各国国情不同，彼此的绿色金融政策差异较大，各有利弊。研究各国绿色金融政策，既可以吸收各国先进的经验与做法，也可以对照自身不足得到有益启示，更有利于中国参与国际环境相关政策的讨论和制定。为此，本节首先总结发达国家的经验；其次，梳理中国绿色金融相关政策；其三，对比国内外绿色金融政策，分析中国的不足之处；最后，提出中国构建绿色金融政策体系的建议。

6.2.1 国外政策

6.2.1.1 美国的绿色金融政策

从中央银行看，2009年，美联储在制订经济刺激方案时，特别重视对可再生能源技术的贷款担保。从政策银行看，美国较早就通过进出口银行制定环境评估政策，对银行的各类贷款项目进行严格的评估和审核，成为贷款业务的一个重要环节，较好地避免了潜在环境债务。事实上，在美国的世界银行、IMF等国际金融机构也将这一理念和做法广泛地推广到发展中国家。从商业银行看，渣打银行、美国银行、汇丰银行积极参与碳交易政策和市场体系建设，各银行的业务渗透到市场的每个交易环节，已成为全球碳交易市场的重要构建者和参与者。具体看，包括金融扶持政策、绿色信贷政策、绿色产品服务政策等。

（1）上市融资政策。花旗银行与世界资源所合作，共同设立“新风险投资”项目，推动拉丁美洲绿色风险投资及绿色产业的发展；为葡萄牙能源公司收购美国地平线风能公司提供了全方位的金融咨询服务，还为巴西生物柴油公司在美上市提供证券承销服务；美国银行帮助“大洋电力科技”在美上市。

（2）绿色信贷政策。赤道原则[①]是世界各国达成共识的绿色信贷政策，但该原则在世界范围内的实施并非一帆风顺，而美国大部分商业银行都遵守该原则，其项目融资快速发展，极大地推动了全球绿色信贷市场的发展。

（3）绿色金融产品创新政策。美国一些大型商业银行为促进绿色金融产品及其衍生工具的开发，加大了研发投资力度。2007年，汇丰、巴克莱和摩根等银行分别推出了汇丰环球气候变化基准指数基金，巴克莱设立了全球碳指数基金和“JP 摩根环境指数—碳β”基金。

（4）绿色消费政策。花旗银行针对中低收入顾客推出了节能抵押产

① 是一套非强制的自愿性准则，用以决定交易以及管理社会及环境风险。

品，将其节能指标作为申请贷款的考核指标，并为居民购买太阳能和风能家电、新能源汽车等提供金融服务支持；巴克莱银行更是将其信用卡税后利润的50%用于应对气候变化项目，并为居民推出了呼吸卡、借记卡等金融产品。

6.2.1.2 欧洲的绿色金融政策

欧洲的绿色金融政策比较丰富，包括设立专业银行、加强贷款业务环境审核和建立碳交易市场等。

（1）从传统的金融业务政策体系看，德国设立了世界上第一家环保银行，随后波兰、英国和瑞典也建立了相关的专业银行；英国制定了一整套环境风险评估和控制体系，并对节能设备投资和技术开发项目给予贴息贷款或免息贷款等优惠政策；瑞典修改担保法案，让国家开发署为环保项目贷款提供信用担保；法国推出政府碳债券及贸易抵消证明等多元化金融政策。

（2）从碳交易政策体系看，制定了多种排放权交易机制，实施总量管制和交易模式。例如，英国的基线与信用额度模式，政府设立和管理清洁发展机制（CDM）市场、碳基金和碳交易中心；2000年，芬兰设立了联合履行机制（JI）/清洁发展机制（CDM）试验计划；奥地利创立信贷公共咨询公司（KPC），实施JI/CDM 项目。此外，一些国家设立了碳基金，如意大利碳基金、丹麦碳基金、西班牙碳基金和德国复兴信贷银行（KFW）碳基金。

6.2.1.3 韩国的绿色金融政策

2008年，韩国政府开始实施“低碳绿色增长战略”，出台了促进绿色增长的十大政策：有效减少温室气体排放政策、强化自立脱离石油能源政策、强化适应气候变化的能量政策、绿色技术开发及提高动力政策、绿色产业的培育政策、产业结构高度化政策、绿色经济基础建设政策、改善绿色国土交通政策、生活绿色创新政策和世界级绿色增长模范国政策。随后，为有效落实十大政策，推行实施“绿色金融”计划和设立多家绿色基金公司，极大地推进其全国生态技术设施建设和低碳技术开发。

另外，韩国政府修改政策法案，让政策银行和公共保险基金参与到绿色金融发展中。例如，韩国退休基金、韩国开发银行和韩国进出口银行分别投入6 600亿、10 000亿和8 400亿韩元支持绿色项目建设。为进一步推进绿色发展，2010年，韩国政府又公布实施了《低碳绿色增长基本法》，该法涉及一系列金融政策的相关规定。韩国养老基金、投资信托管理公司也纷纷设立相应的碳减排基金。近来，韩国商业银行——韩国国民银行设立可再生能源私有权益基金公司和优惠利率的绿色金融产品；韩国企业银行、韩国新韩银行、韩国友利银行、韩国水协银行和韩国农协银行等也积极参加低碳绿色增长行动，为顾客提供各种绿色金融服务。

6.2.1.4 日本的绿色金融政策

1993年，日本通产省为节能技术公司制定了相关的贷款优惠政策；日本政策投资银行制定了“保护环境型经营促进事业融资”制度，开发环境友好经营融资业务，在这项业务中提出了降低碳排放等严格的环境要求，也推出了环境评级贴息贷款优惠措施；而各大商业银行通过政策银行的环境评级系统，评估和监督各个贷款目标企业的环境风险，并对其制定差别化的贷款融资服务政策措施。日本滋贺银行开发了以“碳补偿”为主题的定期储蓄“未来的种子”的金融商品；日本金融机构还针对个人顾客出台了“环境保护和抗震措施融资”项目。日本企业设立了“琵琶湖原则援助资金”。

表6-1为部分国家和地区绿色金融政策的小结。

表6-1 部分国家和地区绿色金融政策

国家	主要绿色金融政策
美国	进出口银行环境评估政策，可再生能源技术和电力传输技术的贷款担保，碳交易市场机制，碳金融风险管理工具
欧洲	环境银行，贴息贷款或免（低）息贷款政策，环境风险评估政策，环境风险评级政策，担保项目优惠政策，碳交易中心，碳基金，碳交易市场机制
韩国	绿色基金公司，推行“绿色金融”计划，环境社会问题治理基金和环保基金公司，《低碳绿色增长基本法》，能源私有权益基金公司等
日本	环境友好经营融资业务，环境评级系统，援助基金等

注：根据李溪．国外绿色金融政策及其借鉴［J］．苏州大学学报，2011（6）等相关资料整理。

6.2.2 中国的绿色金融政策

在中国共产党十七大提出建设“资源节约型”和“环境友好型”社会后，中国环境保护部门、中国人民银行、证监会、银监会和保监会等政府部门先后联合或单独颁布实施了一系列与绿色信贷、绿色证券和绿色保险等相关的政策，将7万多家企业的8万余条环保信息纳入征信系统；出台《绿色信贷指引》，引导规范银行提升绿色信贷效果。同时构建了中央银行的“窗口指导模式”，设立了北京环境交易所和上海环境能源交易所；中国国家开发银行开发了“为节约能源和减少气体排放的节能减排专项贷款”项目，从而建立了相对完善的绿色金融政策体系。参见表6-2。

表6-2 中国绿色金融政策体系

项目	政策名称	时间	发布部门
绿色信贷	《关于进一步加强产业政策和信贷政策协调配合控制信贷风险有关问题的通知》	2004-04-30	发改委、人民银行、银监会
	《关于共享企业环保信息有关问题的通知》	2006-12-19	人民银行、环保总局
	《进一步改进和加强节能环保领域金融服务工作的指导意见》	2007-06-29	人民银行
	《关于落实环保政策法规防范信贷风险的意见》	2007-07-12	人民银行、银监会、环保总局
	《节能减排授信工作指导意见》	2007-11-23	银监会
	《关于防范和控制高耗能高污染行业贷款风险的通知》	2007-07-16	银监会
	《关于全面落实绿色信贷政策进一步完善信息共享工作的通知》	2009-06-16	环保部、人民银行
	《关于进一步做好金融服务支持重点产业调整振兴和抑制部分行业产能过剩的指导意见》	2009-12-12	人民银行、银监会、证监会
	《关于进一步做好支持节能减排和淘汰落后产能金融服务工作的意见》	2010-05-28	人民银行、银监会
	《绿色信贷指引的通知》	2012-02-24	银监会
	《绿色信贷实施情况关键评价指标》	2014-12-09	人民银行、银监会
	《能效信贷指引》	2015-01-19	银监会
绿色保险	《关于印发〈关于开展环境污染责任保险调研报告〉的通知》	2007-07-26	环保总局、保监会
	《关于环境污染责任保险工作的意见》	2007-12-04	环保总局

续表

项目	政策名称	时间	发布部门
绿色保险	《关于加强上市公司环保监督管理工作的指导意见》	2008	环保总局
	《环境风险评估技术指南——氯碱企业环境风险等级划分办法》	2010-01-06	环保部、保监会
	《关于开展环境污染强制责任保险试点工作的指导意见（试行）》	2013-01-21	环保部、保监会
	《关于〈环境风险评估技术指南——粗铅冶炼企业环境风险等级划分办法（试行）〉的通知》	2013-04-02	环保部
	《保险业服务新型城镇化发展的指导意见的通知》	2014-03-25	保监会
绿色证券	《进一步规范重点污染行业生产经营公司申请上市或再融资环境保护核查工作的通知》	2007-08-13	环保总局
	《关于重污染行业生产经营公司IPO申请申报文件的通知》	2008-01-09	证监会
	《关于加强上市公司的环境保护监督管理工作的指导意见》	2008-02-25	环保总局
	《关于进一步严格上市环保核查管理制度加强上市公司环保核查后督查工作的通知》	2010-07-08	环保部
	《关于进一步规范监督管理严格开展上市公司环保核查工作的通知》	2011-02-14	环保部
	《关于开展铅蓄电池和再生铅企业环保核查工作的通知》	2012-03-19	环保部
	《关于深入开展重点行业环保核查进一步强化工业污染防治工作的通知》	2012-03-22	环保部
	《关于进一步优化调整上市环保核查制度的通知》	2012-10-08	环保部
	《关于改革调整上市环保核查工作制度的通知》	2014-10-20	环保部

注：根据施晓春.吉林省绿色金融发展创新机制研究［J］.长春金融学院学报，2015（2）整理。

6.2.3 政策比较

（1）美国的绿色金融创新政策以市场为导向，政策为引导，充分尊重市场规律，强调商业银行的作用。美国借助高度发达的金融市场体系和优秀金融人才，将各个不同的项目产生的碳引导到金融市场，并创新一系列金融工具和产品，如碳现货、碳期货、碳期权和碳基金等标准的可交换的金融产品，将碳进行充分交换，既创新了金融工具，又达到了节能减排的效果。

（2）欧洲因其拥有高度一体化的经济和政策体系，通过构建碳交易机制形成了世界上最大的碳交易市场。可以看出，欧洲既强调金融市场的决定性作用，也加强了跨国之间的政策体系融合。与美国不同，欧洲构建碳交易市场机制的同时，制订了详细而周密的环境保护计划，形成与金融政策体系相得益彰的发展趋势。

（3）韩国政府环境主管部门起着主导作用，与金融部门制定相关绿色金融政策，建立了绿色情报披露制度、企业环境情报数据库等，非常强调对微观企业的监管。但近年来，政府主导逐渐向民间主导和市场牵引的绿色金融政策体系转变。

（4）日本绿色金融政策主要坚持奖惩并重，促进发展的原则，强调金融机构对污染企业申请贷款、上市融资、发行债券等应加以约束。同时，日本环境友好型经营融资业务强调全过程综合治理。通过与商业银行共享企业环境评级成果，一定程度上调动了商业银行对环境保护建设的积极性。总之，日本的政策较为严格，强调绿色信贷的作用，尤其是贷款前的审核监管极其严格。

与国外相比，中国绿色金融政策体系具有政策体系较为完善等优势，环境部门和金融部门能够相互合作，政府发挥了强有力的作用，但也存在一些不足：首先，中国绿色金融政策体系强调政府部门的监管，未能充分调动市场机制的调节作用；强调政府一般规章制度，而绿色金融立法不足。其次，强调传统的金融政策在节能环保方面的融资规制和支持作用，而缺乏绿色金融工具创新，未能提供咨询服务、跟踪维护、上市辅导等一系列全方位、全过程的综合金融服务。再次，中国强调环境风险管理，而对环保产业扶持主要是投融资政策制度，对微观企业的上市融资等高端金融服务不足。最后，中国已经成为全球第六大碳交易市场，但对中国节能减排的强烈需求而言，目前中国碳交易金融工具还太少、交易市场机制还不健全。

6.2.4 政策建议

（1）加强绿色金融立法。市场经济首先是法治经济，要充分发挥市场在碳排放资源配置中的决定作用，首先要健全相关法律法规，引导排放权的高效交易，主要内容包括环境容量权和碳排放权的确认和取得、市场交易程序及操作手段规范体系等。

（2）建立排放权交易制度的配套制度，主要包括主体资格审查制度、登记制度、报告制度、监测制度和纠纷仲裁制度。排放权主体资格确定是进行排放权交易的基础要求，需要对排放者的市场准入资格进行界定；排放申报登记是分配排污指标的基础，只有排放指标登记后才能明确交易双方是否达到排放最低要求，并对其交易情况进行有效登记，使得交易双方能够在环境部门的账户系统进行过户；建立相应的报告制度，一方面可以让政府得知其排放情况，摸清排放形式，也有利于其他企业搜寻潜在的交易客户，最重要的是有利于社会公众加强对企业排放行为的监督；排放权登记的前提是能够准确测度和评估企业排放水平，为此应完善排放监测体系，以便为排放权交易提供公正、科学的数据；在交易的过程中，市场主体难免会出现一些纠纷，此时，需要政府提供公平、公正的裁决，为此应建立相应的解决纠纷的制度。

（3）继续完善绿色金融投融资制度。首先，需要借鉴《赤道原则》的相关条款，结合中国实际，充分发挥行业组织和协会的作用，建立符合中国特点的绿色信贷指导目录和环境风险评估制度体系，为商业银行绿色金融产品服务提供明确指向。其次，充分利用金融机构的企业信用信息数据库，将企业排放和环境污染行为纳入企业征信系统，建立企业排放、污染信息披露制度。

（4）建立鼓励开发绿色金融工具制度，完善适合低碳经济发展的市场体系。首先，建立股票市场融资制度。由于低碳经济企业大多为处于初创期、成长期的中小企业，且大多属于高新技术企业、新能源和新材料等战略性新兴产业，前期资金投入大、研发周期长和投资风险较高，风险投资、股权投资等直接融资渠道更适合于该类企业。因此，应积极帮助低碳经济企业建立现代企业制度，加强生产经营管理，争取达到中小板、创业板等股票市场上市标准。其次，通过设立引导基金吸引社会资本成立股权投资机构，建设产权交易中心，拓展交易平台，为非上市企业股权转让交易创造良好的制度环境和平台。同时，应完善公司债券发行和完善债券担保、信用评级制度，逐步放松规模限制、简化发行流程、扩大发行额度，创造条件鼓励企业充分利用银行债券市场，发行短期融资券、中期票据、中小企业集合票据，从而丰富资金来源。最后，建立保护商业银行创新绿色金融产品制度，完善绿色金融产品风险评估和控制制度。

（5）完善配套财政税收政策。一是完善低碳技术创新的激励政策，推行科技人员、经营管理人员和低碳产品开发人员的技术入股、专利入股和持股经营政策，放宽低碳技术人员入股的比例限制；二是实施促进低碳技术创新的采购政策，通过政府购买和使用符合低碳认证标准的产品和服务，弥补市场机制的不足；三是试点开征二氧化碳税，对煤、石油、天然气等化石燃料征收环境税；四是建立征收生态环境补偿费制度，对生态环境造成直接影响的各项行为直接收取生态环境补偿费用。

6.3 产品创新

6.3.1 绿色信贷创新

对“绿色信贷”的准确定义学术界仍然存在着广泛的争议，其常被称为可持续融资（Sustainable Finance）或环境融资（Environmental Finance）。国外有学者认为，可持续融资是指银行通过其融资政策为可持续商业项目提供贷款机会，并通过收费服务产生社会影响力；银行还可以集中利用各种知识与信息，调配贷款手段，刺激可持续发展。此外，也有学者认为，环境融资涵盖了基于市场的特定金融工具，银行必须在借贷和投资策略中加入衡量环境问题的标准。同时，这些环境问题还催生了广泛的创新金融产品。这些金融产品为有环保意识的个人和企业提供了更为便捷的融资渠道（Sonia Labatt，Rodney White，2002）。国内学者认为，“绿色信贷”指的是商业银行和政策性银行等金融机构，依据国家的环境经济政策和产业政策，对研发、生产治污设施，从事生态保护与建设，开发、利用新能源，从事循环经济生产、绿色制造和生态农业的企业或机构提供贷款扶持并实施优惠性的低利率；对污染生产和污染企业的新建项目投资贷款和流动资金进行贷款额度限制并实施惩罚性高利率的政策手段（何德旭，张雪兰，2007）。

笔者在已有文献的基础上，总结出绿色信贷应当包括三层特性：第一，银行在以往的信贷操作中以自身利益最大化为唯一标准，而绿色信贷政策要求银行承担更多的社会责任和环保义务，要求银行转变以往的信贷理念，更好地适应社会可持续发展的要求，尤其是在中国经济转型和产业结构调整中应当发挥积极的作用。第二，在资金流向方面，如新能源汽车产业、农村环境改造等符合国家产业调整政策的项目上，应在风险可控的情况下给予更大的信贷优惠和支持；对于不符合产业结构调整的“两高企业”和落后淘汰项目，应当加以信贷约束。第三，绿色信贷并不意味着银行不考虑自身的利益，只是响应政策号召，也绝不是做慈善。在环保诉求不断提高，环境风险增加的背景下，发展绿色信贷同样可以为银行带来巨大商机，绿色信贷是商业信贷形式的深化和时代化。

6.3.1.1　关于绿色信贷在国内发展的环境分析

（1）宏观经济环境分析。从宏观上看，当前中国的产业结构优化与升级正在如火如荼地进行，环境保护关系到每个人的具体利益，绿色信贷的出现与积极发展具有重要的导向与规划作用。绿色信贷的积极发展不仅是中国环境保护的重要内容，更是国际环境保护的重要发展方向，中国政府所制定的绿色信贷法制意见在此大背景下意义重大，极大地促进着中国经济的绿色健康发展。因此，财政政策的重点将是加快促进经济发展方式的转变。因为只有经济发展方式转变了，才能从根本上实现国家的可持续发展。与此同时，由国家工信部牵头拟定，2010年初由国务院12个相关部委共同制定出台了《加快淘汰落后产能指导意见》。意见重点关注了煤炭、电力、铁合金、电石、焦炭、有色金属、钢铁、轻工、建材和纺织等10个行业，在未来的两年到三年内，要根据行业的具体特点，制定出对淘汰落后产能企业的任务总数，随后把需要淘汰的企业分散到各个地方；各地淘汰落后产能的情况，将直接与地方政府的绩效接轨。对不能定期完成企业淘汰工作的地方政府，相关部门将停止对该区域的考核。如：环保部门将停止对该地方的项目环境考评，国家发改委同样会结束对该地域其他项目的考核和批复，国土资源部也会停止批复该地区新增土地的使用权限。

（2）结合相关部门发布的对金融服务支持重点产业调整振兴和抑制政策导向分析部分行业产能过剩的具体指导意见，推测信贷政策导向为宽松、适度和相机抉择。具体表现为三个方面：其一，控制信贷总量，即信贷增速将会下降；其二，调整信贷投向，即要有保有压，抑制产能过剩；其三，相关信贷部门发布平滑的信贷管理办法，不希望信用贷款的大幅起落。在绿色信贷的相关意见要求与约束下，中国的各大银行与其他金融机构应该积极遵循国家有关意见、方针，做好绿色信贷的实际执行工作，将真正的环保经济、可持续经济项目的资金扶持落到实处，对污染大、能耗大的产业进行资金的限制，以从源头上控制其发展，并督促其完成产业结构的优化升级。在“区别对待，有保有压”的绿色信贷投放原则下，实现经济的绿色健康发展。

（3）银行信贷发展分析。随着社会经济的发展，近些年，碳的交易量持续增加，国际上的碳交易吸引了更多的主体经济参与其中。其中包括关于碳排放权利的提供者和最终的使用者，还包括一些金融性质的中介机构，它们在碳交易中也发挥了重要作用。碳的交易已经成为未来经济市场发展的一座重要灯塔，拓展和开辟碳交易市场至关重要。与此同时，银行业内的绿色信贷业务也得到了发展和创新。

中国兴业银行、国家开发银行等尝试性地参与碳交易市场中，创新绿色信贷业务，并取得了一定进展。在国内商业银行的实践中，同样推出了很多种新型的融资方案。其中包括清洁技术的开发及相关应用项目的具体创新（如节能服务商模式，EMC等），在一定程度上控制了项目开发所需成本及面临的风险。但在形式上，目前中国商业性质的银行在碳交易市场上都集中在附加值相对较低和下游的环节，金融业务形式相对单一。在一些领域涉足相对较少，如项目的咨询、相关衍生行业的金融开发以及二级交易市场。所以，为了获取全新的经济增长点和更多的发展机会，中国的商业银行更应该做好一系列的知识和人才的储备，用来应对全球碳金融业务的崛起和发展。

6.3.1.2 中国绿色信贷实施现状

作为中国现有的商业银行，工商银行是第一个提出建立信用贷款“环保一票否决”制度的国有银行，主要是对一些被列入“流域性限批”“区域性限批”的地区，暂时暂停一系列的信贷支持，对一些不符合中国环保政策的工程不发放信用贷款。建设银行把电力、城市污水、火力发电、高炉等的环境治理和尾气的重复利用等一系列重点项目列入优先支持名录，相继制定并出台了关于节能减排的工作方案等相关的举措，用以开展业务的创新和调整信贷的结构。开发银行作为中国的政策性银行，在建立节能减排的专项贷款和控制“两高”行业的贷款上严格控制。兴业银行首先在国内开发出支持气候变化类融资产品——能效贷款，通过账户管理有效控制第一还款来源等。在关于企业的环境违法情况方面，中国人民银行接收到了3万多条来自环保总局的信息，各商业银行对违法企业采取了一系列的限贷及停贷措施。

与此同时，为切实推进经济发展方式的转变，关于“绿色信贷”的问题，人民银行提出了未来的工作方向：一方面，重点支持环境保护的产业，加强信用贷款具体政策的“窗口指导”，从源头上对“两高一资”和“两高一剩”项目的贷款进行限制。另一方面，积极学习国外先进的碳交易模式，结合实际开展排放的具体配额制度、对排放配额市场的可操作性进行深入研究。除此之外，还应完善关于金融扶植环保的各种激励及约束的相关制度，更加充分地发挥将环境保护信息纳入征信系统的作用，对节能减排的龙头企业加强跟踪。

目前，商业银行绿色信贷探索的亮点在于可持续的金融发展业务。结合当前形势，中国的商业银行与世界银行下属的国际金融企业通力合作，主要负责为充分利用清洁能源和开发可再生能源的中小企业提供能效贷款。与此同时，中国的各家银行对于节能环保的相关金融市场所产生的新业务进行全方位的学习和探索，为研发全新的能效融资方式努力奋斗。

6.3.1.3　中国商业银行绿色信贷创新业务存在的问题

（1）商业银行在履行社会责任与获取商业利益的冲突。绿色信贷的相关理念在某种程度上暗示着商业银行所应尽到的社会职责。但是，随着市场经济的发展，受利益的驱使，商业银行出于利益的考虑，也存在部分唯利是图、不顾环境与法制规范的信贷投放问题。商业银行为追逐利益，将社会责任弃之不顾，将商业道德弃之不顾，加上商业银行作为市场运作的主体，如果不能盈利，它本身的经营与发展也会受到限制。而那些高污染、高能耗的项目往往盈利较大、资金回收周期较短，为了完成银行的竞争性发展，很多银行不得不加入到这些项目的资金信贷中，以实现自身的经营利益。因此，商业银行的社会责任与其积极的商业化经营存在一定的矛盾，这是难以规避的，也是绿色信贷难以完全贯彻执行的真正原因。

（2）关于政、银、企的“利益同谋化”问题。随着中国市场经济的不断推进，中国的银行、政府、企业之间受利益的影响分歧加大。当前，政府为了国民经济的持续健康发展，积极鼓励并引导企业注重环保，注重节约。而绿色经济的发展往往盈利的时间长，投入的资金大，这不仅需要银行的资金支持，同样需要企业的积极参与。但是自改革开放以来，受地方政府的地方保护主义影响，很多高能耗、高污染的企业往往是当地的纳税大户，是银行信贷的重要客户，是地方经济的重要支柱。为了实现利益的最大化，地方政府会积极地保全地方的经济政绩。银行要完成自身的经营利益，通过“多贷增效”等方式在市场化中达到自身的盈利目标。这种情况的存在，对于绿色信贷的贯彻执行具有较大的矛盾与冲突，受利益的驱使，很多地方政府不顾长远发展，银行不顾长期利益与法制约束，依旧给高污染、高能耗企业敞开信贷的资金大门，使得绿色信贷浮于形式，难以落到实处。

（3）企业的违约成本问题。人类生存发展环境长期以来受到了企业无节制污染的严重影响，加上地方政府为了保全其经济政绩，对严重污染环境的企业没有采取强制性措施，更增加了企业污染的随意性和无惧性。为了获得更多的经济利益，企业不仅不维护生态环境，甚至出现了部分企业认交环境污染罚款的情况，这些不良的企业经营行为对中国经济的绿色健康发展带来了严重的负面影响。而且，当前中国对于环境污染的惩处政策不尽完善，相关的资金惩罚额度不大，政府的罚金对企业来说只是九牛一毛，不足以影响企业发展的大局。企业因污染所带来的企业违约成本少，在巨大的利益下，难以真正地对企业进行强有力的环境监督与保障。从这一点来讲，社会行政和金融机构应该更好地扶植那些能够充分尽到绿色环保责任的企业，让其取得较好的经济效益和社会效益，在社会上形成一种自觉节能减排、保护环境的热潮。但当前社会现象并不乐观，一些企业对环保问题并不关心。如在能源和电力行业，由于存在着很大的利益空间，导致大规模的资金和人力投入，巨大的获利空间的驱使和企业的原始冲动促使污染企业进行更多的项目开发和融资。

（4）企业环保中信息不对称的问题。当前，中国的环境保护问题越来越严重，国家虽然就此积极地颁布了约束政策，但是企业环保中的信息不对称问题依然存在。2007年，国家有关部门就企业的环境问题颁布了“共享企业环保信息”的文件，文件要求相关企业应建立自主的信用信息方面的数据库，让社会各界和相关金融机构等都能够全面系统地了解企业的环保信息。但是在企业的实际执行过程中，企业为了更好地展示自己的外在经营形象，出现了大量的弄虚造假、粉饰环保数据与信息的情况，让相关金融机构与社会各界对环保信息的真实性难以获得全面了解，难以保证绿色信贷的资金投放真正落到实处。

6.3.1.4 中国商业银行创新绿色信贷业务的风险分析与评估

（1）创新绿色信贷的环境风险分析。金融作为一种解决环境污染问题的微观机制，能够直接影响并作用于当代的微观经济主命脉。对银行来讲，之所以参加绿色信贷，不纯粹是为了承担社会的环保责任，还包括其他两方面的问题：一方面，绿色的信用贷款通过创新能够使企业的污染成本降低，并且达到内部化，很好地避免了贷款对象因环境的影响不能偿付银行的贷款的问题，从而降低了银行资金的风险；另一方面，银行可以借助绿色信贷所达到的环保效果增加其公信力和美誉度，从而更好地开拓绿色环保市场并且获得一定的企业收益。

商业银行创新绿色信贷主要面临四种风险：一是信贷风险。银行的信贷客户在受到环境规章制度和政策变化的影响时，因其承担一定的环境整改重任，就必须要增加企业的成本投入，最甚者还可能会使企业面临倒闭的危险，借贷风险随即产生。二是法律方面的风险。对法律风险来讲，如果银行同样要遵守环境安全的各项法规，那么银行就必须要为企业污染所产生的赔偿和企业清除污染所耗费的相关费用负直接责任，面临着一定的法律风险。三是来自市场的风险。随着社会的发展，保护环境的各项法规和政府的重视力度将逐渐加强，进而导致环境污染严重的企业在市场中慢慢退去，对银行造成市场风险。四是声誉方面的风险。对破坏环境的企业来讲，作为银行方面，要为其破坏环境承担一定的声誉方面的风险。

（2）创新绿色信贷业务的风险分类及评估。

第一，环境和社会标准分类。根据赤道原则，赤道银行应参照IFC的环境与社会标准将贷款项目分为三类，用英文字母A，B，C表示，代表社会与环境方面的高、中、低三种风险。作为商业银行，在实际操作中为了提高基础审贷的工作效率，往往会针对不同的环境，把信贷按照所办项目的风险指数分为高、中、低档。针对不同的环境风险授信项目，各自的专家认证、风险评估和具体内部研究，具体实施情况需根据贷款申请移送至总行或者地区的分行，由外部人员开展评估。

第二，环境与社会风险评估。根据赤道原则，作为商业银行，会根据评估所产生的结果做出是否审批、提交及如何发放贷款等一系列决定。其中，对绿色信贷创新业务的风险评估需注意四个方面：①相关环境风险发生的概率；②环境风险发生的级数；③环境风险的影响持续期；④能否通过相关环境保护法的具体要求。

6.3.1.5　中国商业银行发展绿色信贷创新业务的对策

（1）构建针对商业银行的内部激励和约束机制。从长远角度看，对商业银行来讲，积极发展绿色信用贷款有利于推动银行贷款结构的转变，但是，从近期利益看，这并不是银行的理智性做法。作为政府机关，除了对高污染的企业进行惩治之外，还应采取系列的激励方式。例如，通过财政补贴和减免税收等政策，带领商业银行扶植那些当前发展效益不是很好的环保企业，充分调动商业银行实施并推广绿色信用贷款的主观能动性。

（2）绿色信贷的发展要靠政策和商业银行的共同扶持，还应强化其他金融配合。首先，站在中国基本国情角度考虑，绿色信贷单纯依靠商业银行的扶持是不符合基本国情的。因此，政策性的金融活动仍是环保问题的根本解决方式。进而，在一定程度上，创新型的金融支持方式将发挥无可替代的作用。其次，单纯地依靠信用贷款在当前“金融脱媒”（在进行交易时跳过所有中间人而直接在供需双方进行，又称“金融非中介”）的情况下，对企业产生的影响较小。因此，一些环境保险类的产品和民间自主建立的循环性经济专项资金等其他方式，对环保企业的支持同样值得重视和考虑。

（3）把企业绿色标准法定化并尽快推进。针对企业绿色标准的法定化，具体有以下两点：第一，想要做到在制度上约束，就应尽快制定和完备相关的政策和法律条文，全面健全商业银行的绿色信贷管理与执行规范，让银行等金融机构从源头上严格把控，严厉约束企业的相关经营活动，以有效的手段保护环境与经济的可持续发展。第二，尽快推行中国企业的绿色标准化、绿色法定化，对于实施绿色经营的企业给予良好的绿色信贷支持，并对其社会形象做一定的物质与精神鼓励，更好地吸引越来越多的企业参与到绿色标准的法定化建设中来。

（4）制定企业环保信息的优化披露机制。在实践中，受企业环保信息不对称等多方面因素的影响，加上地方保护主义的影响，相关环保部门和地方政府可能在银行的审查工作中抱漠视的态度，银行等金融机构难以全面有效地对企业的环境风险情况进行准确的信息审核与评定。这种现象的存在极大地增加了银行信贷的环境风险，也不利于绿色信贷的有效推进与积极发展，因此，不断地完善企业环保信息的披露机制，优化信息披露的全面性、准确性和充分性意义重大。可以参考国外的企业环保信息披露机制，介入第三方的披露力量，帮助企业更加公开透明地提供相关经营的环境风险信息，以保证银行绿色信贷审核的真实性与准确性，维护经济的绿色健康发展。

（5）创新绿色信贷产品和服务，转变能源消费模式。随着中国经济可持续发展浪潮的不断推进，环境污染问题面临着严峻考验。中国急需在环境保护和企业转型上进行大胆的创新。在能源发展和污染排放方面对金融支持结构进行探索和创新迫在眉睫。

第一，要合理利用担保和信用贷款价格的放大效应，督促和有效指导环境保护。现代能源竞争市场的发展方向是从现代的结构逐渐向低碳生活靠拢，能源价格作为其关键变量，发挥着至关重要的作用。通过对绿色信贷的创新及担保机制的形成，对于那些低碳、污染小的新能源的开发、生产及消费采用财政补贴、低利率、退税补偿等一系列优惠政策。相反，对于那些高污染、高排放，但没有被国家列入淘汰范围的企业，采用提供担保、高利息等信用贷款限制方式。通过能源价格和信用贷款价格的充分配合，获得一定的成本变量，积极鼓励并引导企业走技术发展、保护环境的道路，监督企业转变对能源的消费和利用模式，使能源能够真正作为一种从生产者传递到消费者的正规化资源，逐渐改变中国现有的对能源的错误认识，走可持续发展道路。对于中国现有的环境及人口资源对可持续发展的制约问题，中国应坚定不移地建设信息化有效带动工业化及城镇化的相关金融机制。

第二，对排放额度在交易市场中的金融支持进行探索。排放额度为刚性约束，它的作用是迫使企业走低碳生产路线。排放额度具有较为挑剔的市场交易机制，它需要市场和政府、企业的并购上市和排放额度有机结合，从而达到调控市场的最终目标。

第三，对环境保护的支持工具是金融的创新。针对环境保护对中国的重要性及国家的重视，金融业应发挥出不可替代的作用。例如，开展实施并购贷款、设备租赁、长期票据和项目信托等新兴的金融工具，努力保障国家的环保项目得以顺利实施。

6.3.2 绿色保险创新

绿色保险，主要是指环境污染责任保险，它是以企业发生污染事故对第三者造成的损害依法应承担的赔偿责任为标的的保险。这一制度对促进生态文明建设有着重要作用：一是减少污染事故，促进安全生产。绿色保险的浮动费率能够发挥奖惩作用，它通过事前介入，有助于重大安全事故的预防；通过事后调查，则有助于加强安全生产的监督工作。二是预防和妥善处理环境公共安全事故。绿色保险制度改变了环境安全事故善后工作完全由政府“一肩挑”的状况，减轻了政府的负担；它还可以利用市场机制开展防灾防损，减少环境灾害事故的发生。三是加强消费者权益保护。绿色保险是一种市场化的手段，消费者不需要全程参与漫长而烦琐的诉讼过程，提高了维权的效率。四是减少社会纠纷。绿色保险使受到环境责任事故或污染损害者的经济损失得到及时补偿，有助于稳定受害者情绪、减少社会不稳定因素。

随着执政理念的日益成熟，中国各级政府越来越重视生态文明建设，对绿色保险建设给予了足够的支持。《国务院关于保险业改革发展的若干意见》中明确指出，要大力发展环境责任保险；国家环保部和中国保监会联合发布的《关于环境污染责任保险工作的指导意见》也提出了绿色保险试点的具体要求和建设内容；各级地方政府在试点过程中也出台了绿色保险的政策细则，在绿色保险实践方面积累了一定的经验。

近年来，中国可再生能源产业发展迅速，特别是风电、水电方面，中国已进入可再生能源大国行列。在2009年举行的第15届哥本哈根联合国气候变化大会上，中国承诺到2020年将二氧化碳排放量降低40%到45%，并使非化石能源占一次能源消费的比重达到15%左右。完成这些目标需要付出巨大的努力，会带来诸多潜在的风险。可以引进创新性解决方案，例如，碳封存保险、碳交付担保、太阳光电模组性能保证保险，以及为太阳能发电厂运营提供的创新性保险解决方案。

6.3.2.1 绿色保险的特征

尽管如此，中国绿色保险制度的发展仍然无法突破瓶颈，绿色保险的投保率依然很低，积累的绿色保险基金规模仍然有限，在污染事故赔付中绿色保险仍然无法担当主角。从经济角度分析，这与绿色保险本身的特点有关，也与保险中三方关系人的最优选择有关。

（1）绿色保险具有巨灾风险的特征。绿色保险一旦发生，赔付往往额度巨大，而且一起环境污染致损事件被认定后，往往会引起一系列相关赔案的发生，从而造成保险公司的“巨灾”。这样的特征必将导致产生较高的保费，会使投保人在投保几年无赔付的情况下轻视潜在的风险，并认为保费过高而不愿再投保；也会使投保人认识到未来或有巨额赔付的保险公司不愿调降费率，从而形成保险人与投保人无法达成合意保费的情况。

（2）从投保企业最大化期望收益的角度看，企业在面临环境污染的法律赔偿下具有一种期权性质。当一家股份制企业面临的或有环境污染赔偿发生时，企业极有可能面临破产，但只以其出资额为限承担赔偿责任。如果购买保险，保险公司会进行全额赔付，当然这种赔付将计入成本。也就是说，企业不投保时相当于获得了一种期权，即当损失超过资本金后可以不再赔付；或赔偿数额越大，超出企业资本金的可能性及数额就越大，期权价值也就越大，企业就越不愿意购买保险。

（3）保险公司从防控风险的角度考虑不愿降费。目前，国内绿色保险市场上主流的绿色保险费率一般在2%~10%，高于其他可比保险产品的费率水平；同时，参与试点的很多省份绿色保险几乎没有索赔记录，总体赔付水平很低，实际赔付率与保险费率水平明显不匹配。这也体现了巨灾风险的特点，过去几年赔付水平低并不意味着整体风险水平低，为抵御未来的大额赔付，保险公司必须建立巨灾准备金，而这又将使费率坚挺。

以上三点，决定了保险人无法调降费率，而投保人投保意愿较低的现状。笔者认为，要改变这种情况，政府需要有所作为。因为，环境污染具有很强的负外部性，仅依靠市场解决污染问题，常无法达成合意的结果，即出现市场失灵。这时需要政府介入，以其强制力或财务杠杆手段协助双方达成交易。

6.3.2.3 政府介入

（1）更新观念，形成对保险机制的合理定位和预期。绿色保险是在生态环境保护责任追究制度健全的前提下，以市场化手段促进环境损害赔偿制度的落实。因此，在强调绿色保险制度建设的同时，不能忽视其他机制的作用。应当从事故预防、灾害控制到损失赔偿等各个环节入手，构建包括绿色保险在内的综合、立体、系统的环境风险管理框架。在此基础上，区分不同的环境风险，明确绿色保险制度发挥作用的核心领域。从风险管理的原理看，保险机制只适用于解决那些损失频率低而损失程度高的风险，应当通过适当的风险评估方法对环境污染风险进行细分，通过损失频率和损失程度区分不同的风险，将环境风险管理的流程进行分解，使企业、政府和保险公司在各自擅长的领域发挥作用。

（2）加强基础建设，完善绿色保险制度。要加强立法，在不同层次的法律中列明对于不同行业、不同企业的绿色保险投保标准和指南，完善环境污染的民事救济，探索环境公益诉讼制度，加大对重大环境刑事犯罪的打击力度，使绿色保险制度得到具体的法律保障。要加快推进环保技术研发和专业人才培养，为绿色保险的可持续发展提供合格的承保人、理赔员。还应着力建设信息平台，建立环境污染损失数据库，为环境风险管理和绿色产品定价提供基础数据。

（3）加强管理，保证绿色保险制度的运行效率。要积极推动绿色保险的产品创新，建议环保部联合保监会组织专门队伍，对当前主要的绿色保险产品进行梳理，制定出保险责任范围较窄的基本条款，并将基本条款中的除外责任制作成多个附加险种，供市场选择。在此基础上，保险公司可以开发自己的个性化产品。要建立绿色保险的政策激励机制，通过出台相关的激励机制，减轻企业投保绿色保险的财务压力，提高投保积极性。

6.3.3 绿色债券创新

绿色金融债券，是政策性银行、商业银行、企业集团财务公司及其他金融机构，在国际金融组织和政府的政策及资金支持下，发行的专用于绿色环保项目的债券。由于绿色债券的发行方所在行业多有政府实行的贴息政策支持，信用级别较高，可以较低利率融集资金来支持融资期限相对较长的可持续发展项目。绿色金融债券旨在投资支持环保产业发展题材的可持续项目，投资者主要包括大型机构投资者和部分高净值个人投资者。绿色债券能够吸引投资者的原因，不仅在于绿色题材所带来的正面社会价值，还具有期限较短、流动性高的特征。绿色债券的期限比其提供融资支持的项目短很多，一般为3~7年，具有二级市场的高流动性。并且，部分绿色债券享受免税优惠，债券购买者也能获得良好的投资回报率。通过投资绿色债券，投资者可以避免对单个环保类项目投资的风险，而且世界银行以及其他发行机构本身会对所投资的项目进行严格筛选，进一步保证了绿色债券投资的低风险性。

2008年，世界银行发行了世界上第一只绿色债券，到2012年末，世界银行发行的绿色债券已达30亿美元，占全球发行的绿色债券总市值的50%。国际上已发行绿色债券的机构包括：世界银行（the World Bank，WB）、亚洲开发银行（Asian Development Bank， ADB）、欧洲投资银行（European Investment Bank， EIB）、英国绿色投资银行（the UK Green Investment Bank， GIB）和韩国进出口银行（Korea Eximbank， KE）等，发达国家的绿色金融债券已经发展成为一个较为成熟的可持续金融产品。

目前，中国已有学者对于绿色债券发行的国外历史经验、融资主体、实行推广的具体操作建议，以及未来发展前景等方面进行了深入探讨（熊学萍，2004；王遥，2012；王彤宇，2014；马骏，2015）。气候债券倡议组织、国际可持续发展研究院和中国人民大学重阳金融研究院于2015年3月在北京联合发布了《发展中国绿色债券市场：中国金融格局变化背景下给决策者的建议》的报告，介绍了中国债券市场的现状和在中短期金融改革中的变化趋势。该报告重点建议在中国建立多方参与的绿色债券第三方核查体系，将绿色定义加入到信用评级体系中，绿色气候基金与政府合作为绿色债券（绿色市政收益债券和绿色PPP 项目债券）提供部分信用担保，为绿色企业债、公司债和中期票据的利息提供企业税收抵免政策，加强信息披露等。表6–3为中国发行绿色债券的情况。

表6–3 中国的潜在绿色债券发行人和国际先例

国债券发行人种类	国际市场绿色债券相关案例
政策性银行——中国国家开发银行、中国农业发展银行、中国进出口银行	德国国家复兴信贷银行（KfW）已经发行两类绿色债券，2014 年时的价值分别为15 亿欧元（合人民币113 亿元）和15 亿美元（合人民币93 亿元）。债券所募集资金用于KfW 的可再生能源投资计划
财政部	无
中央银行——中国人民银行	无
地方政府——28 个省和4个直辖市	2014年6月，南非约翰内斯堡发行了15 亿南非兰特（合人民币8亿元）的绿色债券，为太阳能、废物转化能源项目和混合动力公交车融资。这是新兴市场第一次发行绿色市政债券。2014年9月，美国加利福尼亚州发行了3 亿美元（合人民币19 亿元）的绿色债券，其所募资金用于水利和公共交通项目
公司债券——国有公用事业和基础设施公司以及私营公司	2013 年11 月，法国电力公司发行了14 亿欧元（合人民币106 亿元）的绿色债券，为可再生能源项目融资。2014 年3 月，丰田公司以非绿色汽车贷款做抵押，发行了17.5 亿美元（约合人民币109 亿元）的绿色汽车贷款，以资助混合动力和电动汽车项目
熊猫债券——迄今为止主要发行者包括亚洲开发银行、国际金融公司和日本国际协力银行	2014 年8 月，国际金融公司在秘鲁发行了4 200 万新索尔（合人民币8 710 万元）的绿色债券，所募资金用于可再生能源和节能项目

绿色债券的创新要求中国做到：

（1）明确绿色项目的界定。目前国际上对“绿色债券”定义已有统一共识。2015年3月27日，国际资本市场协会（ICMA）联合130多家金融机构共同出台绿色债券原则，指出绿色债券是指任何将所得资金专门用于资助符合规定条件的绿色项目，或为这些项目进行再融资的债券工具。而绿色项目是指那些可以促进环境可持续发展，并且通过发行主体和相关机构评估和选择的项目和计划，包含减缓和适应气候变化、遏制自然资源枯竭、生物多样性保护和污染治理等几大关键领域。中国尚未对“绿色债券”进行明确界定，但相关监管部门正在研究制定“绿色债券发行管理办法”，其中应明确在中国境内发行的绿色债券的定义，主要考虑符合规定条件的绿色项目都包括什么，与中国现有绿色信贷体系以及供给绿色债券原则对绿色项目的界定有何区别等。

（2）限定绿色债券募集资金用途。发行人可以使用绿色债券融资款项为新的及现有绿色项目提供资金，针对特定绿色项目进行投资，用于发放绿色贷款或者简单投资于一般性的绿色基金。所有确定的绿色项目类别均应提供可以描述、量化及评定（倘若可行）的明确环境效益。另外，一些发行人已经开始具体排除特定业务活动，比如，非洲开发银行、欧洲复兴开发银行和欧洲投资银行等国际金融机构已禁止为核能或煤炭业务提供融资。

（3）加强绿色债券的款项管理。绿色债券的融资款项净额应当转入二级投资组合，或者由发行人通过其他方式作为其贷款和投资业务的一部分加以跟踪和管理。一旦确定符合资格的绿色项目，立即将资金拨付到发行人的主账户，以便分配给特定项目。但是，如果资金用途部分包含在最终条款中，与其他债务工具不加以区分，则无法保证全部款项均用于绿色债券投资。如果将款项与其他债务工具区分，并单独管理，比如作为二级投资组合或特殊基金，则可以专户管理，实现资金的跟踪与管理。

（4）增加绿色债券的第三方认证。相比于普通债券，除了主体信用评级和债券信用评级外，绿色债券发行人还必须使自己的“绿色”特征对于投资者来说具有可信度和说服力。而国际上对此的通用做法是请独立的专业认证机构出具对募集资金使用方向的绿色认证，即“第二意见（Second Opinion）”。第二意见中对绿色债券募集资金的投向具有详细说明，从而可以增强绿色债券信息披露的透明性，吸引更多投资者。目前，国际较权威的第二意见提供机构有国际气候与环境研究中心（CICERO）、Vigeo评级、DNV GL集团、气候债券委员会（CBI）、Oekom研究中心、毕马威（KPMG）、Sustainalytics和Trucost公司等。截至2014年年底，全球已发行的300多只绿色债券中，约63%的发行人对债券进行了国际绿色认证，其中，54.22%的发行人选择国际气候与环境研究中心出具第二意见。中国若打算发行绿色债券，第二意见认证也是发行债券必不可少的步骤，而目前国内尚未建立此类独立的绿色认证机构。

（5）灵活设计绿色债券的结构。根据债券结构，国际绿色债券分为特定收益用途绿色债券、特定收益用途绿色担保债券、绿色项目债券和绿色资产支持债券四类。特定收益用途绿色债券的投资者对发行人有完全追索权，因此绿色债券与发行人发行的其他债券有相同的信用评级。发行人将债券收益用于支持绿色项目的子资产组合，并自行规定使用范围，设置内部机制进行跟踪和报告，大部分国际金融组织发行的绿色债券采用这种结构。特定收益用途绿色收益担保债券的投资者对发行人没有债务追索权，发行人以项目运行获得的收费、税收等收益作为债券担保，由发行人对债券收益的使用进行跟踪和报告，大部分市政债券采用这种结构。绿色项目债券的投资人仅限于向具体项目的资产进行债务追索，即投资人直接暴露于项目风险下。而绿色资产支持债券的投资人可向一个或者多个组合在一起的特定项目进行债务追索，具体包括资产担保债券，资产担保证券（Asset-Backed Security，ABS）和其他结构型产品，一般以资产产生的现金流作为还款支持。

（6）出台绿色债券激励政策及配套措施。为了鼓励投资人购买绿色债券，建议对国内机构投资者购买绿色债券所获得的利息需缴纳的企业所得税（25%）和资本利得税（5%）予以减免。针对绿色债券创新品种中的低评级高风险债券，建议由政府性基金出资为相关债券提供担保，实现外部增信，降低这类债券的融资成本，提高发行人的积极性。为了引导环境污染第三方治理公司发行绿色债券，建议拿出部分财政补贴资金作为发行债券的贴息。此外，建议在现有评级公司的债券评级体系或者框架中，增加环境影响评价维度，并在现有信息披露体系中，对绿色债券建立相应的募集资金使用情况跟踪披露。建议针对碳资产、绿色收益权（如新能源发电收益）等特殊绿色资产，逐步培养和规范专业化的资产评估机构，便于在发行绿色资产证券化产品时，可以真正通过绿色资产实现增信，并合理反映绿色资产的价值。在国内投资人群体的绿色投资偏好尚需逐渐培养的情况下，建议在银行间债券市场引入合格境外机构投资者（QFII）和人民币合格境外机构投资者（RQFII），通过示范效应，逐渐培养国内投资人对绿色债券的投资偏好。

6.4 机构创新

6.4.1 开发性金融

16世纪初期，欧洲流行的重商主义（Mercantilism）就主张国家干预经济生活，管制农业、商业和制造业，发展对外贸易。1776年，亚当·斯密在《国富论》中提出“看不见的手”，抨击重商主义，提倡自由贸易和开明经济政策，自此拉开了数百年国家干预与自由市场争论的序幕。

1929年资本主义世界大危机后，在西方国家主张政府投入、用需求带动生产的凯恩斯主义取代了主张供给自动创造需求的萨伊定律。凯恩斯提出，西方经济中总量非均衡主要体现为有效需求不足，宏观总量的调控只能由政府完成，从而确立了政府干预经济的合理性，使资本主义从自由放任走向政府计划和管控。但凯恩斯从写出《就业、利息与货币通论》开始，就受到了新奥地利学派经济学家哈耶克的猛烈抨击，以哈耶克、米赛斯为代表的新奥地利学派支持不受干预的市场经济的主张，认为失业和通货膨胀并存的现象是国家干预造成的，倡导废除央行货币发行职能，恢复自由银行制度。

从20世纪30年代开始，到80年代里根执政前，美国实行的是凯恩斯主义政策。20世纪70年代初期，爆发了两次石油危机，以此为导火索，整个资本主义世界陷入滞胀，提倡政府有限度调节、干预市场经济的新自由主义（Neoliberalism）因而兴起，并成为美国里根政府和英国撒切尔政府经济政策的依据，新自由主义者认为资本主义世界的滞胀是国家干预过度、政府开支过大、人们的理性预期导致政府失灵所致，他们把反对国家干预上升到一个新的系统化和理论化高度，是“对凯恩斯革命的反革命”。在这个意义上，西方学者又称新自由主义为新保守主义（Neo-conservatism）。新自由主义将新奥地利学派的自由市场理念拓展到全球范围，认为在由跨国公司、富裕国家的精英和富裕国家控制的组织（如国际货币基金）所主导的自由市场资本主义下，经济的成长和科技的进步也同时可以造福贫穷国家和其人民（涓滴效应），从而服务于西方国家资本、技术和民主的输出。

里根政府后，美国对内实行国家干预主义，对外要求发展中国家和转型国家彻底实行新自由主义。1990年，美国学者诺姆·乔姆斯基（Noam Chomsky）在《新自由主义和全球秩序》一书中指出："新自由主义的华盛顿共识指的是以市场经济为导向的一系列理论，它们由美国政府及其控制的国际经济组织所制定，并由它们通过各种方式实施。其基本原则是贸易经济自由化、市场定价、消除通货膨胀和私有化。"罗伯特·迈克杰尼斯（Robert Mikejohnnys）总结"华盛顿共识"具有"经济体制、政治体制和文化体制"三重特性。柏林墙倒塌和苏东剧变后，新自由主义的代表、日裔美国学者弗朗西斯·福山（Francis Fukuyama）写了《历史的终结与最后一人》一书，提出西方自由民主制度可能是人类社会演化的终点，是人类政府的最终形式。

新自由主义的政策实践在全球产生了诸如苏联和东欧国家经济的持续衰退、拉丁美洲私有化改革的失败和亚洲金融危机等问题。2008 年金融危机以来，发展中国家包括部分发达国家几乎全盘否定了新自由主义和"华盛顿共识"。盲目迷信市场的理论被美国经济学家保罗·克鲁格曼（Paul Krugman）称为"市场原教旨主义"。另一位美国经济学家约瑟夫·斯蒂格利茨（Joseph Stiglitz）也多次指出："新自由市场原教旨主义一直是为某些利益服务的政治教条，它从来没有得到经济学理论的支持。它也没有得到历史经验的支持，现在也变得清楚了。吸取这个教训或许是现在乌云密布世界经济的一线希望。"

有中国学者认为，任何现代经济中计划与市场迄今都是相伴而生的，如果缺乏政府的宏观调控和计划指导，一方面制约经济发展的基础产业或瓶颈产业无法发展；另一方面盲目增长的需求无法有效转化为经济动力，就会带来国民经济的混乱（陈元，1992）。开发性金融是在中国国情下的一种金融形态和金融方法，作为连接政府与市场之间的桥梁，经过几十年的发展，逐渐形成了适合中国特定背景的发展模式，在交通、电力、城市建设、能源和制造等重要核心领域发挥了关键性作用。它创造性地运用政府信用建设、培育市场，协调企业、地方、国家之间的关系，发挥了“顺境隐于市，逆境托举市”的平抑经济周期波动的作用，更好地实现国家战略目标，突破经济社会发展瓶颈。

6.4.2 内涵和实践

开发性金融以服务国家战略为宗旨，以中长期投融资为手段，依托国家信用，通过市场化运作，缓解经济社会发展瓶颈的制约，维护国家金融稳定，增强经济竞争力。其核心是通过银政合作，主动建设市场，把空白、缺失的市场逐渐培育成熟，为经济社会可持续发展筑牢根基。

国家开发银行一直走在开发性金融实践探索之路的前列，从芜湖起步的城建融资模式，实践“规划先行”理念，到服务国家“走出去”战略，扩大国际合作，以及支持“三农”和民生领域，“始终坚持中国特色开发性金融理论和方法；始终坚持市场化方式服务国家战略的目标和宗旨；始终坚持中长期投融资的业务特色；始终坚持创新驱动发展的理念和做法”，探索计划与市场结合的具体发展道路。

6.4.2.1 通过银政合作，实践规划先行理念

中国通过三次信贷改革化解了银行的不良贷款，又确立了市场化发债融资的筹资模式和两基一支（基础设施、基础产业和支柱产业）中长期融资的发展定位，为开发型金融萌芽的出现奠定了基础。国家开发银行（以下简称“国开行”）在银政合作中摸索出一种借助地方政府力量化解不良贷款的方法，地方政府通过融资平台向国开行贷款，将地方政府增信与融资行为融为一体，信用结构参照世界银行模式，由地方财政提供担保或兜底承诺，这就是改变中国城市化发展路径的“芜湖模式”。

该项目启动于1994年5月，是中国和新加坡两国政府间最大的合作项目。1999年，国开行江苏省分行从不能带来任何直接收益的金鸡湖治理入手，开创了“清淤、治水、取土、造景”相结合的土地综合开发和环境综

合治理新模式，以信用建设为主线，推进治理结构、法人、现金流和信用建设，建立“借、用、还三位一体”机制，理顺了财政融资和信贷融资的关系。同时，国开行通过开展战略性金融支持，有效引导了商业银行对园区二级开发投入，推动了园区迅速发展。从1994年到2006年，苏州工业园区主要经济指标年均增幅40%以上。到2003年园区各项经济指标已达到苏州市1993年的水平，相当于十年再造一个苏州。

6.4.2.2 服务走出去战略，扩大国际合作业务

随着中国经济的进一步发展，国家走出去发展战略鼓励中国企业在全球布局。2005年6月7日，国开行召开第一次“走出去”业务工作会，从大家带着疑问、困惑和不解开展国际合作业务开始，到如今国开行外汇贷款从2006年的162亿美元发展到2014年的2 762亿美元，按照中国人民银行的统计口径，国开行外汇贷款余额占全国金融机构外汇贷款余额的29%，成为中国最大的对外投融资合作银行。总之，国开行国际业务的大发展不仅输出国内的成功经验，向其他国家提供了计划与市场结合的发展路径，还响应国家走出去发展战略，通过国家层面的规划合作指导融资，支持发展。

2012年，国开行与白俄罗斯经济部等外方在京签署规划合作协议和融资框架协议，国开行通过“融资+融智”的方式，支持中资企业赴白俄罗斯投资，提升双边经贸合作层次。2015年，国开行服务“一带一路”建设，参与设立丝路基金，发挥上合银联体和中国—东盟银联体的平台支持作用，提升服务国家外交战略的能力。通过多年来大力促进多边和双边金融合作，国开行有力支持了中国企业走出去，实现了与合作伙伴互利共赢、共同发展。

6.4.2.3 打通“三农”瓶颈，支持民生领域

国开行与商业银行最大的区别在于：商业银行是运用现有的市场，而国开行在不断用融资建设新的市场。多年来，国开行通过支持自主创新、绿色环保、新兴产品和文化产业，助推中国经济转型；通过金融创新，打通三农瓶颈；通过小微贷款、助学贷款等普惠金融政策，促进社会建设。

三农和民生领域作为中国发展的基础和融资较为薄弱的市场，是处于政府和市场之间的开发性金融支持发展的又一重点领域。

城乡发展一体化是解决三农问题的根本途径。为助推全国统筹城乡综合配套改革试验区成都市的新农村建设，国开行从规划源头深度介入，完成了多项村镇建设的发展规划，探索出一套“规划先行、市场机制、平台建设、项目载体、滚动开发、融资推动、专家支持”的银政合作支持村镇规划建设的新模式。国开行不仅把超过半数的贷款投入新型城镇化建设领域，还充分运用综合金融手段，引导社会资金多方参与，形成共同支持新型城镇化建设的融资格局。

6.4.3 整体性发展

近年来，中国大胆创新，建立和完善环境经济政策，逐步实施绿色信贷、绿色保险、绿色证券、绿色贸易和绿色税收等多项政策，环境保护优化经济增长的体系正在形成。2007年，国家环保总局、中国人民银行和中国银监会等联合下发《关于落实环保政策法规防范信贷风险的意见》，标志着中国绿色金融建设正式启动。此后，银监会先后出台《节能减排授信工作指导意见》《绿色信贷指引》等，指导和规范银行业开展绿色金融建设。随着建设资源节约型、环境友好型社会推向深入，绿色金融业务发展成效明显。

6.4.3.1 发展背景

20世纪80年代，环境问题成为国际社会关注的重要问题，各国相继出台了环保措施，积极探索降低能耗，共同应对全球气候问题，由此绿色经济成为全球共识。在此背景下，绿色金融应运而生，开创性地将金融创新融入环境保护当中，以金融服务为手段促进人与自然的和谐发展。

银行业实践绿色金融可以体现在三个方面：首先，绿色运营，即银行管理者和员工自身在节能减排方面所做出的努力；其次，减少或限制对高污染、高能耗行业信贷投放量和相关金融服务；最后，大力发掘绿色产业、环保产业的业务潜力，诸如绿色信贷、碳金融衍生品等。

20世纪90年代早期，联合国提出“全球契约”的设想，号召企业遵守人权、劳工标准、环境及反贪污方面的十项原则，得到全球企业的普遍响应。在环境方面的原则包括：企业界应支持采用预防性方法应付环境挑战，主动采取行动促进生成在环境方面更负责任的做法，鼓励开发和推广环境友好型技术。其后，联合国环境规划署发表了《金融业环境暨可持续发展宣言》，其宗旨是促进绿色金融理念的推广和普及，督促金融机构投身绿色金融实践。自1994年开始，两年一度的"联合国环境规划署全球圆桌会议"成为全球环境保护与可持续金融最高级别的国际会议，2013年主题为"融资我们希望的未来——中国、新兴市场以及全球经济"的峰会首次在中国北京举行，深入探讨了金融促进可持续发展、绿色金融与扶贫开发等议题。

2003年6月，花旗、巴克莱、荷兰银行等十家国际银行在与各个国家合作推动绿色金融的同时，制定了一整套环境评估制度，以确保投资项目和企业符合环境保护和可持续发展的要求，即"赤道原则"。2013年《赤道原则》最新版包括十项核心原则，实施"赤道原则"的金融机构只向符合并接受原则1~10的项目融资和用于项目的公司贷款。目前，全球有80家金融机构主动实施了"赤道原则"，符合"赤道原则"的项目融资额占全球项目融资总额的80%。

6.4.3.2 发展现状

20世纪末，中国已经开始起步以绿色金融作为落实环保政策的手段。1995年，中国人民银行印发《关于贯彻信贷政策与加强环境保护工作有关问题的通知》，要求金融部门在信贷工作中落实国家环保政策。2007年，国家环保局会同银监会、中国人民银行联合推出《关于落实环境保护政策法规防范信贷风险的意见》，明确了银行和环保部门协作，共同加强建设项目和企业的环境监管与信贷管理的具体要求和内容。同年银监会印发《节能减排授信工作指导意见》，明确要求银行加强节能减排环保领域金融服务。2011年，国家环保部与中国人民银行、中国银监会启动绿色信贷政策评估研究项目，成立"中国绿色信贷数据中心"，为商业银行践行绿色信贷、管理和评估环境风险提供权威的信息支持。2012年，银监会印发

《绿色信贷指引》，进一步促进绿色信贷业务发展。2015年，银监会印发《能效信贷指引》，鼓励银行业金融机构积极开展能效信贷业务，支持产业结构调整和企业技术改造升级，强调银行可通过以能效信贷为基础资产的信贷资产证券化试点工作，以及发行绿色金融债券等扩大能效信贷融资来源的方式，引领金融机构对绿色信贷倾斜。

在政策的积极推动下，近年来，中国金融机构逐渐将信贷服务重点投向绿色信贷及新兴产业，加强了对绿色金融业务的研发和推动，制定日常节能减排规范，提高员工环保意识，推广无纸化办公，促进绿色营运发展。多家银行，尤其是中小型银行加强了对“赤道原则”等国际可持续性规范的研究，兴业银行签署了三项国际环境标准，包括加入《赤道原则》，成为中国首家“赤道银行”。它还同招商银行和上海银行一起认可联合国环境规划署的金融倡议。上海浦东发展银行是第一家发布企业社会责任报告的国内银行。作为国际金融公司中国公用事业能效融资项目的合作伙伴，兴业银行、北京银行和浦发银行都是较早为能效项目融资的银行。

中国初步建立了绿色信贷政策和业务流程。国内25家规模较大的银行业金融机构中，已有13家发布了绿色信贷规范文件；在16家A股上市银行中，已有8家银行参照绿色信贷指引的要求建立了责任制体系。其中，兴业银行组建了多个专业团队，并制定考核和奖惩机制；光大银行进一步明确了各个部门在绿色信贷方面的职能分工，建立了更易操作的考核措施；工商银行建立了问责制，在公司高管和员工绩效考核中涵盖了社会责任指标，用于分支机构考核。

银监会公布的数据显示，截至2014年6月末，21家主要银行机构节能环保项目和服务贷款余额4.16万亿元，占其各项贷款的6.43%。其中，工业节能节水项目余额3 470.1亿元，节能服务贷款余额349.3亿元，建筑节能及绿色建筑贷款余额565.4亿元，绿色交通运输项目贷款余额1.98万亿元。清洁能源、污水处理、垃圾处理、电厂脱硫除尘和河湖整治等节能减排和生态保护类项目，成为重点支持的领域。

从绿色信贷的业务模式看，国内银行创新绿色信贷产品的方式逐步向多样化发展。目前金融机构主要通过应收账款抵押、清洁发展机制（CDM）预期收益抵押、股权质押和保理等方式扩大节能减排和淘汰落后产能的融资来源，增强节能环保相关企业的融资能力。比如，中国银行推出了清洁发展机制现金流贴现、境外买家信用保证、远期外汇套期保值和国际买家预付款账户监管等绿色信贷业务及产品；兴业银行在绿色金融“8+1”融资服务和排放权金融两大产品序列的基础上，创新推出碳资产质押融资、排污权抵押融资、节能减排（CHUEE）融资等特色产品，创立特许经营项目融资模式、节能服务商融资模式、融资租赁公司融资模式等服务模式；浦发银行已形成能效融资、清洁能源融资、环保金融、碳金融和绿色装备供应链融资五大绿色信贷板块、十大特色产品；招商银行开发了排污权抵押贷款、节能收益抵押贷款、绿色设备买方信贷、绿色融资租赁和清洁发展机制融资综合解决方案等新产品。

6.4.3.3　政策建议

绿色金融在中国尚处于初步发展阶段。目前，中国绿色金融发展存在的主要问题有以下三点：

（1）市场化资金支持占比不足。中国拥有全球最强大的财政系统，预计中国每年绿色融资所需的3 500亿美元的1/5用公共收入即可满足。但是，如今的金融体系、银行和养老金等投资了大量的环境破坏性项目，仅有小部分投资于绿色项目（马骏，2015）。在中国的产业结构转型中，如何抑制对污染性行业的过度投资，吸引足够的社会资金配置到绿色产业，用有限的政府资金撬动几倍，甚至十几倍的社会资金发展可持续经济？如何推动金融机构以有效的绿色金融机制助推经济转型，并形成良性互动机制？政府如何有效地引导环保投资，如何吸引私人部门资本和国外直接投资进入环保项目并获得合理的收益？如何推动金融机构的投资支持环保事业、商业银行的贷款倾向绿色项目选择等。这些问题的解决需要进行全面、深入的国情研究，以及在此基础上的顶层设计，制订系统化的解决方案。

（2）引导可持续投资的政策不够充分，没有形成实质激励。资金的逐利性与可持续投资项目产出具有公共品属性之间形成了基本矛盾。我们期望寻求资金支持可持续发展，但资金本身是逐利的，无利可图的情况下难以形成有效的激励机制。可持续发展投资项目的回报更多在于产生长期的社会价值而非短期利润指标，具有高风险、低流动性、低收益、投资回收期长的特点，在缺乏激励的情况下，难以吸引资金投入，金融机构也缺乏发展绿色金融的主动性和积极性。中国现有的排放权市场交易机制、绿色金融体系以及国家的可持续投资激励政策方面均存在缺陷或障碍，缺乏将外部环境成本问题转化为由经济活动主体内部承担的政策和监管措施。

（3）绿色金融业务缺乏量化标准。在中国，目前碳定价机制不健全且缺乏明确标准，无法用价值衡量生物多样性和生态系统服务，对综合可持续发展报告和信息披露不足，都会使金融部门做出最大化短期利益而忽视长期可持续发展目标的决策。另外，金融机构推行绿色金融的能力仍有待提升，绿色金融业务涉及对融资企业、项目环境和社会风险的识别与评估，需要具备环保技术和金融知识的复合型人才，需要通过建立相应的人才培养计划，逐步提高金融机构对环境和社会风险的识别以及量化分析的专业技能。

所有的金融机构都具有同一重要功能：把稀缺资金分配到最有价值的项目中。一方面，如何吸引足够的社会资金配置到绿色产业中，形成有效的激励机制，解决可持续发展中投融资的实际问题，增加有效的资产投资；另一方面，减少破坏环境、低能效的资产投资，这是绿色金融应实现的两大目标。这里，我们尝试从以下几个方面对完善绿色金融体系提出相关建议。

首先，要加强顶层设计，制定“绿色金融发展”国家战略。随着中国经济发展进入新常态，产业面临转型升级的新要求，国家应明确绿色金融发展的战略定位、政策框架和重点领域，发挥市场在金融资源配置中的决定性作用。

其次，推动更多正向激励的绿色金融政策落地生根。中国现有的绿色金融政策，以限制污染性金融政策为主，对节能环保、清洁能源等投资的激励性措施比较少，要加快建立更多的正向投资激励机制。建立健全金融机构信贷项目的评估标准体系，将环境影响纳入审核的重要内容中，并且使该投资项目的环境责任与放贷的金融机构直接挂钩，即项目在未来实施过程中出现环境污染问题导致的损失，要由企业和审批放贷的金融机构共同承担，从资金源头上遏制非可持续发展类项目的诞生。

再次，更好地借鉴国际成功经验。发达经济体在绿色金融领域积累了不少的经验和做法。中国作为发展中国家，要立足中国实际，开展多种形式的对外交流合作，及时总结最佳实践，推动绿色金融的发展。应对气候变化和大气污染等问题是重大的国际问题，需要各国通力合作。

最后，加强绿色金融理念的宣传和推广。绿色金融的发展离不开金融机构、企业和社会公众的环境保护和社会责任意识的提升，绿色金融文化是社会经济文化的一部分，体现了金融机构、客户、利益相关方的社会规范和价值理念。要大力推广、普及绿色金融理念，发挥金融监管部门及金融机构的推广作用，结合公众媒体和自媒体平台强化社会大众对绿色金融发展的关注，培养企业的社会责任感。通过政策指引和企业文化建设，进一步形成全社会共同倡导的绿色金融文化，为绿色金融的发展和真正有效实施提供良好的外部环境。

6.4.4 政策性导向

对一般金融机构来说，业务的布局要充分考虑风险和收益的关系，绿色金融在实际项目操作中的问题存在风险收益之外又加上了环保的考虑因子，而政策性金融机构在风险收益之外本身就需要考虑政策支持的因子。所以政策性金融机构，以及政策性金融机构的升级版——开发性金融机构在绿色金融发展中发挥关键作用，在国内外都不乏成功的先例。

6.4.4.1 政策性金融机构支持绿色金融发展的国际经验

在世界范围内，环保产业发展情况较好，政府对环保产业支持力度较大的国家以日本和德国为代表，这两个国家在支持绿色金融、发展环保产业过程中，政策性金融机构都发挥了不可替代的作用。

日本政府主要采取制定法规等间接措施。1960年，日本在开发银行中建立了对公害防治对策给予资金支持的贷款制度，主要用于帮助大企业进行公害防治投资。1965年，日本环境事业团（JEC）成立，该机构主要为中小企业提供公害防治的资金支持。1970年，国会通过了大量法律法规，这些法律法规生效后，企业的公害防治投资直线上升。在私营企业的筹资过程中，政策性金融机构主要从两个方面弥补私营企业的资金不足：一是“数量补充”，即在产业重建时期，补足企业从私营金融机构得到资金的不足部分；二是对私营金融机构难以涉足的长期项目给予资金上的“质量补充”。起到“质量补充”作用的公共补贴制度，与税收激励、安全担保和政府贴息制度一起，有效地促进了企业发展环保产业、实施公害防治对策。在环保产业公害防治对策投资最高的时期，包括日本开发银行和环境事业团在内的政策性金融机构提供了主要的资金支持，占总量的20%~30%。

德国银行业较早参与到国际绿色信贷中，是国际绿色信贷政策的主要发源地。德国两大政策性银行——德国复兴信贷银行（KFW）与德国清算银行（DTA）为那些在解决就业、技术革新或环境保护等方面做出贡献的公司或项目提供融资支持。联邦政府拥有清算银行100%的股份和复兴信贷银行80%的股份，剩余的20%属于各州。德国清算银行专门服务于中小企业，1990—2002年，德国清算银行提供的环境贷款总量占到全国环境投资量的50%以上，2002年12月，德国清算银行被并入复兴信贷银行集团，成立联邦中小企业银行。

德国复兴信贷银行在项目授信审批时严格按照《赤道原则》对项目进行分类，以行业《环境、健康与安全指南》为依据，评估项目对社会和环境的影响和风险（包括健康和安全等方面），并提出降低不利影响的方法。德国政府支持复兴信贷银行，运用资本市场和商业银行对环境项目实施金融补贴政策，最大效率地发挥政府补贴资金的作用。通过国家对绿色信贷项目予以贴息贷款，对环保、节能项目给予一定额度的贷款贴息，对于环保节能绩效好的项目，可以给予持续10年、贷款利率不到1%的优惠信贷政策，利率差额由政府以贴息补贴。实践证明，国家利用贴息的形式支持环保节能项目的做法取得了很好的效果，国家利用较少的资金调动起一大批环保节能项目的建设和改造，“杠杆效应”非常显著。德国复兴信贷银行在整个绿色信贷政策体系中发挥着重要的作用，围绕其开发出了支持绿色信贷的金融产品。复兴银行的节能环保金融产品从最初的融资到后期金融产品的销售都没有政府的干预，各项活动通过公开透明的招标形式开展，保证了过程中的公正、透明，政府的主要作用就是提供贴息及制定相关的管理办法，保障资金高效公平使用。

6.4.4.2 国家开发银行支持绿色金融发展

作为中国第一个加入联合国全球契约计划的金融机构，国开行一直倡导并坚持“可持续发展”“绿色金融”理念，并主动加入联合国环境规划署可持续金融行动计划。作为全球契约计划的成员，国开行高度关注业务发展中保护环境的基本原则，于2008年2月成立了“赤道原则”工作小组，在业务发展中逐步导入“赤道原则”的理念。作为银行机构的代表，国开行全程参与了银监会《绿色信贷指引》的制定，成为中国“绿色信贷”的代表银行。同时，从组织管理、政策制度、流程管理和环境效益管理等方面不断提高自身要求，防范环境和社会风险，提升自身的环境和社会表现，并以此优化信贷结构，提高服务水平。

国开行支持绿色金融发展主要从两个方面入手：

（1）助力节能减排降耗，实施“绿色信贷工程”，严控“两高一剩”行业和落后产能项目贷款，从项目开发、评审和贷款发放等环节入手，严把信贷闸门，支持加快淘汰落后生产能力。2004年年初，在钢铁、电解铝这些过热投资领域，全国总投资达6 000亿元，而国开行没投入一分钱。国开行加大对节能减排项目的支持力度，依照国家环保部对“十二五”减排约束性指标的要求，研究针对不同行业的绿色信贷评价指标、测算方法，不断完善贷款环境效益评价体系。经测算，国开行贷款支持的环保项目，可削减二氧化硫排放309万吨、氮氧化物排放98万吨；削减化学需氧量105万吨、氨氮排放15万吨。国开行还有选择地支持钢铁、有色金属、石油石化等高耗能行业的余热余压利用项目、节约和替代石油项目等。在电力行业，国开行贷款向核电、水电、风电和生物发电等清洁能源项目倾斜，占到电源项目贷款承诺总量的40%。国开行对循环经济、资源枯竭性城市转型等方面也高度关注，不断加大支持力度。2006年，国开行与国家发改委签署了《关于共同推进循环经济发展的工作安排》，为国家推进循环经济提供资金支持，对国家确定的铜陵有色、内蒙古乌兰水泥厂等循环经济试点项目予以重点支持，贷款130多亿元给国务院确定的全国首家资源枯竭型城市转型试点——阜新市用于推动当地培育接续性支柱产业。

（2）持续支持环境治理与绿色环保领域项目。国开行自成立之初就一直非常关注流域水污染防治、工业污染治理等环保领域。多年来，国开行有力地支持了月牙泉、太湖、苏州河、辽河、海河、淮河、松花江、巢湖和滇池等一大批国家重点流域污染治理工作，创造了桂林“两江四湖”、内蒙古库布齐沙漠治理等一批典型项目。

1998年后，国开行进一步加强与环保部门、重点企业的合作。2005年10月，国开行与国家环保总局签署开发性金融合作协议，提供500亿元贷款支持中国环保事业；2009年，国开行与环保部再次合作，签订第二轮开发性金融合作协议，约定7年融资1 000亿元支持国家“十二五”环保重点工程。2009—2013年，国开行每年贷款都保持在200亿元以上，5年中已累计发放贷款1 805亿元，用于支持大气污染防治、城镇污水处理、流域综合治理等多项重大工程，提前两年并超额80%完成协议的承诺目标任务。

为配合做好国家环保“十二五”规划的实施工作，国开行与国家环保部开展基础研究合作，提出了环境修复与城市建设一体化项目的融资方式，以多元化融资支持建设环保型企业，用更灵活的融资模式扶持成长性环保企业。同时，国开行还与国家环保部对外合作中心开展合作，探索引入北欧基金的资金，为国内环保项目贷款提供担保，进一步拓宽了环保建设项目融资渠道。2013年以来，国开行与国家环保部积极沟通国务院《大气污染防治行动计划》的实施重点，研究制定了《支持大气污染防治工作方案》，提出了重点支持领域，明确划分出涉霾行业原则上不予支持的项目，并提出相关项目在评审阶段的具体要求，切实防范潜在风险。

2009—2013年，国开行年均环保及节能减排贷款发放额超过2 000亿元，成为环保及节能减排领域当之无愧的主力银行。国开行贷款重点投向三大类领域、18个子项：一是城市环境综合治理，包括城镇污水处理及回用、城镇生活垃圾资源化利用和无害化处置等；二是工业污染治理和资源综合利用，包括工业污水污染治理、清洁生产等；三是清洁能源和十大重点节能工程，包括区域热电联产、余热余压利用等。国开行环境保护贷款期限一般能长达15年，特殊情况下贷款期可以延长至20年（参见图6–1）。

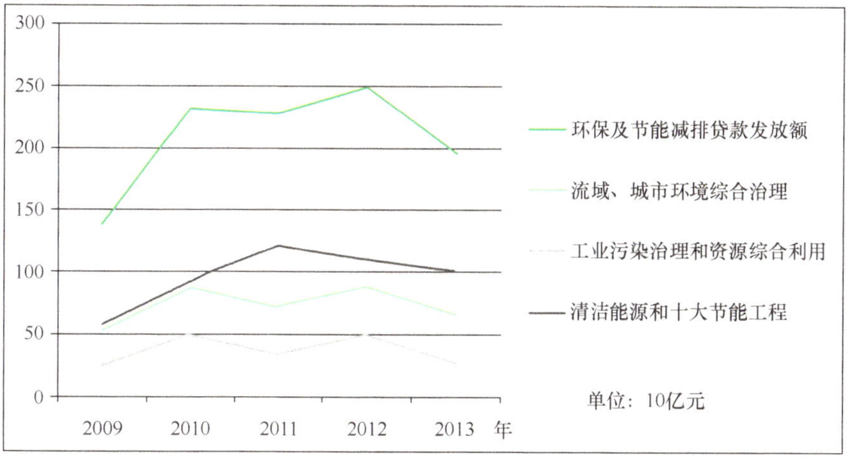

图6–1　绿色贷款发放额

数据来源：国家开发银行《社会责任报告》《可持续发展报告》。

6.5　发展创新

自赤道原则提出以来，中国政府的一系列行动极大地推动了绿色金融在全国各地区和商业银行的广泛实践，其中，有些省份和商业银行的成熟先进经验做法具有较高的实用性，具有推广应用价值，是绿色金融在实践中创新发展的典型案例，为此，本节分别从公共部门的财政金融政策支持、金融企业层面的实践以及社会制度层面的金融基础设施保障建设三个方面，对可持续金融的相关实践加以概述。

6.5.1 公共部门

6.5.1.1 政策性银行的实践

可持续金融包含了促进清洁能源、低碳交通、绿色建筑等发展，以及对工业转型、能源效率提高和重工业污染治理的资金支持。国际上，政策性银行推动可持续发展的金融支持实例较多且历史悠久。

支持可持续发展的政策性银行发源于德国，成立于1948年的德国复兴信贷银行（KfW）在整个“可持续金融”体系中发挥了重要作用。复兴信贷银行最初是为第二次世界大战后联邦德国的重建提供资金，后来逐渐为德国企业提供长期贷款，最近20多年更倾向于提供包括环保、节能、新能源等领域的绿色贷款。复兴信贷银行的节能环保型金融产品从最初的设计到后期金融产品的销售都是自主进行的，各项活动通过公开透明的招标形式开展，政府的主要作用就是提供贴息优惠政策及制定相关的银行监督管理办法，保证资金高效、公平的使用。

英国绿色投资银行有限公司（the UK Green Investment Bank， GIB）旨在解决英国绿色基础设施项目融资的市场失灵问题，投资重点是符合市场运作规律的绿色基础设施项目，基于符合银行的风险管理要求、调动私营部门资金和产生绿色影响三个准则对投资项目进行评估，通过调动民间资本，加快英国向绿色经济的转型。

日本国际协力银行（Japan Bank for International Cooperation， JBIC）等公共财政机构和政策性银行也在为绿色投资提供融资贷款和担保。

发达国家在可持续金融领域处于先行且发展相对成熟的阶段，很多实践经验值得发展中国家借鉴。越来越多的证据表明，发展中国家的绿色金融在国内和国际上的规模都在增长，尤其是拥有较为成熟金融市场的新兴经济体，如南非、印度和巴西。2012年，中国超越了美国成为最大的可再生能源投资体。中国的可持续投资占发展中国家投资中的主要部分，自2004年以来仅在可再生能源的投资就达2 330亿美元。

中国国家开发银行是世界上绿色项目最大的贷款方之一。《国家开发银行年度报告》披露，单在可再生能源方面，国开行在2012年就提供资金260亿美元，仅次于德国复兴信贷银行。2012年，国开行对低碳城市、循环经济项目、水域管理、污水处理、环境保护、节能科技创新和可再生能源项目提供了贷款。特别有影响和典型性的案例是“太湖治理”：由于多年的高耗能、高污染的经济增长方式，2007年，太湖蓝藻大面积暴发，酿成环境危机，国开行整合“融资”和“融智”优势，为太湖治理提供了500亿元的融资支持，将政府监管、特许经营、排污费用和环境改善收益相结合，从机制上解决了“边污染，边治理”的难题，推动太湖流域环境保护观念的转变和产权治理结构的完善。截至2014年年底，国开行用低息贷款和信贷额度的方式为低碳城市、水文流域管理、废水处理和可再生能源技术升级等项目提供1 500亿美元。

6.5.1.2　环保产业基金

在环保领域引入社会资金的早期形式是利用银行贷款，因此在可持续金融政策体系中，绿色信贷是最早推出的。正如上文所述，国际、国家层面的开发银行等政策性金融机构一直是基础设施、环保产业等可持续项目投资的主要资金提供方，通常通过优惠贷款或者信贷担保的方式为可持续项目投资提供资金。近年来，随着融资方式和融资结构的创新，政策性金融机构除了直接提供资金外，还发挥了催化剂的作用，引导、促进了民间资本向可持续项目投资，私人部门资金在基础设施、环保等可持续项目融资中发挥的作用越来越大。其中，通过由政府提供资金建立的环保产业基金向新创立的、风险较大的绿色环保企业提供股权类投资，由此可以引导民间资金流向可持续发展产业。环保产业基金以直接投资为主，主要投资环保行业的实业项目和非上市公司股权，为环保产品的开发、技术研发及环保企业发展壮大提供资金支持，并在适当时机从投资项目中抽回资本，以获得资本增值。

发达国家的环保产业投资基金的实践起步于20世纪90年代初，一般统称为绿色风险投资。具有代表性的政府引导型基金如加拿大可持续发展技术基金（Sustainable Development Technology Canada，SDTC），是加拿大政府于2001年设立的一个重点资助和支持清洁技术开发和应用的基金，该基金有选择性地资助同时具有经济效益和生态效益的项目，通过政府投资的杠杆性作用，对每个项目提供至少25%但不超过50%的资助，其他资金由项目筹资方自行融资，引导社会资本进入环保产业。

环保产业基金一般只提供资金，不涉及项目的建设与运营，但是仍然追求高利润，挑选出的是环境保护中利润较高的项目，而中低利润的项目还是不能通过可持续金融手段获得更多的投资。目前，在环保产业基金的基础上，倡导以公私合营的模式（Public-Private-Partnership，PPP）引导私人部门资金投向环保产业，从而为尚在发展初期的环保企业提供融资机会。公私合营的模式是指政府与私人部门之间，为了提供某种公共物品和服务，通过签署合同明确双方的义务和权利，最终使合作各方达到比预期单独行动更为有利的结果。公私合营可以吸引民间资本，并且公共资金为可持续发展项目融资起到了杠杆作用，如果能够提供良好的治理和融资框架结构，公私合营的模式可以在不增加太多财政负担条件下实现可持续发展融资，政府、企业、金融机构、私人部门以及发展性金融机构都可成为公私合营模式的利益相关者。目前，中国财政部正在为推动公私合营的融资模式在全国范围内落地实践而努力，2015年5月22日，财政部、国家发改委、中国人民银行联合签发的《关于在公共服务领域推广政府和社会资本合作模式的指导意见》获国务院批准，规范了推进政府和社会资本合作项目结构设计、政策保障、组织实施等相关具体举措。

公私合营模式的环保产业基金，对应的不是单一项目，而是一个项目包。项目包内包含的项目来自多个产业，这些产业可以互相衔接、互相呼应，从而使中低利润的环保项目可以通过产业链互相呼应的设计降低风险，提高项目包整体收益。通过政府担保并制定环境服务考核标准，将中低收益环保项目打入项目包，解决了中低收益项目融资难的问题。对环保企业而言，公私合营的环保产业基金集融资、建设与运营于一体，充分发挥了大型环保企业全面配套运作的优势，即使整体项目包利润偏低，但在这种打包服务中可以同时获得融资利润、建设利润和运营利润，降低了环保项目低利润的风险（蓝虹、刘朝晖，2015）。

6.5.1.3　世界公共部门

世界上很多国家，通过引导资金流向环保项目以促进可持续发展，达成对环境友好型实体经济项目的投资。2014年1月，联合国环境规划署成立了“设计可持续金融体系”项目（以下简称“可持续金融项目”）工作组，以期探索如何促进金融体系与可持续发展更加紧密结合的途径，乃至对金融体系进行系统性变革。环境署可持续金融项目工作组对各国中央银行、金融监管部门和财政部、银行家和机构投资者等在可持续金融领域的实践进行了调研，其初期调查报告显示：

（1）美国的绿色债券市场发展规模走在世界前列，回报率也相当可观。2014年，美国在绿色债券方面的投入超过370亿美元，近80%的对外援助项目有绿色审批要求。

（2）英格兰银行监管局评估气候变化风险对保险行业的影响，并监管保险公司的资金是否投向环境友好领域。

（3）欧盟着眼于披露项目实施与环境和社会政策相关的详细信息和信托基金的环境责任细则。

（4）马来西亚证券委员会于2014年1月发布机构投资者规则，明确要求机构投资者应将公司治理和可持续发展方面的考虑纳入投资决策程序中。

（5）澳大利亚股票交易所于2014年3月发布了新的上市公司治理报告披露细则，要求上市公司披露是否面临着实质性的经济、环境和社会可持续风险以及管理这些风险的应对措施。

（6）巴西将可持续性目标纳入银行监管体系，要求商业银行必须制定环境管理和社会风险管理的战略行动和治理框架，并将其作为整体风险管理的核心要素加以实施。

（7）孟加拉央行对商业银行提供了包括新能源、污染治理、提高能效等内容在内的信贷指南，目前实现的绿色信贷比已达5%。

（8）南非证券交易所率先要求上市公司将公司的可持续项目进展情况纳入上市公告披露信息，国家立法要求养老金受托人代表受益人把可持续因素纳入投资决策当中。

各国在积极推动可持续金融发展的同时，联合国也在积极推进这一领域的发展。联合国环境署可持续金融项目成立于2014年年初，初衷是通过优化调整超过300万亿美元的全球金融系统的资金投向布局，推进全球金融系统的资金流入可持续技术和产品，旨在创造可持续发展和低碳转型的基本条件，并制定融合绿色经济和金融系统的框架建议，从而在可持续金融发展中发挥重要作用。作为全球第二大经济体，中国在推进可持续金融发展领域亦积极而富有成效，环境署可持续金融项目专门与中国人民银行共同成立了绿色金融工作小组，与很多公共机构和市场参与者合作，提出了14项通过鼓励政策、监管和市场创新等方式推动可持续金融发展的建议，主要涵盖以下三方面（框架如图6-2所示）。

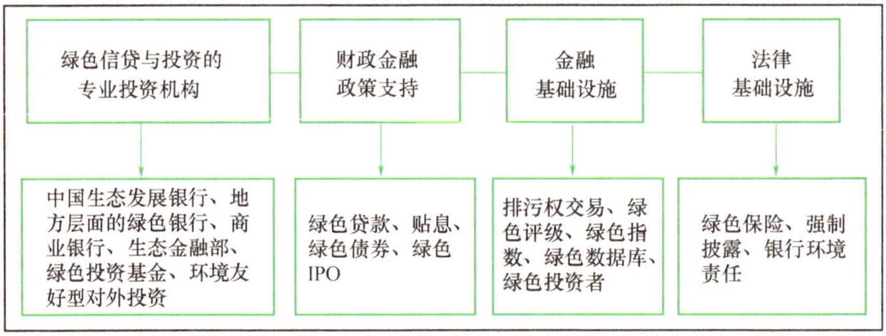

图6-2　可持续金融体系各项具体政策建议之间的关系

第一，建议建立国家层面的生态发展银行，发展绿色信贷和绿色债券，建立绿色产业基金，发放财政贴息的绿色贷款，为发展新能源、节能减排技术等绿色企业开放IPO程序中的绿色通道，推动碳交易市场的发展等措施以降低绿色投资成本、实现减排目标，多渠道多方式统筹和鼓励向可持续增长提供资金支持。

第二，建议提高污染项目成本。金融机构会面临一系列由于投资项目主体活动造成的环境风险和问题，如环境变化的影响、资源短缺、环境污染，以及非自愿移民等社会问题都会增加金融机构的授信风险。产生严重污染的项目、易受气候变化影响的项目，也将使投资人面临巨大的不确定性风险，但却不会反映在财务报表上。基于此，建议建立强制性绿色保险制度，在法律责任方面，确立金融机构与其投资项目带来的环境影响具有直接的责任关联。

第三，建议构建可持续股票指数、建立绿色评级体系、搭建环境成本信息系统公开平台、建设上市企业的环境信息披露以及成立绿色投资者网络，以实现降低绿色投资成本，提高污染项目成本，并强化社会责任 。

6.5.2 金融部门

6.5.2.1 赤道原则

2003年6月4日，花旗银行、巴克莱银行、荷兰银行和西德意志州立银行等分属7个国家的10家国际银行在伦敦签署了著名的《赤道原则》（Equator Principles），第一次明晰地确立了项目融资的环境和社会的最低行业标准，建立针对可持续发展项目融资的社会和环境问题的一套自愿性原则。保证遵守《赤道原则》的商业银行，在原有项目审批流程中嵌入“环境与社会风险审查”部分，从而在其项目融资业务中充分考虑社会和环境影响问题。《赤道原则》的贡献在于量化了金融机构对可持续发展项目的评估标准。目前，全球已有包括部分发展中国家银行在内的29家金融机构实行了该原则，这些银行在全球范围内对包括采矿、石油与天然气以及林业部门等在内的产业部门的项目融资评估实行“赤道原则”。《赤道原则》倡导金融机构对于项目融资中的环境和社会问题应尽到审慎性核查义务，只有在融资申请方能够证明项目在执行中会对社会和环境负责并会遵守赤道原则的情况下，公开接受《赤道原则》的金融机构才能对该项目提供资助，而且对投资在5 000万美元以上的项目必须进行环境影响评估。

国际金融公司（IFC）为践行赤道原则提出了相关评估细则《国际金融公司社会和环境可持续性绩效标准》，主要包括环境和社会风险与影响的评估和管理、劳工和工作条件、资源效率与环境防治、社区健康、安全和治安、土地征用和非自愿迁移、生物多样性保护和生物自然资源的可持续管理、土著居民和文化遗产八个方面。《环境、健康与安全指南》是国际金融公司（IFC）开发的用于管理行业环境风险的技术参考文件，也是《赤道原则》重要的适用标准之一。

6.5.2.2　资金支持

国际上，不仅政策性银行和商业银行广泛接受《赤道原则》，一些国际知名的金融集团公司也积极投身于可持续金融的实践当中。

1999年，花旗集团提供资金支持了“新风险投资”项目，这是由独立的非营利性全球研究机构——世界资源研究所（World Resources Institute，WRI）发起、专注于投资新兴市场经济体环境行业中的中小企业的可持续投资项目。1999—2012年，“新风险投资”项目共帮助367个“产生明显环境效益”的中小企业获得风险投资3.7亿美元，累计减排二氧化碳2 330万吨、保护耕地450万公顷、节约净水57亿升。2006年，高盛集团旗帜鲜明地提出了环境、社会与治理（Environmental，Social and Governance，ESG）的投资理念，这一理念不仅考虑了投资者最关注的公司治理因素，而且纳入可持续公司金融的思想。可持续公司金融可理解为一种将公司的财务、社会和环境等所有相互关联因素集成起来的综合性理念（Scoppe，2009），通过多样化金融手段和创新金融产品影响企业的投资取向，从而促进传统产业的低耗高效转型和新型环保产业的发展。摩根士丹利2013年的报告显示，其金融产品和服务在以下两个方面针对环境保护提供了可持续投资机会。第一，影响平台投资（Invest With Impact Platform），该平台为财富管理部客户提供的投资产品着重评估对社会环境的正向影响，并对潜在的风险进行收益调整。目前摩根士丹利的可持续投资平台已经吸收了超过20亿美元的客户资产，投资区域规避了潜在的动荡地区，重点支持新能源发展，将资本投入到对环境有益的清洁能源企业中。第二，环境融资（Environmental Finance），推动新能源企业融资。2006—2013年，摩根士丹利通过IPO、咨询和其他交易为清洁能源企业融资将近550亿美元。另外，气候变化资本集团（Climate Change Capital Group）从事全方位的绿色产业投融资业务，其私募股权部门只投资于500万至2 000万欧元规模的公司，集中投资于清洁能源、绿色交通、垃圾处理和水务行业。

国际金融机构与中国在可持续金融领域的合作也在日渐深入。2006年，国际金融公司（International Finance Corporation，IFC）与中国政府合作开发了中国节能减排融资项目（简称：CHUEE项目），并由全球环境基金（Global Environment Facility， GEF）、芬兰、挪威政府共同资助，是针对中国企事业单位提高能源效率、利用清洁能源及开发可再生能源项目而设计的一种新型融资模式。中国节能减排融资项目运作的基本原理是：国际金融公司与商业银行合作，为商业银行提供风险分担（Risk Sharing Facility），即对于商业银行加入能效[①]和可再生能源融资组合的所有合格贷款，由国际金融公司提供部分损失分担，并帮助银行评估能效和可再生能源行业的风险和商业机会。同时，国际金融公司动员全球环境基金作为国际金融公司的第一损失承担方，这也是全球基金撬动其他资本流入环保事业的途径之一。截至2011年年底，中国节能减排融资项目的合作银行[②]已经提供总额近7亿美元的贷款，远超过5亿美元的项目目标，融资支持的能效和可再生能源项目超过160个。

6.5.2.3 绿色优惠贷款

目前，绿色金融政策主要为绿色贷款政策，一般是指银行用较优惠的利率和其他条件，支持有环保效益的贷款项目，并限制产生负面环境影响项目的贷款发放。绿色贷款包括针对零售银行个人顾客的房屋贷款、汽车贷款、绿色信用卡业务，以及面向企业的项目融资、建筑贷款、设备租赁等。许多发达国家的金融机构在政府财税政策支持下，采取贷款额度、贷款利率、贷款审批等优惠措施，开发出针对企业、个人和家庭的绿色信贷产品，如加拿大银行的清洁空气汽车贷款、澳大利亚银行的汽车贷款，向低排放车型提供优惠利率贷款。除了绿色优惠贷款，金融部门还开发了许

① 从消费角度看，能效是指为终端用户提供的服务与所消耗的总能源量之比。所谓“提高能效”，是指用更少的能源投入提供同等的能源服务。

② 目前，该项目合作银行是兴业银行、北京银行、上海浦东发展银行和滨海农村商业银行。

多支持环境可持续发展以及节能减排项目的金融特色产品，部分产品如表6–4所示。金融机构也运用证券市场工具帮助大型的环境基础设施或节能减排项目融资，如绿色资产抵押支持证券。

表6–4　金融部门的可持续金融特色产品

产品名称	说明
合同能源管理项目未来收益权质押融资	适用于节能服务公司向银行申请融资，用于合同能源管理项目建设、运营，采用项目未来收益权质押或其他担保方式，以其分享的节能效益作为主要还款来源的融资产品
合同环境服务融资	适用于环境服务企业向银行申请融资，用于合同环境服务项目的实施、建设或运营，以采购方对环境服务的采购支付或减排收益分享作为主要还款来源的融资产品
碳资产质押融资	银行向申请人提供的以申请人持有的碳资产为质押担保条件，为企业提供融资的授信业务
排污权抵押融资	排污企业以自身已购买的排污权作为抵押向银行申请融资，或排污企业向银行申请融资专项，用于购买排污权并以该排污权作为主要抵押品
节能减排融资	适用于符合损失分担条件的客户，资金用于能效、新能源和可再生能源、碳减排和资源综合利用等领域，包括固定资产贷款和流动资金贷款的融资产品
结构化融资	适用于通过信托、资管等渠道，以结构化方式为节能环保企业提供融资
碳金融客户资产专项管理	为企业实现碳资产的专业化组合管理和增值服务

资料来源：参考兴业银行官方网站公开信息，整理摘录。

6.5.2.4　中国金融部门的实践

在中国，目前已经有一些鼓励绿色信贷的规定和政策意见，如国家环保总局联合中国人民银行、中国银监会共同颁布的《关于落实环境保护政策法规防范信贷风险的意见》《节能减排授信工作指导意见》《绿色信贷指引》等，但许多还停留在原则的层面，实际操作远没有到位。这些绿色信贷政策的出台主要是为了遏制“高污染、高能耗”企业的贷款项目，却较少提到为环保行业或环境友好型企业提供贷款等激励促进类措施。

在推广“赤道原则”方面，国家环保部编译出版了《促进绿色信贷的国际经验：赤道原则及IFC绩效标准与指南》，但“赤道原则”尚未在中国商业银行中普及。到目前为止，中国只有兴业银行公开宣布接受“赤道原则”。2006年5月，以与国际金融公司合作开展能效融资项目为起点，兴业银行正式介入可持续金融领域。兴业银行数据显示，截至2014年年末，该行累计为国内上千家企业提供绿色金融融资5 558亿元，绿色金融融资期末余额达2 960亿元。据其测算，其支持的项目可实现在中国境内每年节约标准煤2 352万吨，年减排二氧化碳6 880万吨，年减排化学需氧量（COD）123万吨，年综合利用固体废弃物1 729万吨，年节水量26 229万吨。其他商业银行则是遵循2012年1月31日国家环保部、中国人民银行和中国银监会联合发布的《绿色信贷指引》的相关规定，“建立专门的规章制度，发展绿色信贷，加强环境和社会风险管理”。通常在制定信贷政策时，专辟章节，对环境保护、社会影响等进行规定，类似于风险提示，原则性、宣示性意味更浓。

兴业银行是中国首家采纳“赤道原则”的商业银行，收到了良好的效果，取得如此快速发展与其一系列创新实践分不开，主要包括绿色金融组织管理创新、服务体系创新和发展模式创新。

第一，绿色金融组织和团队管理创新。首先，设立环境专业机构，加强组织领导。2005年成立能效融资专业团队，2009年成立可持续金融中心，到2012年该中心升级为总行一级部门，即环境金融部，包括项目融资、市场研究、技术服务、碳金融和“赤道原则”审查五个专业团队，并在32个分行中设立了次级区域产业部门性质的环境金融中心，形成专业化、集约化经营的组织架构。其次，制定规范性文件，形成制度体系。制定环境与社会风险管理、“赤道原则”项目融资管理办法等制度以及配套工具、示范文本、相关指导意见等一系列规范性文件，形成“基本制度—管理办法—操作规程”的完整制度体系。最后，构建激励机制和加强内部控制。为促进绿色金融发展，总行加强了对绿色金融业务的奖励，加快研发和鼓励各营业部门以租赁、信托和理财等多种方式实现绿色金融业务创新，但同时通过现场审计和年度考核加强内部控制。

第二，绿色金融产品和服务创新。早在2003年，兴业银行就与国际金融公司合作开展绿色金融业务，以银行为中心，创新信贷、租赁、证券、保险和基金等多种金融工具，推出了一系列能效融资、排放权金融等金融产品。例如，2006年推出国内第一个绿色信贷产品——节能减排贷款；2008年发行低碳信用卡，将碳金融业务推广到公司信贷和个人金融消费领域；2013年举办“美丽中国行·绿色金融系列活动”，逐渐形成了十项通用产品、七大特色产品、五类融资模式及七种解决方案的多层次、综合化产品与服务体系，参见表6-5。

表6-5 兴业银行多层次、综合化绿色金融产品与服务体系

类别	产品和服务
特色产品	合同能源管理项目未来收益权质抵押融资、合同环境服务融资、国际碳资产质押融资、排污权抵押融资、节能减排融资、结构化融资
融资模式	节能减排设备制造商增产融资模式、公用事业服务商融资模式、特许经营项目融资模式、融资租赁公司融资模式
解决方案	碳交易解决方案、排污权交易解决方案、节能量交易解决方案、水资源利用和保护解决方案、产业链综合服务解决方案、行业整合解决方案、特定项目融资综合解决方案

资料来源：唐斌，赵洋．环境金融创新研究与实践［J］．福建金融，2014（11）．

第三，绿色金融发展模式创新。兴业银行遵循社会责任、收益权融资和资源整合三大原则，创新性地提出未来收益抵押权融资模式，并在2013年将非标收益权进行了标准化，加之其他补充担保方式及信用手段，较好地提高了碳金融业务融资效率。同时，还探索开展了环境基础设施和合同服务领域收益权资产证券化等业务模式。以2011年广东绿色货运示范项目为例，兴业银行在深入研究货运行业特征和节能降耗模式的基础上，提出了“引入中间机构、实现打包增信”的类合同能源管理融资模式（如图6-3所示）。首先，引入节能技术供应商、节能设备供应商等技术服务商，以其作为中间机构；然后，让这些中间机构分享相关收益，为货运企业提供节能减排服务，并为兴业银行申请节能技改融资；再者，通过政府财政资金和世界银行赠款以政策补贴资金池的形式为技术提供商提供先期担保和后端补贴发放，实现外部增信，提高公司融资可能性和可靠性，最终实现多方受益，而且完成节能减排的任务。

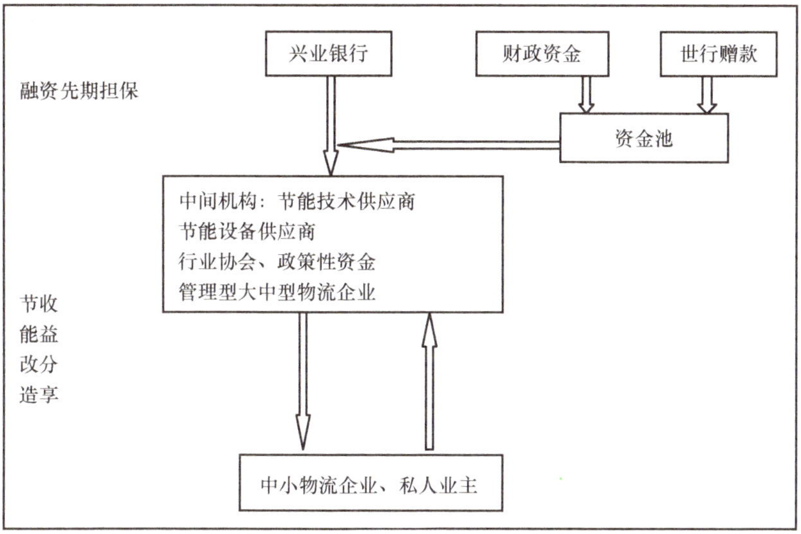

图6-3 兴业银行绿色货运示范项目

资料来源：唐斌，赵洋．环境金融创新研究与实践［J］．福建金融，2014（11）．

6.5.3 交易市场

6.5.3.1 碳交易市场

联合国前助理秘书长马丁·李斯曾在2014年的主题演讲《绿色金融打造低碳未来》中表示，当下的市场未能充分考虑石油、煤炭和天然气资源未来的开采和使用极限，从而高估了化石燃料企业的能源储备，过度消耗碳能源，能源供应的78%来自化石燃料，这个情况是不可持续的。如果人类想可持续生存，改革以碳能源为基础的经济体系非常关键，需要有节制地使用碳能源，并通过市场机制实现资源的最优配置。

1997年，《京都议定书》的签订，是全球关注碳能源不可持续性的重要突破性成果，意味着合理有度使用碳能源有了明确的书面规范，为此后碳交易机制的形成和发展奠定了基础，推动了绿色金融的研究和发展。根据《京都议定书》，发达国家应在2008—2012年的承诺期内，温室气体排放量在1990年的基础上平均减少5%，对发达国家每年的温室气体总排放量做出限定。但由于发达国家的能源利用效率高，能源结构优化，新的能源技术被大量采用，因此进一步减排的成本极高，难度较大。而发展中国家，能源效率低，减排空间大，成本也低，这就导致了同一减排单位在不同国家存在着不同的成本，促使发达国家和发展中国家在碳能源间开展比较优势合作。这种合作通常有三种灵活的碳交易机制：其一为联合履约（JI），指发达国家之间通过项目合作，转让其实现的减排单位（EUR），转让方在获得资金的同时要扣减“分配数量”上相应的额度；其二为清洁发展机制（CDM），指发达国家提供资金和技术，与发展中国家开展项目合作，实现“经核证的减排量”（CER），大幅度降低发达国家在国内实现减排所需的费用；其三为排放贸易（ET），发达国家将其超额完成的减排义务指标，以贸易方式（而不是项目合作的方式）直接转让给另外一个未能完成减排义务的发达国家。除了上述强制性的机制之外，还有一个自愿减排的市场（VER），主要是一些比较大的公司或者机构，由于自身宣传和履行社会责任的需要，购买一些减排量来抵消其日常经营和活动的排放量。

成立于2005年的欧盟排放交易体系（EU-ETS）是为了实现《京都议定书》确立的减少二氧化碳排放的目标而建立的气候政策体系，真正实现了碳交易机制的市场化运作，是世界上第一个多国参与的排放交易体系。2005年以来，欧盟内的欧洲气候交易所（European Climate Exchange）、北方电力交易所（Nordpool）、未来电力交易所（Powernext）以及欧洲能源交易所（European Energy Exchange）等一大批碳排放交易中心应运而生。欧盟排放交易体系是目前世界上最大的碳市场，碳交易量与交易额占全球总量的3/4以上，参与国包括欧盟27个成员国以及挪威等29个国家，近1.2万个工业温室气体排放实体。

除欧洲之外，美国推动绿色金融实践发展的步伐也很快。芝加哥气候交易所（CCX）是全球第一个自愿性参与温室气体减排量交易的市场，也是对减排量承担法律约束力的组织和市场交易平台。另外，由美国东北和中大西洋地区的10个州参加的美国区域性温室气体减排立法提案计划（RGGI），则是美国第一个市场导向的、区域性的二氧化碳排放总量控制及配额交易框架。

面对碳交易市场的迅猛发展，国际上各大金融机构陆续开发出基于碳排放权的金融产品并提高相关服务水平，主要包括：为碳交易提供中介服务，在碳排放权的卖方和碳能源的终端消费者或贸易商之间进行联络、撮合交易；向清洁发展机制（CDM）项目开发企业提供贷款、为产生碳排放权的项目开发企业提供担保；在二级市场上参与碳排放配额交易、为碳交易提供必要的流动性；设计碳金融零售产品、创新碳金融衍生产品；为碳排放权的最终使用者提供风险管理工具等。世界银行在促进碳金融迅速发展过程中也起到了重要作用，世界银行总共设立了9项碳金融的专项资金，这些资金主要用于亚洲和非洲国家的清洁发展机制（CDM）[①]和联合履约合作机制，对这些国家的可持续发展做出了重要贡献。此外，各国碳基金（专项投资基金）的发展方兴未艾。碳基金为针对性投资于碳减排相关项目（包括从现有减排项目中购买排放额度或直接投资于新项目）的专项基金（Carbon Funds），政府、金融机构、企业或个人投资均可设立，是通过在全球范围购买碳信用或投资于温室气体减排项目，从而获取回报的投资工具。

碳排放权交易、温室气体排放等技术和项目的直接投融资，以及与排放权相关的各种衍生产品交易等金融活动共同构成了碳金融的主要内涵，碳金融是绿色金融中的核心且其发展相对成熟，关于碳排放交易机制的相关理论可以参见吴恒煜和胡根华2013年发表在《资源科学》的《国外碳排放交易问题研究述评》。

运用市场机制促进可持续经济发展，是国际通行的做法，近年来中国碳交易市场建设也取得了阶段性成果。碳交易试点从2011年开始启动，选择的地区是北京、上海、广州、深圳、天津、重庆和湖北七个省市。根据清洁发展机制网的信息，截至2015年12月16日，中国已获得的CERs[②]

① 清洁发展机制（CDM），指发达国家提供资金和技术，与发展中国家开展项目合作，实现“经核证的减排量”（CER），大幅度降低发达国家在国内实现减排所需的费用。

② Certification Emission Reduction，核证减排量，是指联合国执行理事会向实施清洁发展机制项目的企业颁发的经过指定经营实体核查证实的温室气体减排量。

签发的全部清洁发展机制项目为1 468项，获得签发的CERs年减排量估计为345 179 017吨二氧化碳，按照10美元/吨的价格计算，转让收益将超过34亿美元。根据《联合国气候变化框架公约》（United Nations Framework Convention on Climate Change，UNFCCC）发布的官方信息，2015年年末全球获签发的CERs年减排量为1 637 683 968吨二氧化碳，中国的减排贡献超过1/5。另外，截至2015年7月14日，在联合国清洁发展机制执行理事会（Executive Board， EB）成功注册的中国清洁发展机制项目高达3 807个，全球共注册7 683项，中国提供了将近一半的清洁发展机制项目，在全球清洁发展机制市场已处于领先地位。然而，相对于国外碳交易市场，北京市碳交易的市场活跃度明显较低。欧盟碳排放交易体系和美国区域温室气体减排行动（RGGI）市场的碳交易活跃度一直保持在4.8%以上，而北京市在活跃度最高的6月也只达到0.87%，差距巨大，碳交易市场活跃度不足也是中国碳交易市场的主要问题。

值得注意的是，发达国家借助于法律的强制力确保温室气体减排政策措施得以顺利推行。比如，欧盟气候变化委员会就2013年以后的气候变化公布了具有立法性质的《气候变化与能源一揽子法案》，明确了各成员国2020年的温室气体减排目标，规定最终能源中可再生能源所占比例等。中国也陆续出台了系列政策和法律规定推动和保障碳交易市场的创新发展和顺利运行。2014年发布的新“国九条”第一次以国务院文件的形式对碳排放权交易作为新增期货品种提出了创新要求，明确提出发展碳排放权等交易工具，充分发挥其在期货市场中的价格发现和风险管理功能，提高中国碳资源的定价影响力，建立符合国内需求、与国际规则对接的碳交易市场体系，增强期货市场服务实体经济的能力。2014年12月10日，国家发改委发布《碳排放权交易管理暂行办法》，是中国碳市场立法的第一步。2014年12月11日，上海银行与上海宝碳新能源环保科技有限公司在上海环境能源交易所签订国内首个《中国核证减排量（CCER）质押贷款协议》，是国内金融机构首次与碳资产管理公司就中国核证自愿减排量（CCER）进行质押，标志着CCER由此进入金融领域。

总而言之，在加强立法和顶层设计的基础上，通过建设碳交易市场，合理规划碳能源配额结构，灵活的碳交易机制使市场价格对减排者的激励作用得到充分发挥，市场流动性提高，使减排的努力集中在效率较高、成本较低的企业，减少了整个社会的成本[①]。即是说，一个有效的碳交易体系节省了资金成本，并达到更好的减排效果。

6.5.3.2　可持续股票指数

商业性金融机构在实践绿色金融时，除了履行社会责任外，还应当有利可图，只有这样资金融通机制才具有可持续性，使绿色金融与金融机构自身的营利目标保持一致。资本市场是资源配置的重要场所，而股票指数则是在股票市场上引导资金配置的重要风向标，通过建立可持续股票指数，可以有效地引导更多的社会资金投向可持续发展产业。

在可持续股票指数体系未建立前，考虑到环境风险因素而投资于一篮子公司股票的社会责任共同基金可认为是其发展雏形。普遍认为，社会责任投资共同基金萌芽于1971年美国建立的柏斯全球基金（Pax World Fund），这是为规避与越南战争相关的军事股票风险的一项基金，不投资与越战有关的企业，满足了反战型投资者的偏好。在柏斯全球基金成立近20年后，美国多米尼400指数在1990年5月建立，成为世界上第一个可持续发展指数（Guerard，1997a，b），以社会性与环境性议题为筛选准则，把可持续发展融入公司财务绩效评价当中，为社会责任型投资者提供了一个参考基准。随着公司和社区对社会责任投资理念的广泛认同，也刺激了相当数量可持续投资工具的诞生，1999年道・琼斯公司、斯达克斯（STOXX）和SAM集团联合推出了道・琼斯可持续股票指数（The Dow Jones Sustainability Indexes，DJSI），其中的成分股选择不仅考察上市公司的财务绩效，也考察上市公司的环境绩效，认为具有更好环境绩效的上市公司具有更强的持续发展能力。克莱门特等（Climent，Soriano）研究发现，尽管1987—2009年环境友好型共同基金相对于其他基金回报率低，

① 原理分析：假设碳交易是完全竞争市场，政府无须知道各个污染源的成本函数，只需根据环境容量确定总量，市场最终能实现均衡，并达到成本最小化。

但投资者仍然非常愿意购买环境友好型共同基金，因为企业发展的可持续性、美誉度及其将来的价值对于长线投资者而言非常有吸引力。

传统的股票指数构成中，高耗能、高污染的重工业企业占了很大的比例，而许多基金和机构投资者在被动投资时（与股指构成一致的投资）自然将同样大比例的资金投入污染性行业。因此，目前的股票指数体系在某种程度上强化了污染性的投资结构和产业结构，而可持续股票指数通过选择社会责任较强的企业股票将投资者的投资重心从传统高能耗、高污染企业吸引到可持续发展产业，使投资者的投资决策与经济、社会、环境的可持续发展相统一，成为推动机构投资者提高可持续项目投资比例的重要力量。世界主要的可持续股票指数相关信息如表6–6所示。

表6–6 主要的可持续股票指数

指数	跟踪/基准指数	方法
卡尔弗特集团：卡尔弗特社会指数	无	负面筛选标准：排除有不良环境记录和在核能、武器、烟草、酒精和赌博等行业运作的公司
道·琼斯公司：道·琼斯可持续发展指数	道·琼斯全球指数	正面筛选标准：包括可持续标准综合排名靠前的公司
标准普尔：Ethibel可持续发展指数	标普全球1200	对公司评估基于四个主要标准：员工待遇、环境政策、外部社会政策和道德的经济政策
富时指数公司：FTSE4Good	世界500强	混合的筛选标准：排除在烟草、核能、武器和铀行业运作的公司；包含符合环境可持续性、与股东之间的关系及人权等定性判断标准的公司
KLD分析公司：多米尼400社会指数	世界500强	负面筛选标准：排除有不良环境记录和在核能、武器、烟草、酒精和赌博等行业运作的公司；同时也排除不符合环境、多样性、员工关系及产品等定性判断标准的公司
Vigeo：先进的可持续表现指数	DJ EURO STOXX50	积极筛选标准：为引入可持续发展标准而获得奖励的公司
中证环保产业指数	中证全指指数	最近一个会计年度在资源管理、清洁技术和产品、污染管理的业务收入占比达25%的公司

具体而言，可持续股票指数会给企业和投资者带来较大的益处。首先，可持续股票指数中的环保企业所占比例较传统指数更高，引导依照可持续股票指数进行投资的金融机构提高对环保产业的资产配置比例；其

次，可持续股票指数为投资者提供了企业的环境影响、环境表现等方面的经过筛选和验证的综合信息，降低了投资中的环境风险等，有助于提高风险收益率；其三，对上市公司而言，可持续股票指数和绿色投资为那些在环境、治理等方面表现优于同行的公司，提供了更加公开、广泛、透明的展现机会，并带来投资者认可、客户认可等一系列的积极影响。可持续股票指数与绿色投资对企业经营行为有激励和约束效果，对企业改善环境表现起到了督促作用，提升了企业竞争优势，帮助企业建立了优良声誉，赢得投资者、股东、捐赠者、赞助商和整个金融界的认同，并与公司、政府、媒体、供应商、同业竞争者和所在的社区保持良好的关系。可持续指数在中国资本市场刚刚起步，目前只有上证社会责任指数、中证ECRI ESG可持续发展40指数、中证财通ESG100指数等不足20个相关指数，在中国的投资影响力较为有限。

6.5.3.3　环境责任保险

环境责任保险是以被保险人因污染水、土地或空气，依法应承担的赔偿责任作为保险对象的保险。如果没有环境责任保险，许多企业在发生意外的污染事件之后就没有财务能力提供赔偿以及对环境进行修复。另外，对某些行业采取强制购买保险的措施会将环境成本显性化，有助于企业内生化具有外部性特征的环境风险，避免环境风险过大的投资行为。

环境责任保险在西方发达国家已经较为成熟。德国政府在1990年通过《环境责任法案》，在法案的附件中强制10个大类、96个小类行业必须参保，主要包括热电、采矿、石油等行业。英国保险业协会也组织全国保险公司推出类似保险，一旦污染发生，赔付内容不仅包括清理污染的数额，还包括罚金、不动产价值损失、全部相关法律费用和医疗费用等。欧盟始终坚持以立法的形式强调“污染者付费”原则，并在2004年发布《欧盟环境责任指令》，强调污染责任，相关保险业务在欧洲最为发达。中国于2007年开始试点环境污染责任保险。2013年1月，国家环保部和中国保监会联合发文，指导15个试点省份在涉及重金属企业、石油化工等高环境风险行业推行环境污染强制责任保险，首次提出了“强制”概念，但该文件现阶段仍属于“指导意见”，并无法律效力。

6.6 本章小结

金融业作为社会资金的融通枢纽，是现代经济的核心。实施绿色信贷创新业务，大力发展绿色保险和绿色债券是践行绿色经济的有效手段。通过在金融信贷领域建立环境准入门槛，可以统一企业的经济职责和社会责任，努力推行当代的生态文明建设，保障中国的经济可持续发展。对于中国当代商业银行的发展创新来讲，绿色金融产品创新既是机遇，同样也是挑战。绿色金融产品创新是对传统金融观念的改变和发展，强调的是一种经济的再平衡，是一种金融创新，一种社会责任，需要坚持可持续发展原则，监督、促使相关企业从“高碳”到“低碳”的转型。这既符合当代市场需求，又能够合理改善气候条件，实现银行和企业的双赢。

7 中国文化产业绿色创新

随着全球化进程的加速与深化以及世界经济的转型与融合，绿色文化创意产业逐渐成为全球最具发展潜力的新兴产业之一。从宏观层面分析，20世纪末以来，随着信息技术的不断突破和知识经济的迅猛发展，技术进步和资源约束等因素有力地推动了国际产业竞争从传统生产领域向知识、绿色文化和创新的方向发展。数字技术的发展推动绿色文化创意产业与国民经济各部门广泛渗透和普遍融合，从而提升了传统行业的文化附加值。绿色文化创意产业的核心——创意、知识与信息逐渐被认为是全球经济增长和发展的强大推动力。同时，文化创意产业不仅可以推动GDP增长、经济结构转型的产业部门，更重要的是能够保持和发展绿色文化多样性，推动社会进步。目前，发展绿色文化创意产业已经被提升为实现中国经济转型和经济社会可持续发展的国家战略。

从城市或区域绿色文化创意产业发展情况分析，由于不同城市、不同区域所拥有的资源禀赋、资本、技术、人才和市场条件等存在差异，以及产业发展阶段不同，其发展模式应该是具体的和特殊的。

近些年来，作为文化古城的北京市对发展文化创意产业给予了高度重视，该产业也得到了迅猛发展。但因鼓励措施具有发散性，缺少整体设计，整个产业发展模式不够清晰，北京绿色文化创意产业的长期稳定可持续发展将受到制约。另外，北京绿色文化创意产业还明显存在着区域特色不够鲜明、发展思路单一、内部结构不尽合理、低端重复建设严重、市场主体弱小和政府扶持不到位等诸多问题。如果不及早制定明确的产业发展模式并采取有效举措，北京绿色文化创意产业将会丧失社会转型时期的战略发展机遇。

选取科学合理的绿色文化创意产业发展模式能够有效推动北京绿色文化创意产业的健康发展，加快北京市产业结构调整和产业升级的步伐，促进首都经济社会平稳发展。本章以北京市为例，从多个角度研究构建北京绿色文化创意产业的发展模式，对北京绿色文化创意产业的行业协调发展进行分析。

7.1 理论基础

7.1.1 理论分析

绿色文化创意产业发展模式的内涵，是指在为实现绿色文化创意产业的持续发展而实行的总体规划的基础上，逐渐形成的要素组合方式、资源利用方式和特色生产经营战略方式。同济大学经济管理学院林善浪教授通过分析历史上世界经济重心的转移路线，以及近年来中国、美国、欧洲三大政治经济实体的力量对比，说明当前世界经济的重心正在向中国转移，中国正从世界工厂向世界经济中心转变。在这个过程中，中国管理学应以“中国绿色文化和价值”为管理哲学，以“中国实践和案例”为发展动力，以“中国问题和困惑”为研究取向，为构建适合中国实际的管理模式和产业发展模式提供理论基础。另外，根据库恩的“范式”理论，在管理学、经济学和社会学领域任何理论的突破和实践的发展都会带来新的模式，如市场主导型模式、产业关联模式、外向或内向模式等，因此发展模式并不是单一的概念，而是多方面、内外部因素交互影响发展的结果。一些学者认为，绿色文化创意产业发展模式的选择涉及以下三个问题：①在国际产业分工体系中，一个国家或地区的产业定位是什么？②该国家或地区的比较优势是什么？③它的产业竞争优势又是什么，该竞争优势受哪些因素影响？这些问题需要从经济学和管理学的基本理论出发去寻找答案。本书研究分析认为，绿色文化创意产业发展模式的形成涉及以下基本理论：比较优势理论、竞争优势理论、增长极理论和关联效应理论等。

7.1.1.1　比较优势理论

英国古典经济学家亚当·斯密（Adam Smith）在《国富论》中提出了绝对优势学说以解释国际贸易分工问题。亚当·斯密认为，国际贸易主体之间的利益关系，可以通过实行特长分工，进行专业化生产和自由交换，从而实现共赢互利。虽然绝对优势理论可以很好地解释国际贸易产生的主要动因，但是却无法回答一个问题：如果某个国家或地区在任何产品生产上都没有绝对优势，那么它是否还能参与国际分工？随后英国经济学家大卫·李嘉图（David Ricardo）在绝对优势理论的基础上，提出了比较优势理论来解决这个问题。大卫·李嘉图认为，只要各个国家或地区之间存在着生产技术上的相对差异，那么就会产生生产成本和产品价格方面的差别，从而各个国家或地区就会在不同的产品间有比较优势。也就是说，即使一国在各种产品的生产上都比其他国家绝对的低效率，不过相比之下总有一种产品的劣势要相对小一些，该产品就具有相对优势，那么该国家或地区也可以从国际贸易中获益。参与国际贸易的基础不是亚当·斯密所说的分工各方必须具备绝对优势，而是分工各方只要具备了比较优势，坚持“两优取重，两劣择轻”原则进行国际贸易。

虽然李嘉图提出的比较优势理论解决了斯密绝对优势理论无法回答的问题，但是，是何原因造成了各国在生产同种产品上的比较成本的差别？20世纪瑞典经济学家伊莱·赫克歇尔（Eli Heckscher）和他的学生柏蒂尔·俄林（Bertil Ohlin）提出了“H-O理论”，对此做出了解释。H-O理论认为，在不同国家生产同种产品的函数相同的条件下，比较优势产生的根源是各个国家或地区的生产要素相对禀赋的不同，以及不同产品生产要素使用密集性的差别。因此，一个国家或地区总会出口自身要素供给富余且价格低廉的产品，同时又会进口自身要素供给稀缺并且价格昂贵的产品。遵循比较优势的发展战略就会有较高的知识吸收能力，使发展中国家可以充分利用与发达国家的技术差距来加速技术创新的速度，促进发展中国家向发达国家收敛，甚至在能够引进的技术都已经引进，技术和收入达到发达国家的水平后，自己转向新技术的研发，实现蛙跳，而最终超过发达国家。违背比较优势的发展战略则会降低知识吸收能力，使发展中国家的技术创新速度慢于发达国家，导致发展中国家和发达国家的技术水平和收入水平的差距进一步扩大。

美国哈佛大学教授雷蒙德·佛农（Raymond Vernon）在20世纪60年代中期在对美国跨国公司对外直接投资进行实证研究的基础上，提出了“产品生命周期理论”，用产品生命周期理论解释国际生产与贸易，并赋予产品生命周期理论以空间维度。该理论把产品生命周期分为四个阶段：产生、发展、衰退和消亡。他认为，贸易结构的变化随着新产品的开发阶段、成熟阶段和标准化阶段的生产循环的企业区位变化而变化。

以上理论尽管都是国际贸易方面的相关理论，但对于指导一个国家或地区产业发展战略具有良好的借鉴意义。

7.1.1.2　竞争优势理论

1992年，美国哈佛大学管理学教授迈克尔·波特在（Michael Porter）《国家竞争优势》一书中提出了国家的竞争优势理论。在该书中波特指出，一个国家的竞争优势也是企业和行业的竞争优势，也是生产力发展水平上的优势。优势产业决定了一个国家能否在国际竞争中形成竞争优势。波特（1990）将产业定义为同类产品及其可替代产品的集合，并把产业分为“多国内产业”（与国外同一产业没有竞争关系，也称“非贸易的产业”）和“全球产业”（与国外同一产业有很强的竞争关系，也称“可贸易的产业”）。

波特认为，产业竞争力的四大基本决定性因素包括：生产要素、企业战略以及竞争环境、需求情况、相关支持产业的状况。这四个因素双向作用，形成钻石体系。竞争力的辅助因素包括：机遇和政府行为。这六个因素相互作用、相互影响。六个因素的联系以及动态变化的过程称为产业国际竞争力的“钻石”模型。

7.1.1.3 钻石模型

钻石模型又称钻石理论、菱形理论及国家竞争优势理论。“钻石模型”是由美国哈佛大学商学院著名的战略管理学家迈克尔·波特提出的。波特的钻石模型用于分析一个国家某种产业为什么会在国际上有较强的竞争力。

波特关于国家竞争优势理论的中心思想是，一国兴衰的根本在于国际竞争中是否赢得优势。它强调不仅一国的所有行业和产品参与国际竞争，并且要形成国家整体的竞争优势，而国家竞争优势的取得，关键在于以下四个基本要素和两个辅助要素的整合作用。生产要素——包括人力资源、天然资源、知识资源、资本资源、基础设施；需求条件——主要是本国市场的需求；相关产业和支持产业的表现——这些产业和相关上游产业是否有国际竞争力；企业的战略、结构、竞争对手的表现。波特认为，这四个要素具有双向作用，形成钻石体系。在四大要素之外还存在两大变数：政府与机会。机会是无法控制的，政府政策的影响是不可漠视的。

波特的钻石模型——一种理解国家或地区全球竞争地位的全新方法，现在已经成为国际商业思维中不可或缺的一部分。波特的“集群”观点或相互联系的企业、供应商、相关产业和特定地区的组织机构组成的群体，已经成为企业和政府思考经济发展、评估地区的竞争优势和制定公共政策的一种新方式。波特的理论已经指导了新西兰和其他地方国家竞争力的重新评估。他的观点和亲身参与研究形成了一些国家和地区的战略，如荷兰、葡萄牙、哥斯达黎加和印度等国家以及中国台湾，美国的马萨诸塞州、加利福尼亚州和巴斯克县等地区。上百种集群战略已经在全球遍地开花。在激烈的全球竞争时代，这种开拓性的研究已经成为衡量未来所有工作必需的标准。

目前，用钻石模型分析某个行业或者产业竞争力的应用，已经拓展到经济、农业、医药、贸易、食品、新能源和服务业等众多领域，为企业和国家提升竞争力给出了重要启示。绿色文化创意产业的发展需要科学的评价指标体系。吴慧香在总结现有创意指数的基础上，以钻石模型为理论基础，构建了基于钻石模型的绿色文化创意指数指标体系。姜彤彤和吴修国借鉴钻石模型理论和可持续发展思想，建立了绿色文化产业竞争力评价指标体系。该指标体系包括三级层次结构，有6个二级指标和35个三级指标；其次，运用层次分析法计算确定绿色文化产业竞争力指标权重，设计出基于层次分析法（AHP）的绿色文化产业竞争力评价模型。庾为利用钻石模型理论，对北京市朝阳区的会展业竞争力状况进行研究，找到产业的优势与劣势。

钻石模型说明了产业竞争力的影响因素和各因素之间的联系。生产要素包括初级要素和高级要素。自然资源、地理条件和初级劳动力属于初级要素的范畴，人力资本、知识和科学技术、现代通信的基础设施属于高级要素的范畴。绿色文化创意产业的需求状况系统地反映了社会大众对绿色文化产品和绿色文化服务的需求状况，是绿色文化创意产业不断持续发展的原动力。有效的需求可以不断地刺激绿色文化产品和绿色文化服务向前发展，促进绿色文化创意产业的结构升级。在经济全球化的背景之下，需求包含国内需求和国际需求两个方面。波特指出，本地客户的本质非常重要，特别是内行并且挑剔的客户。在很大程度上本地客户的品质决定了产品和服务的品质。如果本地客户对服务和产品的要求或者挑剔程度在国际上数一数二的话，那么就会激发该地区企业追求完美品质的潜力，从而使得该企业的产品或服务在国际竞争中占有极大的优势。另一个重要方面是预期性需求。如果本地顾客的需求具有前瞻性和引导性，领先于其他国家，那么本地的产品就会具有巨大的销售潜力，从而克服了市场的滞后效应。这也可以成为本地企业的一种优势。相关产业是指因公用某些技术、共享同样的营销渠道或服务，而联系在一起的产业或具有互补性的产业。波特认为，单独的一个企业以至单独一个产业，都很难保持竞争优势，关键在于该项产业的相关产业和上下游产业是否具有国际竞争力。战略结构和竞争对手指的是企业或者某一产业在一个地区或者国家的组织和管理形态，以及在国内或国际市场中竞争对手的表现。机遇对竞争力提升的影响是非常大的，甚至是企业和政府都无法左右的。影响产业竞争的机会包括生产成本突然提高、传统技术出现断层、基础科技的发明创新和其他重大事件的发生等。政府的作用同样是不可忽视的，政府通过提供良好的发展环境，让以上四大因素发挥作用。

7.1.1.4 增长极理论

增长极理论是由法国经济学家弗朗索瓦·佩鲁（Francois Perroux）于1950年提出的。与这一理论类似的观点还有地理性二元经济理论和点轴理论。增长极理论认为，经济的增长分先后在不同的点位迸发，而不是在所有地区同时发生。经济的增长首先集中在一点或者某些增长极上面，而后通过这些点和增长极向外扩散，从而带动其他点位的经济发展。增长极是在具有发展前景和发展潜力的城市或者产业中选择的，然后集中资金、原料和力量对被选中者进行投资建设，使其经济快速发展以至达到喷发，最后借助扩散和极化效应通过各种渠道向外扩散从而实现区域经济整体的增长。这个过程的关键在于增长极对产业或城市的选择标准是什么。一般而言，产业或城市要具备以下两个基本条件：一是人口、消费、资本、交通、基础设施和信息聚集程度较高；二是有较强的聚集性、良好的开放性和快速的扩散性。具备这两个要素的产业或城市，在发展大流通、大市场中一定会取得主导和先导的优势。

依据上述理论观点，不同的国家或地区在进行产业布局的时候，可以通过吸引投资和政府计划的方式，在特定的地区、城市和产业形成增长极，使其充分实现规模经济，确定该地区、城市和产业在经济发展中的优势和重要地位，然后利用市场的引导机制，充分发挥其计划和扩散效应，利用增长极的带动作用从其临近地区开始逐步带动整个地区的经济共同发展。

英国、美国和韩国等绿色文化创意产业较为发达的国家都利用了该理论，实施了以重点城市或者产业区域为“极化区”的非均衡发展模式。例如，美国好莱坞是全球电影的集散地，该地区拍摄的电影票房收入占全球票房收入的85%，作为美国电影的集散地带动了全球电影业的发展壮大。基于“增长极”理论的极化与扩散的非均衡发展模式已经成为当今比较成熟的产业发展模式，北京绿色文化创意产业集聚区的形成就是该理论在现实中的实践，通过集聚区的建设带动周围产业的发展。该理论也是本书提出的绿色文化创意产业基础行业导向模式和区域品牌集聚模式的理论基础。

7.1.1.5　产业关联效应理论

20世纪90年代，美国经济学家赫尔曼利用外部经济理论提出了“产业关联效应”理论。该理论认为，在每个时期，各个行业都存在着相互作用的关系，现代经济的部门之间存在着前向或者后向的联系。这种联系产生了一连串不均衡的连锁过程。经济的发展即为一个部门伴随另一部门一系列不均衡发展的结果。

从上述产业关联效应理论的描述和绿色文化创意产业经济特性的分析中可以看出，绿色文化创意产业在国民经济的发展中具有很强的产业关联度，所以通过发展绿色文化创意产业可以带动其他传统产业的再次发展。同样，找到绿色文化创意产业中关联度很高的核心行业，也能够带动其他行业的快速发展。这是提出北京绿色文化创意产业跨行业联动模式的理论基础。

表7-1列出了绿色文化创意产业发展模式的现实意义、发展模式理论和发展模式。

表7-1　绿色文化创意产业发展模式及其理论

绿色文化创意产业发展模式理论的现实意义	绿色文化创意产业发展模式理论	绿色文化创意产业发展模式
利用自身产业的优势获得发展	比较优势理论	根据自身产业特点确定合适的重点行业
通过提高影响产业竞争力的因素实现产业的发展	产业竞争优势理论	解决产业竞争力存在的问题，确定相应的绿色文化创意产业发展模式
基于产业集聚发展的必要性	增长极理论	极化与扩散的非均衡模式、集聚区模式、基础行业导向模式和区域品牌集聚模式
基于产业的关联性	产业关联效应理论	产业关联模式、跨行业联动模式

7.1.2 研究方法

7.1.2.1 灰色系统理论

1982年，中国学者邓聚龙创立的灰色系统理论，是一种研究小数据、贫信息不确定性问题的新方法。灰色系统理论以部分信息已知、部分信息未知的小样本、贫信息不确定性系统为研究对象，主要通过对部分已知信息的生成、开发，提取有价值的信息，实现对系统运行行为、演化规律的正确描述和有效监控。社会、经济、农业、工业、生态和生物等许多系统，是按照研究对象所属的领域和范围命名的，而灰色系统却是按颜色命名的。在控制论中，人们常用颜色的深浅形容信息的明确程度，用“黑”表示信息未知，用“白”表示信息完全明确，用“灰”表示部分信息明确、部分信息不明确。灰色系统理论研究的主要内容包括以灰色朦胧集为基础的理论体系，以灰色关联空间为依托的分析系统，以灰色序列生成为基础的方法体系，以灰色模型（GM）为核心的模型体系，以系统分析、评估、建模、预测、决策、控制和优化为主体的技术体系，以多目标智能灰靶决策为标志的决策模型体系，以及以灰色规划、灰色控制为主体的优化模型体系。在灰色系统理论的带动下，相继产生了灰色控制理论、灰色混沌理论、区域经济灰色分析等一批新兴交叉学科。刘思峰论述了灰色系统理论产生的科学背景，介绍了灰色系统理论的迅速发展，日臻完善的新兴横断学科在国际国内学术界的影响和地位及其在众多领域的成功应用。从系统科学和不确定性系统理论的发展趋势、社会实践需求以及科学理论、科学方法、科学模型的简单性原则等方面揭示了灰色系统理论持续发展的奥秘。罗党、刘思峰以灰色决策分析理论为基础，探讨了经典灰色关联决策方法的优势和不足。提出了基于理想方案的最大关联度方法、基于临界方案的最小关联度方法，以及同时考虑理想方案和 f 临界方案的综合关联度方法及其相关概念。何霞用加权最小二乘方法进行参数估计，得到灰色GM（1，1）模型的精度远高于传统灰色系统模型。梁小珍等对中国多层级金融中心体系进行研究，设计了一套系统的评价方法。在评价过程中，首先建立了评价各城市金融竞争力的指标体系，接着采用熵权法、灰色关联分析法、主成分分析法等对中国21个大中城市的金融竞争力进行了评价。胡启洲等针对带有方案偏好信息的多指标决策问题，利用灰色系统理论知识进行了研究。在定义四级标度法的基础上，给出方案偏好信息的客观值，并提出了基于灰色关联度、方案偏好信息值和客观信息熵的灰色关联度决策模型（梁小珍，2012）。

1989年，英国创办的国际学术刊物《灰色系统学报》（The Journal of Grey System）已成为《英国科学文摘》（SA）、《美国数学评论》（MR）等重要国际文摘机构的核心期刊。全世界有300余种学术期刊接受、刊登灰色系统论文，美国计算机学会会刊、中国台湾《模糊数学通讯》等出版了灰色系统专辑。目前，灰色系统理论的应用范围已拓展到工业、农业、社会、经济、能源、交通、石油、地质、水利、气象、生态、环境、医学、教育、体育、军事、法学和金融等众多领域，成功地解决了生产、生活和科学研究中的大量实际问题。自20世纪80年代以来，中国省、市、县数百个区域运用灰色系统理论方法、模型和技术研究区域社会、经济和科技发展问题，编制综合发展规划，促进了区域经济的健康发展。

7.1.2.2　主成分分析法

在统计分析中，由卡尔·皮尔逊于1901年发明的主成分分析（Principal Components Analysis，PCA）是一种分析、简化数据集的技术。主成分分析用于分析数据及建立数理模型，是一种将多个变量通过线性变换以选出较少重要变量的多元统计分析方法，又称主分量分析。

研究中，为了全面分析问题，往往提出很多与此有关的变量（或因素），因为每个变量都在不同程度上反映了某些信息。变量个数太多就会增加课题的复杂性，人们自然希望变量个数较少而得到的信息较多。在很多情形中，变量之间有一定的相关关系，当两个变量有一定相关关系时，可以解释为这两个变量反映此课题的信息有一定的重叠。主成分分析是对于原先提出的所有变量，建立尽可能少的新变量，使得这些新变量是两两不相关的，而且这些新变量在反映课题的信息方面尽可能保持原有的信息。设法将原来的变量重新组合成一组新的互相无关的几个综合变量，同时根据实际需要从中取出几个尽可能多地反映原来变量信息的综合变量，这也是数学上处理降维的一种方法。主成分分析作为基础的数学分析方法，其实际应用十分广泛，比如，人口统计、数量地理学、经济学和分子动力学模拟等学科中均有应用，是一种常用的多变量分析方法。

7.2　实证研究——以北京市为例

7.2.1　发展概况

7.2.1.1　整体发展情况

近几年，绿色文化创意产业成为北京GDP新的增长点。2012年，北京市绿色文化创意产业总收入突破万亿元大关，绿色文化创意产业增加值达到2 205.2亿元，预计2020年北京绿色文化创意产业的GDP占GDP总量的比重将达到18%。

（1）从布局上看，海淀、朝阳、东城和西城四城区绿色文化创意产业单位实现的收入和从业人员占全市绿色文化创意产业的比重已超过70%。而怀柔、平谷、顺义、大兴和房山新兴区域呈现蓬勃发展趋势，成为绿色文化创意产业发展新的增长点。

（2）从结构上看，创新创意行业快速增长。近几年，规模以上绿色文化创意产业中，互联网信息服务、数字出版（互联网出版）、音像及电子出版物出版发行、无线广播电视传输服务和卫星传输服务等行业均实现收入同比高速增长。“优化一产、做强二产、做大三产”是北京市党代会报告提出的方针，也是北京经济结构转型调整的方向。

（3）从产业规模上看，北京绿色文化创意产业2013年收入合计10 022亿元，同比增长7.6%；从业人员总计104.7万人，同比增加2.5%；创造增加值由2005年的674亿元增至2012年的2 205.2亿元，年增速为20.2%，超过全市地区生产总值年均增速5.6个百分点；增加值占全市GDP比重由

2005年的9.7%提高到2012年的12.4%，共提高了2.7个百分点。具体情况如图7-1所示。据北京市统计局统计，2013年绿色文化创意产业九大行业各自收入和就业人员的变化情况，如表7-2所示。

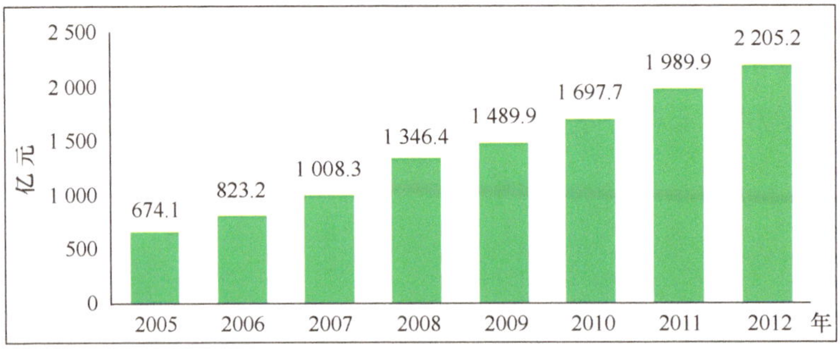

图7-1　2005—2012年北京市绿色文化创意产业增加值

表7-2　2013年北京市规模以上绿色文化创意产业

领域	收入合计（亿元）		从业人员（万人）	
	数量	同比增长（%）	数量	同比增长（%）
合计	10 022.0	7.6	104.7	2.5
绿色文化艺术	164.9	7.1	3.7	1
新闻出版	799.7	8.5	10.6	–0.7
广播、电视、电影	666.4	9.2	4.8	1.2
软件、网络及计算机服务	3 849.0	9.2	52.4	4.8
广告会展	1 105.1	3.7	6.5	2.1
艺术品交易	985.4	7.8	1.3	5.2
设计服务	400.9	5.0	8.3	5.7
旅游、休闲娱乐	873.8	11.0	8.3	–0.7
其他辅助服务	1 176.8	3.9	8.8	–4.8

注：各领域数据按2011年《国民经济行业分类（GB/T4754-2011）》标准汇总。
数据来源：北京市统计局《2013年北京绿色文化创意产业情况公报》。

（4）从产业构成看。按照北京市统计局统计口径，北京市绿色文化创意产业包括新闻出版，绿色文化艺术，广播、电视、电影，软件、网络及计算机服务（动漫游戏包含其中，未被分拆统计），广告会展，艺术品交易，设计服务，旅游、休闲娱乐以及其他辅助服务等九大行业。九大行业2004—2013年对绿色文化创意产业收入的贡献率见表7-3。从表7-3的数据可以看出，2013年包括动漫游戏在内的软件、网络及计算机服务行业所占的比重最大，广告会展行业紧随其后。

表7-3　2004—2013年绿色文化创意产业各行业的收入比重（%）

年份	2013	2012	2011	2010	2009	2008	2007	2006	2005	2004
合计	100.0	100.0	100.0	100.0	100.0	100.0	100.0	100.0	100.0	100.0
绿色文化艺术	1.6	2.0	3.4	3.2	3.3	3.2	3.8	4.3	4.8	3.9
新闻出版	8.0	8.3	9.6	10.1	10.7	11.4	14.1	16.5	15.8	18.9
广播电视电影	6.6	7.1	7.7	8.2	8.4	8.9	10.2	8.9	11.6	9.6
软件、网络及计算机服务	38.4	38.9	52.4	49.9	47.7	52.2	47.9	45.6	39.5	40.0
广告会展	11.2	11.5	8.0	7.5	6.6	8.3	6.4	6.3	7.6	8.4
艺术品交易	9.8	6.8	2.8	2.5	2.1	1.5	1.4	1.2	1.0	2.0
设计服务	4.0	4.2	4.6	5.0	5.1	3.9	4.9	4.9	4.7	5.2
旅游休闲娱乐	8.7	8.7	4.0	4.1	4.1	4.4	5.0	5.9	5.6	4.7
其他辅助服务	99.8	12.5	7.5	9.6	12.0	6.2	6.3	6.4	9.4	7.3

数据来源：历年《北京统计年鉴》。

（5）从企业分布看。工商局数据库显示，从企业注册登记角度分析，绿色文化创意企业主要分布在城市功能拓展区，共有企业7.6万家，占整体的61.7%。其中，海淀3.2万家，注册资本727亿元；朝阳3.1万家，注册资本509亿元。城市发展新区、首都功能核心区占15%左右，生态涵养区仅占6.3%。

目前，北京市共有市级绿色文化创意产业集聚区30个，覆盖全市16个区县。北京市以骨干绿色文化企业和战略投资者为主体、市级绿色文化创意产业集聚区为依托的发展格局初步形成，集聚区已经成为北京市绿色文化创意产业发展的重要载体和支撑。截至2013年年底，全市30个市级绿色文化创意产业集聚区规模以上绿色文化创意产业法人单位823家，实现收入1 025.3亿元，同比增长19.3%，高于全市绿色文化创意产业收入增速2.3个百分点，占全市绿色文化创意产业收入比重为15.6%。

7.2.1.2　八大重点行业分析

北京绿色文化创意产业包括八大行业：文艺演出、新闻出版、广播影视、动漫游戏、广告会展、艺术品交易、设计服务和绿色文化旅游。

（1）文艺演出。近年来，北京市文艺演出行业呈现良好的发展态势，演出场次以及演出收入逐年增长（见表7-4），行业整体发展迅速，观众消费水平不断提高。国有演出团体转企改制初见成效，核心竞争力全面提升；业外资本加速进入演出市场，小剧场发展迅速，带动演出平均票价逐年下降；院团联合和院线联盟进一步深化，产业资源整合加剧；奥运场馆赛后利用增加了大型演出场馆的供给；外地演艺机构进入北京市场分化演出竞争格局；票务代理规模显著，业务模式多渠道发展；大型演艺机构进军国际市场，“走出去”迈上新台阶；行业竞争优势凸显，全国演艺中心的地位正在形成。

表7-4　北京市2011—2012年艺术表演场所

年份	2011	2012
艺术表演场所（个）	68	70
剧场、影剧院（个）	52	54
儿童剧场（个）	6	6
音乐厅（个）	4	5
从业人员（人）	2 954	2 879
观众座席数（个）	53 216	55 024
演出场次（场）	54 905	54 376
艺术演出场次（场）	16 625	17 348
观众人次（万人次）	931	997
艺术演出分成收入（万元）	45 604	58 207

与国内其他省市相比，北京文艺演出行业历史悠久、积淀深厚、人才荟萃，目前已成为全国最繁荣的演出市场之一（见表7–5）。

表7–5 2012年中国各地区艺术表演团体、艺术表演场馆演出情况

地区	机构个数	演出场次（万场次）	国内演出（万场次）	国内演出观众人次（万人次）	机构个数	演（映）出场次（万场次）	观众人次（万人次）	艺术演出观众人次（万人次）
全国	7 055	154.72	146.59	74 585	1 956	104.07	10 908.83	4 756.65
中央	17	0.42	0.40	948	7	0.11	41.75	41.13
北京	118	1.45	1.21	723	68	5.49	931.52	782.06
天津	53	0.43	0.41	287	57	1.71	145.27	86.70
河北	312	5.21	4.39	3 379	113	1.80	304.33	96.68
山西	308	5.30	5.20	4 283	97	6.38	281.40	53.58
内蒙古	121	2.08	1.99	1 472	20	0.52	92.39	59.10
辽宁	200	1.35	0.62	462	61	0.89	282.60	105.54
吉林	67	0.90	0.83	894	29	1.58	106.25	59.33
黑龙江	88	1.12	1.01	828	44	0.26	102.91	54.61
上海	102	2.18	2.14	1 042	103	3.18	1 008.08	831.42
江苏	370	8.46	8.37	3 108	110	27.86	1 608.04	242.14
浙江	498	13.61	12.85	5 091	223	10.13	1 308.73	514.56
安徽	1 294	14.89	14.53	11 821	67	1.32	209.14	76.14
福建	454	44.47	43.46	5 121	49	2.78	161.99	55.65
江西	99	1.96	1.88	2 002	55	1.14	133.00	64.19
山东	252	3.21	3.11	2 519	93	2.65	306.97	121.95
河南	468	14.09	12.86	7 421	144	1.31	322.30	158.93
湖北	172	4.14	3.92	3 018	65	4.07	302.86	126.63
湖南	114	2.07	2.03	1 443	66	3.82	450.71	108.93
广东	401	5.45	5.27	4 419	107	3.44	1 194.41	530.49
广西	149	1.32	1.19	1 207	26	1.84	130.60	50.86
海南	86	0.86	0.80	608	14	0.62	63.72	41.41

续表

地区	机构个数	演出场次（万场次）	国内演出（万场次）	国内演出观众人次（万人次）	机构个数	演（映）出场次（万场次）	观众人次（万人次）	艺术演出观众人次（万人次）
重庆	282	3.73	3.60	1531	46	13.73	543.33	88.31
四川	370	6.27	5.65	2 788	78	1.33	217.65	166.22
贵州	45	0.55	0.48	424	11	0.07	41.24	4.71
云南	161	2.04	1.70	1 550	27	0.81	91.99	75.24
西藏	47	0.28	0.25	206	21	0.41	35.00	6.93
陕西	115	2.60	2.46	2 169	90	0.87	266.08	104.41
甘肃	84	1.65	1.62	2 020	24	0.17	81.47	34.50
青海	38	0.41	0.39	275	22	0.56	38.33	2.44
宁夏	37	0.62	0.58	526	6	0.01	1.22	0.60
新疆	133	1.60	1.43	1 000	13	3.22	103.56	11.30

数据来源：《中国统计年鉴（2013）》。

（2）新闻出版。新闻出版已经成为北京市绿色文化创意产业中最成熟、最有实力的行业之一。图书、期刊、报纸、音像制品和电子出版物品种均居全国首位。据北京市统计局统计，2013年，北京市绿色文化创意产业实现收入10 022.0亿元，其中，新闻出版产业收入799.7亿元，占总收入的8.0%，在北京市绿色文化创意产业中排名第六，远低于软件、网络及计算机服务，广告会展和旅游、休闲娱乐等行业。从综合经济实力看，北京市在全国新闻出版产业总体经济综合评价中处于领先地位。新闻出版总署出版产业司《2012年新闻出版产业分析报告》显示，2012年，新闻出版产业各地区总体经济规模综合评价中北京市新闻出版排名第二，仅落后于广东省。综合评价得分体系选取营业收入、增加值、总产出、资产总额、所有者权益（净资产）、利润总额和纳税总额7项经济规模指标，采用主成分分析方法对全国31个省（市、区）的总体经济规模进行综合评价。总体排名（前十位）见表7-6。从7项经济规模指标看，北京市在全国位居前列（见表7–7）。同时也要看到，2012年总体经济规模综合评价前十位的出版集团中，仅有中国出版集团位于北京地区；综合评价前十名的报刊集团中，北京日报报业集团仅位于第四；综合评价前十名的发行集团中，北京的企业榜上无名。而且，2004—2012年，北京绿色文化创意产业收入年均增长约20%，新闻出版行业收入平均增长率仅为9.66%；新闻出版占整个绿色文化创意产业收入比重由2004年的18.9%下降到2013年的8.0%（见图7–2），反映出北京市新闻出版业增速放缓且低于全市绿色文化创意产业平均增速。

表7–6　新闻出版产业各地区总体经济规模综合评价

综合排名	地区	综合评价得分
1	广东	2.765 4
2	北京	2.517 8
3	浙江	2.047 0
4	江苏	1.571 4
5	上海	1.070 3
6	山东	0.980 2
7	河北	0.295 2
8	福建	0.193 5
9	安徽	0.191 2
10	四川	0.165 6

数据来源：新闻出版总署《2012年新闻出版产业分析报告》。

表7–7　北京市新闻出版产业各项指标在全国的位置

指标	金额（亿元）	占全国比重（%）	在全国排名
营业收入	1 089.44	8.26	4
增加值	495.89	13.65	2
总产出	1 161.60	8.96	4
资产总额	1 647.64	11.43	3

续表

指标	金额（亿元）	占全国比重（%）	在全国排名
净资产	981.30	13.36	1
利润总额	117.15	11.47	2
纳税总额	135.87	17.25	1

数据来源：新闻出版总署《2012年新闻出版产业分析报告》。

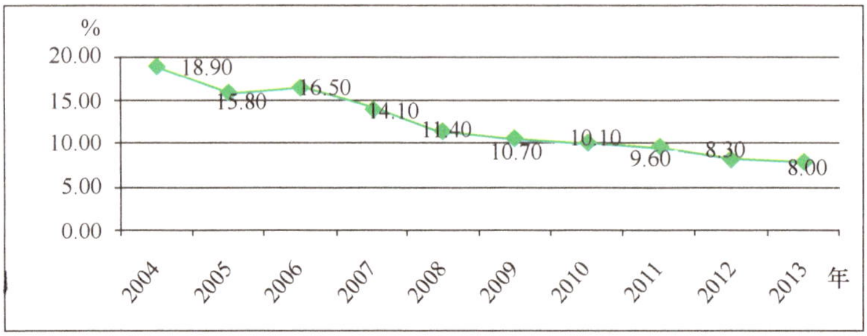

图7-2　2004—2013年北京市新闻出版行业占绿色文化创意产业比重（%）

（3）广播影视。目前，北京影视产业发展迅猛，综合实力全国领先，整体上位于全国第一梯队。2013年实现收入666.4亿元，同比增长9.2%；从业人员4.8万人，同比增长1.2%。近些年，北京电影产业实现了跨越式发展（见图7-3）。2012年京产电视剧98部3 408集；京产动画片23部735集9 953分钟；出品电影243部，票房收入16.1亿元，同比增长19.3%，占全国电影总票房收入的9.4%。截至2012年年底，北京拥有电影院线17条，电影院135家，银幕726块，IMAX巨幕5块，座位12.8万个，硬

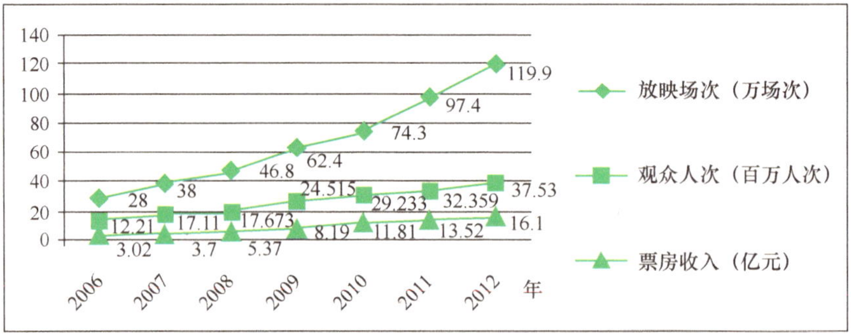

图7-3　2006—2012年北京市电影市场基本情况

件设施和软件服务在全国领先，电影院少于纽约，与东京、巴黎和伦敦持平，人均拥有电影屏幕数接近巴黎和日本的水平。《北京统计年鉴（2013）》数据显示，截至2012年年底，北京城市院线累计放映电影119.9万场，同比增长23.2%；观影3 753万人次，同比增长17.1%；电影票房收入为16.1亿元。

近些年，北京影视产业发展特点如下：扶持政策效果明显，产业环境不断改善。2006—2013年，北京市已有近200个广播影视项目获得专项资金扶持，占专项资金总额的近20%；颁布了《北京市文化局支持新建改造多厅影院资金补助办法（试行）》，有效地推动了本市电影院线的建设。空间布局科学，产业聚集效应初显。在30个市级绿色文化创意产业集聚区中，与影视相关的达到8个。影视专业人才培养不断提升。北京市汇聚影视专业人才最多，是高端人才（明星、名导演、名编剧）云集的城市。北京电影学院、中央戏剧学院、中国传媒大学、北京大学、清华大学都设有影视专业，培养专业影视人才。产业门类齐全、结构趋于合理，社会效益不断提升（见图7-4）。

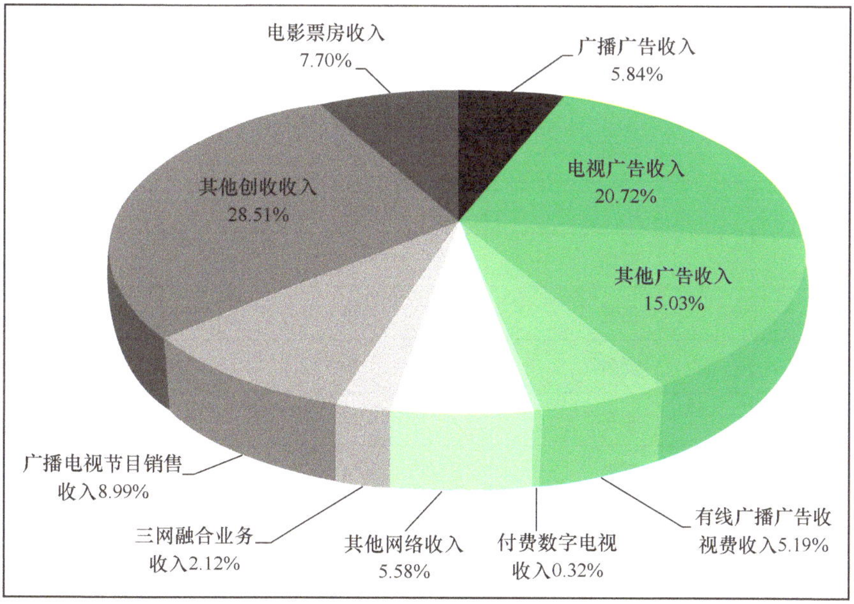

图7-4　2012年北京市广播影视累计创收收入构成

北京影视产业发展中存在的问题有：财税优惠力度有限，企业外流严重；跨产业链经营的龙头企业不多，竞争力不强；影视编剧创作人才匮乏，培养模式、创新机制尚待完善；集聚区经营管理有待加强，集聚效应尚未充分体现；缺少标杆性的节、奖活动，与北京资源禀赋不相称；融资渠道尚未打通；等等。

（4）动漫游戏。北京已经成为全国动漫游戏产业的重要研发中心。北京动漫游戏产业发展势头强劲，2012年产值达167.57亿元，相比2011年的130亿元增长了29%；出口15.6亿元，增长了30%。影视动画方面，据国家广电总局统计，国产电视动画片产量近年一直保持两位数高速增长，2008年，中国制作完成的国产电视动画片共249部131 042分钟；2009年为322部171 816分钟，同比增长31%；2010年全国制作完成的国产电视动画片共385部220 530分钟，同比增长22.1%；2011年为435部261 224分钟，同比增长15.6%。2012年国产电视动画片产量五年来首次出现大幅度下降。2012年全国制作完成的国产电视动画片共395部222 938分钟，同比分别减少40部和下降14.7%。其中，北京地区23部735集9 952分钟，占全国的5.8%，位居全国第六（见表7-8）。

表7-8　2012年全国国产电视动画片生产情况（前十名）

排序	省别	部数	分钟数
1	广东	57	48 542
2	江苏	85	47 923
3	浙江	46	26 375
4	福建	44	23 464
5	安徽	39	18 585
6	北京	23	9 952
7	河南	14	8 995
8	辽宁	12	7 227
9	内蒙古	4	4 930
10	天津	8	4 576

目前在京各类游戏企业超过300家，亿元规模以上企业15家，包括完美时空、搜狐畅游、金山等上市企业。《2012年中国游戏产业调查报告》显示，2012年，中国游戏市场实际销售收入602.8亿元人民币，同比增长达35.1%。2012年，中国客户端网络游戏用户数达1.4亿人，同比增长12.5%；网页用户数达2.71亿人，同比增长33.4%；移动游戏用户数达0.89亿人，同比增长73.7%；网络游戏付费用户数达8 959.4万人，同比增长35.1%。

在经历了高速发展之后，北京的网络游戏进入调整阶段，网游行业要实现新的突破，新一轮的规模增长要基于产品的创新及业务的多元化发展。深度挖掘用户需求，开发多元化的相关产品，多领域进行尝试，立足于国内市场，努力拓展海外市场，是网游产业持续发展的前进动力。

（5）设计服务。2012年，北京设计服务业实现增加值97.4亿元；2013年收入达到400.9亿元，同比增长5.0%；从业人员8.3万人，同比增长5.7%。北京的设计服务业发展处于领先地位，与上海、广东等省市相比，有其独特之处：政府大力推进，出台专项政策推动北京成为全国设计核心引领区；设计服务产业布局日趋合理，展览展示活动频繁，聚集效应和国际化趋势日益明显；产业资源优势明显，企业发展健康有序，逐渐形成部分龙头骨干企业，可持续发展能力强。但同时也存在企业发展规模化不够，缺乏大型骨干企业，欠缺行业高端人才，行业标准体系亟待建立，统计体系仍不完善等影响产业快速发展的问题。

（6）广告会展。广告会展业已成为北京绿色文化创意产业的重要组成部分，2013年在全市绿色文化创意产业九大行业中收入排名第三，仅低于软件、网络及计算机服务和其他辅助服务行业。北京作为全国最有影响力的三大会展城市之一，经过多年培育发展，会展业正成为北京建设中国特色世界城市目标的重要抓手。北京市统计局相关数据显示：2012年，北京规模以上会展单位实现直接会展收入250.7亿元，比上年增长12.4%，高于当期GDP增速。“十二五”以来，北京会展业一直保持较高的增长速度，展览规模持续上升，大中型展览会数量增加，展览结构更趋于合理，单个展览会的效益上升。展览会的总规模达到近700万平方米。在会展业构成中，会议业所占比重大于展览业，北京接待会议数量逐年增多，会议规模和档次不断提高，北京会议业的规模水平和国际影响力进一步提高，北京正日益成为全国乃至世界重要会议目的地城市。2012年，北京会展业总收入中国际会议和国际展览收入达到521 614.4万元，占总收入的22.3%。2012年北京各类展览1 059个，其中，国际展览281个，国际展览面积为378.1万平方米。无论是从国际会议展览收入，还是从国际会议和展览规模来看，北京会展业都表现出明显的国际化趋势（见表7-9）。同时，北京会展业的发展也存在诸如政策法规体系不健全，人才结构不合理，高端人才匮乏，会展业大而不强，以及受场馆条件的刚性制约，品牌展览项目出现外流等问题。

表7-9　2011—2012年北京市会展业情况

项目	2012年	2011年	2012年为2011年的百分比
人员情况			
从业人员年末人数（万人）	22.48	21.97	102.3
设施情况			
接待场所及会议室个数（个）	5 720	5 693	100.5
超过500座的会议室（个）	195	198	98.5
接待场所会议室使用面积（万平方米）	81.6	80.4	101.5
接待场所会议室可容纳人数（万人）	49.2	48.7	100.9
展览场馆展厅使用面积（万平方米）	39.9	40.1	99.5
展览场馆室外可使用展览面积（万平方米）	27.2	24.9	109.1
会议情况			
接待会议个数（个）	277 487	283 453	97.9
国际会议（个）	7403	7 993	92.6
接待会议人数（万人次）	1 882.8	1 947.0	96.7

续表

项目	2012年	2011年	2012年为2011年的百分比
国际会议（万人次）	73.7	70.5	104.5
展览情况			
接待展览个数（个）	1 059	1 313	80.7
国际展览	281	322	87.3
展览面积1万（不含）平方米以下（个）	865	1 140	75.9
展览面积1万（含）~5万（不含）平方米（个）	171	158	108.2
展览面积5万平方米及以上（个）	23	15	153.3
接待展览累计面积（含室外展览面积）（万平方米）	745.8	685.2	108.8
国际展览面积（万平方米）	378.1	356.7	106.0
接待展览观众人数（万人次）	575.3	466.7	123.3
国际展览观众人数	201.8	193.8	104.1
收入情况			
会展收入（万元）	2 507 206.1	2 229 634.8	112.4
会议收入（万元）	1 378 457.9	1 253 964.1	109.9
国际会议收入	100 469.2	96 245.9	104.4
展览收入	959 336.5	832 870.5	115.2
国际展览收入	421 151.5	351 955.1	119.7

数据来源：《北京统计年鉴（2013）》。

（7）艺术品交易。目前，北京已经成为全国最大的传统工艺品交易集散地、高端文物流通和艺术品交易中心，北京作为中国古玩艺术品交易中心的地位已经确立，正朝着世界古玩艺术品交易中心的地位迈进，将成为继伦敦、纽约、中国香港之后的“全球第四大艺术品市场”。2012年，中国在全球艺术品市场所占的份额一直保持在30%以上，超越美国成为世界最大的艺术品与古董市场。截至2012年年底，北京地区共有文物拍卖企业115家，全年举办各类文物艺术品拍卖会215场，总成交额达240亿元。2013年艺术品交易实现收入985.4亿元，同比增长7.8%，是绿色文化创意产业九大行业中增长较快的领域。近年来，北京古玩和艺术品交易产业发展显著，特别是艺术品拍卖行业增长迅猛，2013年，北京艺术品拍卖呈现以下特点：一是量价齐升，各类高端艺术品成交单价连创纪录；二是中国书画与瓷器杂项占市场份额有所增加；三是拍卖市场逐渐细分，专场拍卖会迅速增加；四是品牌企业逐渐形成，中国嘉德、北京保利等文物拍卖企业已成为中国古玩艺术品拍卖的领军企业。伴随着发展，北京古玩艺术品交易行业也存在着一级市场基础薄弱、行业诚信有待提高、行业管理统筹协调困难，以及现行管理办法滞后于市场的发展、相关政策与行业发展不匹配等诸多问题。

（8）文化旅游。北京绿色文化旅游产业实现长足发展，已经形成以国际旅游为中心、国内旅游为基础，两者并重发展的格局，在全国绿色文化旅游产业中扮演着重要角色，发挥了举足轻重的作用（见表7-10）。2013年，北京旅游业保持稳定发展，旅游接待量和旅游总收入同比均实现增长。接待旅游总人数2.52亿人次，比上年同期增长9.0%；实现旅游总收入3 963.2亿元，同比增长9.3%。旅游购物和餐饮消费2 032.2亿元，同比增长8.0%，占全市社会消费品零售额的24.3%。旅游相关产业累计完成投资607.9亿元，同比下降10.7%，占全社会固定资产投资额的8.6%。国内旅游市场稳步增长。2013年，接待国内游客2.47亿人次，同比增长9.3%；实现国内旅游总收入3 666.3亿元，增长11.1%。其中，外地来京游客1.48亿人次，同比增长8.3%；旅游总消费3 332.3亿元，增长10.4%。北京居民在京游9 983.3万人次，同比增长10.8%；旅游总消费334.0亿元，增长18.6%。入境旅游市场同比下降。2013年，接待入境游客450.1万人次，同比下降10.1%。其中，接待港澳台游客62.5万人次，下降5.9%；接待外国游客387.6万人次，下降10.8%。实现旅游外汇收入47.9亿美元，同比下降6.9%。就全国来看，区域旅游方面，长江三角地区旅游发展势头强劲，泛珠三角地区旅游发展后劲十足，而京津冀地区旅游发展相对滞后，在中国三大区域中核心竞争力较弱。

表7-10 2006—2013年北京市国际、国内旅游情况

年份	来京旅游者人数（万人次）	入境旅游者人数（万人次）	国内旅游者人数（万人次）	旅游外汇收入总额（万美元）	国内旅游收入（亿元）
2006	13 590.3	390.3	13 200	402 600	1 482.7
2007	14 715.5	435.5	14 280	458 000	1 753.6
2008	14 560.0	379.0	14 181	446 000	1 907.0
2009	16 669.5	412.5	16 257	436 000	2 144.5
2010	18 390.1	490.1	17 900	504 400	2 425.1
2011	21 404.4	520.4	20 884	541 600	2 864.3
2012	23 134.6	500.9	22 633.7	514 900	3 301.3
2013	25 200.0	450.1	24 700.0	479 000	3 666.3

数据来源：《北京统计年鉴》。

旅游企业和旅游资源方面，截至2012年，北京共有旅行社1 021家，具体经营情况见表7-11。

表7-11 2011—2012年北京市旅行社经营情况

项目	2012年	2011年
企业个数（个）	1 021	919
营业收入（万元）	5 415 692.9	4 436 713.3
主营业务成本（万元）	5 064 662.7	4 143 876.1
营业费用（万元）	153 000.6	125 728.3
主营业务税金及附加（万元）	21 098.7	17 029.2
主营业务利润（万元）	326 800.4	271 446.9
管理费用（万元）	174 599.4	146 524.5
营业利润（万元）	26 962.9	15 197.7
利润总额（万元）	35 274.4	20 879.2
从业人员平均人数（人）	28 022	23 871

数据来源：《北京统计年鉴（2013）》。

北京绿色文化旅游产业发展特点：时代性和历史性相结合成为新亮点，大型国际活动带动旅游产业发展，旅游企业规模扩大，数量增加，京郊乡村旅游发展迅速，区域旅游合作范围不断扩大，旅游推广营销力度加大。同时也存在着以下问题：绿色文化与旅游融合不深入、不广泛、合作机制不顺畅；具有丰富绿色文化内涵的高端绿色文化旅游产品有待进一步开发；传统观光旅游市场需求接近饱和、休闲旅游的需求未被满足；商务旅游服务不成熟；相关旅游服务不完善；旅游商品绿色文化附加值较低；旅游企业国际竞争力薄弱，亟待做大做强；旅游精细化管理有待进一步加强；旅游行业市场管理有待进一步完善；等等。

7.2.2 特点

2011年，中科院首次发布全国各地GDP质量排行，北京位居第一。在报告分析的基础上，本书根据《北京统计年鉴》提供的数据，总结出北京绿色文化创意产业10个特点，如下：

（1）绿色文化创意产业对经济增长的贡献率不断提高。2012年绿色文化创意产业增加值占地区生产总值比重达到12.3%。

（2）绿色文化创意企业总量多、门类全。目前已经形成9大类、27个中类、88个小类，文化创意企业总数在30万家以上，规模以上企业近万家。

（3）绿色文化作品原创性强。全市作品著作权登记数占全国的50%以上。

（4）绿色文化资源集聚效益明显。全市形成了30个绿色文化创意集聚区，辐射力、影响力不断增强。

（5）广播影视资源丰富而且集中。截至2012年年底，北京全市共有影院135家，银幕726块，居全国之首。2012年，北京实现电影票房收入16.1亿元，同比增长19.3%，占全国总票房收入的9.4%，居全国之首。电影生产制作占全国的1/2，中国数字电影后期制作能力占全国的2/3。

（6）绿色文化市场交易量大。虽然2012年艺术品市场进入调整期，2012年全市艺术品交易总量仍达631.2亿元。北京已经成为全球最大的中国绿色文化艺术品交易中心。

（7）新闻出版规模大。图书出版单位占全国的41%，报刊种类占全国的30%，音像出版单位占全国的43%。

（8）网络资源丰富。全市网站总数突破30万家，其中，全国重点网站90%都在北京。在境内外上市的网站达到29家，总市值980亿美元。

（9）绿色文化基础设施总量全国第一，部分领域已接近世界城市水平。博物馆总数159家，世界第二，仅次于伦敦。公共图书馆世界第四，仅次于伦敦、东京和巴黎。人均拥有电影屏幕数接近巴黎、日本的水平。

（10）绿色文化走出国门潜力巨大。国家绿色文化出口重点企业占全国的26.5%，电影出口占全国的1/2，电视剧出口占全国的1/4，动漫网游出口占全国的60%。

这些优势为首都绿色文化创意产业的大发展奠定了坚实的基础。

丰厚的绿色文化资源不仅让北京彰显古都魅力，也使绿色文化创意产业成为首都经济新的增长极。绿色文化创意产业对转变北京市经济发展方式、提升经济和社会发展水平，起到了重要的引领作用；对北京市建设人文北京，繁荣发展绿色文化事业，应对国际金融危机的严峻挑战、保持经济又好又快发展起到了重要支撑作用；为北京市建设世界城市，增强绿色文化的软实力和影响力，打造具有国际影响力的国家绿色文化中心奠定了坚实的基础。

7.2.3 存在的问题

7.2.3.1 产业政策竞争加剧，企业和项目外流严重

目前，国内大部分省市将绿色文化创意产业提到前所未有的高度，很多省市提出绿色文化强省（市）战略，纷纷出台促进政策和措施，特别是出台针对性很强的招商引资政策，如地价优惠、免房租、租房补贴等降低企业经营成本，一次性奖励或补贴入驻企业，对项目提供财政资金资助，税收返还，提高人才待遇，等等。这些政策对北京绿色文化创意企业具有很强的吸引力，造成许多企业外迁或项目外流，直接造成北

京绿色文化创意资源的流失。以影视业为例，华谊兄弟等公司将上市公司总部注册在浙江横店，其统计和纳税都在横店；还有些在北京注册的公司将影视立项、拍摄制造和发行销售等重点环节放在外地，形成北京影视产业空心化现象；在浙江横店的影视企业大部分是北京有实力的公司；在西安曲江注册的83家影视企业中，将近一半是北京的影视企业。另外，动漫游戏行业也存在类似问题。

7.2.3.2 体制性障碍制约产业发展，市场体系不健全

中国绿色文化创意产业的垄断现象与绿色文化市场内存在的大量行政垄断资源，如书号、刊号等有很强的相关性，很多垄断企业正是因为拥有了这些资源才能实现垄断。北京绿色文化市场是按部门、行业和区域划分的，使得本应完整的产业链条发生断裂，导致市场配置资源的基础性作用没有得到充分发挥。以新闻出版业为例，虽然国有出版机构已经逐步转制为企业，但事业单位管理模式尚未完全改变，造成管办不分，出版单位缺乏活力和市场敏感性，难以适应市场经济发展。而对于日趋活跃的民营出版机构，因为出版政策和管理方式的原因，目前主要靠购买书号运营，造成其经营行为处于政策法规边缘的灰色状态。北京动漫游戏行业发展迅猛，但其主管部门涉及绿色文化、广电、新闻出版等诸多单位，分头管理，责任分散，缺乏统筹协调机制和平台，严重影响和制约行业发展。

7.2.3.3 产业专项资金规模偏小，融资渠道亟须拓宽

自2013年开始，北京市财政每年安排5亿元绿色文化创意产业专项资金，累计拨款25亿元，这在全国尚居首位。专项资金对推动北京绿色文化创意产业发展发挥了重要的杠杆作用和引导作用。但是，随着北京绿色文化创意产业规模的快速扩大，重点企业的引进和重大项目的落地与财政专项资金供需矛盾日益突出。绿色文化创意产业专项资金项目申报的资金需求缺口越来越大。另外，由于投资引导基金尚未发挥作用，产业基金尚未建立，担保机制尚不健全，产业融资渠道单一，北京绿色文化创意产业融资体系尚不能满足产业发展需要，亟须进一步完善。

7.2.3.4 龙头企业数量不足，知名品牌缺乏

近年来，北京虽然已经涌现出一批国内知名绿色文化创意企业，但整体上在数量、规模、经济效益等方面，与发达国家和地区存在很大差距，缺乏具有较强竞争力的跨行业、跨媒体、跨所有制、跨区域、跨国界的大型绿色文化创意产业集团，难以带动整个产业的发展和国际化水平的提升。以影视传媒业为例，美国有以时代华纳为代表的跨国影视传媒企业，业务涉及互联网、电视、广播、出版、影视娱乐以及音乐，甚至主题公园等多个领域。而北京目前尚未有一家这样的大型绿色文化创意产业集团。同时，北京绿色文化创意产业缺乏知名品牌，尤其缺少在国内叫得响、在国际有影响力的品牌。北京绿色文化创意企业在品牌价值、知名度、美誉度和影响力等方面，都与美国企业存在较大差距。

7.2.3.5 绿色文化创意人才结构性匮乏，引进高端人才势在必行

绿色文化创意产业发展需要人才支撑，尤其需要集聚一批具有国际知名度的高层次领军人才，目前绿色文化创意产业人才结构性匮乏已成为制约北京绿色文化创意产业快速发展的重要因素。以动漫游戏业为例，目前，北京动漫游戏教育体系不完善，高校动漫游戏专业毕业生无论数量还是业务水平都不能完全满足市场需求，而且所培养的人才仍以低端制作人员和纯研发人员为主，创意、创作人才缺口很大，人才结构严重失衡。艺术品交易、广告会展、绿色文化旅游、广播影视等行业也面临相同问题，各行业都缺乏懂创意、善经营、会管理的复合型高端人才。引进高端人才，打造北京绿色文化创意人才高地已刻不容缓。

7.2.3.6 知识产权保护需要进一步加强

实现新型经济跨越必须把营造良好的社会环境放在重要位置，促进经济跨越与社会转型的协同进行。知识化的社会环境是实现新型经济跨越必不可少的重要条件，因此，营造全社会尊重知识、知识产权和知识人才，积极创造、发明和发现新知识，积极引进、吸收、传播和交流有用的和新的知识，为提高生产和生活质量服务的良好社会风气，是有利于新型经济顺利实现的重要社会环境基础和必要条件。绿色文化创意产业的核心是版

权产业，知识产权保护是创意和创新的源泉，也是绿色文化创意产业健康发展的根本保证。近几年，新闻出版、广播影视等行业的知识产权保护力度加大，效果凸显。但现行知识产权保护力度与绿色文化创意产业对知识产权保护的需求之间仍存在较大差距，尤其是数字信息类的绿色文化创意产品和服务，由于其可复制性及复制成本的低廉，对知识产权保护提出了更高的要求。绿色文化创意产业的快速发展，特别是新兴行业和融合行业的迅速崛起，对知识产权保护也提出了迫切要求。

7.2.3.7　行业标准和统计体系亟待完善

从统计系统发展现状看，落后国家统计体系存在的问题较多，诸如数据质量、统计覆盖面、数据发布渠道等。局部的、零星的改革无法从根本上改进国家统计系统的整体效率，无法真正有效地满足用户对数据的需求。综观绿色文化创意产业的产业网络及其对应的国民经济行业代码，中国绿色文化创意产业生产的过程性特征尚未得到充分重视，绿色文化创意产业可能的新增长点没有得到充分挖掘。目前，从整体上看，北京绿色文化创意产业的行业标准和统计体系建设也滞后于产业发展。有的行业缺乏行业标准，有的尚未建立独立的统计监测体系，严重制约了行业的健康快速发展。例如，设计服务行业标准不完整，导致有的设计领域被排除在统计口径之外，难以掌握该行业发展的真实数据；绿色文化旅游尚未在旅游行业中单列，缺乏独立的统计体系；动漫游戏融合在软件、网络及计算机服务行业之中，也没有单独的统计体系。

7.2.3.8　北京绿色文化消费亟待激活

随着全球经济的发展，居民生活水平的提高，消费者对于绿色文化产品的需求迅速增加，进而带来国内外绿色文化创意产业的快速发展。绿色文化创意产业作为一种新兴产业，其发展离不开政府政策的扶植和引导。作为全国的绿色文化中心，北京拥有不可比拟的绿色文化优势，绿色文化消费拓展空间巨大。目前，北京人均GDP达到1.3万美元，但是北京绿色文化消费量尚不及生活消费的10%。与之相比，欧美发达国家已经达到30%。北京市统计局数据显示，2012年，北京市全年实现社会消费品零售额7 702亿元，同比增长11.6%，其中，书报杂志类消费品仅实现零售额124.9亿元。体育娱乐用品类零售额89.2亿元。数据显示，绿色文化消费在全市社会消费品中所占比重与首都全国绿色文化中心的地位不相称，首都绿色文化消费潜力远未释放，对全市经济发展的拉动作用还没有充分显现出来。

7.2.4 案例分析

迈克尔·波特认为，产业集聚是在某一特定领域内相互联系，在地理位置上集中的公司和机构的集合。集群包括一系列有关联的产业和其他对竞争起重要作用的实体，如上游的供应商、基础设施提供者，下游渠道和顾客以及具有横向联系的企业。此外还包括政府以及提供培训、教育、信息、研究和技术支持的非政府机构。绿色文化创意产业跨行业联动发展模式是一种价值提升模式。在这种发展模式下，加强以产业链的构建为核心的产业集聚区建设是一项重要举措。价值提升模式是基于产业价值链整合和分解的视角，通过整合产业价值链，实现绿色文化创意产业的跨行业联动，可以提升产品的附加值。绿色文化创意产业的发展有其空间聚集规律，通常要经过较长时间才能完善其产业链布局。绿色文化创意产业具有与生俱来的城市聚集化趋势，对特定地域具有生产和再生产功能。跨行业联动发展的主要思路不仅是对绿色文化创意产业园进行规划，还要把城市或地区的产业和资源特点与绿色文化创意产业集聚区的产业定位有机结合起来，注重特色产业集群的打造，加强特色产品和服务开发，激励创意性、创新性和创造性。同时，在重大绿色文化创意产业项目选址时，除了尊重其产业布局规律外，还应重视绿色文化资源在空间上的均衡性以及人口分布的结合。例如，巴黎、伦敦等市政府为促进地区的整体发展，降低中心地区和城市周边在绿色文化资源上的不均衡，有策略地将一些大型绿色文化创意项目规划在城市周边地区。

通过构造完善的产业链，实现跨行业发展来提升产业价值的案例不胜枚举。例如，著名的“哈利·波特”现象。从1997年开始，“哈利·波特”制造出现代文坛最大的神话，在全球创造了近千亿美元的产业规模，成为史上最成功的绿色文化商业品牌，这一切离不开它完整高效的产业链，包括小说的创作、出版、营销、制作以及电子游戏、衍生产品开发、绿色文化旅游和主题公园等多个领域，整个产业一环扣住一环，产业链一环扣一环，且每个环节的规模效应都相当可观。

目前，北京已经形成了一批基于产业链条的具有品牌特征的产业集群，对于建立、完善包括研发、生产、销售等环节在内的产业链具有非常重要的意义。这使得产业集群里中小企业获得了群体竞争优势和规模效益，如北京“798”艺术区。

7.2.4.1　基本情况

北京798艺术区（或称大山子艺术区、大山子798厂艺术区等，英文简称DAD—Dashanzi Art District）是由北京国营电子工业老厂区的名称沿用而来。在798艺术区的发展过程中形成了798共识，因此，798也指这一艺术区引申出的一种绿色文化概念，以及阁楼式小户型房（LOFT），这种时尚居住与工作方式，简称798生活方式或798方式。798艺术区西起酒仙桥路，东至京包铁路、北起酒仙桥北路，南至将台路，面积60多万平方米。现今798艺术区已经引起国内外媒体和大众的广泛关注，并已成为北京都市绿色文化新地标。

798 艺术区以798厂为主，厂区建筑风格简练朴实，讲求功能。巨大的现浇架构和明亮的天窗为其他建筑所少见。它们是20世纪50年代初由苏联援建、民主德国负责设计建造的重点工业项目，几十年来经历了风雨沧桑。伴随着改革开放以及北京都市绿色文化定位和人民生活方式的转型、全球化浪潮的到来，798厂面临着再定义、再发展的问题。随着北京都市化进程和城市面积的扩张，原来属于城郊的大山子地区已经成为城区的一部分，原有的工业外迁，原址上必然兴起更适合城市定位和发展趋势的、无污染、低能耗、高科技含量的新型产业。大批艺术家的入驻，正是这一历史趋势的反映。

艺术家和绿色文化机构进驻后，成规模地租用和改造空置厂房，逐渐发展成为画廊、艺术中心、艺术家工作室、设计公司和餐饮酒吧等各种空间的聚合，形成了具有国际化色彩的“SOHO式艺术聚落”和“LOFT生活方式”，引起了相当程度的关注。经由当代艺术、建筑空间、绿色文化产业与历史文脉及城市生活环境的有机结合，798已经演化为一个绿色文化概念，对各类专业人士及普通大众产生了强烈的吸引力，并在城市绿色文化和生存空间的观念上产生了较大影响。

这批入驻者中，包括设计、出版、展示、演出和艺术家工作室等绿色文化行业，也包括精品家居、时装、酒吧和餐饮等服务性行业。其在对原有的历史绿色文化遗留进行保护的前提下，将原有的工业厂房进行了重新定义、设计和改造，带来的是对建筑和生活方式的创造性的理解。这些空置厂房经改造后成为新的建筑作品，在历史文脉与发展范式之间，实用和审美与厂区的旧有建筑展开了生动的对话。入驻者的生存方式本身就是经济改革的产物，展示了个人理念与社会经济结构之间新的关系，形成的绿色文化是地方资源的国际化，是个人理想的社会化。

7.2.4.2　艺术效应

截至2013年12月，入驻北京798艺术区的画廊、艺术家个人工作室以及动漫、影视传媒、出版和设计咨询等各类绿色文化机构近500家，其中包括来自25个国家和地区的境外机构，如法国、意大利、英国、比利时、德国、日本、澳大利亚、韩国以及中国香港、中国台湾等。这里已成为中国当代艺术的展览、展示中心和国内外具有影响力的绿色文化创意产业集聚区。进驻798艺术区的既有大名鼎鼎的艺术家如刘索拉（作家、音乐人）、洪晃（出刊人、出版家）、李宗盛（音乐人）和李象群（雕塑家）等，也有名不见经传的艺术追求者。

2004年以来，瑞典首相、瑞士首相、时任德国总理施罗德、奥地利总理、时任欧盟主席巴罗佐、比利时王妃、时任联合国秘书长安南夫人和时任法国总统希拉克夫人等都先后参观访问过798艺术区。施罗德在参观798艺术区时感叹：几十年前的包豪斯建筑在德国都很少发现了，今天居然在北京存在，真是太难得了！比利时王妃则花了几万美元购买了艺术品。来过798艺术区的国外领导人或他们的夫人都一致认为，798艺术区很好，没有想到中国还有这样的表现活跃思想的好地方，体现了中国改革开放的成果。

由于艺术家的“扎堆”效应和名人效应，加上从2004年以来已经举办两届“北京大山子国际艺术节”（Dashanzi International Art Festival，DIAF），并且从2007年开始举办每年一届的798艺术节，798艺术区的影响越来越大。首届艺术节（2004年4月至5月）吸引了8万人次前来访问，其中约60%为中国观众，40%为境外观众，还有来自巴黎等国外各大城市当代艺术的代表。120多家中外媒体报道了艺术节和在此处活跃着的艺术家及他们的作品。一些国内外绿色文化机构和基金会等对艺术节进行了赞助。第二届艺术节（2005年4月30日至5月22日）为期23天，进行了表演、展示、研讨等艺术活动109项，吸引观众8万人次以上，观众最多的一天有近万人。2005年9月22日至10月7日，798艺术区举办了“双年展”，也取得丰硕成果，许多观众慕名而来，观众达6万人次以上。以上几次活动，使798艺术区的名气越来越大，艺术品成交量与日俱增。

作为一年一度的当代艺术盛事，“北京798艺术节”已经受到国内外的广泛关注。它一方面通过展览、论坛等集结中外美术界、艺评界、绿色文化界的学术力量，增强798艺术区的艺术实力，不断提炼中国当代艺术的价值追求；另一方面则通过各种公众活动，提高中外游客和北京市民参与当代艺术的绿色文化兴趣，让更多的人了解当代艺术特别是中国当代艺术的创作成果。798艺术节已成为展示艺术区魅力、凸显艺术区特点、打造艺术区品牌的重要艺术活动，并正在成为一个引领中国艺术领域盛典的国际性绿色文化品牌。据798艺术节组委会统计，2012年798艺术节期间，共接待国内外宾客75万余人次，外国宾客占到40%，交易额比上年同期增长20%。

2003年，798艺术区被美国《时代》周刊评为全球最有绿色文化标志性的22个城市艺术中心之一。同年，北京首度入选《新闻周刊》年度12大世界城市，原因在于798艺术区把一个废旧厂区变成时尚社区。2004年，北京被列入美国《财富》杂志一年一度评选的世界有发展性的20个城市之一，入选理由仍然是798。2007年，798建筑群被北京市列为“优秀近现代建筑”加以保护。近些年，798艺术区连续被北京国际绿色文化创意产业博览会评为“中国最具投资价值创意基地”。

7.2.4.3　问卷调查

近年来，到798艺术区参观、访问、观摩、学习、交流和购买艺术品的人越来越多。据抽样调查，2004年大约有45万人次，2012年大约100万人次访问此区。境外来访者和国内来访者的比例大约是4：6，而且境外来访者比例有不断上升趋势。为了掌握798艺术区基本情况，笔者于2013年10月上旬798第四届艺术节期间，联合798艺术区管委会对440名到访者进行了问卷调查。共发出调查问卷440份，收回410份，问卷回收率达到93.2%；有效问卷410份，其中境外人员202人，境内人员208人。问卷统计数据如表7–12所示。

表7–12　问卷统计数据

项目	问题	选项	备注
到访者情况	来自哪个国家	调查显示，境外到访者来自38个国家和地区，大多来自欧美国家。法国、美国、德国、加拿大、英国、澳大利亚等发达国家，占境外来访者的75.2%。其中，美国人占18.8%，法国人占16.8%；从地区而言，来自欧洲的占42.6%，来自北美洲的占27.7%，来自亚洲的占19.8%	

续表

项目	问题	选项	备注
到访者情况	收入水平	据统计，境外到访者月均收入3 000美元以下的23人，占11.4%；3 000（含）~ 5 000美元的117人，占57.9%；5 000（含）美元以上的62人，占30.7%。这些数据显示，到访者不乏高收入者，他们有很强的购买力，值得重点关注。据了解，约有30%左右的境外到访者在798艺术区有购买艺术品的行为。调查还显示，国内到访者的收入水平也不低。其中月收入低于5 000元人民币的79人，占38%；5 000~10 000元人民币的108人，占51.9%；同样值得关注的是月收入在10 000元以上者已经占到国内到访者的10%，超过来北京旅游的国内旅游者的平均水平	
	绿色文化水平	到访者绿色文化程度普遍较高，大学及以上学历271人，占66%，远高于社会平均值	
	年龄情况	到访者中25~35岁的162人，占39.5%；35~45岁的136人，占33.2%。中青年是主要人群	
	所在机构	到访者来自国有或民营企业的135人，占33%；大学或研究机构的120人，占29.3%；跨国公司或合资公司的98人，占24%	
	职位情况	学生105人，占25.6%；公司职员100人，占24.4%；中层职位61人，占14.9%；专业人员58人，占14.1%	
停留时间	艺术区停留时间	到访者平均停留时间约为4小时，国内来访者、境外来访者停留时间相当	
	在北京停留时间	到访者在北京停留1个月以上的164人，占40%；一周以内的102人，占24.9%；一周至一个月的62人，占15.1%；北京居民82人，占20%	
喜欢的艺术形式	前五位分别是：绘画135人，占32.9%；摄影102人，占24.9%；雕塑60人，占14.6%；设计54人，占13.2%；影视19人，占4.6%		
主要收获	体验中西绿色文化交流的201人，占49%；感受艺术氛围的112人，占27.3%；学习艺术知识的42人，占10.2%		

根据对调查问卷数据的总结，798艺术区到访者主要为欧美发达国家和国内收入较高的人士，具有一定的购买能力，绿色文化程度普遍较高，多数在公司或大学研究机构工作，中层管理者比例较高。

调查显示，到访者在798艺术区停留时间较长。相比于2005年9月的调查结果，798艺术区的到访者平均停留时间由3.2小时提高到2013年的4小时，停留时间较之前有了大幅增加，说明艺术区吸引力在提升。

数据显示，798艺术区到访者大多是在北京居住时间较长的游客，许多是国外政府或企业驻中国机构的工作人员或留学生，或国内企业驻北京机构的工作人员、来京读书的学生。如何长期地吸引他们关注798艺术区，要重点加以研究分析。

喜欢的艺术形式排序统计与798艺术区内容定位相一致，充分说明到访者对798艺术区的艺术特色比较认同。

7.2.4.4　发展规划

对中国和北京而言，798艺术区绝不是可有可无、无足轻重的一个区域，而是意义重大、功效独特的一个地区。它的存在是中国长期坚持改革开放国策的见证，也是中国坚持对外开放政策的一个标杆，它是中外文化交流的场所，是中国本土文化交流、渗透的场所。798艺术区的出现，反映了中国改革开放的深化，反映了中国思想领域前进的水平。798艺术区是北京城市形象的一张名片。政府的政策引导，业主的产业运作，机构的可持续发展，艺术家的存在保障，媒体的关爱，各方面热心人士的支持都不可缺少，能否形成良性的大范围的“798共同体”，未来798艺术区能否完成从中国走向世界的惊人一跃，要取决于它的可持续性与可包容性。798艺术区作为“创意地区、文化名园”的氛围正在形成。为了加快推动艺术区繁荣、发展，朝阳区政府与七星集团共同成立了北京798艺术区建设管理办公室，以“协调、服务、引导、管理”为宗旨，推进艺术区当代艺术与绿色文化创意产业的发展。为进一步加强对798艺术区的管理，完善艺术区管理体制，促进艺术区持续健康发展，朝阳区委、区政府于2010年7月成立北京798艺术区管理委员会，主要承担798艺术区的统筹协调、监督管理、产业促进和接待服务等工作。

未来，798艺术区将坚持“政府引导，企业主体、艺术机构共同参与”的模式，坚持“保护、促进、发展”的原则，将城市遗产保护、土地利用、空间规划、环境建设和绿色文化创意产业发展相结合，遵循“艺术798为主体，时尚798为配套，休闲798为补充”的园区业态规划布局，通过空间的整理和开发，对798艺术区的空间布局与业态分布进行合理规划，发展建设798创意大厦、798国际艺术交流中心、798国际会展中心和798艺术馆等多项功能设施。通过吸引众多绿色文化艺术机构、画廊、工作室集聚，吸引众多艺术经纪公司、艺术品拍卖行、艺术品交易服务公司和设计公司集聚，吸引高端艺术商店、品牌餐饮服务集聚，将798艺术区建设成为集当代艺术品展览、展示交易、国际绿色文化交流为一体的世界知名的绿色文化创意产业园区。

7.3 分析方法

7.3.1 产业关联度

根据产业关联效应理论，每个时期各个行业之间都存在着相互作用的关系，现代经济的各个部门之间也都存在着联系，这种联系产生了一连串的不均衡的连锁过程。产业发展即为一个行业伴随另一行业不均衡发展的结果。产业关联分析作为研究区域经济合作的重要理论基础，主要是研究区域内各经济体之间各个产业的关联程度、发展水平及其变动趋势。为了更好地促进产业发展，有必要对北京绿色文化创意产业的增加值与九大行业的增加值的关联程度进行具体分析，从而更加深刻地了解北京绿色文化创意产业的发展与九大行业发展的内在联系，找到北京绿色文化创意产业中最具活力和推动力的行业，并以该行业为核心，通过延长产业链、提高产业关联度推动产业发展。

7.3.1.1　模型设计

新的灰色相似绝对关联度模型是对传统灰色关联度模型的改进和创新。在介绍新模型之前，首先给出传统灰色关联度模型的设计思路：将北京绿色文化创意产业年增加值和九大行业年增加值的相关变量序列设为一个灰色系统，用灰色系统关联法分析灰色系统中变量之间的关联性。进行关联度分析时，必须先确定参考数列，这样才能对其他数列进行比较，然后比较其他数列同参考数列的接近程度，进而做出判断。具体步骤如下：

（1）确定参考序列与比较序列。参考序列（即数列），就是作比较的母序列，记为X_0（K），本书中表示历年来绿色文化创意产业总的年增加值构成的数列，即：$X_0(K)=\{X_0(1), X_0(2),..., X_0(n)\}$，其中，$X_0$（$n$）表示第$n$年北京的绿色文化创意产业的总增加值。而与参考序列相比较的“子序列”就是比较序列，它可以有1~n个，记为$X_1(K),X_2(K),...,X_9(K)$，依次表示绿色文化艺术，新闻出版，广播、电视、电影，软件、网络及计算机服务，广告会展，艺术品交易，设计服务，旅游、休闲娱乐，其他辅助服务九大行业历年的年增加值所构成的数列，即：

$$X_1(K)=\{X_1(1), X_1(2),..., X_1(n)\}$$
$$X_2(K)=\{X_2(1), X_2(2),..., X_2(n)\}$$
……
$$X_8(K)=\{X_8(1), X_8(2),..., X_8(n)\}$$
$$X_9(K)=\{X_9(1), X_9(2),..., X_9(n)\} \quad (7\text{-}1)$$

（2）无量纲化。无量纲化可以使收集到的原始数据消除量纲，并且具有可比性。数据变换的方法有初值化变换、均值化变换、倍数变换、百分比变换、归一化变换、最大值变换和区间值变换等方法。本书采用初值化方法，即每个序列各个时刻的数值除以该序列的第一个数值，得出一个新的序列。即

$$X_0(K)'=\{1, X_0(2)/X_0(1),..., X_0(n)/X_0(1)\}$$
$$X_1(K)'=\{1, X_1(2)/X_1(1),..., X_1(n)/X_1(1)\}$$
$$X_2(K)'=\{1, X_2(2)/X_2(1),..., X_2(n)/X_2(1)\}$$
……
$$X_9(K)'=\{1, X_9(2)/X_9(1),..., X_9(n)/X_9(1)\} \quad (7\text{-}2)$$

（3）求关联系数。关联系数$\xi_i(k)$是指第k个时刻比较序列$X_i(K)$与参考序列$X_0(K)$的相对差值。它体现序列间各点的关联程度。定义

$$\xi_i(k)=(\Delta_{\min}+\rho\Delta_{\max})/(\Delta_i(K)+\rho\,\Delta_{\max}) \quad (7\text{-}3)$$

式中：$\Delta_{\min}=\min_X\{\min_K|X_0(K)'-X_n(K)'|\}$为极小差，

$\Delta_{\max}=\max_X\{\max_K|X_0(K)'-X_n(K)'|\}$为极大差，

$\Delta_i(K)=\left|X_0(K)'-X_i(K)'\right|$为第$K$个时刻的绝对差值。

ρ为分辨系数，ρ越大，分辨率越大；ρ越小，分辨率越小，$\rho\in$［0.1,1］，本书取ρ=0.5。

（4）求关联度、排关联序。由于曲线的关联系数有n个，故取其平均值，用以描述曲线与参考曲线的关联程度，称为关联度，记为r_i，其表达式为：

$$r_i=\frac{1}{n}\sum_{k=1}^{n}\xi_i(k) \tag{7-4}$$

相比之下，新的灰色相似绝对关联度模型计算简单，并且不需要将统计数据进行无量纲化处理。与传统灰色关联度模型的定义相同，这里参考序列（即数列）为本书中表示历年绿色文化创意产业总的年增加值构成的数列，即：$X_0(K)=\{X_0(1),\ X_0(2),\ldots,X_0(n)\}$，其中，$X_0(n)$表示第$n$年北京的绿色文化创意产业的总增加值。比较序列$X_1(K),X_2(K),\ldots,X_9(K)$，依次表示绿色文化艺术，新闻出版，广播、电视、电影，软件、网络及计算机服务，广告会展，艺术品交易，设计服务，旅游、休闲娱乐，其他辅助服务九大行业历年的年增加值所构成的数列，令$\overline{x_0}=\frac{1}{n}\sum_{k=1}^{n}x_0(k)$，$\Delta x_0(k)=x_0(k+\Delta k)\text{-}x_0(k)$，$\overline{x_i}=\frac{1}{n}\sum_{k=1}^{n}x_i(k)$，$\Delta x_i(k)=x_i(k+\Delta k)\text{-}x_i(k)$，与之相应，$\frac{\Delta x_0(k)}{\Delta k}$为$x_0(k)$在$k$到$k+\Delta k$的斜率（曲线函数的导数），同理$\frac{\Delta x_i(k)}{\Delta k}$为$x_i(k)$在$k$到$k+\Delta k$的斜率，$\xi_i(k)$为灰色绝对关联系数，计算公式如下：

$$\xi_i(k)=\mathrm{sgn}(\Delta x_0(k)\cdot\Delta x_i(k))\frac{1+\left|\frac{1}{\overline{x_0}}\cdot\frac{\Delta x_0(k)}{\Delta k}\right|+\left|\frac{1}{\overline{x_i}}\cdot\frac{\Delta x_i(k)}{\Delta k}\right|}{1+\left|\frac{1}{\overline{x_0}}\cdot\frac{\Delta x_0(k)}{\Delta k}\right|+\left|\frac{1}{\overline{x_i}}\cdot\frac{\Delta x_i(k)}{\Delta k}\right|+\left|\frac{1}{\overline{x_0}}\cdot\frac{\Delta x_0(k)}{\Delta k}-\frac{1}{\overline{x_i}}\cdot\frac{\Delta x_i(k)}{\Delta k}\right|} \tag{7-5}$$

这里$\mathrm{sgn}[\Delta x_0(k)\cdot\Delta x_i(k)]=\begin{cases}1, & \Delta x_0(k)\cdot\Delta x_i(k)\geqslant 0\\ -1, & \Delta x_0(k)\cdot\Delta x_i(k)<0\end{cases}$，为关联符号函数。

在实际经济活动中，大部分的数据为离散型的，故k=2,⋯,n，$\Delta k=1$，

ξ_i 为灰色相似绝对关联度，$\xi_i=\frac{1}{n-1}\sum_{k=2}^{n}\xi_i(k)$。由式（7–5）可以看出，关联度是把各个时刻的关联系数集中为一个平均值，把过于分散的信息集中处理。下面利用传统灰色关联度和相似绝对关联度分析北京绿色文化创意产业与各行业的相关性。

7.3.1.2　灰色相似绝对关联度与传统灰色关联度比较分析

北京绿色文化创意产业相关数据如表7–13所示。

表7–13　2004—2012年绿色文化创意产业分领域增加值（亿元）

年份	2004	2005	2006	2007	2008	2009	2010	2011	2012
合计	573.0	674.1	823.2	1 008.3	1 346.4	1 489.9	1 697.7	1 989.9	2 205.2
绿色文化艺术	22.6	32.2	35.3	38.8	42.7	48.8	53.7	68.0	76.0
新闻出版	108.1	106.8	135.3	142.2	153.7	159.8	171.8	191.9	208.3
广播、电视、电影	54.9	78.0	73.5	102.7	120.1	124.5	138.6	154.0	177.6
软件、网络及计算机服务	229.2	266.6	375.5	483.4	703.1	710.5	847.1	1 042.2	1 190.3
广告会展	47.8	51.0	52.2	64.9	112.2	98.5	127.4	159.0	168.6
艺术品交易	11.5	7.1	10.1	13.8	20.5	30.9	43.0	56.4	59.2
设计服务	29.9	31.6	40.2	49.2	52.8	76.4	84.2	90.6	97.4
旅游、休闲娱乐	27.0	37.6	48.4	50.2	58.4	60.7	69.5	78.6	83.4
其他辅助服务	42.0	63.2	52.7	63.1	82.9	179.8	162.4	149.2	144.4

数据来源：历年《北京统计年鉴》。

灰色关联度分析是通过计算关联度反映绿色文化创意产业增加值与九个分行业的关联程度，为了能够正确度量这种相关性，必须最大限度地反映绿色文化创意产业增加值与九个分行业序列的实际关系。为了说明新的相似绝对关联度模型与传统关联度模型相比的合理性与实用性，接下来对传统灰色关联度和新的相似绝对关联度模型的性能进行比较。

图7–5给出了绿色文化创意产业总体变化趋势与软件、网络及计算机服务和设计服务行业变化趋势的比较。根据图7–5发现，绿色文化创意产

业与软件、网络及计算机服务业变化趋势比较吻合，而绿色文化创意产业增加值与设计服务行业的关联度要低于软件、网络及计算机服务行业。

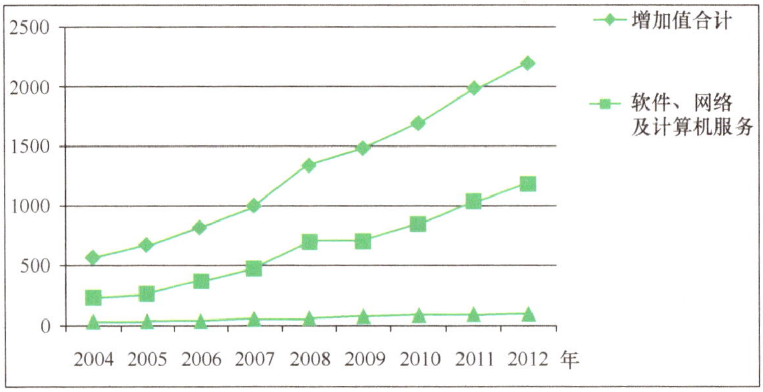

图7-5　原始序列曲线

按照计算传统灰色关联度和相似绝对关联度模型的步骤，通过计算可以得到如表7-14所示的北京绿色文化创意产业年增加值与九大行业年增加值的传统关联度和相似绝对关联度的比较。

表7-14　2004—2012年北京市绿色文化创意产业年增加值与九大行业年增加值的关联度

行业	绿色文化艺术	新闻出版	广播、电视、电影	软件、网络及计算机服务	广告会展	艺术品交易	设计服务	旅游、休闲娱乐	其他辅助服务
传统关联度	0.768	0.615	0.792	0.706	0.810	0.651	0.839	0.776	0.717
相似绝对关联度	0.948	0.700	0.713	0.958	0.716	0.707	0.937	0.943	0.031

从表7-14可以看出，利用传统灰色关联度计算结果为，2004—2012年对北京绿色文化创意产业的年增加值关联度从大到小排序的行业依次为：设计服务，广告会展，广播、电视、电影，旅游、休闲娱乐，绿色文化艺术，其他辅助服务，软件、网络及计算机服务，艺术品交易，新闻出版。计算得出的九个关联度系数的差异并不大。由计算结果可知，设计服务行业与绿色文化创意产业增长的关联程度最高，从而它们（序列曲线理论上）应该最相似，而与软件、网络及计算机服务序列曲线的相似程度相比

理论上应该较低。但是由图7-5曲线的实际发展态势看，软件、网络及计算机服务的序列与绿色文化创意产业的增长序列呈现比较接近的稳步增长的势头，显然要比设计服务更接近一些。

基于灰色相似绝对关联度模型，从表7-14可得到2004—2012年北京绿色文化创意产业年增加值关联度从大到小排序的行业依次为：软件、网络及计算机服务，绿色文化艺术，旅游、休闲娱乐，设计服务，广告会展，广播、电视、电影，艺术品交易，新闻出版，其他辅助服务。在相似绝对关联度模型中软件、网络及计算机服务与绿色文化创意产业增长的关联程度最高。计算得出的九个关联度系数的差异较大，与之前传统的关联度相比更容易看出关联的密切程度，同时也表明北京绿色文化创意产业的九个行业对绿色文化创意产业的贡献区别较大，九大行业发展有快有慢，发展速度不均衡。

7.3.2 关键因子

下面以正交旋转后每个主成分特征值占所提取的主成分特征值之和的比例为权重，计算主成分的综合得分。表达式：$F=0.7327\times F1+0.2078\times F2\times 0.0595\times F3$。根据各个主成分得分和综合主成分得分，可以得到如表7-15所示的得分和排名。

表7-15 全国绿色文化创意产业各主成分得分及排名

地区	经济效率因子*F*1		支持因子*F*2		规模因子*F*3		综合主成分F	
	得分	排名	得分	排名	得分	排名	得分	排名
北京	1.541 47	4	2.137 46	2	2.961 06	1	1.749 782	3
天津	0.081 98	8	1.028 98	4	−1.005 98	27	0.214 033	7
河北	−0.368 75	20	−0.719 90	28	0.990 14	5	−0.360 87	20
山西	−0.482 74	25	−0.198 63	17	−0.062 48	16	−0.398 7	23
内蒙古	−0.335 16	18	−0.127 13	15	−0.338 85	20	−0.292 15	15
辽宁	0.119 64	7	0.132 48	8	0.429 98	11	0.140 773	8
吉林	−0.476 32	24	−0.094 91	13	−0.424 89	22	−0.394	22
黑龙江	−0.400 52	21	−0.439 70	20	−0.032 68	15	−0.386 78	21

续表

地区	经济效率因子F1		支持因子F2		规模因子F3		综合主成分F	
	得分	排名	得分	排名	得分	排名	得分	排名
上海	−0.277 47	15	3.963 82	1	−0.792 71	26	0.573 213	6
江苏	3.163 50	1	0.086 93	9	−0.268 24	19	2.32	2
浙江	1.239 28	5	1.041 74	3	0.003 99	12	1.124 731	5
安徽	0.203 31	6	−0.713 15	27	−0.006 86	14	0.000 364	10
福建	0.008 85	9	0.617 81	6	−0.083 67	17	0.129 887	9
江西	−0.293 18	16	−0.637 01	25	−0.196 92	18	−0.358 9	19
山东	1.831 43	3	−1.164 10	31	1.294 00	3	1.176 982	4
河南	−0.488 39	26	−0.886 78	30	1.550 37	2	−0.449 87	28
湖北	−0.200 58	13	−0.309 07	18	0.613 01	7	−0.174 72	12
湖南	−0.048 88	11	−0.598 37	24	0.527 31	9	−0.128 78	11
广东	3.015 30	2	0.741 53	5	0.907 51	6	2.417 397	1
广西	−0.586 59	30	−0.385 59	19	0.457 88	10	−0.482 68	29
海南	−0.317 46	17	−0.022 34	10	−1.330 81	28	−0.316 43	17
重庆	−0.175 94	12	−0.193 80	16	−0.486 70	23	−0.198 14	13
四川	−0.585 58	29	−0.661 19	26	1.206 65	4	−0.494 65	30
贵州	−0.488 42	27	−0.557 08	22	−0.414 23	21	−0.498 27	31
云南	−0.403 88	22	−0.588 92	23	−0.000 28	13	−0.418 32	24
西藏	0.001 48	10	−0.866 47	29	−1.672 29	31	−0.278 47	14
陕西	−0.629 10	31	−0.085 74	12	0.531 55	8	−0.447 13	26
甘肃	−0.416 60	23	−0.504 76	21	−0.631 46	24	−0.447 7	27
青海	−0.275 64	14	−0.098 54	14	−1.538 75	30	−0.313 99	16
宁夏	−0.355 41	19	0.161 04	7	−1.525 01	29	−0.317 68	18
新疆	−0.516 68	28	−0.058 65	11	−0.660 63	25	−0.430 07	25

从投入与产出的经济效率F1的得分看，排名前四位的分别为江苏、广东、山东和北京。以上数据表明，北京在对绿色文化创意产业的投入和产出上与排名第一的江苏相比相差很大，尤其在专利申请件数、研发经费和绿色文化创意产业全社会固定投资上。北京绿色文化创意产业的投入产出比例较好，同时绿色文化创意产业的投入应加大，并注重绿色文化创意氛围的营造，加强知识产权保护。通过这些举措，北京能够进一步提升绿色文化创意产业投入与产出的经济效益。

从支持因子F2看，北京排名第二，仅次于上海。北京虽然在互联网的普及率上超过了上海，但在居民消费方面略微低于上海，并且在人均公共图书馆馆藏量上与上海差距比较大。北京应进一步增强自身发展潜力，扩大内需，促进本地区居民对绿色文化创意产业的消费；还要加强绿色文化设施建设，在智力上支持绿色文化创意产业的发展。

从规模因子F3看，与全国各省市相比，北京绿色文化创意产业的企业数量较多，从业人员较多，产业规模较大，在规模因子F3中北京排名第一。

从综合主成分得分F看，综合主成分F得分在1分以上的有5个省份：广东、江苏、北京、山东和浙江。综合主成分得分低于-0.45分的有3个省份：广西、四川和贵州，大部分省份处于中间状态。可以看出中国绿色文化创意产业成熟度分布呈现梭形，中间大两头小，并且东部沿海城市发展较好，内陆地区较差。就北京的综合得分看，位居全国第三。其中F2因子在全国排名第二，F3因子在全国排名第一，两者排名靠前。要想进一步提升北京综合得分的排名可以通过增加F1因子的得分实现。总而言之，从综合主成分F得分分析可知，中国各省市绿色文化创意产业发展水平参差不齐，产业成熟度差距较大。

7.3.3 产业竞争力

关于产业竞争力，英国经济学家怀特（Sidney Winter）提出，竞争力的不同是创新能力的不同，所以竞争优势的来源均用创新来解释，所有竞争力的差异均可以通过历史或现在的创新差异说明。美国经济学家保罗·克鲁格曼（Paul Krugman）认为，竞争力概念是生产率的名词。波特认为，产业竞争力是一个国家或地区竞争优势的核心基础，所以分析一个国家或地区的竞争力应该从产业入手，而一个国家或地区的产业竞争力也受到其所处的经济、社会和政治环境的影响。波特是从产业层面研究竞争力最有影响的学者，他把产业定义为生产直接相互竞争产品或服务的企业集合，并将产业竞争力置于企业、产业和国家的互动过程中进行分析，从而为分析产业竞争力提供了一个全面系统的分析框架。图7–6为钻石模型的构成要素及其相互关系。

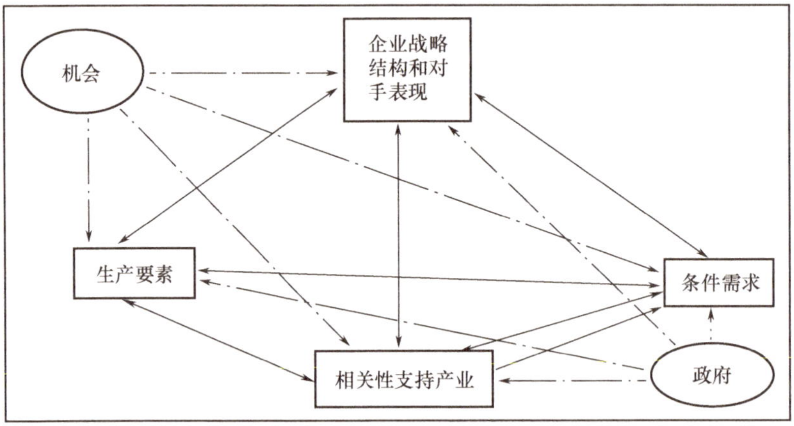

图7–6　波特的钻石模型

7.3.3.1　生产要素

波特指出，生产要素包括初级要素和高级要素。自然资源、地理条件和初级劳动力都属于初级要素的范畴，人力资本、知识和科学技术、现代通信的基础设施则属于高级要素的范畴。

从初级要素方面讲，北京作为中国的首都，拥有较丰富的初级生产要素。北京是历史悠久的世界著名古城，位于华北平原西北边缘，东南距渤海约150千米，面积16 410平方千米。2013年年末全市常住人口2 114.8万人，其中，常住外来人口802.7万人，占常住人口的比重为38%。北有军都山，西有西山，山地占全市面积的62%；东南是永定河、潮白河等河流冲积而成的、缓缓向渤海倾斜的平原。山地有煤、铁等多种矿物和花岗石、大理石等优良建筑材料。北京的气候为典型的暖温带半湿润大陆性季风气候，夏季炎热多雨，冬季寒冷干燥，春季秋季短促。年平均降雨量600多毫米，为华北地区降雨多的地区之一。诚如古人所言："幽州之地，左环沧海，右拥太行，北枕居庸，南襟河济，诚天府之国。"北京是有着千年历史的国家绿色文化名城，曾为五代都城，在从金朝起的800多年里，建造了许多宏伟壮丽的宫廷建筑，使北京成为中国拥有帝王宫殿、园林、庙坛和陵墓数量最多，内容最丰富的城市。

在高级生产要素方面，北京市是全国最大的教育基地。《北京统计年鉴（2013）》数据显示，2012年，北京市研究生培养机构135个，普通高校56所，科研机构79个。2012年研究生招生8.7万人，毕业7万人，在校研究生25.2万人。北京市还是全国最大的科学技术研究基地。北京拥有中国科学院等科学研究机构和号称中国硅谷的北京中关村科技园区，每年获国家奖励的成果占全国的1/3。北京的教育和绿色文化资源在全国范围内都处于领先地位，2012年年末，全市共有公共图书馆25个，总藏书量5 556万册。北京地区博物馆165座，艺术馆、绿色文化馆343个。北京地区出版报纸257种，出版期刊3 064种，出版图书17.6万种。图7–7从高等教育、研究生培养机构、高等学校、科研机构和普通高等学校的个数方面将北京与全国平均数做了比较。可以看出北京的教育资源远超全国的平均水平，具有资源优势。

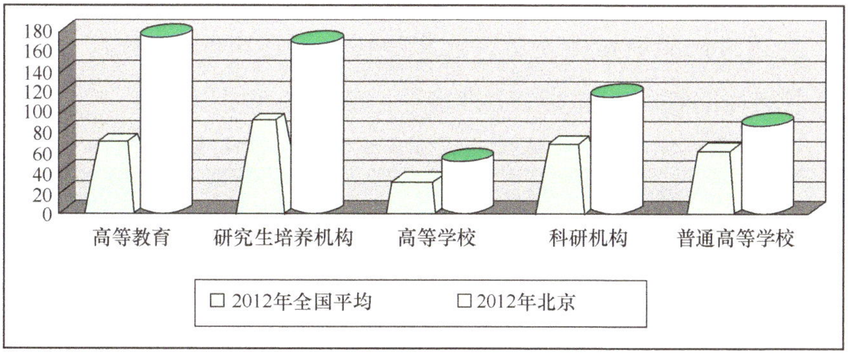

图7–7　北京市教育资源与全国平均水平的比较

7.3.3.2　需求要素

波特指出，本地客户的品质非常重要，特别是内行并且挑剔的客户。在很大程度上本地客户的品质决定了产品和服务的品质。如果本地客户对服务和产品的要求或者挑剔程度在国际上数一数二的话，就会激发出该地区企业追求完美品质的潜力，从而使得该企业的产品或服务在国际竞争中占有极大的优势。另一个重要方面是预期性需求。如果本地顾客的需求具有前瞻性和引导性，领先于其他国家，那么本地产品就会具有巨大的销售潜力，从而克服市场的滞后效应，这也可以成为本地企业的一种优势。因为先进的产品需要前卫的需求来支持。人们在物质需求和消费数量得到满足后，更倾向于追求精神层次的消费。马斯洛的“需求层次”理论指出，人类价值体系存在两类不同的需求：一类是沿生物谱系上升方向逐渐变弱的冲动或者本能，称为生理需要和低级需要；一类是随着生物进化而逐渐显现的潜能或者需要，称为高级需要。消费的升级不单单包括消费数量的提高，更重要的体现在消费质量的提升，这是一个不断由低层次向高层次发展的变化，不断由物质需求向精神产品需求变化的过程。经济实力直接决定了一个地区或者国家的人民对绿色文化创意产品的需求程度。在经济发展水平低下，技术比较落后，物质还比较缺乏的时代，人们重视的是商品的使用价值，因此商品市场的价值主要取决于使用价值。随着经济的发展，需求结构的升级，人们便会越来越重视商品所包含的“观念价值”，商品中“精神性”所占比重越来越大。一般而言，观念价值创造出的差异化，具有巨大的利润空间。由创意决定的产品差异性，对创造高附加值的贡献，远超过产品质量的贡献。北京经济发展在全国范围内一直名列前茅，并且居民的收入一直处于上升水平，从表7-16可以看出。

表7-16　2005—2012年北京地区城镇居民人均可支配收入

年份	北京地区城镇居民人均可支配收入（元）
2005	17 653
2006	19 978
2007	21 989

续表

年份	北京地区城镇居民人均可支配收入（元）
2008	24 725
2009	26 738
2010	29 073
2011	32 903
2012	36 469

数据来源：根据《北京市2005-2012年国民经济和社会发展统计公报》整理。

从表7-17可以看出，北京居民对绿色文化产品和服务的消费比重总体处于上升趋势，由此决定了北京居民对绿色文化服务和产品的消费具有巨大的市场和发展潜力。

表7-17 2005—2012年北京市居民教育、绿色文化及娱乐服务在消费支出中的比重

年份	北京市居民教育、绿色文化及娱乐服务在消费支出中的比重（%）
2005	16.5
2006	17.0
2007	15.6
2008	14.5
2009	16.0
2010	17.1
2011	18.0
2012	19.2

数据来源：根据《北京市2005-2012年国民经济和社会发展统计公报》整理。

从国际需求方面看，近年来，北京市积极组织和参与了较多的国际重大绿色文化交流活动，举办了北京国际戏剧舞蹈演出季，北京国际音乐节，北京中国广告节，北京国际图书节，北京国际青年戏剧节，北京国际摄影节，北京国际芭蕾舞比赛，寻找北京最美丽的乡村等活动。

北京市还积极鼓励民间和企业从事对外绿色文化交流，组织力量对外翻译优秀的学术成果和绿色文化精品，鼓励各种学术机构、艺术机构和海外中国绿色文化中心等团体向外推广中国绿色文化。这一系列的举措加强了北京与其他国家和地区的绿色文化交流，打造了具有“世界水准、中国特色、北京风格”的绿色文化品牌，让越来越多的国外公众了解并喜欢中国绿色文化，从而也增强了北京绿色文化创意产业的国际需求。

7.3.3.3　相关产业与支持产业

相关和支持产业反映了本地区与绿色文化创意产业相关的产业对绿色文化创意产业发展的支持力度，特别是反映对绿色文化创意产业有很大支撑作用的制造业、教育业、科技服务业、信息服务业、金融业、商务服务业、房地产业和环境管理业等，在本地区规模化、专业化、市场化、产业化发展的状况及其向外扩散和对服务外包需求的状况。

从教育业的角度分析，北京市专业人才密集，但是善于国际经营的人才严重不足。北京具有高度密集的人力资源，高等院校和科研机构众多，拥有专业人才资源的明显优势。但是绿色文化创意产业要想做大做强，需要走产业化的道路。这就要求北京拥有既懂得创作，又懂得国际绿色文化经营的复合型人才，但目前北京的情况并不乐观。虽然北京高校众多，但是培养的人才和实际需要的国际化人才还具有一定的差距，真正了解国际绿色文化贸易运营的人才有限。在绿色文化创意产业国际化的道路上，需要能够准确把握国际发展趋势，结合国际发展经验和北京实际情况制定合理绿色文化产业发展战略的复合型人才。以北京市动漫产业为例，虽然北京拥有超过全国半数的游戏开发企业，但实际的销售收入却不到全国的10%。造成上述现象的原因就是北京动漫产业链“两头强，中间弱”的产业特点。“两头强，中间弱”是指北京市动漫产品的原创研发和消费市场需求具有明显优势，但市场运营环节却相当薄弱。虽然造成运营环节薄弱的原因有侵权和盗版问题，但是复合型人才的缺失也是原因之一。北京动漫产业的专业人才多集聚在制作和研发环节，而真正懂得国际运营、具有国际视野同时又懂得动漫制作的复合型人才相对缺乏，这也导致北京动漫产业市场占有率较低，产业化程度不高，行业吸引力不强。

从金融业角度看，北京市绿色文化创意产业投融资存在瓶颈，从商业银行获得融资较难。对绿色文化创意企业而言，由于对企业经营时间、主要营业收入和实现利润等指标要求严格，要想通过上市发行股票或是债券的渠道获取资金很难实现。目前的融资渠道主要来自政府的投入，但是政府投入却存在严重不足的情况。长期以来，政府的资金投入往往偏向于具有绿色文化事业性质的单位，却忽略了绿色文化产业化发展的需要，一些急需资金的中小型绿色文化创意产业不能真正发展起来。所以很多绿色文化创意企业选择银行贷款的方式进行融资。但是银行严格遵守“安全性、流动性和营利性”的准则，要求企业可以提供相应的信用支撑和保证。但申请融资的企业多处于创业初期或是成长期，经营风险较高，可持续性较差，导致出现绿色文化创意企业融资难的局面。

7.3.3.4　战略结构和竞争对手

战略结构和竞争对手指的是企业或者某一产业在一个地区或者国家的组织和管理形态，以及在国内或国际市场中竞争对手的表现。

产业集聚区是目前普遍采用的一种绿色文化创意产业的管理战略和发展模式。经过近几年的发展，北京市形成了一些产业集聚区，对于中小绿色文化创意企业联合开展研发、生产和销售，从而获得群体竞争优势和规模效益都非常有益。

从2006年至今，北京市加大力度进行城市绿色文化服务功能区的规划建设，北京市绿色文化创意产业领导小组共计划并认定了30个市级绿色文化创意产业集聚区，包括：中关村创意产业先导基地，中关村科技园区雍和园，北京数字娱乐产业示范基地，国家新媒体产业基地，北京798艺术区，北京DRC工业设计创意产业基地，宋庄原创艺术与卡通产业集聚区等著名园区。经过几年的发展和培育，集聚区的发展态势良好，集聚和辐射带动作用明显。30个产业聚集区内的人才、产业资本和实体产业的数量迅速增加，不断涌现出一大批绿色文化创意产业企业和绿色文化品牌。这些产业区成为推动北京绿色文化软实力、提升首都绿色文化中心功能的中坚力量。

虽然近年来北京市的产业集聚区发展迅速，数量激增，但也暴露了存在的问题。不少园区的功能和定位不清晰、重复建设严重、集聚效应不明显，园区内绿色文化创意类企业数量少，企业间关联度低，没有形成完整的产业链。地方政府热衷于建设绿色文化创意产业园，但由于缺乏与产业链配套和完善的市场运作机制，政府主导下的诸多绿色文化产业园并没有收到预期效果，反而出现很多产业园区企业聚集之后难以为继的现象，造成巨大的人力、物力、财力浪费。还有些地方，政府把绿色文化产业园区建起后，实行房东式管理，只收取房租。可以说，当前权利驱动下的举国发展模式是中国绿色文化创意产业应当警惕的倾向。赵书华、王菲菲总结了造成中国产业集聚区失败的原因，主要有以下几点：①筛选准入机制不规范；②创意产业集聚区缺乏特色；③创意产业集聚群区内缺乏合作；④创意产业集聚群区与外部企业缺乏联系，产业链不完整。

面对国外强有力的竞争对手，北京市绿色文化创意企业具有明显的弱势。北京虽然已经涌现一批全国知名的绿色文化创意企业，但整体上在数量、规模、经济效益等方面与发达国家和地区存在很大差距，缺乏强有力的跨行业、跨媒体、跨所有制、跨区域、跨国界的大型绿色文化创意产业集团，难以带动整个产业的发展和国际化水平的整体提升。以影视传媒业为例，美国有以时代华纳为代表的跨国影视传媒企业，业务涉及互联网、电视、广播、出版、影视娱乐以及音乐，甚至主题公园等多个领域。而北京目前尚没有一家大型绿色文化创意产业集团。同时，北京绿色文化创意产业缺乏知名品牌，尤其缺少在国内叫得响、在国际有影响力的品牌。北京市绿色文化创意企业在品牌价值、知名度、美誉度和影响力方面，与美国企业都存在很大的差距。

7.3.3.5 机会与政府

机遇对竞争力提升的影响非常大，企业和政府是无法左右的。影响产业竞争的机会包括生产成本突然提高、传统技术出现断层、基础科技的发明创新和其他重大事件的发生等。政府的作用同样是不可忽视的，政府通过提供良好的发展环境，让以上四大因素发挥作用。

以奥运为契机点燃了中国绿色文化热。2008年的北京奥运会，2009年新中国成立60周年盛典都使得国际社会对中国以及北京有了重新的认识，更多的人对中国和北京绿色文化产生了浓厚的兴趣。

国家从政策上对绿色文化创意产业进行扶持。2000年，在国家“十五”规划中，将绿色文化产业发展纳入国家整体发展规划。2002年，党的十六大报告把积极发展绿色文化产业作为“市场经济条件下繁荣社会主义绿色文化、满足人民群众精神绿色文化需求的重要途径”。2003年，十六届三中全会进一步提出绿色文化产业微观组织——经营性绿色文化企业的改革目标、绿色文化体制改革的目标和绿色文化产业政策方向。“这些政策直接给予了绿色文化产业政策上的合法地位，也标志着绿色文化产业在中国合法化过程的结束，中国绿色文化产业的理论开始进入合理化阶段，即绿色文化产业的应用研究阶段”。从此，中国绿色文化创意产业开始上升到国家政策操作层面，国家出台了诸多扶持绿色文化创意产业发展的政策，每年的政府工作报告都强调要大力扶持绿色文化产业的发展。在国家政策推动下，各地方政府的“十二五”规划几乎都将绿色文化创意产业发展作为重要的内容之一，有的地区制定了专项规划。党的十七大把绿色文化建设提到了社会主义现代化建设总体布局的高度，指出：“要按照中国特色社会主义事业总体布局，全面推进经济建设、政治建设、绿色文化建设、社会建设，促进现代化建设各个环节、各个方面相协调，促进生产关系与生产力、上层建筑与经济基础相协调。”十七届五中全会通过的《中共中央关于制定国民经济和社会发展第十二个五年规划的建议》进一步明确提出要推动绿色文化大发展大繁荣，提升国家绿色文化软实力，明确提出绿色文化产业占GDP的比重要明显提高。2008年，国际金融危机爆发，在中国经济整体增长速度下滑的情况下，中国绿色文化产业逆势上扬，出现了著名的“口红效应”，再次引起学界高度关注。2009年，国务院颁布实施《绿色文化产业振兴规划》，标志着把绿色文化产业作为一个战略性产业提到了国家战略的层面。在这个过程中，学界对绿色文化产业理论的研究也日渐深入，掀起了绿色文化产业研究热潮。

7.4 对策建议

从城市或区域绿色文化创意产业发展情况看，由于不同城市不同区域所拥有的资源禀赋、资本、技术、人才和市场条件等存在差异，以及产业发展阶段不同，其发展模式应该是具体的和特殊的。但是，目前中国城市绿色文化创意产业明显存在发展思路单一、内部结构不合理、产业结构雷同、区域特色不够鲜明、绿色文化创造束缚因素较多、市场主体弱小和政府扶持不到位等问题。因此，要从这种抽象单一状态中解放和发展绿色文化生产力，就必须探讨适合区域实际的特殊的区域发展模式，为城市或区域绿色文化创意产业发展提供多种选择空间。

7.4.1 深化管理制度改革

第一，实施绿色文化创新工程，提高宏观管理水平。为了充分发挥市场在资源配置中的决定性作用和主导行业带动作用，建议政府相关部门完善绿色文化管理体制，按照政企分开、政事分开的原则，推动政府部门由办绿色文化向管绿色文化转变；推动党政部门与其所属的绿色文化企事业单位进一步理顺关系。创新绿色文化管理体制，建立北京绿色文化创意资源创新中心平台，促进信息共享、人才交流。建立健全绿色文化投资、资本运作、国有绿色文化企事业单位资产的管理体制，进一步理顺绿色文化创意产业园区、重大绿色文化项目、重大绿色文化工程的规划立项和组织实施体制机制，设立市属绿色文化企事业行政事务服务中心等绿色文化发展服务机构。推动国有绿色文化资本和社会资本向重点领域集中，推进市属绿色文化资源和中央绿色文化资源合作、兼并重组。进一步推动落实华北五省区市绿色文化合作发展战略。

第二，进一步健全投融资服务体系，充分发挥北京金融市场对产业发展的促进作用。北京市应充分发挥金融业优势，促进绿色文化创意产业发展。建立北京绿色文化发展专项资金。市政府每年统筹资金100亿元，用于支持北京绿色文化发展。启动北京市绿色文化创意产业创业投资引导基金，设立北京市绿色文化创意产业投资基金、担保基金等，支持内容生产、科技研发、平台建设和渠道拓展。推进绿色文化金融创新，促进绿色文化和资本市场全面对接，构建满足不同类型、不同成长阶段的绿色文化企业需求的金融服务体系。采取项目资助、贷款贴息、奖励等多种方式，支持民营企业和中小企业发展。实施项目式投资，形成政府资金主导、社会资本参与、绿色文化资源优化配置的投融资格局。

第三，实施绿色文化科技融合工程，提升产业科技含量。北京市应加强绿色文化创意产业与科技产业融合发展。借鉴中关村国家自主创新示范区发展模式，为绿色文化与科技融合提供政策支撑，推动绿色文化与科技融合发展。开展绿色文化和科技融合示范基地的认定工作。支持建设“产、学、研”战略联盟、市级绿色文化科技创新工程实验室和公共服务平台，提升绿色文化科技创新能力和水平。加快科技创新成果转化，提高绿色文化创意企业科技含量。坚持以企业为主体、市场为导向、政产学研相结合，加强核心技术、关键技术、共性技术攻关，重点支持一批战略性绿色文化项目和工程。培育新兴绿色文化业态，为内容创新和运用提供新动力、新载体、新空间。

7.4.2 营造市场发展环境

第一，制定落实相关绿色文化政策与法规，为北京绿色文化创意产业发展提供完善的政策支持和法制保障。本书提出的北京绿色文化创意产业“市场主导、政府引导、跨行业联动”型发展模式，强调更好地发挥政府的引导作用。北京市应贯彻落实绿色文化与科技融合发展意见，着力构建绿色文化与科技融合五大体系，即绿色文化科技创新体系、绿色文化科技全国应用体系、绿色文化与科技融合的承载体系、绿色文化与科技融合的市场服务体系、绿色文化与科技融合的支持体系；扎实推进落实工商支持绿色文化发展的意见；深入推进落实金融支持绿色文化发展的意见；抓紧出台绿色文化与旅游、绿色文化与体育、绿色文化与教育、老字号品牌绿色文化建设和扶持非公有制优秀绿色文化企业等政策文件。

第二，以产业链为核心科学规划产业布局，推动产业协调发展。结合北京城市功能定位，进一步优化产业空间布局。加强对区域绿色文化发展的统筹，引导区县实现差异化、特色化发展，避免产业发展“一哄而上”“一刀切”“齐步走”等现象。建设一批规模化、集约化、专业化程度较高的市级绿色文化创意产业集聚区，培育一批具有地域色彩的绿色文化创意村落、创意工厂、主题楼宇、绿色文化街区。推动首钢旧厂区、北京焦化厂转型利用。

第三，加大知识产权保护力度，营造鼓励创新、尊重创意的法律环境和社会氛围。绿色文化创意产业链中创意研发环节是提升整个产业竞争力的重中之重，是决定绿色文化创意产业价值创造和实现的关键。在数字技术、互联网技术时代，加强版权保护是绿色文化知识产权的重要组成部分，是绿色文化创意、相关技术发明进行产业化、商业化运行的基础。健全的知识产权保护体系是绿色文化创意研发的保障。绿色文化创意产业链中创意研发过程必然与专利、版权和商标等知识产权联系在一起，如书籍、电影、游戏等都是享有版权的产品。在创意研发阶段，如果知识产权保护不到位，将严重损害原创者的利益，挫伤原创积极性，进而将严重影响整个产业核心竞争力的提升。北京市应积极营造创意、创新氛围，提高知识产权的创造力；健全绿色文化创意产业知识产权保护体系，完善版权、专利、商标的管理；搭建数字产权保护平台，鼓励和规范知识产权评估机构的发展，建立健全知识产权信用保证机制；积极开展绿色文化创意产业知识产权教育。

第四，实施“雁阵”发展计划，分层分类推进统筹30个绿色文化创意产业集聚区的建设。建议北京市按照集聚区阶梯发展模式、功能区分模式，重点打造10个引领发展示范区、10个扶持发展集聚区、10个跟进发展潜力区。力争建成2~3个国内领先、辐射海外的绿色文化创意经济功能区。

第五，实施绿色文化品牌提升工程，着重提高产业附加值。在绿色文化创意产业发展的过程中，绿色文化品牌引领着产业发展的主流方向，起到引领和带动作用。“品牌效应”可以提高绿色文化创意产品和服务的附加值，有效提升区域绿色文化产业档次和竞争软实力。但从目前看，品牌建设仍是北京绿色文化创意产业发展的“短板”，今后应把绿色文化创意产业品牌建设，发挥品牌效应作为产业发展的重要着力点。积极打造绿色文化创意企业品牌和集聚区品牌，不断提升其内容品质，形成品牌价值和品牌竞争力；从企业发展战略高度进行品牌规划、建设和管理。对绿色文化创意产业驰名商标、著名商标予以行业保护。

7.4.3 完善绿色产业组织

第一，实施高端引领战略，加强绿色文化人才队伍建设。人才是绿色文化创意产业之本。人才的结构性短缺是制约中国绿色文化创意产业发展的重要瓶颈。北京市具有人才优势，但结构性短缺现象严重，缺少行业领军人物。建议北京市制定完善高端绿色文化人才引进、培育和使用的相关政策措施，建立首都高端绿色文化人才数据库，巩固发展北京绿色文化人才教育集聚中心地位。到2015年，绿色文化人才资源总量从2011年的55万人增加到70余万人。实施绿色文化名家领军工程，建设一批大师工作室和创新团队，围绕名家大师，建立完善编剧、评论、宣传、营销、投融资和统筹管理六支专业人才队伍，形成全方位、立体式的专业人才服务支撑体系。

第二，健全绿色文化创意产业市场体系，加快绿色文化产品和要素市场建设。市场在资源配置中发挥决定性作用是本书提出的北京绿色文化创意产业发展模式的本质要求。为了充分发挥市场的决定性作用，建议北京市重点发展图书报刊、演出娱乐、影视剧和动漫游戏等产品市场，进一步完善北京国际电影季、中国北京国际绿色文化创意产业博览会等交易平台。充分发挥北京国际版权交易中心、中国设计交易市场、北京国际设计周等平台功能，使北京成为版权之都、设计之都。推动设立北京绿色文化创意产业交易平台、中国北京绿色文化产权交易所、中国艺术品交易中心。建立健全绿色文化资产评估体系和交易体系。加强行业组织建设，健全中介机构。

第三，建立完善的统计制度和行业测评体系，不断夯实产业发展基础。认真研究解决现有的绿色文化创意产业统计制度和测评体系滞后于产业发展的问题。推动绿色文化旅游、动漫网游等行业建立独立的统计测评体系，完善产业指标体系和统计制度。探索建立绿色文化创意产业景气指数，加强行业发展监测和基础数据分析，密切掌握行业发展动态。尽快建立绿色文化创意产业行业标准和认证体系。推动建立北京市绿色文化创意产业协会，加强行业自律。在相关政府主管部门的指导下，推动绿色文化创意产业行业协会建立行业标准体系，引导行业健康发展。

7.5 本章小结

加强文化发展规划设计。文化建设是中国“五位一体”总体布局的重要组成部分，中国政府对文化建设有着明确的要求。我们要切实按照政府的要求和部署，把握文化产业发展规律，调整产业布局，优化资源配置，促进文化产业升级，使中国经济社会发展获得新的动力和增长空间。

有了文化发展的蓝图，就要考虑如何把蓝图变为现实。文化体制机制创新，是推进文化绿色创新的关键环节。要解决制约文化发展的根本问题，实现建设文化强市目标，必须进一步深化文化体制改革、推进文化体制机制创新。加快实施重大产业项目带动战略，打造一批实力雄厚、具有较强竞争力和影响力的文化企业“航母”，形成具备核心竞争力的文化品牌。同时加强出口平台和海外营销渠道建设，大力推动中国特色的文化“走出去”；鼓励有实力的文化企业通过独资、合资、控股和参股等多种形式在境外兴办实体、落地经营，加快推进由出口产品向出口品牌及出国创牌转变，使文化产业真正成为中国经济的支柱产业和参与国际竞争的重要力量。

8　绿色创新国际经验借鉴

8.1　美国经验

8.1.1　绿色技术创新

随着全球对资源短缺问题、生态环境问题以及可持续发展的日益重视，绿色技术创新问题已成为研究的热点。对美国在该领域理论研究和政策制定等方面进行深入研究，可以为中国制定和完善绿色技术创新体系提供借鉴经验。

8.1.1.1　历史背景

19世纪40年代，美国就意识到环境保护的重要性。当时企业在盲目生产过程中，将污染物不经处理就直接排放到环境中，对环境造成严重污染。为了改善现状，1948年，美国颁布《水污染控制法》；1963年和1965年分别颁布了《清洁空气法》和《固体废物处置法》。三个法律的出台标志着美国环境保护工作的全面展开，使美国成为世界上最早开展环境保护活动的国家之一。

美国工业的飞速发展，引起了人们对一些传统产业环境污染问题的高度关注。20世纪70年代以前，美国的绿色技术创新以“治”或“止”为主。在此期间连续发生的多诺拉烟雾事件、三哩岛核电站放射性污染以及洛杉矶光化学污染等事件，加速了美国环保工作的具体落实。当时的污染治理主要侧重于为污染源添加一些过滤装置，如在工厂或发电站的烟道加装防尘器等，可以看出这种在源头减少或消除污染的绿色技术在当时是及时有效的。

20世纪80年代初，美国转向以“防”为主的环境治理。越来越多的企业将环境保护和生产经营相结合以考虑企业发展的可持续性，如马萨诸塞州的海德（Hyde）工具厂为改进设备、工艺技术等，投入35万美元以达到规定的标准，切实将环境目标纳入企业的长期战略中。20世纪80年代中期，美国开展了“工业生态”活动，即通过分析生产过程中原材料与能源的流动对环境产生的影响，对其进行调整和重组，以保证将对环境因素的考虑纳入其设计之中，让企业真正认识到其对环境保护的责任。20世纪末，由工业化、城市化滋生的全球性或区域性的环境问题，如臭氧层空洞、大气污染等相继被人们所熟知，解决这些时代进步的附属品问题需要新的技术政策，也呼唤着新一代绿色技术的到来。

8.1.1.2　发展现状

在绿色技术创新方面，美国的大学承担了80%的基础性理论研究工作，正是由于基础理论在其中扮演了举足轻重的角色，美国政府与大学进行了各种形式的资金、人力等方面的合作。企业是绿色技术创新的中坚力量，对绿色技术创新的投入，绝大部分来自于企业。创新活动中企业主要是从事研发工作，将理论转化为实践，并把技术投入生产。同时企业也会承接政府的相关工作以及间接性地支持大学或非营利性机构的研究工作。非营利组织机构的存在默默地推动着绿色技术的发展，以便于政府对绿色技术的控制和调整。

现阶段的绿色技术主要由四大类别的技术组成。首先是避害技术，即避免生产出对环境有害的物体，如美国通用电气公司的氢燃料电池汽车；其次是监测评价技术，通常会监测在自然或人为的过程中有害物质的排放量，通过综合监测为评估环境行为提供充足的数据；再次是污染控制技术，通过对有害物质的特殊处理，以减少或消除其在环境中流动，通常这些技术的研发以成本低、效率高、实用性强为目标，从而减轻或消除有害物质对环境和人类健康的危害；最后是补救恢复技术，通过补救技术将已遭到破坏的生态环境加以恢复，使其得到重生和更新，如土壤洗涤、热吸收等方法。然而现有的技术仍不能满足美国对环境改善的需求，需要更多的新技术及更大的扶持力度。

8.1.1.3 发展模式

美国绿色技术创新是一种政府全程驱动型的模式。政府先是制定一系列绿色技术的战略规划，通过市场引导企业、大学和非营利性机构等科研组织，根据市场信息及时调整研究的内容和方向，制订正确的创新计划，进行绿色技术创新基础理论的深入研究。与此同时，政府也会出台各种法令法规对其研发工作的各方面进行监督和规范，从而营造出一种市场拉动内需的创新模式。

美国绿色技术创新工作的顺利开展很大程度上依赖于美国公众良好的绿色环保意识。这种意识产生于生态文明遭到严重破坏的困惑和反思中。对于环境保护意识的培养和教育，美国政府采用多渠道、多层次和多方法的宣传方式。在美国，许多中小学的行政领导都会负责全校的环境教育，希望从小培养学生保护环境的观念与习惯。不仅如此，1971年，白宫教育机构和美国环境保护组织还设立了全国性的奖项——“总统青年环境奖”，以鼓励人们在生产生活的各个环节都以“绿色”为追求目标。

法律制度为推动绿色技术创新提供了强有力的后盾。美国拥有相当完善的与绿色技术创新相关的法律体系，1980年颁布的《史蒂文森—威德勒技术创新法》于1986年改为《联邦技术转移法案》，最后于1989年进一步改为《国家竞争技术转移法案》。随后为了反对大企业在市场上的垄断行为，保护小企业的公平竞争地位，于1980年颁布了《谢尔曼反托拉斯法》。同时还制定了《小企业创新发展法》《全国合作研究法》《大学与小企业专利法》等一系列技术创新的相关法律。其次，美国更拥有严格的环保法律体系和执法机制。自20世纪60年代以来，美国共颁布了20多部环境法律，包括水环境、大气情况、废物处理等方面，对公众提出了明确的行为规范以及违反法律要求所要承担的责任和后果。

8.1.1.4 政策支持

美国政府为鼓励和支持绿色技术推出了一系列财政补贴和税收支持政

策。早在20世纪60年代，美国就规定对于研究控制污染新技术的企业可享受所得税减免的优惠政策；1986年又提出对综合利用资源的所得企业享有减免所得税的优惠政策；1991年，美国23个州对购买可循环利用的设备免征销售税，对于循环投资的税收也进行抵免扣除。另一方面，美国对一些特殊的产品征收消费税，如对损害臭氧层的化学品征税，能够促进替代氟利昂技术的研发；征收汽车税也能够促进对替代汽油等污染性能源的清洁能源的研究。

绿色采购政策为绿色技术创新提供了有力的支持，推动了绿色产业的蓬勃发展。美国政府将联邦法令和总统行政命令作为推动政府绿色采购的法律基础。其采购以美国环保局（EPA）全面性采购为主，并以EPA环境优先性采购（EPP）为参考依据，即推动绿色产品的优先采购计划。

8.1.1.5　经验借鉴

他山之石，可以攻玉。美国可操作性强、体制完备的绿色技术创新体系为中国发展既符合中国国情，又与国际接轨的绿色技术创新理念提供了有益的参考。在如何推动研发成果的产业化，以及如何营造市场内需拉动式的技术创新氛围等方面美国的做法有许多值得借鉴的地方，因此深入研究美国的绿色技术创新是大有裨益的。

8.1.2　绿色金融创新

随着物质文明的进步，人类面临着人口、资源、经济与生态全面协调的问题，因此发展可持续经济，构建节约环保型社会成了必然之路。金融对环境的影响一方面表现在企业废水、废弃物等的直接排放，另一方面则表现为一些信贷或投资活动对环境造成的间接性的污染。反之，金融的相关活动也会受各种环境条件的制约。2000年，《美国传统词典》中提出了“绿色金融”的概念，即金融部门将环境保护的基本国策，借助于金融业务的运作，体现出经济的可持续发展战略，达到保护环境资源和经济协调发展，实现金融可持续发展的一种金融营运战略。

8.1.2.1　历史发展

从世界范围看，美国是最早兴起绿色金融制度的国家之一，其发展主要分为两个阶段，以20世纪90年代为分界点。在此之前处于伴随性发展阶段，公众对绿色金融的认识还相对片面，实施主体主要是政府部门在环保中实现经济调控，而企业和金融机构鲜少涉足该领域。20世纪90年代后，美国绿色金融体系的构建得到进一步完善，其制度也着力于强调环境与经济的循环促进作用。在此阶段，作为社会可持续性发展的最佳模式的绿色金融制度在全球推广开来，国际上的政府组织以及非政府组织在绿色金融的项目上频繁合作，各国政府也通过宏观调控实现对绿色经济发展的推动作用，一些金融机构则运用绿色融资的模式参与企业发展，企业不仅通过市场的引导对社会资源进行配置，也通过市场中的个体对绿色产品的认知和需求的反馈调整企业的发展方向。美国政府为了将美国绿色金融制度发展到一个全新阶段，不仅对其国内可持续性发展政策进行重新审视和调整，还将单纯的生态系统的管理转为对综合资源的管理，提出以市场为导向和以经济手段为基础，实施污染控制措施，同时重视环境的外交政策以及绿色产品技术研发工作等。因此，美国在绿色金融领域一直处于世界领先地位。

8.1.2.2　发展要求

绿色金融制度给金融业带来了全方位的挑战。主要表现在四个方面：

首先，绿色金融的推行要求对金融业经营管理模式进行转型，即要求金融业在经营管理中注重可持续性发展，协调合作，统筹兼顾，增强自身的社会责任感，开发一些符合低碳标准的评级授信及风险定价模型，追求产品和服务上的结合，保证客户体验。

其次，绿色金融带来了金融业业务结构的转变。要求对现有的高碳消耗的发展模式实现扬弃，增加第三产业及节能环保行业的融资比重，压缩对第二产业尤其是重化工业的贷款，实现经济结构的转型。

再次，要求为绿色金融的创新提供切实可行的风险控制手段。为了防范在业务结构调整及金融产品创新等方面带来的风险，金融机构需要根据现状，尽可能地分析出新产品在运作过程中的风险隐患及薄弱环节，进行有针对性的调整和控制，以建立完善的风险控制机制。

最后，需要培养高水平的专业型技术人才，鼓励、激发其创造性思维，全力打造一支绿色金融创新型人才队伍。

8.1.2.3　发展模式

作为联邦制国家，美国联邦政府在制定和贯彻实施国家的环境目标、环境标准和环境政策等方面起主导性作用。各州也在法律总框架内，制定并落实各州的环境保护政策。联邦政府根据整个社会环境背景并结合美国国情制定绿色金融制度，因而具有宏观性。绿色金融制度的构建，使美国经济向绿色发展模式的方向转变，因而具有引导性。同时在实施绿色金融制度过程中，充分发挥了自身的宏观调控作用，积极引导社会经济绿色增长。

绿色金融制度的实施驱动了绿色金融产品的飞速发展，其中绿色证券、绿色保险和绿色信贷最具代表意义。相对于传统意义上的银行信贷、保险业务以及上市股票来说，这几种绿色金融产品不仅体现了金融机构在社会发展模式转变中的与时俱进性，即从以往单纯的金融发展模式转变为经济与环境统筹发展的模式。产业部门也逐渐适应对清洁生产方式的运用。国家对绿色生产方式进行大力推广和激励，并对金融机构的绿色项目实施资金支助等方法，激发了美国国内各产业部门对生产技术绿色化的投入和创新，带动了整个绿色产业的发展。

在美国，一些进出口银行制定了各种环境评估政策，无论什么项目，都需要事先进行对环境影响的评估，最后根据结果做出是否贷款的决策。根据银行业联合会1991年对1 741家成员行的调查，62.5%的银行已经改变了传统的贷款程序以避免产生潜在的环境债务，45.2%的银行曾因为担心将会出现环境问题而终止贷款。2009年制订的联邦经济刺激方案，规定了对可再生能源技术和电力传输技术的贷款担保。渣打银行、美国银行和汇丰银行等商业银行，根据政策规定，早已成为绿色金融市场的重要参与者。其银行的业务范围渗入市场的每一个交易环节，不仅提供贷款给各个项目开发的企业，还在二级市场上扮演着市商的角色，使得绿色金融市场具有一定的流动性。

8.1.2.4　发展现状

自2008年起，世界范围内遭遇能源危机和金融危机，整个世界经济出现自20世纪30年代大萧条以来的最严重衰退，最终导致2009年全球范围内的经济萎靡。美国作为此次危机的起源地，其国内经济也曾一度陷入瘫痪境地。为了尽快将美国的经济带出谷底，重归增长的轨道，奥巴马在上台之初就采取了绿色新政的变革方法，企图运用绿色能源计划达到刺激美国经济复苏的目的。奥巴马绿色新政的实施，不仅是美国绿色经济发展的重要时段，更是美国绿色金融制度体系构建的重要转折点。为了调整国内的产业结构，缓解能源紧缺，防止经济下滑，采用积极的态度应对全球的气候变化， 2009年3月，美国众议院能源委员会向国会正式提出了《2009年美国清洁能源与安全法》，其中包括开发绿色能源、提高能源使用效率、减少因全球变暖造成的污染以及向绿色经济转型四个部分。

金融部门的绿色经营以及产业部门的绿色生产作为绿色金融制度落实的关键环节，需要慎重执行。因而绿色金融立法的地位显得格外重要。除上述法律以外，《超级基金法》的颁布则是绿色金融制度发展的一个重大转折点。1980年的《超级基金法》不仅是美国环境立法中至关重要的一部法律，更是美国绿色金融制度构建的一个新起点。其通过规定基金的来源、基金的支持项目和方向，生产过程中排放的有害物质的责任划分、赔偿、清理以及政府紧急反应措施等，将政府的相关环保机构、有害物质的生产者以及个人都纳入保护环境队列之中，对绿色经济发展的实施准则进一步明确。尤为重要的是，该法对银行的环境责任提出了明确的行为准则，即贷款银行需对债务企业应当支付的污染治理费用负责，也就是贷款银行要主动参与到企业生产经营活动的管理和决策中去，以保证其投资的无害性。

8.1.2.5　经验借鉴

政府的支持和引导对推动绿色金融飞速发展起到至关重要的作用。具体而言，第一，需要将绿色金融的思想提升到国家战略的层面上来，作为未来世界经济的发展方向，一定不遗余力地贯彻和落实相关措施，重视和支持低碳经济的发展。第二，在中国的“十二五”规划中，已明确提出要“逐步建立碳排放交易市场”，因此需要对美国等实施绿色金融相关经验进行深入的研究，逐步积累经验，为碳排放交易的开展打下坚实的基础。第三，要求政府部门为绿色金融的发展提供财政资金补贴，开放政策银行贷款等各种形式的支持，同时要求相关部门综合财政、金融等各种手段，将社会资源引入节能环保的产业中，并鼓励企业和个人在日常生产经营活动中贯彻和落实节能减排措施。第四，以法律的形式明确金融机构对自己的行为所产生的环境影响应该承担的责任和义务。

将绿色金融市场化运作是保证其可持续性的关键所在。因此，必须坚持走市场化的道路，发挥市场本身的作用，调动相关主体的积极性，制定激励性的市场机制，采用各种方式减少或消除污染，真正实现节能减排理念，使绿色金融具有可持续发展的能力。

8.1.3 绿色产业创新

从世界经济社会的文明发展看，人类必须遵循经济产业的绿色创新，经济的绿色文明的客观规律。绿色理念早已渗透至经济发展的各个领域，必须确立现代世界经济绿色创新的前进方向。随着世界经济发展的潮流和环境变化的趋势，绿色产业的核心思想即践行可持续发展的理念以及改善保护环境的理念，因此必须要树立经济社会与生态保护相和谐的绿色发展理念，推动绿色产业的发展进步。

8.1.3.1 绿色制造业

美国的次贷危机爆发以来，全球经济受到严重影响，为各国经济发展敲响了警钟，警示大家将经济发展重心转向实业。制造业作为可以影响一国经济发展的主要行业成为各国的发展重点。但因受到能源危机的束缚，制造业必须一改往日粗犷型的发展模式，坚持以可持续发展为目标，在资源节约和环境友好的前提下促进经济发展。因此，在全球范围内推行制造业的绿色创新系统显得尤为重要。

次贷危机后，美国国内提出发展制造业，改变以往过分依赖服务业尤其是金融业的经济模式。近几年，美国更是通过制定各种政策将发展绿色制造业提升到国家层面的重要战略高度，以增强经济实力，加强国防力量，确保其在全球的竞争优势。奥巴马总统在一次讲话中也提出要依靠科技的创新来正确应对经济危机，实现经济的发展与复苏。通过开发新能源等产业激发技术创新，创造出新的经济增长点，营造出全新的绿色经济发展模式，使美国彻底走出经济危机的阴影。

为发挥美国制造业在经济复苏方面的促进作用，奥巴马总统推出了美国制造业复兴计划。2010年，在《美国制造业促进法案》中，美国政府承诺向制造业投入170亿美元，用于抵减美国制造业相关企业的进口原材料关税，减轻企业的成本。随后，在2011年6月，美国政府又宣布实行“先进制造伙伴计划”，计划在未来4年中投入5亿至10亿美元构建官、产、学、研的合作机制，形成多元化的制造业绿色创新系统，积极吸引人才，合理配置资源，加快成果产业化速度，拓宽产业化的渠道。在每年的财政预算中，对制造业的支持度也明显加强。

如果说绿色技术创新是经济增长的发动机，那么，人才就是产生经济成果的主要投入。美国要想在绿色技术创新方面领先于世界，依靠绿色技术创新走出经济危机，进而推动新兴产业的发展，就必须招揽足够的创新型人才。目前，在美国高素质人才紧缺的境况下，奥巴马总统提出进行全面的移民政策调整，期望更多地吸引全球优秀人才。除此之外，美国政府还发布了《美国创新战略：驶向可持续增长和高质量就业》，提出对下一代的教育，要求他们掌握21世纪的知识和技能，希望将他们打造成具有世界水平的劳动力。

美国政府为了巩固本国制造业绿色创新的实力，增强制造业的发展能力，不断地完善相关的立法建设，近几年更是不断推出一些战略性规划，为美国制造业保持在国际舞台上的重要地位提供有力的保障。

目前，中国在制造业方面的发展虽位居全球第一，但仍有许多地方需要继续努力。中国制造业绿色创新体系不完善，缺乏规范、标准的法规体系，相关政策内容的落实也难以具体化，使得国家削减对制造业进行绿色创新的支持力度。鉴于美国的制造业绿色创新系统，中国应确立企业发挥主体作用、技术推动发展的创新模式，注重人才的培养和巩固，让中国的绿色制造走向国际市场。

8.1.3.2　绿色建筑业

美国绿色建筑业的发展可分为三个阶段：第一，启动阶段，以1993年美国绿色建筑委员会的成立作为标志。因美国绿色建筑委员会的成立扩展了当时的政策关注点，能源消耗，建筑材料的安全性，空气质量甚至是建筑用地选址等问题都引起全社会的广泛关注。绿色建筑委员会作为独立的第三方机构，由一些对绿色建筑有着共同认识的组织构成，它的成立被认定为美国绿色建筑统一发展的开始，而绿色建筑浪潮的兴起则被认为是美国最成功的环境运动。第二，发展阶段，以《2005能源政策法案》颁布为起点。该法案是美国重要的能源政策之一，其中，渗入了国家对能源的发展战略并对建筑能源的节约给予了前所未有的关注，促进了绿色建筑的发展。第三，扩展阶段，始于美国总统奥巴马2009年年初签署经济刺激法案。这一法案承诺将有超过250亿美元资金用于建筑的“绿化”，昭示着发展绿色建筑已正式成为美国能源改革和经济复苏的重要手段。

美国在鼓励绿色建筑发展过程中，通常采用经济手段来吸引市场对绿色建筑的选择。经济激励作为推进绿色建筑发展最基本的手段，其方式主要包括提供直接的资金，实物的激励，税收的减免及补贴，信贷优惠等活动，以及为绿色建筑的发展创建新兴市场等。直接财政激励对于绿色建筑发展的推动是快速的、直接的，而创建新兴市场的方法对于绿色建筑及其相关的节能环保技术的长远发展则更为有利。在美国，绿色建筑标准作为基础性的政策工具，其制定一般采用政府组织，并由第三方机构完成的方法。无论是强制性的标准还是自愿性的标准都成为保障绿色建筑发展的基础。从制定到实施这些标准的关键在于，相关单位及个体可以明确自身的权、责、利，以保证该标准能够产生良好的政策效果。

8.1.3.3 绿色农业

美国推行绿色农业的历史悠久，有着深远的根源。美国农业经过几十年的发展，已经实现了现代化，农民抵抗自然灾害的能力逐步增强，市场的运行机制日臻完善，但这些都是以物质和能量的高投入作为代价的，资源浪费和环境污染严重，石油及其制品的投入量巨大，因而有人称其为“石油农业”。据估计，美国每个人一年中所消费的食物，要用1吨汽油生产出来，不但造成了能源资源的浪费，更对环境造成危害。

由于政府及公众对于解决因农业发展过程中产生的环境问题的呼声持续高涨，历史上为解决农业的污染问题采取了一系列积极的整改措施以推动绿色农业的发展。在当今积极倡导低碳环保的国际形势下，实施绿色农业早已成为农业发展的必择之路，因而美国绿色农业政策具有很强的借鉴意义。美国农业政策主张将资源与环境的保护作为一个日益重要的长远战略目标，致力于促进农业生态环境的良性循环。

美国农业补贴政策始于美国经济大萧条时期，已基本实现现代化的农业早已对生态造成了严重的破坏，美国政府通过采取各种政策措施以改善农业污染问题。

第一，绿色农业补贴政策。农业的相关部门对原有的农业法案做出了一些修整。首先，着手进行对商品粮生产计划和其他政策条款的改革，让农民更加自由地种植自己喜欢的农作物，并对他们实行一定的经济补贴；其次，增强农业法案的执法力度和执行效率；最后，鼓励将对农业产业的支持与对环境的保护联系起来，通过对接受补贴的农民制定环境保护的严格标准，逐步将农业补贴转换为农业污染补贴。

第二，资源保护政策。美国土地实施资源休耕计划，即美国政府鼓励农民在退耕的土地上种植草本、树木等以保持水土，并为其提供适宜的激励金及特殊补贴，保证土地休耕目标的实现，降低因过度耕种对环境造成的损害。与此同时，政府部门向农牧民提供技术援助和资金补贴，协助他们采用适宜的生态措施开展农业生产，这些措施既能促进农业发展，又有利于生态质量的改善。

第三，环境立法政策。作为一个法制健全的国家，通过其对土地资源、水资源，甚至是农药使用方面的立法，为促进绿色农业的发展提供有力保障。

中国的农业生产也逐步走上现代化的道路，但资源的浪费以及环境的污染问题依旧值得广泛关注。在建立资源节约型、环境友好型的中国低碳农业的过程中，美国绿色农业政策给予了很大的启示。中国的农民享有多项农业补贴，但却没有一项与环境挂钩。中国农民的环保意识较差，因而发展绿色农业仍需要政府的支持。首先，政府要对采用绿色环保技术的农民给予财政奖励，现阶段的技术主要是沼气技术等，可由政府出资以乡镇为单位进行大规模的发展。其次，积极推广运用绿色技术生产出的无公害的绿色农产品，政府通过宏观调整，带动市场流通，促进绿色农产品的迅速普及。另外，在农业环境保护的法制方面，需要制定一系列农业的环境保护法规和条例，加大执法力度，对具体问题进行更加明确和系统的规定。

8.1.3.4　绿色文化产业

闻名于世的美国好莱坞电影制片厂，作为美国重要的文化产业之一，力图打造绿色的电影产业。在拍摄电影《珍珠港》期间，为避免爆炸惊吓和伤害海底动物，剧组专门雇请了潜水员提前将其驱赶；《指环王》三部曲拍摄期间，剧组严格按照环保要求搭建拍摄场景，摄制完成后立即全部清除……在美国，环保是电影界的共识。电影界纷纷以推动和宣传环保为荣，并且注重自身的环保，在现实的摄制过程中积极践行环保理念，将环保意识贯彻到降低耗能、减少垃圾、提高再循环、控制污染等各个细节上。

然而，美国电影界的环保意识并非天生，主要来源于两个方面。

首先，完善的环保立法。以美国最大的外景拍摄基地洛杉矶为例，每天平均有140部左右的影视片在该地拍摄。因而洛杉矶政府很早就对影片的外景拍摄进行了立法，在市政条例中做出专门的规定：影片制作公司在拍摄前必须要向市政厅申请拍摄的许可证，并且承诺不得以任何理由在任何程度上损坏当地的景物，更不能破坏当地居民的生活环境、公共卫生和安全。

其次，政府环保部门强有力的监管。按照法规规定，政府环保部门需要对电影拍摄进行全过程的监督，严格按照法律规定执行，要经过申请、审查和批准，才允许在公共地区搭建摄制场景，并且搭建的场景必须在拍摄完成后的规定时间内拆除，恢复当地原貌。拆除工作一般由摄制组承担。如果要到国家公园等地拍片，则限制更多。即使经过严格的审批程序，摄制组也只能在游客所能到达的指定区域进行拍摄，其核心保护区域是不会向任何电影摄制组开放的。在拍摄时，摄制组不得损害区域内任何植被和景观，并保证野生动物的安全。

中国电影业与美国绿色电影产业相比存在明显差距。在中国屡屡发生的一些影视剧组破坏环境的事件背后，不仅体现中国电影界中一些人环保意识淡薄，更说明中国电影业相关法律法规的缺失以及政府相关部门监管能力的不足。

8.2　韩国经验

8.2.1　绿色增长战略

2008年8月15日，时任韩国总统李明博在韩国建国60周年的大会上，正式提出了“绿色增长”的主张，提议把“低碳绿色增长”作为韩国远景目标，其中提高韩国的国际竞争力是“绿色增长”的核心。几年来，“绿色增长”已不仅是韩国国内促进经济转型的行动，更成为韩国的“绿色名片”和提高国际话语权、增强国家竞争力的重要手段。

2008年至2010年，韩国通过多种措施大力推动绿色增长战略的开展，同时也非常重视通过绿色增长战略，积极参与环境与发展领域的国际合作。在国内，韩国主要采取了制定战略、制定绿色增长法规、成立全球绿色增长研究院和积极推动绿色投资等措施，为绿色增长提供了战略、法律、体制、资金和人力资源等方面的保障，取得切实成效。在国际合作方面，韩国通过提出“新亚洲构想”、设立“东亚气候伙伴关系基金”、加大与东盟国家特别是大湄公河次区域国家的环境合作，增强其在亚洲环境合作领域的话语权与影响力。

8.2.1.1　绿色增长战略

（1）《低碳绿色增长战略》为绿色增长指明基本方向。2008年9月，韩国政府出台了《低碳绿色增长战略》，为韩国未来经济发展指明了方向。低碳绿色增长，就是“以绿色技术和清洁能源创造新的增长动力与就业机会的国家发展新模式”。韩国政府认为，这一战略将成为支撑、引导未来经济发展的新动力。该战略提出，应当提高能效和降低能源消耗量，应当从能耗大的制造经济向服务经济转变。到2030年，韩国经济的能源强度要比目前降低46%。

（2）《新增长动力前景及发展战略》和《绿色增长国家战略及五年行动计划》为绿色增长制定发展规划与具体行动。2009年，韩国政府制定的《新增长动力前景及发展战略》提出了绿色增长的中长期发展规划，涉及17项新增长动力产业，其中有6项属于绿色技术领域，即新能源和再生能源、低碳能源、污水处理、发光二极管应用、绿色运输系统和高科技绿色城市。《绿色增长国家战略及五年行动计划》确定了韩国2009—2050年绿色增长总体目标和具体政策，核心内容是大力发展绿色技术产业、强化应对气候变化能力、提高能源自给率和能源福利，全面提升绿色竞争力。同时，韩国计划在2020—2050年，将能源的自主化程度、绿色技术水平和环境绩效指数等提高到发达国家水平，树立绿色国家形象，到2020年跻身全球“绿色七强”，2050年进入“绿色五强”。

（3）《低碳绿色增长基本法》为绿色增长提供法律保障。2010年4月14日，韩国政府公布了《低碳绿色增长基本法》，提出在2020年前把温室气体排放量减少到温室气体排放预计量的30%，并提出制定绿色增长国家战略、绿色产业、气候变化和能源等项目以及各机构执行计划。此外，该法案还包括要实行气候变化和能源目标管理制度、设定温室气体中长期减排目标、构建温室气体综合信息管理体系以及建立低碳交通体系等有关内容。

（4）成立全球绿色增长研究院，为绿色增长战略全球化提供人力资源与体制保障。2010年6月，韩国政府于东亚峰会上宣布了组建“全球绿色增长研究院”的消息，旨在实现温室气体减排的同时促进经济增长。该“研究院”将承担绿色前瞻性研究任务，放眼全球化的增长机遇，融合韩国自身的绿色智慧，进行世界级的绿色研究，并将国际水准的研究成果直接贡献于韩国国内发展。

（5）积极推动绿色投资，为实现绿色市场转化不断开拓实践。在韩国，绿色增长不仅是一项兴国战略，也是一场政府主导的、自上而下的市场化绿色创新。为实现首个绿色增长五年计划，韩国政府在2009—2013年，每年投入国内生产总值2%的资金发展绿色经济，5年累计投资107.4万亿韩元（约合859.2亿美元），实现了经济效益181.7万亿至206万亿韩元（约合1 453.6亿至1 648亿美元，占韩国国内生产总值的3.5%至4%），新增156万至181万个就业岗位。

韩国是世界主要能源消费国，在节能减排方面面临很大压力。为此，韩国政府计划，到2030年将可再生能源普及率由2007年的2.4%提高到11%，使韩国跻身世界能源强国之列。

8.2.1.2　加强区域环境合作，提升其国际话语权与国际形象

在过去很长一段时间里，韩国的国际环境形象并不好。在2005年世界经济论坛上发布的环境可持续指数评价报告显示，韩国在146个国家中排名第122位，在经合组织国家中则排名垫底。而2008年作为重要的新起点，韩国通过绿色增长战略，把低碳绿色增长确定为新的国家发展模式，不遗余力地将“低碳绿色增长”策划为其全球战略，并通过不断开展的区域绿色援助项目将绿色增长战略渗透到东亚地区。可以说，韩国正在有效地利用绿色增长这一国家名片，不断实践和宣传绿色增长目标，输出环境友好理念、技术和管理经验，为其更好地参与国际绿色市场竞争服务。

（1）绿色韩国目标的确立大幅提升了国际形象。韩国长久以来一直是一个以发展高能耗的重工业为中心而不注重环保的国家。2008年，韩国作为全球第13大经济体，其水泥生产量为日本的2倍，且耗能量为日本的3

倍以上。为此，李明博提出，国家必须要向环保转型，以增强其竞争力，而越早实现低碳发展对韩国发展越有利。在此背景下，韩国构筑了国家绿色增长战略，依法全面推行低碳绿色增长计划。此举表明了韩国建立绿色环境的坚决意愿，为韩国成为国际社会的主要绿色国家奠定了基础。2010年，韩国《低碳绿色增长基本法》生效后，对绿色产业开始施行绿色认证制度，获得认证的项目包括新能源和再生能源、水资源、绿色信息通信、绿色汽车和绿色农业等10个项目、61项重点技术。韩国环境部设立“温室气体信息中心”，负责推行2012年之前将能源消耗量平均每年减少1%~6%的有关计划。据此，联合国环境规划署和世界银行等国际权威机构对韩国积极推行绿色增长计划给予了高度评价。此外，2010年11月，韩国作为第一个举办G20峰会的亚洲国家，将该国举办的G20峰会的主题设定为“跨越危机，携手成长”，其核心议题之一就是宣传绿色增长战略、推动国际社会的可持续发展，使得韩国的国际环境形象大幅提升。

（2）推动低碳发展，将新能源、可再生能源产业作为国际竞争主力。1988—2006年，韩国政府在新能源和可再生能源方面研发的投资金额只有美国的4%、日本的7%。目前，韩国已将发展新能源提升至国家战略的高度。韩国国家能源委员会审议通过了“第一阶段国家能源基本计划（2008—2030年）”，提出要努力减少石油、煤炭等燃料在整个能源结构中所占的比重，大幅度提高新能源、再生能源所占的比重。到2030年，化石燃料将从目前占能源消耗总量的83%降低到61%，而可再生能源的用量将从2.4%增加到11%，同时，核能的用量将从14.9%提高到27.8%。就可再生能源产业而言，韩国政府希望本国2030年太阳能光伏发电量达到2007年水平的44倍，风能利用量增长36倍，生物燃料用量增长18倍，地热能用量增长50倍。韩国政府和企业将在2030年前投入11.5万亿韩元（约合87.4亿美元）用于绿色技术研发，并确保公民能够用得起放心廉价的能源，使低收入家庭的能源开支不超过其总收入的10%。根据预测，韩国的新能源和可再生能源产业规模在2020年将达到146亿美元，届时世界新能源和再生能源市场规模估计在1万亿美元，而韩国将居第八位。

（3）通过绿色增长战略与新亚洲构想，提高在亚洲环境保护国际合作中的话语权与影响力。目前，亚洲经济发展和市场潜力巨大，而韩国也认识到与亚洲国家，尤其是周边国家发展绿色伙伴关系的重要性。韩国结合“绿色增长战略”，出台了“新亚洲构想”。新亚洲构想是在重点发展与中国、美国、日本和俄罗斯“大国外交”的基础上，强化与亚洲其他国家的合作，把合作范围扩大至全亚洲。而东亚，特别是东南亚国家又是其中的重中之重。韩国计划以东盟国家为重点合作对象，借助联合国环境规划署等国际组织的影响力与平台，积极参与大湄公河次区域环境保护合作机制，不断将韩国经济发展战略渗透到区域绿色增长、社会文化等各领域。

同时，韩国非常重视联合国环境规划署等国际组织和机构与合作平台的影响力，通过向类似国际组织输送人才等各种方式，提升在国际机构的潜在影响力，并借助国际组织的宣传平台，组织和推出宣传韩国绿色增长战略、政策与行动的研讨会和系列出版物等，树立韩国绿色国际形象，提高其在环境与发展国际合作领域的话语权和影响力。

8.2.2 法律制度完善

目前，韩国总体能源使用量中有97%依赖于海外，作为世界十大能源消费国之一，制定并实行低碳绿色发展的“基本法”，并且优先适用于其他法律（《能源基本法》《气候变化对策法》《可持续发展基本法等》），即修订其他法律时要求符合该法的立法目的以及基本原则，并且根据不同法令所制定的各种国家政策和行政计划也要与“绿色发展国家战略”相协调。

8.2.2.1 立法推进过程中的主要争议事项

（1）政府部门。

第一，青瓦台。2009年6月，李明博在济州岛举行的韩—ASEAN特别首脑会议上，表示各国要通过可持续发展达到共同繁荣；在2009年7月举行的G8扩大会议上，承诺了减少温室气体的排放；2009年9月，在联合国气候变化首脑会议上，提出了温室气体减排行动登记簿；2009年12月，在哥本哈根会议上通过两次演讲，向国内外阐明了韩国身为早期行动者设立全球绿色增长研究院（GGGI）等一连串应对办法，发挥了带头作用。

第二，绿色发展委员会。总统属下设立了绿色发展委员会，该委员会的干事由青瓦台的国情企划首席担任，企划团长由国情企划首席室秘书官和各政府部门派遣的高级公务员共同负责。因此，委员会为新政策的制定和相关政府部门政策的推行充当了后盾，并且在建立绿色增长基本法、绿色发展五年计划、国家温室减排目标等过程中起到了主导作用。

第三，国会。国会收到绿色增长基本法草案后，国会气候变化对策特别委员会审议了裴恩熙、李仁基议员提出的立法案以及政府提出的草案，为此听取了社会各个阶层的意见。虽有产业界强烈且持续地发出反对声音，但最终在议员和政府的立法案间找到了协调点，通过了基本法案。值得注意的是，此后低碳绿色发展相关理念却在议员间成为替产业界和环境界辩护的依据。

第四，政府主管部门。法律的主要政策主管单位为知识经济部和环境部，比起政策决定和实施，它们更为关注的是谁能成为主管单位。在制定绿色增长基本法、绿色发展五年计划、国家温室气体减少目标过程中更多的是采纳了环境部的立场，且绿色发展委员会也表明了类似的态度，为此使知识经济部站到了风口浪尖，矛盾开始深化。

第五，地方自治团体。随着绿色发展委员会的建立，各地纷纷自行组织了地方绿色发展委员会，并且定期召开由绿色发展委员会委员长主持的地方自治团体成员参与的绿色发展地方协议会。自治团体一直与环境部进行污染物排放权交易，因此为了应对将来的地域性的温室气体减排目标，自治团体开始关注法律制定的相关动态。为了确保碳排放交易所设立在自己的领域，各地方自治团体间的竞争日益加剧。

（2）民间部门。

第一，产业界因绿色增长基本法明确引进了排碳权交易制，作为与限制总量的排碳权交易有密切利害关系的产业界曾向知识经济部、绿色发展委员会提出意见书（2009年2月5日）。2009年3月12日以气候变化对策特别委员会委员为对象召开了研讨会，持续进行了一系列活动，如阐述反对立场、发表声明、把意见书递交国会（2009年4月9日）等。民间部门在国会立案审议、决议过程中也表明了强烈的反对态度。而以部分大型企业为中心，越来越多的人认识到尽管气候变化对策必然对产业界造成影响，但是也将成为新的市场与机会。因此，企业主动通过出资参加海外造林项目获得排碳权，并进一步通过改善自身工程的绿色化、积极促进环保技术开发等努力减少温室气体排放。

第二，市民团体、进步新党。各市民团体对于政府制定的绿色增长基本法以及制定温室气体减少目标等行为持批评态度。2009年1月28日，绿色联合等市民环境团体在制定绿色发展基本法听证会上，通过记者招待会主张“绿色发展基本法不仅违反了立法预告程序，自身定位为其他法律的上位法的行为严重毁损了法治主义原则”，并指责推进法案过于仓促。市民、社会团体主张“2009年1月15日立法预告，28日听证会，29日结束采纳意见，2月强行实施立法的行为必然导致社会的混乱与矛盾”。

第三，韩国日报等媒体称“李明博政府虽把绿色和环保挂在嘴边，却缓和了对于解除绿色地带，高尔夫球场建设等各种开发项目的限制，从四大河流大运河项目等相关项目上的政府态度表明，政府实际行为与所述相反”。但与此相反的是以每日经济新闻、东亚日报、朝鲜日报等为代表的保守倾向媒体称“绿色发展在全世界是没有明显领头人的新领域，发展绿色经济并非是选择事项，而是必须事项”。“为了成为21世纪新经济的主流，必须要赶在前面推进”。同时大力宣传绿色发展村、绿色教育示范学校、绿色城铁和自行车道路建设等，站在政府立场强调正面影响。

（3）法律制定后各界的博弈。

第一，环境部与知识经济部的竞争。环境部认为，排碳权交易是管制业务，欧盟等国家也由环境部负责，因此在有关部门会议中主张自己为主管部门。知识经济部以温室气体排放量中的70%以上是由知识经济部下属企业排出为依据，主张自己为主管部门，因此在推进各种政策上的冲突依然存在。

第二，青瓦台与产业界的对立。李明博总统把绿色发展明确为国家战略，并且通过制定法律为支援体系打下了基础。在2013年初为了任期内达到可观的效果，通过环境部和绿色发展委员会积极推进排碳权交易等绿色发展所需的政府政策。但占据国民经济主导地位的钢铁、造船、汽车和半导体等产业却通过媒体明确表明反对立场，认为李明博政府强行推进的政策是阻碍经济发展的直接原因，且通过知识经济部暗地支持阶段性推进。因此未来制定、推行绿色发展的相关政策有一定难度，需要进行促使产业界理解的事前对话和调整。

8.2.3 绿色增长实践

以应对气候变化为例，韩国政府采取相应措施应对气候变化。

8.2.3.1 建立自愿协议减排和谈判协议减能制度

第一，建立自愿协议减排制度。1998年，韩国建立自愿协议减排制度，要求参与企业与政府签订协议，承诺其自愿保护能源，订立温室气体（GHG）减排目标、日程表和计划并接受政府监督，而协议企业则有资格获得低利率贷款购买节能设备、享受税收优惠并得到技术支持。至2008年，韩国累计节约1 900万吨能源，相当于减少了5 800万吨二氧化碳排放（约年排放量的10%）。1998—2008年，协议企业数量从46家增至1 323家，所节约成本相当于年均GDP的0.6%。

第二，建立谈判协议减能制度。韩国于2010年试点实行能源利用强制谈判协议减能制度，计划在2010—2012年减少使用3.7%的能源（相当于2007—2009年平均水平）。38家企业（占工业能源消费总量的41%）被纳入协议谈判范围，从事电力生产、制造业、建筑业、废弃物管理和交通运输的企业必须与政府谈判协定减能目标，未达标企业将受到处罚。

8.2.3.2 实施能效方案

第一，在电子和电器产品行业推行三项能效方案。1992年强制推行能效标准和标识：规定电冰箱、空调、洗衣机和洗碗机等23类产品，必须达到最低能效标准方能销售且须附能效等级标识供消费者参考选择，同时鼓励企业生产或进口节能产品。1996年推行高效家电认证：对能效高于法定标准的产品授予奖励标识认证，变流器、LED照明系统和燃油热水炉等46类产品获得认证。1999年推行减少待机电力方案：鼓励厂商改良产品，使其在不使用情况下自动切换至省电模式以最大限度减少待机电力消耗，同时向符合官方标准的20类家电产品和办公设备授予达标标识，对未达标产品给予警告标识。

实行平均燃油经济性标准（AFE）。2006年1月，韩国政府仿效美国的公司平均燃油经济性标准（CAFE），实行平均燃油经济性标准，要求厂商售出期限达一年以上的汽车的平均燃油经济性必须符合官方标准。2006—2008年，此项制度将韩国平均燃油经济性提高了6.6%（从10.8公里／升提高至11.5公里／升）并减少了7.3%的二氧化碳排放。

8.2.3.3　参与清洁发展机制

韩国积极参与清洁发展机制（CDM）项目，注册了35个项目，其中1／3为可再生能源项目。韩国投资公司获得核证减排量（CER）并在市场上销售。2010年2月，联合国气候变化框架公约（UNFCCC）预期韩国注册项目年均二氧化碳减排量达1 500万吨，占联合国气候变化框架公约减排义务的4.4%，居第四位。

8.2.3.4　建立碳市场和碳基金

自2005年以来，韩国建立了名为韩国核证减排量的自愿性碳市场，向提高能效增加可再生能源投资并每年减排500吨以上二氧化碳的企业开放。企业可通过自愿性温室气体（GHG）减排项目获得核证减排量并在碳市场买卖，每吨核证减排量价格为5 000韩元（约4.5美元）。至2009年年底，韩国已有287个项目获得560万核证减排量，其中460万被韩国政府以230亿韩元（折2 000万美元）购买以作为减少温室气体排量的促进和补偿措施。2007年，韩国以1 050亿韩元建立了碳基金，投资清洁发展机制项目并购买核证减排量。

8.2.3.5　调整环境税收政策

第一，提高环境税。2001—2007年，韩国将实际柴油税提高了2.4倍，将液化石油气丁烷税提高了6.8倍。曾经享受免税优惠的工业重油于

2001年被纳入征税范围，实际工业重油税至2009年已增长了5倍。

第二，高税率助推能源高价。韩国能源价格税率相对高于北美和日本，助推了能源高价。除去购买力和市场汇率因素，韩国家用和工业用柴油、汽油及轻型燃油整体价格均明显高于经济合作与发展组织平均价格，如家用汽油价格是经济合作与发展组织均价的3.8倍，工业用汽油价格则高出经济合作与发展组织均价72%。过去10年里，能源高价政策帮助韩国减缓了能源消费增长速度，减少了温室气体排放。

8.2.4 绿色创新展望

8.2.4.1 制订《绿色增长五年计划》

韩国于2009年7月发布了《绿色增长五年计划》（以下简称《五年计划》），计划2009—2013年每年支出GDP的2%用于促进绿色增长，计划至2013年催生182万亿~206万亿韩元产值（约2009年GDP的20%），创造160万~180万个就业机会（增长10%），使财政乘数达到2左右的水平。

第一，投资大型建设项目，尤其是公共建设项目。有两类公共建设项目的投入之和达61万亿韩元，占大型建设项目总投入的一半以上。其一是“陆地与水资源绿化及绿色交通基础设施建设”项目。其中，铁路建设项目拟将铁路运输在交通运输中的占比由2009年的18%提高至2020年的26%，进一步扩大韩国高速列车（KTX）覆盖网络。其二是“提高气候变化适应能力”项目，包括河流修复和污水处理等水资源管理项目。该项目共投入15.4万亿韩元，其中大部分用于“四江修复项目”，计划在四条主要河流上新修16道堰，在支流新建两座大坝并加固现有灌溉水库的96条堤岸。该项目有五大目标：①储备水资源；②全面控制洪水；③改善水质并恢复河流生态系统；④为当地居民创造多功能生活空间；⑤以河流为中心促进地区发展，创造34万个就业机会。

第二，审慎监管投资资金。为确保资金投入的透明度和有效性，韩国于1999年成立了独立的公共与私人投资管理中心（PIMAC），负责事前评估大型公共投资项目。该机构在成立之后的五年里否决了80%的项目，在节约成本方面卓有成效。此外，每个绿色增长项目都受到审慎监管并被纳入财政预算，确保项目达到政策预期效果。

8.2.4.2　促进绿色技术研发

（1）增加能源相关领域的研发与示范预算。

（2）扩大绿色技术研发投资规模。

（3）加强韩国科学技术委员会与绿色增长委员会的协调合作，统筹研发政策。

（4）向中小企业绿色研发项目提供财政支持，完善公共研发投资政策。

8.2.4.3　发展可再生能源

韩国绿色增长战略明确了可再生能源在一次能源供应总量（TPES）中的占比目标：在2020年达到6%，在2030年达到11%，在2050年达到30%。为实现这一目标，韩国从以下两方面采取措施：

第一，推动可再生能源投资发展。韩国政府预计至2030年将总共投入111.4万亿韩元以提高可再生能源利用率，其中，11.5万亿韩元用于可再生能源的研发。此外，韩国政府在2012年推行可再生能源投资组合标准（RPS），加速推广可再生能源。

第二，提高核能利用率。鉴于核能发电成本最低且温室气体排放为零，韩国政府计划增加对核能的利用并将核能在发电领域的占比由2007年的26%提高至2030年的41%。

8.2.4.4　推动绿色产业发展

第一，大力投资新增长引擎。韩国《绿色增长五年计划》中23.5万亿韩元（2009年GDP的2.2%）被用于创造新的增长引擎，包括绿化现有产业和推动新产业发展。2009年1月，韩国政府发布的17项新增长引擎中6项属于绿色技术产业，分别为新可再生能源技术、低碳能源技术、水资源技术、LED应用技术、绿色交通系统和高科技绿色城市。

第二，金融支持绿色产业发展。韩国政府带头向绿色产业提供金融支持。首先，对将60%以上的资本投资于绿色认证企业及项目中的证券、存款和投资基金实行红利和利息收入免税上限政策；其次，扩大对绿色企业及项目的贷款规模；再次，提高对绿色企业的公共信用担保，由2009年的2.8万亿韩元提高至2013年的7万亿韩元且担保条件更加优惠；最后，计划建立绿色私人股本基金。

总之，韩国在应对多重危机中所强力推动的“国家绿色增长计划”给予中国深刻的启示。以如此大规模、强有力的绿色新政应对当前的挑战，化解危机，显示了其抓住绿色产业革命新机遇的战略眼光，将振兴相关绿色产业的发展作为占领新的制高点和经济发展的新增长点，并通过法律、体制、资金投入、政策措施和宣传教育等有力措施为绿色增长保驾护航，政策效果已开始显现，并受到国际社会越来越多的关注。其有益经验值得中国在应对挑战、化解危机、探索中国特色环境保护新道路过程中参考借鉴。

8.3 日本经验

第二次世界大战后的日本经济经历了过山车一般的颠簸。战后到20世纪90年代之间，是日本经济高速发展的时期。这段时期之初，在美国的战略扶持下，日本经济迅速从战时的萧条中焕发出新的生机。同时，在这段时期，由于日本采取“引进、消化、创新、再出口”的雁行发展方式，日本的经济随着日本的第二产业一路高歌猛进。在80年代末、90年代初，疯狂的日本富商甚至大举购买国外公司、建筑。随后日本进入“失去的十年”，由于经济泡沫的破裂，日本经济陷入萧条，日本政治经历动荡。公司倒闭，失业上升，民众缺乏信心，政坛不稳，首相频繁更替，政策多变，都成为压在日本经济上迟迟不能拿去的秤砣。日本经济会在高速发展之后突然陷入长期低迷，根本原因在于日本官商缠绕的经济发展形式以及危机初期日本国内经济体制和政策引导的失策。尤其是在陷入危机的初期，日本经济依然固守“工业社会化”，甚至沉迷于由精细电子产业所铸就的辉煌成果，而忽视了在产业制度以及产业结构上的改革。在开始慢慢看清“传统经济模式不能拯救日本经济”之后，日本迅速转向了绿色创新的道路，以循环经济、绿色经济为主导的思想迅速成为日本政府大力支持的经济转型导向。现如今，日本所购建的绿色型、循环型社会已经收获了一定的果实，日本对自身萎靡的经济所采取的自我救赎初见成效。

8.3.1 绿色创新发展阶段

8.3.1.1 第一阶段：构筑法律，奠定政策基础

第一阶段从20世纪80年代末开始，到90年代中后期。日本在萧条之前就开始意识到粗放型发展的问题所在，尤其是在萧条爆发以后，日本政府下定决心，寻求改变现状、重振经济的出路，并开始为绿色经济、循环经济转型的长期战略构筑法律基础与政策基础，为推进污染型企业与传统产业的外部转移做好准备。

为了解决日本在90年代前后所面临的“大量生产、大量消费、大量废弃”的传统经济模式下所带来的副作用——环境问题日益严重、经济持续低迷，日本开始探索经济转型的新路，并且形成了以《循环经济基本计划》为基础的循环经济法律体系，完成了资源利用模式由“原料—产品—废弃物”单项运行到“原料—产品—新原料”的循环运行的转变。日本通产省（日本中央省厅之一，承担着宏观经济管理职能，负责制定产业政策并从事行业管理，是对产业界拥有很大影响的综合性政府部门）于1991年制定了《资源回收法》，积极推动可再生、可重复利用的废弃物的回收。1995年，厚生省（日本负责医疗卫生和社会保障的主要部门，于2001年与劳动省合并为厚生劳动省）出于对循环经济的前瞻性考虑，大幅度地修订了《废弃物处理清扫法》。1998年，由主管医疗卫生的厚生省与主管制定产业政策的通产省联合，拟定并出台了《产品包装分类回收法》这一强制性的法律，强制企业做出对金属、塑胶等包装品的回收行为，达到了废弃物减量的初步目的，为循环经济与绿色经济的提出与倡导做足了铺垫。

这一时期，污染型产业与传统产业的对外转移是日本经济的一大特征。泡沫破灭以前，日本所拥有并且以此为傲的廉价劳动力优势以及土地成本优势已经被中国、印度和中亚、东南亚等发展中国家或地区所取代。因此，出于对经济全球化的把握，同时出于跨国公司的利益诉求，日本也

像美国一样，开始实行企业与产业的跨国转移，在发展中国家与地区寻找更为廉价的生产成本以及生产原料。这些企业、产业的跨国转移为日本日后的产业革新与结构调整创造了大量的空间与资源。

8.3.1.2　第二阶段：确定基本框架，寻求突破口

第二阶段从20世纪90年代末开始，到2008年国际金融危机。在完成法律、政策等基本的宏观经济环境的更替之后，日本已经形成了发展循环经济的社会氛围，生活、生产、消费均开始了循环经济、绿色经济的全新方式。从某种程度上说，日本已经正式迈入了循环经济时代的大门。而在第一阶段所强调并构建的废弃物回收再利用已经开始了产业化的过程并初具规模，这些准备工作都在解决废弃物问题的过程中占据了关键的位置，并成为解决资源、环境双重危机的有力杠杆，为日本绿色经济的创新与转型奠定了基础，提供了动力。

从绿色经济、循环经济的提出，到绿色经济、循环经济框架的大体构建完成，日本在用绿色产业、环境科技为本国的经济复苏、结构转型做出巨大改进的同时，也在积极利用绿色产业、环境科技向以亚洲发展中国家为代表的国际社会索取“经济发展空间”、“资源开发利用空间”以及“污染转移输送空间”，日本意欲通过构建“亚洲物资循环体系”，将可再利用的资源进行回收再利用，并且通过产业的二次转移，为新一轮的绿色经济、循环经济的发展奠定基础，拓展空间。

8.3.1.3　第三阶段：确立长期目标，优化产业结构

第三阶段从2008年国际金融危机爆发至今，日本政府、企业、民众均树立了“绿色经济”“低碳发展”的长期目标，日本国内上下均希望通过对技术与产业的绿色改革与创新，进一步达到经济复苏与绿色转型的最终目的。

在2008年国际金融危机爆发后，日本政府于2009年迅速做出反应，提出了实施适合日本国情的“绿色新政”，继续推进绿色经济。这项举措也被认为是日本在构建绿色、循环型社会的基础上所做出的又一次尝试，并且取得了质的发展与变革。绿色新政的实质是要以环境优化经济，建立绿

色经济的政治和社会制度基础，使环境保护与经济发展高度融合。其变革的着力点有四个方面：向绿色社会资本的转变，向绿色区域社会的转变，向绿色消费的转变，向绿色投资的转变。同时辅以两个重要手段：推动绿色技术创新；用好国际资源与环境容量，尤其是亚洲地区的国际资源与环境容量。绿色新政的最终目标是要形成绿色社会、绿色社区、绿色消费、绿色投资和绿色科技全方位支撑的“绿色国家”。

8.3.2 绿色创新的主要特征

8.3.2.1 确定低碳战略以促进产业低碳转型

2009年，日本民主党刚上台不久，便确立了日本减排的中期目标：到2020年减排25%。这个中期目标填补了日本政府只有“2050年比2005年减排温室气体60%~80%”的长期目标而没有中期目标的空缺。日本通过全球气候变化谈判，在争取对自身利益诉求有利的规则、条款的同时，也在国内加快经济发展模式上的转变。虽然日本的经济发展模式转变政策在一定程度上影响了经济数据，并遭到了国内经济部门的强烈反对与阻挠，但是，日本一直都在坚持着自己所确定的绿色、低碳发展战略目标。

日本坚持实施低碳发展战略，是在面对刺激经济增长、推动节能减排、顺应全球气候变化问题的国际大趋势下制定的战略规划。日本在由高碳社会向低碳社会转变的过程中，主要着力于对钢铁产业、电子产业等高碳部门实施较大规模的低碳改造，这些改造立足于制度改造的成果之上，主要致力于绿色技术改造。日本鼓励这些部门进行绿色创新，提高效率，以实现产业整体结构的升级，最终推动本国的经济增长方式持续并完成从节能减排向节能减碳的转型。

8.3.2.2 制定新能源战略以促进新能源技术转型

日本国内的能源相对匮乏，诸如石油之类的能源主要依赖进口，而经济发展需要能源。作为化石燃料进口大国的日本，为了在新一轮能源革命中能够率先掌握新能源技术的主动权，正在积极地向新能源技术大国方向做出自己的努力，以争取实现从化石燃料利用大国向新能源技术大国的转型。

2008年，日本政府公布了《凉爽地球能源技术革新计划》，并制定了“到2050年的日本能源创新技术发展路线图”，明确了312项重点创新技术。同年，日本政府在《低碳社会行动计划》中提出重点发展太阳能和核能等低碳能源的计划：在2020年，实现太阳能发电总量达到目前的10倍，在2030年达到目前的40倍。2009年，日本在公布的《2008财年能源白皮书》中指出，日本应将能源消耗结构从以石油为主的传统能耗结构转向以太阳能、核能等为主的新兴能源结构。在日本2009年度的科学技术相关预算中，创新型太阳能发电技术的预算达到了55亿日元。

8.3.2.3 以可持续发展促进城市转型

随着工业化的发展，日本城市化的进程也在一步步地向前迈进。在过去的几十年里，日本在实施城市化战略的同时，选择“高度集中城市化”战略，注重城乡一体化，促进城市化的快速发展。

在低碳、绿色、创新的发展思想与发展目标的指导下，2008年，日本政府选定人口超过70万的横滨、北九州、京都等城市，以及人口在10万以下的宫古岛市、下川町、东京的千代田区作为转型低碳社会、引领绿色经济发展趋势的环境模范城市。政府增加绿色基础设施的公共投资，如公共交通、智能电网、公共建筑的能效率、水处理和卫生基础设施等。

2009年，旨在促进节能环保家电消费的“环保积分制度”在日本全国推行。以城市为单位的消费方式的转变，进一步促进了日本的绿色经济转型。2009年，日本发光二极管照明推进协会发表了以2012年为结点，实现家庭照明系统全部告别旧式白炽灯的宣言，转而使用电能能耗仅为白炽灯具20%的LED灯，同时其使寿命延长了10倍。日本政府还就恢复家庭购买太阳能发电设备提供补助的制度进行探讨，并在2011年通过了《家庭用太阳能发电系统购买补助》的法案，对购买太阳能发电系统终端和相关设备的家庭提供贷款和经济补助。

8.3.2.4 加速产业升级，促进绿色产业大国转型

日本积极推动低碳发展，为一向持有领先技术的日本环境保护产业提

供了巨大的推动力，并创造出新的发展空间。在2008年达沃斯世界经济论坛上，时任日本首相福田康夫宣布，日本将投入300亿美元推动环境保护能源等新技术的开发计划。2009年，日本环境省公布的《绿色经济与社会变革》方案开始实施，该方案计划使日本环境领域的市场规模从2006年的70万亿日元扩增到2020年的120万亿日元，相关就业岗位从140万个扩增到280万个。

在2008年金融危机爆发以前，日本国内对内需型产业没有给予足够的重视，因此内需型产业仍然有较大的发展空间。2009年，日本政府以“阁议”的形式通过了一个代表日本经济发展新途径的文件——《新的增长战略——走向辉煌的日本》，并在该文件中提出“新的增长战略以国民生活为着力点，积极发展有影响力的内需型产业，以拉动新的经济增长”等内容，为日本利用内需发展本国经济，尤其是绿色经济，开拓了空间，奠定了基础。

8.3.3 绿色创新主要举措

8.3.3.1 制度层面绿色创新

日本官商结合的经济体制，注定了日本在制度层面进行绿色创新离不开政府的主导。政府负责制定规划与目标，并负责监督管理，最后，政府利用财政政策加以引导，促进相关政策提出后的落实，提高落实力度。日本政府不但接受市场失效理论，而且还贯彻了国家优先权理论。所谓国家优先权理论，指根据国家宪法赋予政府的责任和权力，政府一般有权调动、分配国内各种资源。在经济方面，政府关心的主要是用宏观经济政策影响各个层次的经济活动。技术创新的开展对不同的社会集团的权力与利益有着不同程度的影响，而政府能以不同利益中间人和社会公众整体利益代表身份进行调节和干预，以达到各社会集团之间权力与利益的平衡。绿色技术创新是一种拯救性的革新活动，必然会触及一些既得利益集团的利益，因而需要政府出面调解和干预。

法律保障方面。日本在第一、第二阶段构建并完善了发展绿色循环经济的法律框架，形成了一整套较为完整的绿色、循环型社会发展的法律法规体系。这套体系主要包括三个层次：基本法有《循环型社会形成推进基本法》；综合性法律有《废弃物管理与公共清洁法》与《资源有效利用促进法》；专项法有《容器包装再生利用法》《家电再生利用法》《建筑材料再生利用法》《食品再生利用法》《汽车再生利用法》《绿色采购法》。这一套较为完整的法律法规体系具有如下特点：

第一，涉及范围大。该体系对于生产、消费、回收、再利用和安全处理等多个环节都有明确的规范。

第二，责任划分明确。该体系对于政府、地方自治体、企业、民众的责任、义务均做出了明确的规范。

第三，可操作性强。该体系采用先易后难的立法思路，先对涉及范围小、利益少、共同点多和民众态度一致的方面立法，再针对细分方面立法，对各个主体与客体的行为划分与行为方式都做出了明确的规范。

在政策保障方面，为了促进绿色、循环型社会的发展，日本做出了很多努力，其中不乏政策铺垫，而这些政策铺垫中主要的是经济政策。为提高企业进行技术创新的积极性和主动性，日本政府还通过各种途径，以各项制度保证企业技术创新的资金需求，支持企业进行科技创新并实现产业化，如补助金制度。日本通产省制定的创立新产业型科学技术研究开发制度规定，凡是有助于创造新产业的研究开发，每项可获得政府提供的0.3亿~1亿日元的补助金。一般相当于项目所需经费的2/3，而所获得的知识产权则归企业所有。该补偿金制度主要由环境省与经产省负责执行，涉及其他部门的项目，则由与之相关的主管部门支持。环境省与经产省在废弃物处置技术研究与开发、政策调查、工业型示范等方面，为研究单位、企业以及相关机构均提供了相当数量的资金支持。此外，还有低息、无息贷款制度。政府还制定有税收优惠制度。目前，日本实行优惠税制，鼓励企业进行技术创新。对企业组成联合体（研究开发组合）的试验研究设备可做特别折旧处理，少征或免征税；对振兴科研、教育的捐款，支持学术研究的资产也免征税。放宽行政限制，激发科研人员和科研组织的活力。

日本对企业的绿色技术创新采用直接的研究开发补贴。对重大技术的研究开发设备，对引进国外技术，对增加实验研究费的实行特别税额，对企业与海外进行技术交易等实行税收优惠。日本通过绿色财政税收政策，降低了企业创新的成本和风险，激发了企业的创新激情和动力。同时，通过在生态工业园区内开辟专门的实验研究区域，官、产、学共同研究废物处理技术、再利用技术与环境污染物质合理控制技术，为企业开展废弃物再生、循环利用提供了强力的保障与支持。日本绿色采购政策比较完善，形成了政府主导、民间机构支持和企业积极配合的运营模式，取得了良好的效果。1994年，日本就订立了绿色采购的方针；1996年成立绿色采购网络联盟GPN；2000年颁布了绿色采购法；2003年日本政府制定绿色采购共同化协议，建立了日本国内的绿色采购信息咨询和交流体系。日本的绿色采购网络联盟由政府部门、民间企业、社团组织共同组成，通过颁奖活动和举办研讨会等方式推介成功案例，在政府、企业和消费者之间搭建了关于环境商品信息的交流平台。日本政府在全社会广泛宣传绿色采购，优先采购绿色产品，激励企业不断开展绿色技术研发和绿色产品生产。

在出台一系列经济政策的同时，日本开始尝试制度革新，积极引入碳排放权交易制度、领跑者制度、节能标识制度等，开展示范试点，注重加强国际、区域合作等。这一系列制度革新，为经济政策能够发挥更好的作用起到了保障与促进作用。

同时，日本也注重绿色信用政策的引入与创新。在日本，民营征信机构和公共征信机构并存发展，两者相互补充。日本个人征信体系主要包括全国银行个人信用信息中心、株式会社日本信息中心（JIC）、株式会社信用信息中心（CIC）等。它们共同建立了信用信息网络系统，可以共享公共信息、变动信息和个人申告信息等，严防出现恶性个人信用缺失问题，比如，多重借债、恶意逃避等严重问题。

在资本市场的绿色创新上，日本也有所作为。日本建立了多层次资本市场体系。第一层次是东京、大阪、名古屋、京都、广岛、福冈、新潟和札幌八家交易所的主板市场；第二层次是东交所的市场二部即中小板市场；第三层次为新兴的MOTHERS创业板市场；第四层次为OTC店头市场。在企业层面，日本的绿色创新制度也较为完善。日本企业产权制度是现代日本企业的首要制度，其特点主要表现为所有权与经营权分离、法人持股、法人间交叉持股。日本企业这种产权制度从技术创新激励的角度看具有相当的促进作用。其推动与促进作用表现在两个方面：第一，法人产权制度促使技术创新的主体规模大型化；第二，法人产权制度保证了企业技术创新的连续性。

8.3.3.2　技术层面绿色创新

1980年，日本政府提出“科技立国”的战略口号，并于次年制定了“创造性科技振兴方案”；1994年又提出了“创造科技立国”的新战略。日本为加强企业的科技创新能力，采取了以下两方面的措施：

（1）设立专门中介机构，让企业更快更多地获得科技成果。日本专门性的中介机构主要有两类：一类是各省厅设立的负责本部门有关产业技术研发，支援民间企业研发，向民间企业进行技术转让并促进科技成果产业化的中介机构，如科技厅的科学技术振兴事业团、通产省的工业技术院等；另一类是企业为更好地与国立科研机构和大学科研机构沟通以更快更多地获取科技成果而设立的中介机构。这些机构多是财团法人或社团法人，代表性的有：日本产业技术振兴协会、科学技术与经济会等。

（2）以企业为主体，推进联合研究开发。“官、产、学”联合攻关曾经是日本对外来技术通过引进、吸收、消化、改良和创新，从而在制造业技术上赶超欧美国家的成功模式。20世纪80年代以来，这一模式得到进一步的完善和加强。目前任何一项国家级高新科学技术的研究开发计划和项目，无不采取这种“三结合”的联合攻关科技创新制度。这是让企业获得和掌握高新科学技术，迅速将科技成果转化为生产力，实现产业化，并迅速开拓和占领市场的一条捷径，也是强化企业科技创新能力，确保企业在科技创新中主体地位的一种行之有效的制度。

日本的科学技术研究机构几经变迁，情况比较复杂。日本政府通常把它们分为三大类，即“公司”“研究机构”“大学”。这三类研究组织构成了日本绿色技术创新的主体。

“公司”是指从事科学技术研究的企业。日本绿色技术的研发经费主要由企业自行负担。从国家、地方公共团体、民间各自负担费用比例看，国家及地方公共团体负担30%，民间自筹70%年（2000年度）；而从研发费用占总投资的比例看，企业高达69.3%，远高于国家研究机构的32%和大学的5.4%。这些数据表明日本企业承担着较多的研发费用，产业界的研发积极性很高。“公司”中占绝大多数的是中小企业，这些企业多数为专属环保装备生产企业，而大企业在环保研发方面的投资主要集中在对已有设备的环保改造及清洁生产上。

“研究机构”指以科学技术方面的实验和研究为主要业务的组织，包括国立、公立、民间等研究机构。据统计，这类机构在全日本从事绿色技术研究的有关机构中所占比例为6∶4，主要负责一些风险大、周期长，民间企业无力承担的尖端研发活动，如宇宙开发事业团从事的对宇宙太阳能的研究。

“大学”是指进行科学技术方面研究活动的大学。在日本，集中于各大院校的研究力量不可忽视，东京大学、早稻田大学等高校都是绿色技术创新中的骨干。例如，北里大学用生活垃圾高效率地制取出氢气，获得的氢气能用作燃料电池的原料。

日本绿色技术创新主要集中在三个领域：

一是终端技术。其特点是对产业废弃物进行处理，尽可能减少公害发生。在这些领域，日本的技术成果已达到相当高的水平，不仅在日本国内被推广，而且还以技术输出形式传到国外。

二是再生技术。简言之，该技术就是资源的再利用，通过对资源的循环利用达到节省能源、保护环境的目的。日本富士胶片公司在再生技术创新领域可谓是“排头兵”。该公司研制的一次性镜头、胶片快拍相机已实现了全部循环使用。

三是内部处理技术，即通常所说的清洁生产技术。该技术强调在有效利用资料的同时完成对产品的开发，首先考虑到对环境的影响，以对环境有利或不污染环境为出发点，对原材料选择、设备投资、销售方法、废弃物管理及再生利用等多因素进行统筹考虑。如东北电力公司利用津轻半岛龙飞地区的强风特性，开发出日本最大规模的风力发电设施。由于风力发电不会产生任何污染物质，而且风能取之不尽、用之不竭，不失为清洁能源。

日本从20世纪60年代的公害大国一跃而成为现在的环境保护先进国家，其在20世纪70年代开始发起的公害治理运动功不可没。经过几十年的不断创新发展，日本已形成了一套完整的绿色技术，并引起世界各国的广泛关注。

日本的终端治理技术已经达到了世界先进水平，至少比欧美领先10~20年左右，如：工厂排烟脱硫、脱硝装置，汽车尾气的净化装置，火电厂的二氧化碳去除装置和代用能源装置等。在废弃物处理方面，日本的工业废弃物约41%被再生利用，其中直接再生利用占33%，间接再生利用占8%；经中间处理约占44%；其余15%未做任何处理直接填入海中或深埋地下。

总的来说，日本的绿色技术创新具有两个特点：注重内生性和领先性。自主创新所需的核心技术源于企业内部的技术突破，是企业依靠自身力量，通过独立的研究开发活动获得的，这是自主创新的特点。技术上的领先必然要求和带动市场开发方面的领先性，技术开发成果只有尽快商品化，才能为企业带来利润。

8.3.3.3　金融层面绿色创新

日本在循环经济方面主要采取设立政策性银行来予以支持。2004年，日本成立了政策投资银行，为循环经济发展提供融资支持。该银行注册资本过百亿，属大型国有银行，不以营利为目的。该行建立了一套环境影响评价系统，并依照系统中的相关标准对所有申请贷款的企业进行评价和衡量，如果满足其要求，则向企业发放用于环保的专项贷款，这些贷款的利率极低，有力地激励了企业进行环保产业的投资。前期该银行主要服务于环保硬件基础设施的投资，但随着循环经济的发展和理念的变化，该银行也转变了原来支持末端治理的消极应对策略，改为事前的预防，以减轻环境负荷。日本政策投资银行不忘与各大商业银行通力协作，实施联合融资项目。通过这些相关激励措施，极大地调动了市场主体的积极性，刺激了绿色环保产业的高速发展，督促企业在减排方面做出努力，以获得扩大产能的资金以及政府的税收优惠，同时通过获得更高的银行评级，提高了企业知名度，有力地宣传了企业形象。无论是日本政策投资银行还是商业银行，抑或它们的合作，无疑为绿色金融发展提供了一个良好的平台。

8.4 欧盟经验

2005年2月16日，《京都议定书》正式生效。依靠和利用资源消耗、以环境为代价的不可持续经济增长模式受到谴责。世界经济社会的可持续发展必然要求人类同自然资源、友好环境相协调，从而必须依托绿色创新和大力发展绿色经济。《京都议定书》签署以来，欧盟一直主导着节能减排的前进步伐，赢得了在新一轮经济竞争中的初步优势，更深刻影响了全球工业产品的竞争格局，掀起了一场绿色工业革命。对欧盟及成员国而言，绿色创新不仅可以积极应对经济社会挑战，还可以带来经济增长和创造新的就业，同时可以提升欧盟经济竞争力和保持研发创新世界领先水平。欧盟和中国的经济社会发展阶段不同，但其在绿色创新方面的理念、思路、方法及一些好的经验和做法值得借鉴。

8.4.1 欧盟的绿色创新政策

欧盟经济与社会委员会表示，不符合可持续发展要求的产品将会被逐步淘汰，各成员国要通过两个方面推动绿色经济的发展：一是大力支持与生态友好型新产品研发相关的投资；二是鼓励企业科技创新。此前欧盟主要通过各成员国的自愿行为支持绿色经济，但实践证明，自愿行为具有一定的局限性，因此，欧盟推出了一些具有约束力的政策以支持绿色经济发展，包括引入对绿色产品的公共采购政策，以便淘汰那些未全面评估环境影响的产品。

2000年，欧盟成员国领导人在葡萄牙首都里斯本通过了首份10年经济发展规划，故又被称作“里斯本战略”，成为引领欧盟经济发展的纲领性文件。“里斯本战略”最初提出，2010年将欧盟建成全球最具竞争力的知识经济体，并围绕经济发展、就业、科研、教育、社会福利和社会稳定等方面的问题，制定了28个主目标和120个次目标。其中，两个重要目标是就业率和科研投入，即到2010年实现就业率提高到70%，科研投入占国内生产总值的3%。然而，由于实施过程中困难重重，2005年欧盟不得不放弃了当初的目标，以更加务实的态度重启“里斯本战略”，把经济增长和就业确定为优先目标，即到2010年将欧盟经济增长率提高到3%，就业率提高到70%。“里斯本战略”于2010年到期。从设定的具体目标看，实施效果并不理想。尤其是受到金融和经济危机的影响，欧盟经济增长和就业等指标不仅没有提升，反而出现了倒退。如何走出危机将是下一个10年欧盟经济面临的首要任务。

2010年3月3日，欧盟委员会公布《欧洲2020战略》（EUROPE2020），欧盟未来经济发展的重点将放在三个方面：发展以知识和创新为主的智能经济；通过提高能源使用效率增强竞争力，实现可持续发展；提高就业水平，加强社会凝聚力。

《欧洲2020战略》提出了5项核心目标（见表8-1），即到2020年实现20岁到64岁人群的就业率达到75%；将欧盟3%的国内生产总值用于研发；将温室气体排放在1990年基础上削减20%，将可再生能源使用比例提高至20%，将能效提高20%；将未能完成基本教育的人数控制在10%以下，让30岁到34岁的人中至少40%接受过高等教育；将按照各国贫困线划定的贫困人口减少25%，即将面临贫困威胁的人数降低到2 000万人以下。为了实现这些目标，欧盟在创新、工业政策、消除贫困等方面启动 7 项发展计划，即“创新型联盟”“流动的青年”“欧洲数字化议程”“能效欧洲”“全球化时代的工作政策”“新技能和就业议程”“欧洲消除贫困平台”。

表8–1 主要目标

<table>
<tr><td colspan="3">核心目标</td></tr>
<tr><td colspan="3">在20~64岁的总人口中，就业率必须从目前的69%提高到至少75%
实现研发投入达到GDP3%的目标，尤其是要改善私营部门的研发投资条件，编制追踪创新情况的新指标
将温室气体排放量减少20%（较1990年的排放量），或如果条件合适，减少30%。将可再生能源占最终能源消费量的比例提高至20%，并将能效提高20%
将未能完成基本教育的人所占的比例从目前的15%减少到10%以下，让受过第三级教育的年轻人（30~34岁）所占的比例从目前的31%提高到至少40%
欧洲生活在国家贫困线以下的人口数量必须减少25%，让2 000万以上的人摆脱贫困</td></tr>
<tr><td>智能型的增长</td><td>可持续的增长</td><td>全面的增长</td></tr>
<tr><td>创新
欧盟“创新联盟”计划：改进欧盟研究框架条件，让研究和创新活动获得更多的资金，以强化创新链和提高欧盟各国的研发和创新投资</td><td rowspan="2">气候、能源和流动性
欧盟“提高欧洲资源效率”计划：让经济增长不再仅依赖于资源的使用，支持转向低碳经济，增加可再生能源的使用，改革运输产业部门，提高能效</td><td rowspan="2">就业和技能
欧盟“新技能和就业议程”计划：改进劳动力市场，通过终生教育和培训提高人们的技能，让他们的就业能力得到增强，以提高劳动力市场的参与度，让劳动力需求和供应更好地匹配，促进劳动力的流动</td></tr>
<tr><td>教育
欧盟“流动的青年”计划：提高教育系统的效能，增强欧洲高等教育的国际吸引力</td></tr>
<tr><td>数字化社会
欧盟“欧洲数字化议程”计划：推进高速互联网的全面普及，从建设面向企业和家庭的数字化单一市场中受益</td><td>竞争力
欧盟“全球化时代的产业政策”计划：改善企业尤其是中小企业的经营环境，支持发展强大的、可持续发展的、具有全球竞争力的产业</td><td>消除贫困
欧盟“欧洲消除贫困平台”计划：确保增强社会和国家的凝聚力，从而让广泛的人群都能分享经济和就业增长所带来的利益，让贫困人群和受社会排斥的人群都能活得有尊严，积极融入社会</td></tr>
</table>

《欧洲2020战略》非常重视创新，不仅把建设“创新型联盟”作为七大配套旗舰计划之首，而且其他六大计划均与创新相关。

创新型联盟代表了这样一个进取、综合和战略性的创新路经，以新的有效方式发挥欧盟的力量，使欧盟在面临人口老龄化问题时仍然能够保持经济基础，支撑生活质量和社会模式。具体说来，建设创新型联盟必须在以下十个方面做好工作：

第一，在财政紧缩的形势下，欧盟和成员国需要继续投资教育、研发、创新和信息通信技术。这些投资不但应免受预算削减的影响，而且应该稳步增加。

第二，增加投入的同时应该进一步提高资金使用效益，避免条块分割。欧盟和成员国的科学研究与创新系统应该加强联系，提高绩效。

第三，欧盟的教育系统在各个层面都需要实现现代化。应该更多地将卓越性作为指导原则。需要更多的世界一流大学，提高技能水平，吸引海外的顶尖人才。

第四，科研人员和创新者应该能够像在同一个国家内无碍地在欧盟层面工作与合作。要在四年之内建成欧洲研究区，解决条块分割问题，实现知识的自由流动。

第五，简化欧盟研发计划的申请程序；通过欧洲投资银行的支持，提高欧盟研发计划，调动企业增加投入的能力；进一步加强欧洲研究理事会（ERC）的作用。欧盟研发框架计划促进中小企业快速成长的能力需要加强。通过灵活的地区专业化战略，欧洲地区发展基金应该得到充分利用，以促进欧洲科研与创新能力。

第六，欧盟需要将科学研究成果进行创新开发。必须促进科学界和企业界的合作，消除障碍、激励创新。

第七，必须消除企业家将知识带进市场的任何障碍。具体做法有：提供更好的财政支持（特别是对中小企业）；降低知识产权保护成本；制定更灵活、更宏伟的规章制度和目标；更快地制定互操作标准；加强公共采购预算资金的战略性使用。迫在眉睫的是，应该在2010年年底就欧盟单一专利问题达成一致。

第八，启动“欧洲创新伙伴”行动，加速研究开发和创新的市场应用，以应对重大社会挑战，解决技能和资源匮乏问题，增强欧洲产业竞争力。可以从应对老龄化问题开始该行动。

第九，必须更好地利用欧盟的设计和创造能力。支持社会创新；增强对社会行业创新的理解，发现和宣传成功的行动和标志性的进展。

第十，要更好地与国际合作伙伴一起工作。这意味着要开放欧盟的研发计划，同时确保国际对等待遇。

如果欧盟研发投入占GDP的比例到2020年达到3%的目标，那么将创造3 700万个就业岗位，使2025年以前GDP每年增加8 000亿欧元。

8.4.2 欧盟能源绿色创新

欧盟重视能源政策。一个成员国采取的能源政策将不可避免地影响其他成员国。目前，欧盟能源市场分散，这不仅破坏供应安全，也限制能源市场的竞争。欧洲必须实现“能源一体化”，形成最佳能源结构，而且必须马上行动起来，形成欧洲层面上的能源政策。在全球能源资源竞争的时代，欧盟必须创造一个有吸引力的市场。新的欧洲能源战略必须支持综合性工业，而能源是这种工业中最重要的成本因素。欧盟还必须巩固其在能源技术市场的竞争力。2008年，可再生能源在欧盟能源结构中所占的比重稳步上升至10%。2009年，欧盟62%的新增发电装机容量来自可再生能源，主要是风能和太阳能。然而，欧洲的领先地位正在受到挑战。2010年可再生能源吸引力指数表明，美国和中国将成为最有投资价值的市场。欧盟需要用新的刺激来应对这些挑战。

早在2007年，欧洲理事会就提出雄心勃勃的能源和气候变化目标（见图8–1）

欧盟成员国油气资源贫乏，对外依赖十分严重。在欧盟能源结构中，化石燃料占80%，意味着欧盟不但面临能源供应安全的巨大风险，而且也无法应对气候变化和环境污染的挑战，并严重影响其竞争力。如何保障能源供应安全，促进可持续发展，保持欧盟经济的全球竞争力，成为欧盟面临的一个巨大挑战。经过几十年的不懈努力，欧盟的低碳发展理念和能源安全思想不断深化，战略目标不断延拓，政策措施不断丰富，时空维度不断拓宽，主动性、全面性、一致性、远见性和可持续性不断增强。欧盟的低碳发展和能源战略，已经从一种单纯保障能源供应安全的被动防御性能源战略，演进为多重目标互动的综合性可持续性能源战略，并正在加速向以减排为核心，以应对气候变化和能源安全双重挑战为目标的低碳发展过渡，欧盟已经形成了比较完整、成熟、先进的可持续能源战略。

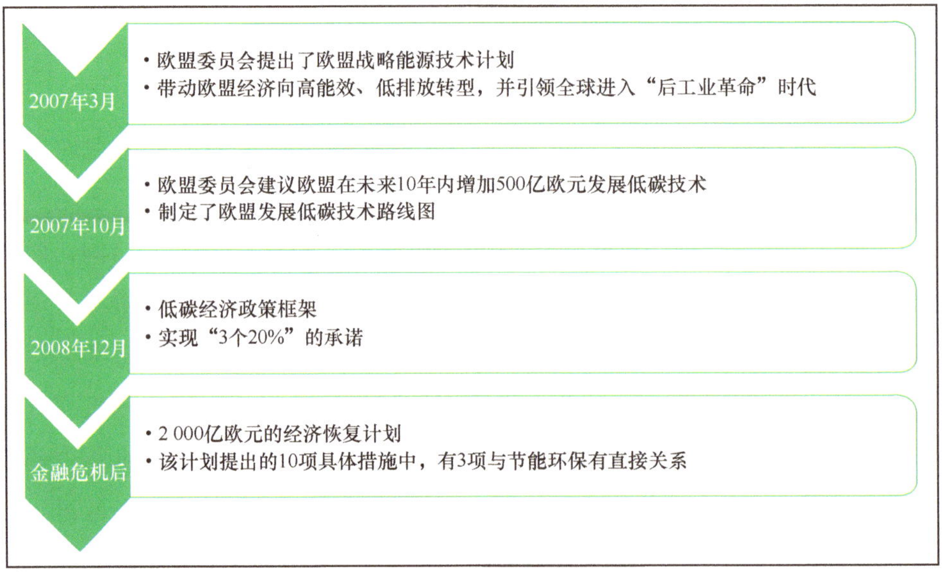

图8–1　欧洲理事会提出的能源和气候变化目标

注：“3个20%”的承诺，即到2020年将温室气体排放量在1990年的基础上至少减少20%，将可再生清洁能源占总能源消耗的比例提高到20%，将煤、石油、天然气等化石能源消费量减少20%。

2000年，欧盟提出的能源供应安全战略绿皮书，反映了欧盟能源安全、经济安全和环境/生态安全的综合性可持续能源战略观。2006年，欧盟出台的《欧洲可持续、竞争力、安全能源战略》绿皮书，明确提出了可持续、竞争力和供应安全三大目标，从而把生态安全、经济安全和能源安全正式融为一体。2007年3月，欧盟委员会提出一揽子能源计划，带动欧盟经济向高能效、低排放的方向转型。2008年12月，欧盟通过的能源气候一揽子计划，包括欧盟排放权交易机制修正案、欧盟成员国配套措施任务分配的决定、碳捕获和储存的法律框架、可再生能源指令、汽车二氧化碳排放法规和燃料质量指令等6项内容，以帮助其实现到2020年的减排目标。

2010年11月10日，欧盟委员会出台了新的能源战略，提出未来10年需要在基础设施等领域投资1万亿欧元以满足欧盟能源需求。根据这份名为《能源2020》的新战略文件，欧盟未来10年将从5个重点领域着手确保欧盟能源供应，即提高能效，完善统一能源市场和基础设施建设，推动技术研发和创新，对外用一个声音说话和为消费者提供安全、可靠、用得起的能源。这一新战略旨在为欧盟未来10年的能源政策提供一个框架，也是欧盟未来10年经济发展规划"欧洲2020战略"的组成部分。

2011年2月4日，欧盟27国首脑在布鲁塞尔召开特别峰会，讨论欧盟的能源政策。这是欧盟历史上第一次举行"能源峰会"。各国领导人主要讨论了欧盟委员会提交的"欧盟能源政策优先项目"，并达成了以下一致：第一，在2014年之前建成欧盟"单一能源市场"，以确保天然气和电力能源在欧盟所有成员国"自由流动"；第二，在2015年之前，完成各成员国的电网技术升级与合并，使风能等可再生能源接入整个电网；第三，推广节能措施，发展可再生能源及低碳科技；第四，加强能源外交。

2011年3月，欧盟委员会正式发布《欧盟2050低碳发展路线图》。该路线图表明，欧盟将在2020年实现二氧化碳减排25%，同时将现有能效提高20%。欧盟的最终目标是以1990年排放值为基准，于2050年实现温室气体减排80%~90%。为了达到该目标，路线图规划欧盟2030年达到温室气体减排40%，2040年减排60%。据路线图要求，以1990年排放值为基准，2020年之前，年减排目标应每年递增1%，2020年至2030年，年减排目标应每年递增1.5%；从2030年至2050年，年减排目标应每年递增2%。欧盟委员会在路线图中分阶段对各个行业提出了具体而又明确的减排目标：电力行业到2030年实现减排34%~40%，到2050年则实现减排93%~99%；住宅与服务行业到2030年实现减排37%~53%，到2050年实现减排88%~91%；工业部门到2030年实现减排34%~40%，到2050年实现减排83%~87%；农业部门到2030年实现减排36%~37%，到2050年实现减排42%~49%。

欧盟要想实现《欧盟2050低碳发展路线图》设定的战略目标，必须有三个先决条件：首先，欧洲减排交易体系（ETS）能够保证实现充分利用；其次，欧盟必须实现新能源的使用占到欧洲总体能源使用量的20%；再者，欧盟需要保证2020年前，现有能源效率提高20%。

为此，欧盟通过立法、政策、市场手段以及财政工具，在共同体层面以及内部各个层面上全面推进各项政策和措施的落实，并加紧整合其强大的经济、政治、外交、法律、行政、科技和财政资源。

8.4.2.1　寻求能源替代，多措并举，大力发展新能源

低碳发展的关键是大力发展可再生能源，提高能源的利用效率。当前欧盟利用新能源的主要途径是对风能和太阳能的利用，通过政策上的支持和经济上的补贴，对新能源的生产和使用进行资助，鼓励家庭安装小型太阳能和风力发电装置，为利用新能源的小发电厂入网制定低价政策，确保投资新能源的积极性。目前，欧盟内对新能源电厂的促进模式有两种：一种是被大多数国家采用的德国模式，这种模式规定，新能源进入电网适用最低的入网价格。另一种模式是在英国和丹麦实行的“份额制”模式，规定用电户在用电时将被分配一定份额的来自新能源的电力。因为风力和太阳能电力供应商多为中小企业，难以负担高额的入网费用，所以这两种促进模式为中小企业入网发电扫除了成本上的障碍。

欧盟视低碳发展为新的经济增长点和就业机会的摇篮，并将低碳发展写入欧盟未来发展战略规划。欧盟于2010年3月发表的《欧洲2020战略》提出，欧盟将加大在节能减排、发展清洁能源等领域的投入，将低碳产业培育成未来经济发展的支柱产业。

长期以来，为促进新能源产业发展，欧盟采取了一系列积极措施：加强立法，从法律上保障新能源的发展；制定规划，明确目标；制定经济激励政策；加强宣传，强化决策者和公民对发展新能源重大意义的认识。这些措施让欧盟各国在低碳发展、培育新能源产业、提高能效、节省能耗等方面发挥了重大作用。2009年10月，欧盟委员会还建议欧盟在未来10年内增加500亿欧元专门用于发展“低碳技术”。2011年1月31日，欧盟委员会于布鲁塞尔发布了《面向2020年——新能源计划》，包括计划将新能源投

资翻倍，总额将达到700亿欧元。同时加大利用多样化金融工具，包括公共债券、风投、夹层融资、证券基金以及保险投资等。

8.4.2.2 大力推进欧盟内部的能源市场一体化进程

目前，欧盟能源市场分散，基础设施老化，能源消费没有竞争，成员国的能源政策缺乏透明度。而欧盟早在多年前就制定了共同能源政策，包括要求各成员国的能源研发计划必须与欧盟的总体研发战略接轨，避免重复浪费。2010年3月中旬，欧盟公布的能源政策绿皮书明确提出“要进一步强化欧盟对内部能源市场的监管，促进各成员国之间能源市场的开放”。同时，绿皮书还强调“在与欧盟以外能源供应方的对话过程中，欧盟应采取共同的政策立场”。2010年11月，欧盟又公布了名为《能源2020》的能源新战略，计划在未来10年内投入1万亿欧元建设欧盟国家的能源基础设施，主要用于成员国内部以及成员国之间的天然气管道、供电网络和新能源网络建设。按照这一战略，欧洲所有地区将纳入统一的能源供应网，为欧洲人提供安全可靠、负担得起的能源。

欧盟建立泛欧一体化能源市场的行动包括：内部市场立法及时、准确执行；建立2020—2030年的欧洲基础设施蓝图；简化基础设施发展许可程序和市场规则；提供适当的融资框架。

8.4.2.3 因地制宜，鼓励多样化发展

欧盟虽制定了统一的能源政策，但其新能源开发利用并非单一性的。在“低碳发展”引领下，欧盟各成员国结合各自特点，因地制宜开发利用新能源。英国风力资源丰富，风能利用是其重点发展的新能源项目。英国（现已退盟）目前是全球拥有海上风力发电场最多、总装机容量最大的国家。德国、法国的核电在世界上首屈一指，拥有世界领先的核电站设计、建设和运营能力。

欧洲的几个小国也成为新能源开发利用的先锋。例如，丹麦大力发展以风能和生物质能源为主的可再生能源。在目前世界累计安装的风电机组中，60%以上产自丹麦。丹麦还利用生物质能源发展热电联产和集中供热。

8.4.2.4　引导社会向低碳生活方式转变

能源问题专家安德鲁·斯皮德曾经说过："在全世界任何一个地方，建设低碳发展面临的主要障碍之一，就是个人不愿意改变浪费能源的生活方式和习惯，习以为常的舒适、富足的生活，都是建立在过度消费能源的基础上的。"欧盟正在运用多种手段引导人们向低碳节能的生活方式转变。

《通往哥本哈根之路》报告称，建筑节能是执行低碳发展最简单有效的方式。一些非政府绿色组织（NGO）在促进社会节能习惯养成方面也发挥了重要作用，它们以多种方式提供和传播低碳发展的信息和知识，并提供有针对性的意见和建议，循序渐进地引导人们改变传统的生活方式，公益广告中有不少都是关于低碳发展的，如"充电器不用时拔下插头每年能节约30镑，换个节能灯每年能省60镑"等。政府机构在潜移默化中引导民众逐渐改变传统的生活方式，使低碳消费日益深入人心，成为一种社会习惯。

8.4.2.5　通过财税政策促进低碳发展

欧盟在发展低碳经济过程中采取的财税政策比较完备，取得了比较大的成就。欧盟低碳财税政策包括促进乘用车减排、绿色税收、政府绿色采购、能源补贴与能效审计等内容，并在运用绿色税收、政府绿色采购等财税政策方面具有成功经验，可以为中国改革能源补贴、政府绿色采购、绿色税收等方面的财税政策提供借鉴。

8.4.2.6　以技术促发展，扩大欧洲在能源技术和创新方面的领先优势

如果不实行技术转变，欧盟将难以实现电力部门和交通部门除碳的2050宏伟目标。近年来，欧盟积极投入低碳技术的研发，努力打造一个灵活开放、具有强大创新活力的"科研天堂"，从而提升自身温室气体减排技术优势，并通过技术转让为欧盟企业进入发展中国家能源市场创造了有利条件。根据能源技术发展和部署的时间跨度，将新的高效低碳技术引入欧洲市场显得比以往更为迫切。欧盟排放交易机制（EUETS）是支持创新低碳技术部署的一个重要的需求侧驱动力。不过，如果在欧

盟范围内通过合作发展技术，这些新技术可以快速、经济地进入市场。具体行动包括：欧盟委员会将启动四个新的大规模欧洲项目；确保欧盟长期技术竞争力等。

8.4.2.7 加强公立部门和私营部门的合作

私营企业也要参与到推动技术发展的过程。在这个过程中，技术开发阶段比较容易找到融资，但技术的演示阶段往往很难找到资金。而技术加速发展带来的益处则出现得更晚，使这个阶段的融资出现一些问题。这方面单是依靠政府之间的合作是不够的，欧盟已经着手建立一个长期的框架，最终制定全球的低碳发展框架，而且通过这个框架推动低碳技术在行业中快速发展。

8.4.3 欧洲金融绿色创新

1974年，联邦德国成立了世界上第一家环境银行。1991年，波兰也成立了环保银行，重点支持促进环保的投资项目。在英国，政府规定对节能设备投资和技术开发项目给予贴息贷款或免（低）息贷款。伦敦金融创新研究中心制订了一套环境风险评估方案，对企业的环境风险进行评级。1998年，立陶宛政府开始实施“NEFCO—APINI授信额度”，至今已成功地促进清洁生产项目融资。瑞典国家开发署为环保项目提供信用升级担保及绩效担保。哥斯达黎加政府发行碳债券以及贸易抵消证明给外国投资厂商，有效保证期为20年，国外投资者可利用此凭证抵免其在本国需要减少的二氧化碳量。经过欧洲各国绿色金融政策的开展，欧盟碳排放交易体系，已经成为世界最大的区域碳市场，涉及欧盟27个成员国，以及列支敦士登和挪威，总计达到29个国家和8个交易中心，工业温室气体排放实体将近1.2万个。世界银行发表的相关报告指出，2006年，全世界碳交易的总额为300亿美元，其中，欧洲排放权交易（EUA）为244亿美元，占比81.3%。2009年3月，欧盟委员会宣布，在2013年之前将投资1 050亿欧元，支持欧盟地区的绿色经济，促进就业和经济增长，保持欧盟在“绿色技术领域的世界领先地位”。

欧盟委员会（以下简称欧委会）利用公共财政资金联合成员国和欧

洲投资银行（EIB）等建立了研发创新投资风险基金，已取得明显的积极效果。加快绿色创新私人企业，特别是绿色创新型中小企业的发展，创建和完善公共财政风险投资工具是必要的，也是合理的。应该考虑到绿色创新市场的相对不成熟，绿色创新型中小企业投资绿色创新研发活动所承受的商业风险过大，以及往往遭遇绿色创新及融资的瓶颈难题。通常情况下，金融投资机构和社会资金对绿色创新采用与其他领域相同的投资风险评估条件和投资回报率参照标准，因此很难或不愿对绿色创新进行投资。此外，绿色创新对降低环境压力的社会效益增加值，往往在投资决策中被作为边际效应而加以忽略。

许多创新型企业，不论大小都面临高风险贷款短缺问题。银行缺乏评估知识资产（如知识产权）的能力，因此不愿意投资知识型企业。并且，主要的基础设施工程也需要贷款的支持。为填补这些缺口，使欧洲成为具有吸引力的创新投资之地，需要灵活地发挥公私伙伴关系作用，并完善监管框架。所有现存的阻碍风险资本基金跨国操作的障碍都需要消除。必须简化创新型企业的股票上市程序以利于其获得资金。国家援助风险资本准则允许欧盟成员国提供资金填补市场缺口。填补市场缺口的资金量将被再评估以确保在现有条件下有足够的资金。欧委会决定在总结经验的基础上，欧盟的各项政策措施将高度重视绿色创新公共财政风险投融资工具的创建和完善。投融资工具将采取各种灵活的方式分担风险，引导、吸引和放大社会资金对绿色创新的投资。欧委会将优化和整合绿色创新资源配置，增加绿色创新专门的资金投入，设立专门的扶持创新型中小企业发展的风险投融资工具。积极鼓励企业自有资金投入和全社会投资绿色创新，完善创新型中小企业技术支撑网络平台建设，强化全社会对绿色创新的市场信心。

欧委会环境技术行动计划（ETAP）和欧盟各项政策（如欧盟区域融合政策）已创建和正在创建各种不同形式的风险投融资工具。2014—2020年财政预算制定的“2020地平线”研发框架计划将进一步加强对绿色创新和绿色创新型中小企业的资金支持力度。欧委会目前正在统筹和整合欧盟各大政策相关的绿色创新基金和风险投融资机制及工具，积极寻求支持绿色创新研发活动和绿色创新型中小企业发展的投融资难题的解决方案。

在欧盟层面，目前的第七框架计划风险分担融资计划（RSFF），以及竞争力和创新框架计划（CIP）等金融工具已经带动投资额超过欧盟预算投入的20倍，但仍不能满足需求。欧洲投资银行（EIB）集团在管理金融工具方面的专业化和市场定位是成功的主要因素。欧委会关于改变金融监管的提议将使未来运作类似的项目更为简化。

2011年，欧委会对国家资助的研发及创新框架进行中期评估，确定可支持的创新类型，包括能使关键技术突破和应对重大社会挑战的创新，以及成员国对这些创新的最佳应用。欧委会评估了2008年短期国家资助措施的效果，包括新增的风险资本投资“安全港”，并在此基础上提出必要的建议。

2012年，欧委会确保在欧盟成员国成立的风险资本基金能够在欧盟范围内自由运作和投资（必要时采用新的立法措施），努力消灭任何不利于跨国经营的税收制度。

2014年，根据欧委会提议，欧盟完善金融工具以吸引私有资金增加投入，填补研究和创新的市场缺口。欧盟的预算投入应产生重要的杠杆效应。欧委会与欧洲投资银行集团、国家金融中介机构和私人投资机构合作，提出计划解决以下关键缺口：①对知识转移和初创企业的投资；②快速成长的企业在欧盟和全球市场扩张所需的风险资本；③投资研发和创新项目的风险分担资金；④快速成长的创新型中小企业所需的贷款。该计划将确保具有良好的杠杆效果，实现高效管理和简化操作。

欧委会将加强跨国服务，为创新型企业寻找合适的投资人。欧委会将指定重要人选领导此项工作。另外，欧委会将重点关注小企业和创新型企业面临的特殊融资问题。

短期内的优先工作将是恢复金融业的稳定、健康和稳固，从而能为实体经济提供融资。这需要及时和全面地实施20国集团所做的承诺。实现5

个具体目标：第一，实施金融业监管改革；第二，填补监管空白，促进金融市场和机构（尤其是衍生品和市场基础设施）的透明性、稳定性和负责任性；第三，以适当的方式，强化基于统一的欧洲规则手册，覆盖所有金融机构的有关审慎运营、会计和消费者保护的规则；第四，强化金融机构的治理，以处理在金融危机中所发现的在风险识别和管理领域的弱点；第五，制定面向未来的政策，在未来能更好地预防可能发生的金融危机（或在需要时对危机进行管理），并考虑金融业在本次危机中所承担的具体责任，让金融业在未来为经济增长做出更大的贡献。

8.4.4 欧盟企业绿色创新

欧盟绿色工业企业高度重视绿色创新研发及其潜力。欧盟对绿色创新的风险投资持续和显著增长。2004—2010年，欧盟企业对绿色创新的风险投资从每年3亿欧元增长到每年13亿欧元。2010年，尽管遭遇经济危机和市场不确定因素增加，在其他行业创新风险投资明显大幅下降的情况下，欧盟绿色创新风险投资相比2009年只下降7%。这进一步表明欧盟绿色创新的抗打击强度高，绿色工业的发展潜力大。

欧盟各行各业越来越多的企业已认识到绿色创新的前景，围绕环境友好型、节能减排、资源有效利用等，积极开展绿色研发创新活动，充分利用其绿色产品、服务及工艺强化竞争能力。机械设备制造企业采用循环技术及工艺，努力将材料使用和能源消耗降到最低，利用生产方式和产品的改进，以及废料再利用，降低了生产成本。然而，仍然存在许多障碍和瓶颈问题，需要依靠绿色创新来加以克服。积极应对气候变化及相关的气候灾难为绿色创新提供广阔的舞台。从1980年开始，欧盟及成员国约95%的经济重大损失来自气候变化等重大自然灾害，而目前的气候变化将进一步加重这种趋势。为此，欧盟绿色工业企业纷纷加大了应对气候变化、预防灾害风险的绿色创新资金投入，而保险行业的加入尤为突出。

欧盟绿色工业企业的构成，在不同的绿色领域存在很大区别。目前，欧盟垃圾处理及再利用、水供应及处理、土壤整治清理、太阳光伏能和可再生能源领域，约10%的工业企业占到各自领域80%的销售营业额。而在其他绿色领域，特别是绿色新兴领域，如绿色建筑、资源有效利用、循环经济等，其绿色创新型中小企业占绝对优势。绿色创新型中小企业近10年以来快速增长，特别是近5年以来，新创的绿色创新型中小企业占到欧盟新创企业总数的65%。而且绿色创新型中小企业仍然具有巨大的发展潜力，是绿色创新研发活动的生力军，其绿色创新能力及空间有待进一步的充分发挥。一份专家统计研究报告显示，2010年，德国约一半的企业正在实施原料或材料更有效的利用，每家企业向绿色创新投入1万欧元可以为企业平均节省20万欧元的生产成本。

总体而言，欧盟绿色创新工业企业绝大部分为中小企业，就业人数占绿色工业就业总人数的一半以上。绿色创新型中小企业在绿色技术创新及成果商业化方面扮演着愈发重要的角色。欧盟及成员国正在积极制定订和出台各项政策措施及行动计划，努力创造有利于绿色研发创新和绿色创新型中小企业发展的良好环境条件。

结束语

创新是经济发展的基石，绿色创新是全球的共同愿望。在过去的100多年里，人类创造了前所未有的物质财富，但同时也付出了沉重的环境代价。为了消除当前资源环境危机，实现人类社会与环境的协调与可持续发展，经济发展方式的转型已成为全人类关注的重点。本书分别从国家、区域、产业等层面研究中国绿色创新问题。世界文明经历了原始文明、农业文明、工业文明和生态文明的演替，人类社会的经济发展史或经济形态可以归纳为棕色经济（Brown Economy）、绿色经济（Green Economy）和金色经济（Golden Economy），分别体现出物质化（Materialization）、减物质化（Dematerialsation）和非物质化（Immaterialisation）的经济特征，从"物质化"到"非物质化"的转变是世界经济发展的普遍规律。"非物质化"要求经济发展不再依赖自然物质资源，而是更加关注人类经济创造的质量和效率，以及经济、社会和自然的平衡和可持续发展。绿色创新推动了每一次文明的演进，并为下一轮文明演进提供了原始材料和基础。

1978年的经济改革开启了中国追求民族富强繁荣的经济转型之路，实现了中国在政治、经济各项事业的巨大进步。中国采取代价少、风险小又能及时带来收益的渐近式改革道路，实现了从计划经济到市场经济的转型。改革开放30多年来，中国以大幅高于世界平均水平的发展速度创造了世界经济史上的奇迹，为世界经济发展做出了贡献。中国借鉴国外经济发展的成功经验，集全国人民的智慧，创新了具有中国特色的一系列经济政策措施。

伴随着经济的繁荣发展，资源约束趋紧、环境污染严重、生态系统退化的严峻形势日益凸显。党的十八大以来提出了着力建设生态文明的要求，认为生态文明建设是关系人民福祉、关乎民族未来的长远大计，必须树立尊重自然、顺应自然、保护自然的生态文明理念，把生态文明建设放在突出位置。2015年11月3日，《中共中央关于制定国民经济和社会发展第十三个五年规划的建议》正式发布。“十三五”规划中提出了创新、协调、绿色、开放、共享的发展理念。这五大发展理念，是“十三五”乃至更长时期中国的发展思路、发展方向、发展着力点的集中体现，也是改革开放30多年来发展经验的集中体现。在“十二五”收官“十三五”开局之际，回顾过去，展望未来，探索绿色创新之路已成为中国发展的迫切需要。

在“环球同此凉热”的国际大背景下，探索绿色创新之路成为全人类的共同事业。2015年，联合国可持续发展目标、巴黎协定等国际承诺为全球可持续发展制定了清晰的规划蓝图。中国提交了全面有力的“国家自主贡献”，这不仅是对国际社会做出新的政策宣示和行动承诺，也是中国在“十三五”时期坚持绿色、低碳、循环发展的必然选择。中国经济进入“新常态”给中国提供了一个很好机会。经济发展“新常态”呼唤以创新发展实现绿色崛起。中国转变经济增长的方式方法，更多的是要看消费而不是投资。要从服务的角度拉动经济增长，而不是仅依赖于制造业。如何应对产能剩余？如何看待绿色创新？这些问题对于中国在未来10年能否继续保持高速增长至关重要。推进供给侧结构性改革，是适应和引领经济发展新常态的重大创新，是适应国际金融危机发生后综合国力竞争新形势的主动选择。但在操作层面，要想有效加强优质供给、提高供给结构灵活性还存在巨大挑战。供给侧结构性改革应该是绿色化的，通过推进供给侧改革，更好地把经济结构绿色化、产业结构绿色化、能源结构绿色化，推动绿色可持续发展。

总结经济成就，忧思国家未来，谋求人类幸福，分析发展趋势，对于中国绿色创新的经验进行总结、推广与传承，有重要的现实意义和深远的历史意义。

对于国家层面绿色创新的发展趋势而言，中国的绿色创新正在创造一种可持续发展的机制，即扩大再教育和医疗方面的投资，减轻中国家庭再教育、医疗和养老方面的负担，进一步提高生活水平，刺激可持续消费和生产，降低中国经济对出口的依赖。注重投资人力资本，关注人民生活质量、文化素质和健康水平，将有利于推动经济增长，也只有良性的经济秩序、法治化的市场经济，才能推动中国真正走向文明和富强。

对于区域层面绿色创新的发展趋势而言，30年的经济创造使中国初步解决了社会发展的动力问题，对致富的追求转化成全社会的行为。中国幅员辽阔，各区域经济、社会、文化水平差距很大，区域经济发展模式也各不相同，在发展过程中形成了“长三角模式”“珠三角模式”等不同发展模式。珠江三角洲、长江三角洲、环渤海地区的城市集群带成为非常重要的推动力，中西部地区的经济增幅有望高于东部，区域创新环境将有很大改善。同时，在生态文明建设理念引导下，在欠发达地区通过绿色创新探索区域可持续发展道路也取得了丰硕成果。

对于产业层面绿色创新的发展趋势而言，中国仍处在快速工业化过程中，工业仍有巨大的增长潜力，但是节能产业、文化创意产业、新能源产业等将在各地经济发展中扮演更加重要的角色，国有经济将继续战略性改组，产业结构优化升级加快，低碳经济的高新技术产业前景广阔，绿色产业将成为产业增长的重要拉动力量，有效地带动一些传统产业和新兴产业高速增长。

对于企业层面绿色创新的发展趋势而言，企业应把握生态文明建设这一全新视角，跳出高能耗增长模式，向低碳发展转型；跳出高投入增长模式，向循环发展转型；跳出高污染增长模式，向绿色发展转型。在绿色浪潮推动之下，企业应当具备长远的目光，树立绿色价值观、革新绿色技术、构建绿色理念、践行绿色管理、塑造绿色形象、打造绿色文化。在绿色价值观的导向作用下，企业在战略、组织、研发、生产、营销和投资等环节都会产生不同于传统企业模式的“绿色效应”。以绿色战略拓宽企业的发展前景，以绿色组织增强企业的执行力，以绿色研发提高企业的创新能力，以绿色生产降低企业的污染成本，以绿色营销提升企业的现代意识，以绿色投资放大企业的成长空间。以上诸多因素的共同作用可以有力地增强企业的核心竞争力。

综上所述，当今的中国绿色创新之路实质上就是一个国家“做梦、圆梦和价值实现”的过程。同时，“中国梦”从本质上看就是要实现国家富强、民族复兴与人民幸福。在绿色创新的过程中，一方面，中国要想成为地区和全球经济发展的火车头，要使“中国梦”符合人类文明的发展规律；另一方面，中国必须积极主动地参与国际生态文明建设，加快产业结构调整、转变经济发展方式，成为世界经济的重要稳定器。绿色创新之路方兴未艾，生态文明之途风正帆扬。愿我们共同携手，奋发努力，务实合作，为中国乃至全球的绿色创新事业做出贡献！

参考文献

［1］阿马蒂亚·森. 以自由看待发展［M］. 任颐，等，译. 北京：中国人民大学出版社，2002

［2］阿瑟·布鲁克斯. 较量：通往自由之争［M］. 魏福成，译. 北京：东方出版社，2012.

［3］白春礼. 迎接全球挑战，实现绿色创新，引领中国可持续发展.中国科学院可持续发展战略研究组. 2012中国可持续发展战略报告：全球视野下的中国可持续发展［M］. 北京：科学出版社，2012.

［4］白俊红，江可申，李婧，李佳. 区域创新效率的环境影响因素分析——基于DEATobit两步法的实证检验［J］. 研究与发展管理，2009（2）：96-102.

［5］白泉.能源节约的经济学［M］. 北京：光明日报出版社，2009.

［6］白韶红. 金融支持绿色经济发展存在的问题及建议——以普洱建设国家绿色经济试验示范区为例［J］. 时代金融，2013（8）：113-116.

［7］鲍云樵.关于制定新的中国政策的建议［J］.中外能源，2008（4）.

［8］北京国际经贸学会.北京绿色文化创意产业国际化研究［M］. 北京：中国商务出版社，2011.

［9］彼得·圣吉. 必要的革命：可持续发展型社会的创建与实践［M］. 李晨晔，张成林，译. 北京：中信出版社，2010.

［10］毕克新，黄平，王楠. 信息化条件下我国制造业绿色创新政策体系构建［J］. 中国行政管理，2012（7）：65-69.

［11］毕克新，王禹涵，杨朝均. 创新资源投入对绿色创新系统绿色创新能力的影响——基于制造业FDI流入视角的实证研究［J］. 中国软科学，2014（3）：153-166.

［12］蔡博峰，杨姝影，刘春兰，等. 国际碳基金对中国的政策启示［J］. 环境经济，2013（9）：53–58.

［13］蔡玉巧.德国的环境技术［J］. 中国标准化，2002（2）：60–63.

［14］蔡跃洲. 推动绿色创新的政策选择及东亚区域合作［J］. 中国科技论坛，2012（9）：95–100.

［15］曹斌，林剑艺，崔胜辉.可持续发展评价指标体系研究综述［J］. 环境科学与技术，2010，33（3）：99–105.

［16］曹翠珍. 资源型企业绿色创新与竞争优势研究［D］. 太原：山西财经大学，2015.

［17］曹东，赵学涛，杨威杉. 中国绿色经济发展和机制政策创新研究［J］. 中国人口·资源与环境，2012（5）：48–54.

［18］曹霞，于娟. 绿色低碳视角下中国区域创新效率研究［J］. 中国人口·资源与环境，2015（5）：10–19.

［19］曹霞，张路蓬. 企业绿色技术创新扩散的演化博弈分析［J］. 中国人口·资源与环境，2015（7）：68–76.

［20］曾婕. 引领消费文明促进绿色发展［J］. 中国党政干部论坛，2016（2）：96.

［21］查正根，兰泉，郑媛，等. 绿色创新型有机化学实验教学模式构建与实践［J］. 实验室研究与探索，2014（3）：136–141.

［22］柴金艳，黄海峰. 纺织产业与循环经济［M］. 北京：中国轻工业出版社，2010

［23］车亮亮，武春友. 我国能源绿色转型对策研究［J］. 大连理工大学学报（社会科学版），2015（2）：41–46.

［24］陈淦璋，胡信松. 国开行大手笔支持新型城镇化［EB/OL］.www.epaper.voc.com.cn，2013.

［25］陈海嵩. 绿色发展中的环境法实施问题：基于PX事件的微观分析［J］. 中国法学，2016（1）：69–86.

［26］陈华斌. 试论绿色创新及其激励机制［J］. 软科学，1999（3）：

43-44.

［27］陈江生.对本轮世界经济危机进程的几点判断［J］. 中共石家庄市委党校学报，2009（1）.

［28］陈俊，张宏伟.国家循环经济示范区金昌市发展循环经济的机制研究［J］. 甘肃理论学刊，2015（1）：149-152.

［29］陈凯华，官建成. 中国区域创新系统功能有效性的偏最小二乘诊断［J］. 数量经济技术经济研究，2010（8）：18-32+60.

［30］陈柳钦. 国内外绿色信贷发展动态分析［J］. 决策咨询通讯，2010（6）：1-10+15.

［31］陈武.发展生态经济实现绿色富民［J］. 求是，2015（19）：17-19.

［32］陈兴红，武春友，匡海波. 基于VAR模型的绿色增长模式与企业成长互动关系研究［J］. 科研管理，2015（4）：154-160.

［33］陈秀山，张可云.区域经济理论［M］. 北京：商务印书馆，2003.

［34］陈雪婷.中国的绿色经济与可持续发展［J］.湖北经济学院学报（人文社会科学版），2006（11）：35-36

［35］陈彦. 气候变化与绿色转型［M］. 北京：金城出版社，2015.

［36］陈艳，成金华.中国能源政策问题研究综述［J］.中国能源，2006（10）.

［37］陈宜萍.国开行规划助力成都破解城乡二元结构［EB/OL］.www.financialnews.com.cn，2013.

［38］陈元.政府与市场之间——开发性金融的中国探索［M］.北京：中信出版社，2012.

［39］陈元.中国经济的深层问题和选择（纲要）［J］.经济研究，1991（4）.

［40］陈元.中国经济运行研究的几个方法和理论问题［J］.经济研究，1992（2）.

［41］陈赟.绿色经济生态经济与可持续发展［J］.北京交通管理干部学院学报，2007（17）.

[42] 成思危，刘曼红，黄海峰，等. 绿色经济及在中国的实施 [M].新加坡：普罗图书公司，2011.

[43] 程叶青，王哲野，马靖. 中国区域创新的时空动态分析 [J]. 地理学报，2014（12）：1779-1789.

[44] 迟远英，李京文，张少杰.循环经济视角下的能源可持续发展初探 [J]. 经济纵横，2008（12）：19.

[45] 崔树民，姜艳生.太原市绿色转型年度报告 [M].太原：山西人民出版社，2009：1，7，426-469，430，22.

[46] 代玉簪，郭红玉.商业银行绿色金融：国际实践与经验借鉴 [J].金融与经济，2015（1）：45-49.

[47] 单宝.解读低碳经济 [J].内蒙古社会科学（汉文版），2009，30（6）.

[48] 邓翔.绿色金融研究述评 [J].中南财经政法大学学报，2012（6）：67-71.

[49] 邓心安，许冰茹，杨多贵.生物经济对农业可持续发展的影响 [J]. 中国科技论坛，2015（12）：69-74.

[50] 丁丁，周同.我国低碳经济发展模式的实现途径和政策建议 [J].环境保护与循环经济，2008（3）：4-5

[51] 董鉴泓.城市规划历史与理论研究 [M].上海：同济大学出版社，1999.

[52] 董小君.能源管理体制：从分散走向集中是国际大趋势 [J].广西电业，2008（6）.

[53] 段宁，邓华."上升式多峰论"与循环经济（续）[J].世界有色金属，2004（11）.

[54] 段宁，邓华."脱钩"评价模式及其对循环经济的影响 [J].中国人口·资源与环境，2004（6）.

[55] 樊纲，罗哈尼. 中国绿色转型进程评估与展望 [N]. 中国环境报，

2014-12-03.

［56］范斐，杜德斌，游小珺，等. 基于能力结构关系模型的区域协同创新研究［J］. 地理科学，2015（1）：66-74.

［57］冯忠垒，谢雄标，郝祖涛，等. 空间嵌入下资源型企业绿色行为演化研究——以湖北兴发集团为例［J］. 科技进步与对策，2015（23）：92-98.

［58］冯子标，焦斌龙.分工、比较优势与绿色文化产业发展［M］.北京：商务印书馆，2005.

［59］弗朗西斯·福山. 历史的终结及最后之人［M］.黄胜强，许铭原，译.北京：中国社会科学出版社，2003.

［60］付加峰，庄贵阳，高庆先. 低碳经济的概念辨识及评价指标体系构建［J］. 中国人口·资源与环境，2010（20）.

［61］付允，刘怡君，汪云林. 低碳城市的评价方法与支撑体系研究［J］. 中国人口·资源与环境，2010（8）.

［62］傅华.论自然的价值及其主体［J］.自然辩证法通讯，2000（3）：29-35.

［63］甘迎，朱剑.中国银行业绿色信贷政策实施现状分析［J］.法制与社会，2011（20）.

［64］冈特·鲍利. 蓝色经济［M］. 程一恒，译. 上海：复旦大学出版社，2012

［65］高农农，黄海峰.基于碳排放强度下降的中国节能目标预测［J］.现代管理科学，2011（1）：39-41

［66］高巍. 中小企业绿色创新投融资模式研究［J］. 高教学刊，2015（18）：263-264.

［67］戈银庆，中国区域经济理论［J］.理论参考，2004（7）.

［68］宫海鹏. 农业政策性金融开展绿色信贷助推低碳农业发展研究［J］. 金融论坛，2010（S1）：100-104.

［69］龚小波. 湖南省老工业城市绿色转型的路径探索［J］. 湖南社会科学，2015（1）：152-154.

［70］辜胜阻. 引领绿色发展须大力发展绿色金融［J］. 中国发展观察，2016（3）：18–19+17.

［71］关宁. 支持碳足迹的企业绿色创新过程及评价研究［D］. 西安：西安电子科技大学学位论文，2014.

［72］桂宇石，祝捷.经济制度变革释义［J］. 武汉大学学报（哲学社会科学版），2005（1）：98–103

［73］郭建斌，黄海峰，高农农.环保产业与循环经济［M］. 北京：中国轻工业出版社，2010

［74］郭沛源，蔡英萃.发达国家绿色金融的发展及对我国的启示［J］.环境保护，2015（2）：44–47.

［75］郭亚东，薛媛红，赵强.我国环保产业技术现状与发展方向［J］.四川环境，2002（4）：74–76

［76］郭志俊. 绿色工联主义理论与绿色变革［J］. 探索，2015（3）：54–59.

［77］国家开发银行、中国人民大学联合课题组.开发性金融经典案例［M］.北京：中国人民大学出版社，2007.

［78］海闻. 改革与未来［M］. 北京：中国人民大学出版社，2015.

［79］韩江波. 经济发展方式的转变：核心技术链和核心产业链［J］. 上海市经济管理干部学院学报，2009，7（3）：41–46

［80］韩晶，宋涛，陈超凡，曲歌. 基于绿色增长的中国区域创新效率研究［J］. 经济社会体制比较，2013（3）：100–110.

［81］韩晶. 中国区域绿色创新效率研究［J］. 财经问题研究，2012（11）：130–137.

［82］韩翔宇.北京市绿色文化创意产业发展战略研究［D］. 武汉：华中师范大学，2008.

［83］韩占兵.我国经济发展方式研究理论综述及其展望［J］. 沈阳工业大学学报（社会科学版），2012，5（1）：7–11

［84］何枫，祝丽云，马栋栋，等. 中国钢铁企业绿色技术效率研究［J］.中

国工业经济，2015（7）：84–98.

［85］何霞.灰色GM（1，1）模型参数估计的加权最小二乘方法［J］.运筹与管理，2012，21（6）.

［86］何小钢，王自力. 能源偏向型技术进步与绿色增长转型——基于中国33个行业的实证考察［J］. 中国工业经济，2015（2）：50–62.

［87］洪伟东. 促进我国海洋经济绿色发展［J］. 宏观经济管理，2016（1）：64–66.

［88］胡鞍钢. 经济改革升级换代本质是“绿色改革”［J］. 当代社科视野，2011（10）：51.

［89］胡春生，蔡锦松，丁毅. 绿色金融路径下公司行为重构［J］. 科学经济社会，2013（4）：48–51.

［90］胡珑瑛，蒋樟生.产业集聚的分形研究［J］.管理世界，2007（3）.

［91］胡启洲，张卫华.基于方案偏好信息的灰色关联度决策模型［J］.中国管理科学，2007（15）.

［92］胡伟武，冯传平.纳米材料和纳米技术在环境保护方面的应用［J］.化工新型材料，2007（3）：14–16

［93］胡愈，许红莲. 现代农产品绿色物流金融的发展及其方向选择［J］. 湖南师范大学社会科学学报，2008（5）：116–119.

［94］华振. 以企业为主体的区域绿色技术创新体系战略研究［J］. 经济研究导刊，2012（20）：290–292.

［95］华振. 中国绿色创新绩效研究——与东北三省的比较分析［J］. 技术经济，2011（7）：30–34+41.

［96］环保部环境与经济政策研究中心，世界自然基金会（WWF）.面向绿色经济决策的指标工具及实证研究［EB/OL］. http：//www.wwfchina.org/content/press/publication/2015/publication–20150624–green.pdf.

［97］环宣.推进绿色信贷，践行企业责任，国开行融资千亿支持环保［EB/OL］.news.cenews.com.cn，2014.

［98］黄导，陈丽云，张临峰，等. 推进节能环保技术管理升级　促进钢铁

工业绿色转型［J］.钢铁，2015（12）：1-10.

［99］黄海峰，陈立柱，王军.废物管理与循环经济［M］.北京：中国轻工业出版社，2013.

［100］黄海峰，杜洁梅，曾诗鸿. 后京都议定书时代碳期货定价模型探究——基于EU-ETS时序数据的实证分析［J］. 管理现代化，2015（2）：108-110.

［101］黄海峰，葛林，王美昌.欠发达地区产业承接的重点行业选择［J］.经济问题探索，2014（11）.

［102］黄海峰，葛林.日本自愿性环境协议的实施及其对中国的启示［J］.现代日本经济，2014（6）：80-92

［103］黄海峰，李博.北京经济发展中的“脱钩”转型分析［J］.环境保护，2009（4）.

［104］黄海峰，马弘毅.区域层面经济转型的研究［J］. 经济社会体制比较，2007（3）：33-38.

［105］黄海峰，王昕宇， 从屏山实践看农村扶贫开发模式［J］.当代县域经济，2015（10）.

［106］黄海峰，王昕宇， 基于DEA的县域经济发展效率研究——以四川省为例［J］. 农村经济，2015（10）.

［107］黄海峰，周国梅.中国经济创造之路［M］.北京：首都经济贸易大学出版社，2010.

［108］黄海峰，周国梅.中国经济转型之路：21世纪的绿色变革［M］.北京：科学出版社，2013.

［109］黄恒学. 资源管理学［M］. 北京：中国经济出版社，2010

［110］黄奇，苗建军，李敬银，等. 基于绿色增长的工业企业技术创新效率空间外溢效应研究［J］. 经济体制改革，2015（4）：109-115.

［111］黄勤，曾元，江琴.中国推进生态文明建设的研究进展［J］. 中国人口·资源与环境，2015（2）：111-120.

［112］黄晓杏，胡振鹏，傅春，等. 绿色创新战略对企业绩效的影响机

理——基于绿色动态能力的中介效应［J］. 科技进步与对策，2015（17）：104-109.

［113］惠博.绿色金融对循环经济的支持研究［D］. 天津：天津财经大学，2012.

［114］霍艳丽，刘彤. 生态经济建设：我国实现绿色发展的路径选择［J］. 企业经济，2011（10）：63-66.

［115］季铸，李磊，何燕. 中国经济面临从工业文明向绿色文明的重大转变：中国 300个省市绿色经济指数报告 （CCGEI2010）［J］. 中国对外贸易 ，2010（12）： 54-70.

［116］姜妮. 创新绿色经济中国模式——访环境保护部环境规划院环境风险与损害鉴定评估研究中心主任曹东［J］. 环境经济，2012（5）：10-20.

［117］姜巍. 新一轮产业革命下的中国创新与绿色增长［J］. 中国发展观察，2015（3）：35-36.

［118］姜艳生.关于推动绿色转型的理论和实践问题的探讨［J］.太原社会科学院，2007（6）：7-8

［119］姜雨峰，田虹. 绿色创新中介作用下的企业环境责任、企业环境伦理对竞争优势的影响［J］. 管理学报，2014（8）：1191-1198.

［120］蒋和平.广西工业园区循环经济建设路径研究［J］.学术论坛，2015（1）：78-82.

［121］蒋天颖. 我国区域创新差异时空格局演化及其影响因素分析［J］. 经济地理，2013（6）：22-29.

［122］蒋雁，吴克烈.基于因子分析的创意产业区影响因素模型研究［J］. 上海经济研究，2009（1）.

［123］蒋自强.当代西方经济学流派［M］. 上海：复旦大学出版社，2008.

［124］焦俊，李垣. 基于联盟的企业绿色战略导向与绿色创新［J］. 研究与发展管理，2011（1）：84-89.

［125］解振华，冯之浚. 绿色经济在中国［M］. 北京：人民邮电出版社，2012.

[126] 解振华.为什么要强调加快转变经济增长方式 [EB/OL]. http://www.ce.cn/new_hgjj/ziliao2/200412/14/t20041214_2629377.shtml，2016-3-12.

[127] 靳祥锋. 实现经济绿色增长的思考 [J]. 宏观经济管理，2015 (9)：42-45.

[128] 剧宇宏. 中国绿色经济发展的机制与制度研究 [D]. 武汉：武汉理工大学，2009.

[129] 聚焦"绿色发展"的法学交叉研究平台广州市绿色经济与环境能源法研究中心 [J]. 中国地质大学学报（社会科学版），2016 (1)：174.

[130] 康玉泉，杜跃平.工业碳排放绩效水平、变动及其影响因素——基于中国省级面板数据的分析 [J]. 人文杂志，2015 (8)：41-49.

[131] 蓝虹，刘朝晖.PPP创新模式：PPP环保产业基金 [J]. 环境保护，2015 (2)：38-43.

[132] 蓝虹，孙阳昭，吴昌，等. 欧盟实现低碳经济转型战略的政策手段和技术创新措施 [J].生态经济，2013 (6)：62-66.

[133] 蓝虹.环境保护，绿色金融与政府支持 [J].中国金融，2008 (22)：61-62.

[134] 蓝虹.中国清洁发展机制的发展，面临问题及解决对策 [J].经济问题探索，2012 (4)：13-18.

[135] 雷红鹏，庄贵阳，张楚.把脉中国低碳城市发展——策略与方法 [M]. 北京：中国环境科学出版社，2011.

[136] 雷善玉，王焕冉，张淑慧. 环保企业绿色技术创新的动力机制——基于扎根理论的探索研究 [J]. 管理案例研究与评论，2014 (4)：283-296.

[137] 冷静. 绿色金融发展的国际经验与中国实践 [J]. 时代金融，2010 (8)：9-12.

[138] 李博洋，顾成奎，罗晓丽，等."水十条"实施背景下工业绿色转型发展的路径探讨 [J]. 环境保护，2015 (9)：28-31.

[139] 李飞虎，李瑛. 广义循环经济视阈下城市发展的绿色创新研究 [J]. 科技管理研究，2013 (5)：14-16+34.

［140］李建建，马晓飞.中国步入低碳经济时代——探索中国特色的低碳之路［J］.广东社会科学，2009（6）.

［141］李京文. 中国城市化进程回顾与前瞻［J］. 中国城市经济，2010（8）.

［142］李琳，刘莹. 中三角城市群与长三角城市群绿色效率的动态评估与比较［J］.江西财经大学学报，2015（3）：3–12.

［143］李玲. 中国工业绿色全要素生产率及影响因素研究［D］. 广州：暨南大学，2012.

［144］李路阳，张俊秀. 环交所：发力绿色金融交易创新［J］. 国际融资，2016（1）：8–14.

［145］李平. 低碳经济的金融支持研究［J］. 理论探讨，2010（5）：67–70.

［146］李平. 基于低碳经济的金融体系的构建［J］. 生态经济，2010（8）：121–124.

［147］李巧华，唐明凤. 企业绿色创新：市场导向抑或政策导向［J］. 财经科学，2014（2）：70–78.

［148］李芹芹. 绿色供应链企业的定价与绿色创新决策研究［D］. 合肥：中国科学技术大学，2015.

［149］李先江. 服务业绿色创业导向对绿色服务创新和经营绩效的影响研究［J］. 研究与发展管理，2012（5）：1–10.

［150］李先江. 绿色创业导向、探索性学习和低碳突破性创新关系研究［J］. 科学学与科学技术管理，2013（8）：120–128.

［151］李小燕，王林萍，郑海荣.绿色金融及其相关概念的比较［J］.科技和产业，2007，7（7）：82–85.

［152］李晓，张建平.中韩产业关联的现状及其启示：基于2000年亚洲国际投入产出表的分析［J］.世界经济，2009（12）.

［153］李晓锋，赵志强.创新理念下传统钢铁产业绿色转型升级的思考与对策——基于大邱庄国家钢铁生产基地的调查［J］. 科技管理研究，2015（21）：130–134.

［154］李晓西，胡必亮，等. 中国经济新转型：中国经济与资源管理研究报告［M］.北京：中国大百科全书出版社，2011

［155］李旭. 绿色创新相关研究的梳理与展望［J］. 研究与发展管理，2015（2）：1-11.

［156］李玉米. 转型经济中传统产业绿色创新网络构建研究［J］. 东莞理工学院学报，2015（4）：54-59.

［157］李佐军.中国绿色转型发展报告［M］.北京：中央党校出版社，2012.

［158］厉以宁.推进经济转型正当其时［J］.当代经济，2010（7）.

［159］厉以宁.中国经济双重转型之路［M］. 北京：中国人民大学出版社，2013.

［160］梁从诫，康雪. 走向绿色文明［M］. 天津：百花文艺出版社，2005.

［161］梁小珍，杨丰梅，部慧，等. 基于城市金融竞争力评价的中国多层次金融中心体系［J］.系统工程理论与实践，2011，31（10）.

［162］梁言顺. 低代价经济增长论［M］. 北京：人民出版社，2004.

［163］林柏.探解“绿色化”：定位、内涵与基本路径［J］. 学习与实践，2015（9）：69-73.

［164］林毅夫. 自生能力、经济转型与新古典经济学的反思［J］. 经济研究，2002（12）：15-24.

［165］凌明泉. 中国低碳经济发展存在的问题及对策研究［J］. 中国市场，2013（48）.

［166］刘畅，崔艳红. 中国能源消耗强度区域差异的动态关系比较研究［J］.中国工业经济，2008（4）.

［167］刘海波，倪昊，邹祖烨. 日本动画产业的发展模式及其对中国的政策启示［J］.中国软科学，2008（4）.

［168］刘加林，周发明，刘辛田，等.生态资本运营机制探讨——基于生态补偿视角［J］. 科技管理研究，2015（14）：210-213.

［169］刘佳. 我国商业银行开展“碳金融”业务探研［J］. 金融经济，2010（8）：117-119.

[170] 刘牧雨，梅松，等. 北京绿色文化创意产业发展理论与实践探索[M]. 北京：中国经济出版社，2007.

[171] 刘青，刘传江. 低碳经济与绿色金融发展[J]. 今日财富（金融版），2009（7）：51-54.

[172] 刘思峰.灰色系统理论持续发展的主要原因分析[J].中国管理科学，2006（14）.

[173] 刘思峰.灰色系统理论的产生、发展及前沿动态[J].中国管理科学，2003（11）.

[174] 刘思峰.灰色系统理论及其应用（第五版）[M]. 北京：科学出版社，2010.

[175] 刘薇. 创新驱动与绿色发展的理论思考[J]. 北京市经济管理干部学院学报，2012（3）：9-14.

[176] 刘薇. 国内外绿色创新与发展研究动态综述[J]. 中国环境管理干部学院学报，2012（5）：17-20.

[177] 刘雯. 绿色贸易壁垒与绿色技术创新研究[D]. 西安：西安建筑科技大学，2009.

[178] 刘西明 . 绿色经济测度指标及发展对策[J]. 宏观经济管理，2013（2）：39-40.

[179] 刘学敏，张生玲. 中国企业绿色转型：目标模式、面临障碍与对策[J]. 中国人口·资源与环境，2015（6）：1-4.

[180] 刘莹.绿色文化产业与相关产业的灰色关联度分析[J].沈阳工业大学学报（社会科学版），2012（5）.

[181] 刘宗超，刘粤生. 全球生态文明观——地球表层信息增殖范型[J]. 自然杂志，1993（Z3）：26-30.

[182] 刘祖云.社会转型解读[M]. 武汉：武汉大学出版社，2005.

[183] 卢洪友，杜亦譞，祁毓.中国财政支出结构与消费型环境污染：理论模型与实证检验[J].中国人口·资源与环境，2015（10）：61-70.

[184] 卢宁. 从“两山理论”到绿色发展：马克思主义生产力理论的创新成

果［J］. 浙江社会科学，2016（1）：22–24.

［185］陆小成. 基于城市绿色转型的企业低碳创新协同模式［J］. 科技进步与对策，2015（4）：67–71.

［186］罗党，刘思峰.灰色关联决策方法研究［J］.中国管理科学，2005（13）.

［187］罗杰·法莫.经济向左还是向右［M］.余翔，译. 北京：东方出版社，2012.

［188］罗纳德·哈里·科斯，王宁.变革中国——市场经济的中国之路［M］.徐尧，李哲民，译.北京：中信出版社，2013.

［189］吕晓蓉，李超，冷伏海.绿色印刷产业专利竞争态势［J］. 科学观察，2015（4）：1–7.

［190］绿色金融工作小组.构建中国绿色金融体系［M］.北京：中国金融出版社：109–137.

［191］武汉大学国家绿色文化创新研究中心.中国绿色文化创新报告（2010）［M］. 北京：社会科学文献出版社，2009.

［192］［苏］马尔科夫·雒启珂. 社会生态学［M］. 刘志明，张耀平，译. 北京：中国环境科学出版社，1989.

［193］马凤林.科学管理——搞活国有企业的关键［J］.行政论坛，1996（6）：37–39.

［194］马骏. 论构建中国绿色金融体系［J］.金融论坛，2015（5）：18–27.

［195］马骏.绿色金融体系的目标与框架［J］.金融博览，2015（6）：42–44.

［196］马骏.用金融工具缓解绿色企业融资难［J］. 中国金融，2015（10）：9–11.

［197］马向平，朱盈盈. 武汉市低碳经济发展路径研究［J］. 理论月刊，2011（2）.

［198］迈克尔·波特. 竞争优势［M］. 北京：企业管理出版社，1989.

［199］毛艳华. 区域创新系统的内涵及其政策含义［J］. 经济学家，2007

（2）：84-90.

[200] 毛宇舟. 银监会发文力挺绿色信贷，上市银行披露大多语焉不详[EB/OL].zqrb.ccstock.cn，2015.

[201] 梅多斯，等. 增长的极限：30周年更新版[M]. 李涛，等，译. 北京：机械工业出版社，2006.

[202] 孟峭. 德国废弃物机械生物处理技术的最新动向[J]. 中国城市环境卫生，2004（5）：40-46.

[203] 倪超，杨胜天，罗娅，等. 基于循环经济的黑龙江省耕地利用集约度时空差异[J].地理研究，2015（2）：341-350.

[204] 宁伟，佘金花. 绿色金融与宏观经济增长动态关系实证研究[J].求索，2014（8）：62-66.

[205] 宁越敏. 中国城市化特点、问题及治理[J]. 南京社会科学，2012（10）.

[206] 诺姆・乔姆斯基. 新自由主义和全球秩序[M].徐海铭，季海宏，译. 南京：江苏人民出版社，2000.

[207] 潘璐. 国外绿色创新领域可视化分析[J]. 现代商业，2015（33）：191-192.

[208] 潘士远，林毅夫.发展战略、知识吸收能力与经济收敛[J].数量经济技术经济研究，2006（2）.

[209] 潘锡杨，李建清. 科技伦理视阈下的绿色创新研究[J]. 自然辩证法研究，2014（6）：82-88.

[210] 潘小娟. 外国能源管理机构设置及运行机制研究[J].中国行政管理，2008（3）.

[211] 潘岳. 战略环评与可持续发展[J].宏观经济管理，2005（11）.

[212] 庞永真，刘萌萌. 试论政府管理的绿色创新[J]. 学理论，2012（20）：12-13.

[213] 彭峰，闫立东. 环境与发展：理想主义抑或现实主义？——以法国《推动绿色增长之能源转型法令》为例[J]. 上海大学学报（社会科学版），

2015（3）：16–29.

［214］彭斯震，孙新章. 中国发展绿色经济的主要挑战和战略对策研究［J］. 中国人口・资源与环境，2014（3）：1–4.

［215］彭星，李斌. 贸易开放、FDI与中国工业绿色转型——基于动态面板门限模型的实证研究［J］. 国际贸易问题，2015（1）：166–176.

［216］彭宜新，邹珊刚. 对绿色创新的系统分析［J］. 系统辩证学学报，2003（3）：104–108.

［217］浦发银行上海分行. 浦发绿色金融创新推动转型［J］. 上海国资，2012（5）：90–91.

［218］齐绍洲，罗威.中国地区经济增长与能源消费强度差异分析［J］.经济研究，2007（7）.

［219］齐亚伟，陶长琪. 环境约束下要素集聚对区域创新能力的影响——基于GWR模型的实证分析［J］. 科研管理，2014（9）：17–24.

［220］齐亚伟. 环境约束下要素集聚与区域经济可持续发展［D］. 南昌：江西财经大学，2012.

［221］岐洁，韩伯棠，曹爱红. 区域绿色技术溢出与技术创新门槛效应研究——以京津冀及长三角地区为例［J］. 科学学与科学技术管理，2015（5）：24–31.

［222］气候债券倡议组织，国际可持续发展研究院，中国人民大学重阳金融研究院.发展中国绿色债券市场：中国金融格局变化背景下给决策者的建议［R］. 中国人民大学生态金融研究中心，2015：16–20.

［223］钱宏. 中国：共生崛起［M］. 北京：知识产权出版社，2012.

［224］钱丽，肖仁桥，陈忠卫. 我国工业企业绿色技术创新效率及其区域差异研究——基于共同前沿理论和DEA模型［J］. 经济理论与经济管理，2015（1）：26–43.

［225］乔尔・麦科沃. 绿色经济策略［M］. 姜冬梅，王彬，译. 大连：东北财经大学出版社，2012.

［226］乔海曙，谭烨，刘小丽. 中国碳金融理论研究的最新进展［J］. 金融

论坛，2011（2）：35-41.

［227］乔海曙，谭烨. 2002—2010年中国碳金融研究文献分析［J］. 经济与管理，2011（8）：62-67.

［228］邱国栋，马鹤丹. 创新孵化与风险投资互联的区域创新系统研究［J］. 中国软科学，2010（2）：97-106，192.

［229］屈玉阁. 工业企业研发创新效率与全要素生产率研究——基于绿色增长视角［J］. 科技管理研究，2015（3）：48-53.

［230］曲然. 区域创新系统内创新资源配置研究［D］. 长春：吉林大学，2005.

［231］任辉. 环境保护与绿色金融体系构建［J］. 财经问题研究，2008（7）：66-70.

［232］任耀，牛冲槐，牛彤，等. 绿色创新效率的理论模型与实证研究［J］. 管理世界，2014（7）：176-177.

［233］申建设.关于管理哲学思想的几点思考［J］.山西财经学院学报，1997（3）.

［234］申楠，李婉红. 基于竞合关系的制造业绿色创新系统知识共享博弈研究［J］. 学习与探索，2015（9）：117-121.

［235］申曙光. 生态文明是一种新的文明形态［N］.贵阳日报，2007-12-13.

［236］沈和，樊徐斌，王勇斌，等. 自主创新助力绿色发展——南京普斯迪尔公司的生动实践与启示［J］. 中国发展观察，2015（12）：59-61.

［237］沈素素. 绿色创新与“两型社会”建设［J］. 商场现代化，2009（2）：384-385.

［238］施建军，崔海云. 绿色创新、消费者偏好与有机食品企业绩效的关系研究——基于北京市和南京市的调研［J］. 江淮论坛，2013（4）：38-43.

［239］石洋. 以绿色创新支撑产业结构优化升级——2014清洁发展国际融资论坛暨十大绿色创新企业颁奖典礼举行［J］. 国际融资，2014（8）：18-23.

［240］史琼辉，向刚，苑鹏博. 企业绿色持续创新效益分析初探［J］. 经济

问题探索，2006（4）：58-62.

［241］宋春梅.中国能源需求预测与能源结构研究［J］.学术交流，2009（5）.

［242］宋丽萍. 区域创新系统绩效评价及创新能力提升路径研究［D］. 北京：中国地质大学，2014.

［243］宋马林，王舒鸿，汝慧萍，等. 基于省际面板数据的FDI绿色创新能力统计分析［J］. 中国软科学，2010（5）：143-151.

［244］苏美蓉，陈彬，陈晨，等. 中国低碳城市热思考：现状、问题及趋势［J］. 中国人口·资源与环境，2012（22）.

［245］苏屹，李柏洲，喻登科. 区域创新系统知识存量的测度与公平性研究［J］. 中国软科学，2012（5）：157-174.

［246］苏宗伟，范微，苏东水，等. 中国管理模式的融合创新［J］.管理世界，2014（1）.

［247］隋俊，毕克新，杨朝均，等. 制造业绿色创新系统创新绩效影响因素——基于跨国公司技术转移视角的研究［J］. 科学学研究，2015（3）：440-448.

［248］孙德轩. 刍探绿色创新审计［J］. 财会月刊，2006（18）：52-53.

［249］孙洪庆，邓瑛. 对发展绿色金融的思考［J］.经济与管理，2002（1）：37-38.

［250］孙凌宇. 资源型企业绿色转型成长研究［D］. 长沙：中南大学，2012.

［251］孙毅，景普秋. 资源型区域绿色转型模式及其路径研究［J］.中国软科学，2012（12）：152-161.

［252］谈琦.低碳城市评价指标体系构建及实证研究——以南京、上海动态对比为例［J］.生态经济，2011（12）.

［253］谭秋成.作为一种生产方式的绿色农业［J］. 中国人口·资源与环境，2015（9）：44-51.

［254］谭太平. 国内外银行业绿色金融实践的比较研究［J］. 生态经济，

2010（6）：60-63.

［255］汤伯虹. 我国发展绿色金融存在的问题及对策分析［J］. 长春大学学报，2009（9）：1-4.

［256］唐炼.世界能源供需现状与发展趋势［J］.国际石油经济，2005（1）.

［257］陶良虎. 中国低碳经济——面向未来的绿色产业革命［M］. 北京：研究出版社，2010.

［258］王元龙，马昀，王思程，等. 中国绿色金融体系：构建与发展战略［J］. 财贸经济，2011（10）：38-46，135.

［259］王元龙. 构建中国绿色金融体系的战略研究［J］. 经济研究参考，2011（39）：2-25.

［260］田大庆，王奇，叶文虎. 三生共赢：可持续发展的根本目标与行为准则［J］. 中国人口·资源与环境，2004（2）：8-11.

［261］田虹，潘楚林. 企业环境伦理对绿色创新绩效的影响研究［J］. 西安交通大学学报（社会科学版），2015（3）：32-39.

［262］田文富.创新推动绿色发展体制机制的思考［J］. 领导科学，2015（23）：47-48.

［263］涂自力，陈桃.从三大反差看中国循环经济建设的困境与出路——基于价值观重构的视角［J］. 财贸研究，2015（1）：18-26.

［264］万劲波. 绿色创新及其对产业和外贸的影响［J］. 绿叶，2011（12）：41-48.

［265］万众，郑微微，王怀明. 中国农业政策性金融与农业经济可持续发展［J］. 中国科技论坛，2013（3）：121-127.

［266］汪良兵. 区域创新网络结构与协同演化研究［D］. 合肥：中国科学技术大学，2014.

［267］王保忠，何炼成，李忠民. 金融支持低碳经济发展的一般机理与多维路径研究［J］. 现代经济探讨，2013（12）：39-43.

［268］王炳才，田怡谦.产业集群竞争力的影响因素与实证检验［J］. 产业经济研究，2007（5）.

［269］王春杨，张超. 地理集聚与空间依赖——中国区域创新的时空演进模式［J］. 科学学研究，2013（5）：780–789.

［270］王存同.再论马尔萨斯［J］.中国人口科学，2008（3）.

［271］王道万.生态金融的内涵及其理论基础［J］.中国金融，2007（11）：63–64.

［272］王国华，贾国伟.绿色文化产业热点问题对策研究［M］. 北京：国家行政学院出版社，2011.

［273］王海峰，罗发友. 企业绿色创新的演化机理及案例研究［J］. 产业与科技论坛，2013（16）：115–118.

［274］王惠，苗壮，王树乔. 空间溢出、产业集聚效应与工业绿色创新效率［J］. 中国科技论坛，2015（12）：33–38.

［275］王建明，陈红喜，袁瑜. 企业绿色创新活动的中介效应实证［J］. 中国人口·资源与环境，2010（6）：111–117.

［276］王军.循环经济的理论与研究方法［M］. 北京：经济日报出版社，2007.

［277］王克强，左娜，刘红梅. 国际能源发展趋势分析［J］.上海财经大学学报，2009（6）.

［278］王黎明，王家泽.协整理论研究及其在经济领域中的应用［J］.泰山学院学报，2005（4）.

［279］王礼刚，袁波澜.可持续发展理论的现实困境及未来取向［J］.社科纵横. 2005（3）：45–46.

［280］王宁西，张文婷.加快转变经济发展方式的时代内涵［J］.北京交通大学学报（社会科学版），2012（10）：73–82.

［281］王鹏. 企业绿色创新内在稳定机制与动力系统研究［D］. 南京：广西工学院，2011.

［282］王七萍. 基于DEA的安徽省绿色创新效率测度［J］. 安徽科技学院学报，2015（1）：97–100.

［283］王瑞泽，周观君，张丽峰.协整理论在中国的应用情况研究［J］.统

计与信息论坛，2007（4）.

［284］王树义，郑则文. 论绿色发展理念下环境执法垂直管理体制的改革与构建［J］. 环境保护，2015（23）：12-15.

［285］王松. 我国区域创新主体协同研究［D］. 武汉：武汉理工大学，2013.

［286］王彤宇. 推动绿色金融机制创新的思考［J］. 宏观经济管理，2014（01）：46-48.

［287］王伟光. 应对气候变化报告：德班的困境与中国的战略选择［M］. 北京：社科文献出版社，2011.

［288］王小平，赵娜. 工业绿色转型中环保服务业发展研究——以河北省为例［J］. 价格理论与实践，2015（1）：106-108.

［289］王晓岭，武春友，于文嵩. 绿色增长驱动因素的国际比较研究——基于“20国集团（G20）”面板数据的实证检验［J］. 北京理工大学学报（社会科学版），2015（6）：12-20.

［290］王晓鹏，曾永年，丁生喜，等. 基于改进主成分分析方法的复杂环境系统质量评价模型［J］.系统工程理论与实践，2005（11）.

［291］王彦鑫. 生态城市建设：理论与实证［M］. 北京：中国致公出版社，2011.

［292］王遥，曹畅.推动绿色债券发展［J］. 中国金融，2015（20）：43-45.

［293］王遥，刘倩.气候融资：全球形势及中国问题研究［J］.国际金融研究，2012（9）：34-42.

［294］王遥，潘冬阳. 中国经济绿色转型中的金融市场失灵问题与干预机制研究［J］. 中央财经大学学报，2015（11）：29-34.

［295］王嬴政，周瑜瑛，邓杏叶. 低碳城市评价指标体系构建及实证分析［J］. 统计科学与实践，2011（1）.

［296］王勇，刘厚莲. 中国工业绿色转型的减排效应及污染治理投入的影响［J］. 经济评论，2015（04）：17-30，44.

[297] 危旭芳. 理解绿色发展的五个维度 [EB/OL]. http：//theory.people.com.cn/n1/2016/0222/c49150-28138306.html. 2016-3-12.

[298] [德] 魏伯乐，[澳] 查理·哈格罗夫斯. 五倍级：缩减资源消耗，转型绿色经济 [M]. 程一恒，等，译. 上海：格致出版社，2010.

[299] 魏玮，谭林，刘希章. 中国工业绿色全要素生产率动态演变特征研究 [J]. 价格理论与实践，2015（9）：91-93，111.

[300] 魏一鸣，范英，廖华. "十一五"期间中国能源需求及节能潜力预测 [J]. 战略与决策研究，2007（1）.

[301] 魏一鸣，傅小峰，陈长杰.中国可持续发展管理理论与实践 [M].北京：科学出版社，2005.

[302] 魏泽龙，谷盟.转型情景下企业合法性与绿色绩效的关系研究 [J]. 管理评论，2015（4）：76-84.

[303] 翁莉，马林，和媛媛. 传统产业升级下绿色供应链知识共享与绿色创新研究综述 [J]. 经济问题探索，2013（11）：153-157.

[304] 吴光炳. 转型经济学 [M].北京：北京大学出版社，2008.

[305] 吴国琴.论旅游业绿色转型的困境及其路径 [J]. 河南师范大学学报（哲学社会科学版），2015（5）：186-188.

[306] 吴慧香.基于钻石模型的绿色文化创意指数指标体系构建 [J]. 产业与科技论坛，2012（3）.

[307] 吴文良，王静慧. 区域生态农业产业化发展与"三生共赢" [A]. 三生共赢论坛，2009.

[308] 吴晓蓉. 西三教经济圈：一个文献综述 [J]. 改革，2010（3）.

[309] 吴吟.关于中国能源管理体制的思考 [J].中国能源，2002（10）.

[310] 吴玉萍，任勇，孙高峰.绿色经济制度体系——推进循环经济发展的制度创新 [J].环境经济，2005（11）.

[311] 向春玲.城市化进程中的理论与实证研究 [M].湖南：湖南人民出版社，2008.

[312] 谢开红，何文，张妹芝，等. 绿色发展科教支撑精准滴灌——安徽金

寨县扶贫工作的调研思考［J］. 中国党政干部论坛，2016（1）：95–97.

［313］谢来辉. APEC框架下的绿色供应链议题：进展与展望［J］. 国际经济评论，2015（6）：132–147，7–8.

［314］谢然浩.中国能源管理“最有效率”？［J］.中国石油石化，2005（19）.

［315］谢文捷，于友伟.国际能源贸易的形成和发展研究［J］. 对外经济贸易大学学报，2005（3）.

［316］谢宗杰.国外企业可持续发展创新研究综述及展望［J］.科技进步与对策，2013，29（24）：191–196.

［317］熊学萍.传统金融向绿色金融转变的若干思考［J］.生态经济，2005（11）：60–62.

［318］徐斌，李燕芳. 生产要素理论的主要学派与最新发展［J］. 北京交通大学学报（社会科学版），2006，5（3）：20–24.

［319］徐璐，淡卫军. 绿色转型的就业效应及挑战［J］. 中国流通经济，2015（9）：108–113.

［320］许红莲. 现代农产品绿色物流金融运作模式设计［J］. 中央财经大学学报，2009（11）：82–86.

［321］许晖，王琳. 价值链重构视角下企业绿色生态位跃迁路径研究——“卡博特”和“阳煤”双案例研究［J］. 管理学报，2015（4）：500–508.

［322］许黎惠. 市场导向型环境金融创新研究［D］. 武汉：武汉理工大学，2013.

［323］郇庆治. 生态文明理论及其绿色变革意蕴［J］. 马克思主义与现实，2015（5）：167–175.

［324］雅柯比，陈冰梦，黄海峰，等. 针对环境创新的领先市场［M］. 北京：机械工业出版社，2010.

［325］亚当·斯密.国富论［M］.谢宗林，李华夏，译. 北京：中央编译出版社，2011.

［326］亚当·斯密. 道德情操论［M］. 谢宗林，译. 太原：山西经济出版

社，2010.

［327］闫岩. 互惠互利合作，多方共赢发展［EB/OL］.www.shangbao.net.cn，2013.

［328］杨朝飞. 绿色发展与环境保护［J］. 理论视野，2015（12）：35–36.

［329］杨迪.国开行：环保贷款期限最长可达20年［EB/OL］.finance.people.com.cn，2012.

［330］杨东，柴慧敏. 企业绿色技术创新的驱动因素及其绩效影响研究综述［J］. 中国人口·资源与环境，2015（S2）：132–136.

［331］杨东.日本金融ADR制度的创新及其对中国的借鉴［J］.法律科学，2012（3）.

［332］杨静，施建军.企业生态创新与经济绩效曲线关系研究［J］.科技进步与对策，2015（13）：95–99.

［333］杨林，聂克艳，杨晓容，等. 基因工程技术在环境保护中的应用［J］. 西南农业学报，2007（5）：23–26.

［334］杨庆义. 绿色创新是西部区域创新的战略选择［J］. 重庆大学学报（社会科学版），2003（1）：35–37.

［335］杨玉英，郭丽岩.绿色文化服务业的经济分析［M］. 北京：中国社会科学出版社，2010.

［336］姚西龙，牛冲槐，刘佳. 创新驱动、绿色发展与我国工业经济的转型效率研究［J］. 中国科技论坛，2015（1）：57–62.

［337］叶健. 抢淘“低碳经济”之金［EB/OL］. http：//news.lnd.com.cn/htm/2008–03/20/content_108362.htm，2016–3–12.

［338］叶文虎. 坚持：三生共赢建设健康社会是生态文明建设的关键［J］. 武汉科技大学学报，2010（4）.

［339］叶文虎. 寻求多样化的乡村发展道路［J］. 绿叶，2009（12）.

［340］叶子青，钟书华. 美、日、欧盟绿色技术创新比较研究［J］. 科技进步与对策，2002（7）.

［341］叶子青，钟书华. 日本绿色技术创新现状及发展趋势［J］. 科技与管

理，2002（4）.

［342］易金平，江春，彭祎.我国绿色金融发展现状与对策研究［J］.特区经济，2014（5）：81–83.

［343］殷红.绿色金融战略与实践［J］.中国金融，2015（20）：35–37.

［344］余慧敏. 环境规制对绿色创新绩效的影响——以研发密度为调节变量［J］. 新经济，2015（2）：5–6.

［345］余佶. 生态文明视域下中国经济绿色发展路径研究——基于浙江安吉案例［J］. 理论学刊，2015（11）：53–60.

［346］俞海，任子平，张永亮，等. 新常态下中国绿色增长：概念、行动与路径［J］. 环境与可持续发展. 2015，40（1）：7–10.

［347］俞海. 绿色转型新浪潮下的世界与中国［J］. 人民论坛·学术前沿，2015（1）：53–63.

［348］俞海. 中国“十二五”绿色发展路线图［J］. 环境保护，2011（1）：10–13.

［349］俞岚. 绿色金融发展与创新研究［J］. 经济问题，2016（1）：78–81.

［350］庾为.基于钻石模型理论的区域会展业竞争力研究——以北京市朝阳区为例［J］.江苏商论，2011（11）：89–92.

［351］袁丽静.循环经济、绿色经济和生态经济［J］.环境科学与管理，2008（6）：157–160.

［352］岳书敬，杨阳，许耀. 市场化转型与城市集聚的综合绩效——基于绿色发展效率的视角［J］. 财经科学，2015（12）：80–91.

［353］詹姆斯·莫里斯. 绿色增长的价值［J］. 低碳世界，2013（18）.

［354］张兵生. 绿色经济学探索［M］. 北京：中国环境科学出版社，2005.

［355］张承惠，田辉.近期国际绿色金融发展的动向及启示［N］.中国经济时报，2015-03-03.

［356］张德海. 绿色供应链的多代理人合作创新机制研究［J］. 科技管理研究，2010（5）：106–107，126.

［357］张复明. 资源型区域面临的发展难题及其破解思路［J］. 中国软科

学，2011（6）：1–9.

［358］张钢，张小军. 国外绿色创新研究脉络梳理与展望［J］. 外国经济与管理，2011（8）：25–32.

［359］张钢，张小军. 绿色创新研究的几个基本问题［J］. 中国科技论坛，2013（4）：12–15，20.

［360］张钢，张小军. 绿色创新战略与企业绩效的关系：以员工参与为中介变量［J］. 财贸研究，2013（4）：132–140.

［361］张钢，张小军. 企业绿色创新战略的驱动因素：多案例比较研究［J］. 浙江大学学报（人文社会科学版），2014（1）：113–124.

［362］张建平，季剑军，晋晶.中国可持续消费模式的战略选择与政策建议［J］. 宏观经济研究，2015（8）：65–75.

［363］张江雪，蔡宁，毛建素，等. 自主创新、技术引进与中国工业绿色增长——基于行业异质性的实证研究［J］. 科学学研究，2015（02）：185–194，271.

［364］张江雪，蔡宁，杨陈. 环境规制对中国工业绿色增长指数的影响［J］. 中国人口·资源与环境，2015（1）：24–31.

［365］张丽峰.产业能源消费与产业发展的协整与误差修正模型分析［J］. 经济经纬，2005（6）.

［366］张丽峰.中国经济增长、产业结构对能源消费影响分析［J］.经济问题探索，2008（5）.

［367］张良，戴扬. 经济转型理论研究综述［J］. 开放导报，2006（6）：93–96.

［368］张天悦. 环境规制的绿色创新激励研究［D］. 北京：中国社会科学院研究生院，2014.

［369］张伟，李培杰. "环境金融研究"笔谈：国内外环境金融研究的进展与前瞻［J］. 济南大学学报（社会科学版），2009，19（2）：5–8.

［370］张伟. 金融业如何支持绿色创新？［J］. 环境经济，2015（Z1）：23.

［371］张文博.绿色技术创新制度及其结构设计［D］. 大连：大连理工大

学，2005.

［372］张文洲. 基于超循环经济的我国农业生态化发展研究［J］. 湖北社会科学，2015（11）：97–101.

［373］张小军. 企业绿色创新战略的驱动因素及绩效影响研究［D］. 杭州：浙江大学，2012.

［374］张旭，杜瑶. 绿色增长战略实施能力体系研究［J］. 科研管理，2014（12）：153–159.

［375］张亚斌.湖南绿色文化创意产业竞争力研究［D/OL］.中国知网–中国优秀硕士学位论文数据库，2008.

［376］张岩贵. 中国资源供给瓶颈和经济发展模式的调整［J］.南开经济研究，2004（5）.

［377］张逸昕，林秀梅. 中国省际绿色创新效率与系统协调度双演化研究［J］. 当代经济研究，2015（3）：51–56.

［378］张银银，黄彬.产业承接、创新驱动与促进区域协调发展研究［J］. 经济体制改革，2015（6）：62–67.

［379］张振刚，白争辉，陈志明. 绿色创新与经济增长的多变量协整关系研究——基于1989–2011年广东省数据［J］. 科技进步与对策，2014（10）：24–30.

［380］张志勤.欧盟绿色经济的发展现状及前景分析［J］.全球科技经济瞭望，2013，28（1）.

［381］张中华，张沛.西部欠发达山区绿色产业经济发展模式及有效路径［J］.社会科学家，2015（10）：66–70.

［382］章轲.绿色转型，政府如何作为？［EB/OL］ http：//www.yicai.com/news/2015/05/4620280.html. 2016–3–12.

［383］赵书华，王菲菲.北京创意产业集群的国际竞争力分析及其对北京服务贸易发展的影响研究［M］. 北京：中国商务出版社，2011.

［384］赵修卫. 关于中小企业绿色创新的思考［J］. 科技管理研究，2001（4）：17–19.

［385］赵彦云，林寅，陈昊. 发达国家建立绿色经济发展测度体系的经验及

借鉴［J］. 经济纵横，2011（1）：34–37.

［386］赵一平，孙启宏，段宁.中国经济发展与能源消费响应关系研究——基于相对“脱钩”与“复钩”理论的实证研究［J］.科研管理，2006，27（3）：128–134.

［387］赵友宝. 创意产业：发达国家发展政策的国际比较及其启示［J］.科学学与科学技术管理，2007（2）.

［388］赵峥. 城市绿色发展：内涵检视及战略选择［J］. 中国发展观察，2016（3）：36–40.

［389］甄志勇. 高校绿色创新人才培养现状及对策［J］. 科技与管理，2010（4）：126–129.

［390］郑德凤，臧正，孙才志. 绿色经济、绿色发展及绿色转型研究综述［J］. 生态经济，2015（2）：64–68.

［391］郑红霞，王毅，黄宝荣. 绿色发展评价指标体系研究综述［J］.工业技术经济，2013（2）：142–152.

［392］郑季良，陈墙.基于循环经济的高耗能产业群供应链协同管理运营系统研究［J］. 科技管理研究，2015（07）：164–167.

［393］郑新立.深化金融体制改革，促进金融产业安全［J］.中国国情国力，2007（5）：4–7.

［394］郑延东. 红色土地上的绿色金融崛起——后发劣势下梅州金融跨越式发展思考［J］. 中国统计，2013（8）：37–40.

［395］郑长德. 基于包容性绿色发展视域的集中连片特困民族地区减贫政策研究［J］. 中南民族大学学报（人文社会科学版），2016（1）：115–121.

［396］支航.独立工矿区的绿色转型研究——基于差异化的视角［J］.华南师范大学学报（社会科学版），2015（4）：106–111.

［397］中国环境与发展国际合作委员会.环境与发展政策研究报告：国家绿色转型治理能力研究［M］. 北京：中国环境科学出版社，2015.

［398］中国环境与发展国际合作委员会. 环境与发展政策研究报告：中国绿色转型进程评估与展望［M］. 北京：中国环境科学出版社，2014.

[399] 中国环境与发展国际合作委员会. 中国经济发展方式的绿色转型[M]. 北京：中国环境科学出版社，2012.

[400] 中国科学院可持续发展战略研究组. 2009中国可持续发展战略报告：探索中国特色的低碳道路[M]. 北京：科学出版社，2009.

[401] 中国科学院可持续发展战略研究组. 2011中国可持续发展战略报告：实现绿色的经济转型[M]. 北京：科学出版社，2011.

[402] 中国科学院可持续发展战略研究组. 2012中国可持续发展战略报告：全球视野下的中国可持续发展[M].北京：科学出版社，2012.

[403] 中国科学院可持续发展战略研究组. 中国可持续发展战略报告——绿色发展与创新[M]. 北京：科学出版社，2010.

[404] 中国科学院可持续发展战略研究组. 中国可持续发展战略报告——政策回顾与展望[R]. 中国生态足迹与可持续消费研究报告，2008.

[405] 中国科学院可持续发展战略研究组.中国可持续发展战略报告——建设资源节约型和环境友好型社会[M]. 北京：科学出版社，2006.

[406] 中国生态文明研究与促进会.生态文明绿色转型——会员代表大会、成立大会、第一届（苏州）年会资料汇编[M].北京：中国环境出版社，2013.

[407] 钟相，吕冬梅. 向国际领先银行学习绿色金融创新发展[J]. 当代金融家，2015（10）：128-129.

[408] 周道许，宋科. 绿色金融中的政府作用[J]. 中国金融，2014（4）：22-24.

[409] 周航，王敬勇.投入与经济增长的协整关系分析[J].哈尔滨商业大学学报（自然科学版），2005（2）.

[410] 周宏春. 让绿色发展迈上“互联网+”快车道[J]. 中国发展观察，2016（1）：35-39.

[411] 周宏春. 走中国特色的低碳绿色发展之路[J]. 再生资源与循环经济，2011（4）.

[412] 周宏春.新常态下我国环境保护的战略与原则[J].环境保护，2015（1）：16-20.

[413] 周丽.绿色文化创意产业与三次产业的融合发展研究 [M]. 北京：企业管理出版社，2014.

[414] 周彧. 低碳经济与我国环境金融创新——一个战略的视角 [J]. 求索，2010（4）：42-44.

[415] 诸大建. 绿色复苏与中国的绿色创新 [J]. 中国科学院院刊，2010（2）：127-137.

[416] 诸大建. 作为可持续发展的科学与管理的生态经济学——与主流经济学的区别和对中国科学发展的意义 [J]. 经济学动态，2009（11）.

[417] 诸大建. 中国城市如何实现绿色转型 [EB/OL]. http：//www.jy1898.net/news/186/show35850.html. 2016-3-12.

[418] 祝圣训，李晓龙，张洪.国外工业生态经济的研究 [J].国外环保动态，1996（10）.

[419] 庄贵阳，潘家华，朱守先. 低碳经济的内涵及综合评价指标体系构建 [J].经济学动态，2011（1）.

[420] 庄贵阳.低碳经济与城市建设模式 [J].开放导报，2010（6）.

[421] 庄亚明，李金生.基于区域集聚的产业价值共享模型研究 [J].中国管理科学，2008.

[422] 邹至庄. 中国经济转型 [M]. 曹祖平，等，译. 北京：中国人民大学出版社，2005.

[423] Acemoglu D， Robinson J. Why Nations Fail：The Origins of Power，Prosperity， and Poverty [M]. New York： Crown Business，2012.

[424] Audretsch，David B and Maryann Feldman P. R&D Spillovers and the Geography of Innovation and Produetion [J]. The American Economic Review，1996（86）.

[425] Bai，Xuemei. Industrial Ecology and the Global Impacts of Cities [J]. Journal of Industrial Ecology. 2007, 11（2）.

[426] Baty，Gordon，William Bygrave，Donald Chew，Patrick Finegan，Kenneth Froot，Thomas Gray，John Kensinger，Gary Loveman，Stephen Magee，John

Martin, Bruce Petersen, William Petty and William Wetzel. Roundtable on U.S. Risk Capital and Innovation [J] . Journal of Applied Corporate Finance. 1992 (4) .

[427] Berkowitz, Daniel, Pistor Katharina and Richard Jean Francois. Economic Development, Legality, and the Transplant Effect [J] . European Economic Review. 2003 (47) .

[428] Bhattacharya Utpal and Hazem Daouk. The world price of insider trading [J] . Journal of Finance, 2002 (57) .

[429] Black, Jan Knippers. Latin American: Its Problems and Its Promises [M] .Westview Press Inc, 1990.

[430] Bottazzi L and Da Rin M. Venture Capital in Europe: Euro and the Financing of European Innovative Firms [J] . Economic Policy. 2002 (17) .

[431] Bremmer I. The End of the Free Market: Who Wins the War Between States and Corporations? [J] . New York: Portfolio Hardcover, 2010.

[432] Chaolin G U, Liya W U, Ian Cook. Progress in research on Chinese urbanization [J] .Frontiers of Architectural Research , 2012.

[433] Charle L. The Creative City: A Toolkit for Urban Innovators [M] . London: Earthscan Publications Ltd, 2000.

[434] Charlo M J, Moya I, Muoz A M. Sustainable Development and Corporate Financial Performance: A Study Based on the FTSE4Good IBEX Index [J] . Business Strategy and the Environment, 2015, 24 (4) : 277–288.

[435] Chien–I Chang, Qian Du. Interference and noise–adjusted principal components analysis [J] .IEEE transactions on geosciences and remote sensing, 1999.

[436] Cowan E. Topical Issues in Enviromental Finance [J] . Research paper was commissioned by the Asia Branch of the Canadian International Development Agency (CIDA) , 1999.

[437] Creative Industries Economic Estimates Statistical Bulletin [OL] .英国绿色文化部官方网站，2007.

[438] Crewe L, Beaverstock J. Fashioning The City: Cultures of Consumption in

Contemporary urban Spaces [J] .Geoforum, 1998.

[439] Daly, Herman E. The Economics of the Steady State [J] . American Economic Association, 1974, (2) : 15 ~ 21.

[440] Diamond, Douglas W, Philip H Dybvig. Banking runs, deposit insurance and liquidity [J] . Journal of Political Economy, 1983, 91 (3) .

[441] Diamond, Douglas W, Raghuram Rajan. Liquidity risk, liquidity creation, and financial fragility: a theory of banking [J] . Journal of Political Economy. 2001 (109) .

[442] Dieter, Ernst, Linsu Kim. Global production networks, knowledge diffusion and local capability formation [J] . Research Policy, 2002 (31) .

[443] Dixon R K, Scheer R M, Williams G T. Sustainable energy investments: contributions of the Global Environment Facility [J] . Mitigation and adaptation strategies for global change, 2011, 16 (1) : 83-102.

[444] Dubocage, Emmanuelle, Rivaud Danset Dorothee. The Development of Venture Capital in Europe, the Role of Public Policy. in Capital Market Development and the Economy. Tokyo Club Papers, 2004, No.16.

[445] Durbin A, Herz S, Hunter D, et al. Shaping the Future of Sustainable Finance: Moving From Paper Promises to Performance [J] . London: Bank Track, 2006, (4) : 38-39.

[446] Edward, Glaeser, Johnson Simon and Shleifer Andrei. Coase vs. Coasians [J] .The Quarterly Journal of Economics, 2001, 116 (3) .

[447] Feitelson E. An Alternative Role for Economic Instruments: sustainable Finance for Environmental Management [J] . Environmental Management, 1992, 16 (3) : 299-307.

[448] Florida R.No Monopoly on Creativity [J] .Harvard Business Review, 2004.

[449] Florida R.The Rise of the Creative Class: And How It's Transforming Work, Leisure, Community and Everyday Life [M] .New York: Basic Books,

2002.

[450] Fowler S J, Hope C. A Critical Review of Sustainable Business Indices and Their Impact [J] . Journal of Business Ethics, 2007, 76 (3) : 243-252.

[451] Friedman, Milton, Anna Jacobson Schwartz: Has the Government any Role in Money? [J] . Journal of Monetary Economics, 1988 (117) .

[452] Frisch, Morton J. Selected Writings and Speeches of Alexander Hamilton [M] . Columbia University Press, 1979.

[453] Garry, Gereffi, Donald L Wyman. Manufacturing Miracles: Paths of Industrialization in Latin America and East Asia [M] . Princeton University Press, 1990.

[454] Gary, Wynia W. The politics of Latin American Development [M] . Cambridge University Press, 1987.

[455] Giddings B, Hopwood B, O' Brien G. Environment, Economy and Society: Fitting Them Together Into Sustainable Development [J] . Sustainable Development, 2002, 10 (4) : 187-196.

[456] Gomi Kei, Shimada Kouji, Matsuoka Yuzuru. A Low- carbon ScenarioCreation Method for a Local- scale Economy and Its Application inKyoto City [J] . Energy Policy, 2009.

[457] Gompers, Paul, Josh Lerner . The Venture Capital Cycle, Cambridge, Payoffs of the Great American Venture Capital Game [R] . New York.Harper Business, 1990.

[458] Goodhart, Charles, Hartmann Philipp, Llewellyn David, Rojas Suarez, Liliana and Weisbrod Steven. Financial Regulation: Where.How and What Now? Routledge.London and New York, 1998.

[459] Granovetter, Mark (1973) : The strength of Weak Ties [J] . American Journal of Scieology. 1973 (78) .

[460] Guha, Ramachandra. How much should a person consume? [M] . University of California Press, 2006.

[461] Gurley JG， Shaw ES. Financial Aspects of Economic Development [J] . The American Economic Review， 1955， 45（4）: 515–538.

[462] Hameri A P， Eloranta E. Free Trade and Ecology—Benchmarking as a Method Towards a Sustainable Future [M] .Benchmarking—Theory and Practice. Springer US， 1995： 68–76.

[463] Hawkins，John. Creative Economy： How People Make Money from Ideas. [M] . London：Penguin Books，2001.

[464] Heiskanen Eva， Johnson Mikael， Robinson Simon， et al. Low-carbonCommunities as a Context for Individual Behavioural Change [M] . Energy Pollcy， 2010.

[465] Hellmann，T. and M. Puri： Venture Capital and the Professionalization of Start–up Firms： Empirical Evidence [R] . SSRN Working Paper，2001.

[466] Henry，Mike，Manhong Mannie Liu，Haifeng Huang. Renewable Energy in China–Towards a Green Economy [M] . Singapore： Enrich Professional Publishing， 2013

[467] Henry，Chesbrough. Open innovation： The New Imperative for Creating and Profiting from Technology [M] . Harvard Business School Press，2003.

[468] Herbertson K， Hunter D. Emerging Standards for Sustainable Finance of the Energy Sector [J] . Sustainable Dev. L. & Pol'y，2006（7）: 4.

[469] Hirukawa，Masayuki，Masako Ueda. Venture Capital and Productivity， mimeo [R] . University of Wisconsin–Madison，2003.

[470] Inderst G， Kaminker C， Stewart F. Defining and Measuring Green Investments： Implications for Institutional Investors' Asset Allocations [J] . OECD Working Papers on Finance Insurance & Private Pensions， 2012， 60（1）: 70–105.

[471] Jaffe， Adam B.，Steven R. Peterson，Paul R. Portney，Robert N. Stavins. Environmental Regulation and the Competitiveness of U.S. Manufacturing： What Does the Evidence Tell Us? [J] . Journal of Economic Literature. 1995： 132–163.

[472] Janos， Kornai.Transformational Recession： A General Phenomenon

Examined Through the Example of Hungary' s Development [M] . Cambridge, Mass: Harvard University Press, 1993.

[473] Jayne M.Culture That Works-Creative Industries Development in a Working-class City [J] .Capital and Class, 2004.

[474] Jeucken M, Jeucken M. Sustainable Finance and Banking: The Financial Sector and the Future of the Planet [J] . ROUTLEDGE, 2001: 71-74.

[475] Kane E J. Impact of regulation on economic behavior.Journal of Money. Credit and Banking. 1981 (9) .

[476] Kane, Edward J. A market perspective on financial regulation [J] . CATO Journal, 1994 (13) .

[477] Kaplan, Steven N., Per Stromberg. Characteristics, Contracts and Actions: Evidence from Venture Capitalists Analyses [R] . NBER Working Paper, 2002.

[478] Kareiva P, Chang A, Marvier M. Development and Conservation Goals in World Bank Projects [J] . Science, 2008, 321 (5896) : 1638-1639.

[479] Kaufman, George G. Bank failure, risk, and bank regulation [J] . CATO Journal, 1996 (16) .

[480] Keuschnigg, Christian , Soren Bo Nielsen. Tax Policy, Venture Capital, and Entrepreneurship [J] . Journal of Public Economics, 2003, 87 (1) .

[481] Kortum, Lerner (2000) : Assessing The Contribution of Venture Capital On Innovation [J] . Rand Journal of Economics, 2000 (31) .

[482] Li B, Akintoye A, Edwards P J, et al. Critical Success Factors for PPP/PFI Projects in the UK Construction Industry [J] . Construction Management and Economics, 2005, 23 (5) : 459-471.

[483] Li Jianling. Economic and Management for Sustainable Development [M] . 2012 International Conference on Management Innovation and Public Policy, 2012.

[484] Li Jianling. Green Economic Development and Management [J] . Energy Procedia, 2012.

[485] L ü , Yong–Long, GENG Jing, Gui–Zhen HE. Industrial transformation and green production to reduce environmental emissions: Taking cement industry as a case [J] . Advances in Climate Change Research, 2015, Z1: 202–209.

[486] Lucas R E. On the Mechanics of Economic Development [J] .Econometric Society Monographs, 1998 (29) : 61–70.

[487] Matheson B.A Culture of Creativity: design education and the creative industries [J] . Journal of Management Development, 2006.

[488] Mc Williams. Corporate social responsibility: A theory of the firm perspective [J] .Academy of Management Review, 2001 (1) .

[489] Modigliani, Franco, Enrico Perotti (2000) : Security versus Bank Finance: the Importance of a Proper Enforcement of Legal Rules. SSRN Working Paper No.200559.

[490] Moshe, Syquin, Hollis Chenery, Three Decades of Industrialization [J] .The World Bank Economic Review, 1989.

[491] Moulder, Frances V. Japan, China and the Modern World Economy. [M] . Cambridge University Press, 1977.

[492] Munasinghe M. Environmental Economics and Sustainable Development, Paper presented at the 1992 UN Earth Summit, Rio de Janeiro, Environment Paper. 1992, No.3.

[493] Munasinghe M. The sustainomics trans–disciplinary meta–framework for making development more sustainable, Paper presented at the 2002 UN World Summit on Sustainable Development (WSSD) [J] . Johannesburg, International Journal of Sustainable Development, 2002, 5 (1–2) : 125–82.

[494] Munasinghe M. Sustainable Development in Practice: Sustainomics Framework and Applications [M] . Cambridge University Press, 2009.

[495] Munasinghe M. Making Development More Sustainable: Sustainomics Framework and Practical Applications. [M] . Third Edition, MIND Press, 2006.

[496] Munasinghe M, Jayasinghe P, Ralapanawe V and A Gajanayake

A. “Supply/value chain analysis of carbon and energy footprint of garment manufacturing in Sri Lanka” [J] . Sustainable Production and Consumption, 2015 (5) : 51–64.

[497] N L. Stokey.Are There Limits to Growth International [J] . Economic Review, 1998.

[498] Nakata Toshihiko, Silva Diego, Rodionov Mikhail. Application ofEnergy System Models for Designing a Low–carbon Society [J] . Progress in Energy and Combustion Sdence, 2011.

[499] Neuneyer D. Why Not? Sustainable Finance as a Question of Mindset: A Plea for a Confident Sustainable Business Strategy [M] .Responsible Investment Banking. Springer International Publishing, 2015: 625–639.

[500] Paul Thompson, Christopher J, Cowton.Bringing the environment into bank lending: implication for environmental reporting [J] .The British Accounting Review, 2004 (36) .

[501] Pearce D W, Markandya A, Barbier E. Blueprint for a green economy [J] . Earthscan, 1989.

[502] Pearce, David W. The MIT dictionary of modern economics [M] . 4th edition. The MIT Press, 1992.

[503] Pearson K.On Lines and Planes of Closest Fit to Systems of Points in Space [J] . Philosophical Magazine, 1901.

[504] Peltzman Sam. Toward a more general theory of Regulation [J] . Journal of Law and Economics, 1976 (19) : 211–240.

[505] Pistor, Katharina, Martin, Raiser and Stanislav, Gelfer. Law and finance in transition economies [R] . EBRD working paper, 2002, No.48.

[506] Porter, Michael. America's Green Strategy [M] . Scientific American, 1991: 168.

[507] Posner, Richard. Theories of economic regulation [J] . Bell Journal of Economics & Management Science, 1974 (5) .

[508] Richard Posner.Theories of Economic Regulation [J] .Bell Journal of

Economics & Management Science, 1974.

[509] Roland Berger Strategy Consultants. Green Growth, Green Profit. MPG Books Group [M] . Bodmin and Kings. 2011: 176–185

[510] Roland Berger Strategy Consultants. Green Growth, Green Profit: How Green Transformation Boosts Business [M] . UK: Palgrave Macmillan, 2011.

[511] Roland, G..The Role of Political Constraints in Transition Strategies [J] . Economics of Transition, 1994, 2 (1) : 27–41

[512] Roland G. Transition and Economics: Politics, Markets and Firms [M] . The MIT Press, 2000.

[513] Romer P, Paul. M Increasing Returns and Long Run Growth [J] . Journal of Political Economy, 1986, (94) : 2–37

[514] Rosenstien–Rodan, Paul N. (1943) : Problems of Industrialization of Eastern and South Eastern Europe [J] . Economic Journal, 1943 (53) .

[515] Sabine K , McNeill. Green Credit for Green Purposes —Changing the Cash: Credit Ratio of the Money Supply to Ameliorate Climate Change [J] . Green Credit, 2008 (2) .

[516] Sacks, Jeffrey, Wing Thye Woo and Xiaokai Yang.Economic Reforms and Constitutional Transtion [R] . CID Working Paper 2000, No.42.

[517] Sacks, Jeffrey, Wing Thye Woo. Understanding China' s Economic Performance [R] . NBER Working paper. No. 5935. Cambridge, Mass.: the National Bureau of Economic Research, 1996.

[518] Sandejas F D, Robles E and Barsatan R. The catalytic role in venture capital [R] . the SGV review – the Entrepreneurship Issue, 2004.

[519] Schiederig T, Tietze F and Herstatt C. Green Innovation in Technology and Innovation Management – An Exploratory Literature Review [J] . R&D Management, 2012, 42 (2) : 180–192.

[520] Schumpeter, Joseph. The Theory of Economic Development [M] . Harvard University Press, 1934.

[521] Shortall R, Davidsdottir B, Axelsson G. Geothermal Energy for Sustainable Development: A Review of Sustainability Impacts and Assessment Frameworks [J] . Renewable and Sustainable Energy Reviews, 2015 (44) : 391-406.

[522] Sonia Labatt, Rodney White R. Environmental Finance [M] . New York: John Wiley and Sons, 2002.

[523] Soppe A. Sustainable Corporate finance [J] . Journal of Business Ethics, 2004, 53 (1-2) : 213-224.

[524] Soppe A. Sustainable Finance and the Stakeholder Equity Model [M] . Trends in Business and Economic Ethics. Springer Berlin Heidelberg, 2008: 199-228.

[525] Soppe A. Sustainable Finance as a Connection Between Corporate Social Responsibility and Social Responsible Investing [J] . Indian School of Business WP Indian Management Research Journal, 2009, 1 (3) : 13-23.

[526] Soppe Aloy. Sustainable Finance as a Connection Between Corporate Social Responsibility and Social Responsible Investing, Indian School of Business WP Indian [J] .Management Research Journal, 2009 (1) .

[527] Stegeretal, Fang Zhaoben and Lu Wei. Green Chinese Business: Barriers, Trends and Opportunities for Environment Management, Sheffield [M] . UK: Greenleaf Publishing, 2003.

[528] Thompson P. Policies and Opportunities [J] .International Journal of Bank Marketing, 1998 (6) .

[529] Tim Jackson, Peter Victor. Productivity and work in the 'Green Economy' Some Theoretical re? Ections and Empirical Tests [J] . Environmental Innovation and Societal Transitions, 2011.

[530] Tschmuck P. Copyright, Contracts and Music Production [J] . Information, Communication & Society, 2009 (12) .

[531] TurokI.Cities, Clusters and Creative Industries-The Case of Film and Television in Scotland [J] .European Planning Studies, 2003 (11) .

[532] Von, Weizsacker, Lovins Amory and Hunter Lovins (1998): Factor 4: Doubling wealth, halving resource use – a report to the Club of Rome [M]. Earthscan Publications, 1998.

[533] WBCSD. Eco–efficiency: creating more value with less impact [K]. World Business Council for Sustainable Development, 2000.

[534] Weber. Sustainability Benchmarking of European Banks and Financial Service Organizations [J].Corporate Social Responsibility and Environmental Management, 2005 (1).

[535] Who' s in Risk Capital. Continental Europe. Harvard Business Review Paperback [J]. Series. Paperback. Publisher: Harvard Business School Publishing, 1991.

[536] Wiley, Blackwell L. The Beginning of Russian Industrialization, 1800–1960 [M]. Princeton University Press, 1968.

[537] William, Overholt H. The Rise of China: How Economic Reform is creating a New Superpower [M]. New York London: W.W. Norton and Company, 1993.

[538] Williamson, Oliver E. The Economic Institutions of Capitalism: Firms, Markets, Relational Contracting [M]. New York, NY: Basic Books, 1995.

[539] Yangfan Li, YiLi, Yan Zhou, Yalou Shi, Xiaodong Zhu. Investigation of a Coupling Model of Coordination Between Urbanization and the Environment [J]. Journal of Environmental Management, 2012.

[540] Ying Tang, Robert J Mason, Ping Sun. Interest distribution in the process of coordination of urban and rural construction land in China [J]. Habitat International, 2012.

[541] Yoshihara, Kunio. the Rise of Ersats Capitalism in South–East Asia [M]. Singapore: Oxford University Press, 1998.

后记

研究的本质在于更好地服务社会

作为《中国绿色创新之路》总负责人，出版本专著的目的是希望鼓励更多的青年学生投身于绿色经济研究的行列，研究的本质在于更好地服务于社会。于是，一方面，本专著汇集了一些学者的最新成果；另一方面，部分成果来自我所指导的博士生论文。作为本专著的负责人，除了负责选题和指导，就是确立了执行团队。有幸获得了北京工业大学经济与管理学院博士生王昕宇和北京大学环能学院副研究员吴华南博士的积极响应，他们作为杰出的青年学者，成为这部专著的重要编者，其中王昕宇承担了大量的编辑工作，吴华南承担了全书的审阅工作。本专著从选题、研究、撰写、编辑、讨论、统稿、修正到出版的过程，经历了艰辛、磨炼和收获。本书为《中国绿色转型之路》的姊妹篇，也是《中国经济转型之路》和《中国经济创造之路》的续篇，希望通过对绿色创新理论的探索研究，进一步丰富中国的经济学理论。

首先，衷心感谢在我学习与工作过程中，曾给予我大力支持的学长、无私相助的学友和充满信任的学生，感谢在大学工作与研究期间给予帮助的所有领导、师生和同事，其中：李京文、吴国蔚、刘超、李军英、林屹、崔君、黄鲁成、关峻、张永安、蒋国瑞、廖玫、刘会政、唐中君、赵晓霞、迟远英、冯秀珍、张文远、曾诗鸿、王涛、贺晓波、谢永琴、吴文英、白志强、栾胜基、安晓朋、李志义、毛娜、史蛟、Insook Lee（韩国）、唐军、王国华、张荆、魏中华、李莉蓓、罗春燕、林美珍、罗志斌所给予的支持尤其记忆犹新。在我负责的研究中心平台上，我先后指导了十多位中外博士研究生和几十位硕士生。记得2003年，在北京工业大学时任校长左铁镛院士和时任院长李京文院士的支持下，我回国以后有幸在北京工业大学的学术平台上发挥作用，分别从事过“金融风险管理”“企业‘走出去’战略”“跨文化管理”“生态经济”“循环经济”“经济转型”的研究与教学；2012年，在北京大学时任副校长、著名经济学家海闻教授的指导下，又将研究视野扩大到“绿色经济”“企业社会责任”“商业伦理”“绿色领导力”“企业可持续战略管理”的领域。在德国著名生态学家魏伯乐（Ernst Ulrich von Weizsaecker）、德国科隆商学院瑞雷·斯密德皮特（Rene Schmidpeter）、中国生态文明国际论坛秘书长章新胜、中欧社会论坛执行主席陈彦、亚洲教育论坛秘书长姚望和副秘书长刘秀华等学者的大力支持下，参与组织了国内外顶尖级学术论坛，聚集了丰富的国内外学术资源。我鼓励所指导的博士研究生积极参与社会经济的实证研究。其中王昕宇作为我所指导的博士研究生，受我委托不畏艰苦多次带队前往中国最贫穷的地区“通江县”和“屏山县”，将博士研究方向聚焦在区域生态经济领域，通过“贫困山区的生态发展研究课题”，将“绿色创新”和“绿色转型”的理论与实际相结合，为贫困山区的生态发展提供智力支持。同时，我指导的博士后李剑玲，博士生孙义、王峰、董承华、王崇梅、高农农、葛林都成为绿色创新领域的学者。

其次，真诚感谢联合国政府间气候变化专门委员会副主席莫汉·穆纳辛格（Mohan Munasinghe）、欧盟地区委员会时任秘书长格哈德·斯塔尔（Gerhard Stahl）、中欧社会论坛时任主席皮埃尔·卡蓝默（Pierre Calame），他们先后亲自为本系列丛书作序，其真知灼见对于统领全书具有重要的指导意义。

再次，我怀着无限的崇敬之情，感谢在人生的学习生涯中，给予我帮助的师长，其中有费路（Roland Felber，1935—2001，德国）、陈翰笙（1897—2004）、费孝通（1910—2005）、赵宝煦（1922—2012）、史清琪（1928—2012）、成思危（1935—2015）。有幸结识这些大师，他们渊博的中外学识、开阔的国际视野、严谨的治学态度和深切的人文关怀，成为我毕生学习的榜样，一直激励我发愤图强。同时，特别感谢大连交通大学教授姜继斌、四川社会科学院时任院长刘茂才、四川省社会科学院区域所时任副所长胡秀坤、北京大学经济学院教授范家骧、科隆大学时任校长古德曼（Gernot Gutmann）、国家留学基金管理委员会秘书长刘京辉、中国社会科学院历史所研究员杜文棠、中国科学技术协会原副主席左铁镛、中国工程院院士李京文、中国人民大学生态经济学家张象枢、北京大学时任副校长海闻，他们在我学习与工作的关键阶段所给予的及时指导，为我今天从事教育事业奠定了基础。此外，感谢中国—东盟环境保护合作中心常务副主任周国梅、国土资源部执法监察局局长李建勤、国土资源部土地整治中心实施管理处处长贾文涛、德国柏林自由大学教授罗梅君（Mechthild Leutner）、德国波鸿大学教授沃夫冈（Wolfgang Klenner）、澳大利亚南澳大学奈斯（David Ness）、中国经济体制改革研究会名誉会长高尚全、四川社会科学院副院长郭晓鸣、北京大学环能学院时任院长耿旭、心灵海·盖娅集团公司创始人王婷莹、国际生态发展联盟创始人之一刘曼红、联盟中国区理事长陈立柱、中国社会科学院欧洲所研究员罗红波、四川屏山县政协主席张华全等学者和领导的支持与帮助。特别感动的是，杜文棠和张象枢二位师长从理论上给予我学术指导，使我受益终身。张教授的《生态经济战略学习笔记（第一辑）》和《新版人口资源环境经济学大纲（讨论稿）》开阔了我和我所指导的博士研究生的研究视野。值得一提的是，张教授还亲自参与四川省通江县与屏山县的生态扶贫项目，不顾年事已高，孜孜不倦地为乡村生态文明建设指点迷津。

又次，我始终带着一颗感恩的心，感恩父亲黄贵瑜和母亲夏光的养育之恩，感激姐姐黄海燕和姐夫马洪立的照顾之情，感谢二姨周仲华全家、舅舅刘剑钊全家、小姨刘正光和侄女尧欣的关切之心，感谢尧尧和Lukas（德国）、通江孩子敖堆、李薇、程俊给予的思念之爱，感谢黄立茀、黄建萍、黄赢、黄雪寅、黄玲燕、黄丽轩、陈阿晶（Fern Aki，美国）、涂登才、俞永高、薛忠、周敏、赵晓霞、刘蓉慧、杜毅、余青、陈东、许林、张茂林、李志、杨曦帆、傅衍、皮志伟、周俊、尹春阳、王书桐、王军、汪荞青、冯德意、夏苡滨、李俊、简亚波、张盈、李敏、吴巍、李瑜、胡萌洁（德国）、潘罗（Frank Paproth，德国）的兄弟姐妹之谊。通过多年跨文化、跨地域、跨学科的教育，在家庭、学校、社会无微不至的关爱下，我将“感恩社会”作为人生的座右铭。母亲当年教导我，当认识一个正直的朋友，就如同人生打开了一面新的窗子，可以获得新的灵感；当拥有良知的社群，就使其人生能看到充满正能量的世界。其实，联盟的建立就是秉承“创新、开放、协调、持续、共享、包容”六大发展理念。近十年联盟不断发展，怀着追逐世界和平的美好梦想和神圣的使命感，我们以孜孜不倦的心态，集合社会各界之力而贡献社会，为人生不同阶段的转型而体验圆梦的幸福。总之，家庭和社会的教育不仅赋予我拥有充满活力的生命，而且还培育我具有热爱人类、追求正义、回馈社会的良心，从而获得丰富生命到拥有使命的升华。感谢在求学过程中，一直默默关心我的姜继斌夫妇、张更生夫妇、陈云夫妇、邹运仙夫妇、周雪勤夫妇、杜文棠夫妇、李明真夫妇、布尔格夫妇（Brigitte Burg and Martin Burg，德国）、萨维欧（Savio Shirley，美国）和贝尔格（Dorothe Berg，德国）所给予的父母、亲人般的关爱、启蒙与教导。感谢国际生态发展联盟大家庭的所有合作伙伴，借助于微信，与大家的交流也极大丰富了本书的学术思想，分享了诸多人生的幸福与欢乐。

特别指出的是，本专著收录了我与部分学者合作的研究成果，也汇集了我曾指导的北京工业大学博士研究生王锋、董承华、高农农、孙义和和博士后李剑玲的研究成果。为了保证学术的创新性和开放性，针对专著所涉及的问题，也向活跃在相关领域的国内外专家学者征集了学术成果，其间，得到了中国科学院大学经济与管理学院杨海珍教授、李妍同学，国家发改委能源研究所能效中心白泉研究员等学者的大力支持，本书也借鉴了《中日韩绿色经济发展现状及合作建议》的项目报告。感谢课题组总顾问、中国社会科学院欧洲所罗红波研究员。我和吴华南博士作为课题组负责人，参考了冈崎正雄教授（日本）、李明沂先生的意见，在吴笛、刘蜜、尹晨坤、张文琦、崔志斌、Julian Barg（德国）、徐思晗、邓春芳、秦龙君、田远、洪永真（韩国）、葛林、嵇炳缤、施展的积极参与下，通过团队合作，顺利完成这一国际性的合作课题。

最后，感谢首都经济贸易大学出版社薛捷先生的信任与支持。感谢我所率领的青年研究团队：原本计划参与的王雅洁因为诞生了新的生命而暂时中断研究，不过她在联系国际学者方面做出了突出贡献，本书中的“绿色创新”理念也在其创立的在线英文网络教育中得以发扬光大。嵇炳缤、葛林承担了本书部分组织和编辑工作。在跨学科、跨地区、跨部门的合作中，感谢参与这一研究课题的硕博研究生王锋、马弘毅、李剑玲、孙义、董承华、葛林、冯海燕、刘小囡、施展、马姣玥、孔繁奇以及王辉、王传胜、邓春芳、秦龙君、郑高强、盛春红等，正是这些青年研究者的参与，使得“绿色创新”与“绿色转型”的研究更加充满青春活力。每章节中主要贡献者有：第一章：黄海峰、王昕宇、周国梅、嵇炳缤、葛林；第二章：王昕宇、黄海峰、张象枢、李奇亮、陶恩来、朱雪梅、马姣玥；第三章：黄海峰、李剑玲、李博、王昕宇；第四章：黄海峰、高农农、王峰、吴华南；第五章：杨海珍、黄海峰、李妍、葛林、马弘毅、马姣玥；第六章：王昕宇、黄海峰、孙义、白泉、高农农；第七章：王昕宇、董承华、黄海峰、刘晓囡、王雅洁；第八章：罗红波、黄海峰、王昕宇、吴华南、嵇炳缤、冯海燕、施展。此外，在编著本专著过程中，北京工业大学的部分青年学生提供了诸多支持。其中，王丽丽、齐硕、高碧莹、石佳、安明雪、包芮华、李璠、黄艺涵、苏方舟、孟繁韬、石佳、王惠、王依依、吴葳佳、张雯等同学参与了部分文字校对工作；参考文献由嵇炳缤、孔繁奇协助完成；图表由王昕宇、嵇炳缤协助完成；英文目录和外国专家文献翻译工作由王雅洁、王昕宇、马姣玥协助完成。

总之，《中国绿色创新之路》汇集了国内外众多专家学者的智慧和汗水，是老中青三代学人的集体成果。“绿色创新”的研究任重道远，学界对“绿色创新”的路径选择问题还远未达成共识。我正值出席德国企业社会责任国际论坛并作主旨演讲，途经巴黎回程连夜撰写完毕 “研究的本质在于更好地为社会服务”为题的后记，就是发自内心的想法。十年前启动了围绕绿色经济、循环经济、经济转型的研究，克服重重困难，目前以联盟名义已经聚集了无数的杰出青年学子以及从事环保事业、公益事业的人才，可喜可贺。按照出版社对篇幅、内容和体例等规定，在综述各家观点时，难免挂一漏万，未注明作者的遗漏之处，恳请谅解。由于作者水平有限，书中的观点和内容有待进一步完善，不当之处，敬请广大读者批评、指正。

黄海峰

2016年4月10日于法国巴黎